Tania la Guerrillera
y la epopeya suramericana del Che

D0062565

Tania la Guerrillera
y la epopeya suramericana del Che

Ulises Estrada Lescaille

Edición y prólogo por Luis Suárez Salazar

Ocean Press
Melbourne ■ Nueva York ■ La Habana
www.oceanbooks.com.au

CAPÍTULO I
Contexto histórico

Para una mejor comprensión de las razones que llevaron al comandante Ernesto Che Guevara —siguiendo su decisión personal de continuar el combate liberador en "otras tierras del mundo" y la línea internacionalista trazada por el máximo líder de la Revolución cubana— a impulsar la lucha emancipadora latinoamericana e incorporar a la misma a la argentina Haydée Tamara Bunke Bíder considero necesario reflejar de forma sintética la situación existente en América Latina y el Caribe en el primer lustro de la década de 1960.

Como se conoce, la Revolución cubana, bajo la dirección del fundador y jefe del Movimiento 26 de Julio y del Ejército Rebelde, doctor Fidel Castro Ruz, triunfó el primero de enero de 1959 luego de más de cinco años de sangrientos combates en ciudades, llanos y montañas contra la dictadura del odiado general Fulgencio Batista; quien en todo momento contó con el apoyo político, económico y militar de diferentes administraciones estadounidenses.[1] Acompañó a Fidel en la lucha armada guerrillera contra esa tiranía el joven médico argentino Ernesto Guevara de la Serna. Luego del desembarco del yate *Granma* (2 de diciembre de 1956) y de las primeras acciones militares, éste rápidamente se convirtió en uno de los más destacados Comandantes del Ejército Rebelde.[2]

Inmediatamente después de la victoria revolucionaria cubana y junto a las cruentas satrapías preexistentes (como la de François Duvalier en Haití, la de Anastasio Somoza en Nicaragua y la de Alfredo Stroessner en Paraguay) se instauraron en América Latina nuevas dictaduras militares y diversos gobiernos "democráticos representativos" puestos al servicio de los intereses del gobierno de los Estados Unidos y de los grupos de poder económico y militar dominantes en ese país.

Expresiones de esa subordinación a los dictados de la Casa Blanca fueron, entre otras, el silencio cómplice de la mayor parte de los gobiernos del continente frente a las agresiones contra Cuba desplegadas por los Estados Unidos (incluida la agresión mercenaria de Playa Girón),[3] y las sucesivas reuniones de la Organización de los Estados Americanos (OEA) donde se condenó al gobierno revolucionario cubano hasta proceder a su ilegal expulsión de esa organización en enero de 1962. Asimismo, la decisión colectiva de la misma (adoptada en julio de 1964) de obligar a sus países miembros a romper relaciones diplomáticas, comerciales y consulares con Cuba.[4] Tal decisión fue inmediatamente acatada por todos los gobiernos latinoamericanos y de los países entonces "independientes" del Caribe, con la sola excepción del gobierno mexicano.[5]

A pesar de los demagógicos postulados de la llamada Alianza para el Progreso (formalizada por la administración del demócrata John F. Kennedy en la reunión del Consejo Económico y Social de la OEA efectuada en Punta del Este, Uruguay, en agosto de 1961) todos esos gobiernos sumergieron a sus pueblos en las más terribles condiciones de explotación y represión; en particular después de los sucesivos golpes de estado que se produjeron, en 1962, en Argentina, en Perú y en Ecuador. Estos fueron seguidos meses después por los cuartelazos de República Dominicana (septiembre de 1963), Honduras (octubre del propio año) y de Brasil (marzo de 1964).[6]

A ello se unió el férreo control colonial estadounidense sobre Puerto Rico, el golpe de estado perpetrado en Bolivia el 4 de noviembre de 1964, así como la criminal agresión yanqui contra los países africanos y asiáticos que habían roto sus dependencias coloniales frente a las potencias imperialistas europeas. En aquellos años fueron emblemáticas la complicidad de la Casa Blanca con el asesinato del Primer Ministro de la República Popular y Democrática del Congo, Patricio Lumumba (17 de enero de 1961), y la criminal agresión desatada por las administraciones de los demócratas John F. Kennedy (1961-1963) y Lyndon Johnson (1963-1969) contra los pueblos de Vietnam, Laos y Camboya. También la brutal intervención militar estadounidense en República Dominicana (abril de 1965) y la posterior instauración —con la complicidad de la OEA— de un gobierno títere presidido por uno de los testaferros de la prolongada y sanguinaria dictadura de Rafael Leonidas Trujillo (1930-1961), Joaquín Balaguer.

La consolidación de ese y otros regimenes represivos en América Latina (como fueron los casos de las "democracias representativas" que entonces gobernaban en Colombia, Perú y Venezuela) fue facilitada por las fragilidades que entonces tenía la unidad de las organizaciones revolucionarias, algunas de ellas divididas por las discrepancias chino-soviéticas que habían hecho eclosión pública en la Conferencia Internacional de los Partidos Comunistas y Obreros efectuada, a mediados del año 1960, en Moscú: capital de la otrora llamada Unión de Repúblicas Socialistas Soviéticas (URSS).

Por otra parte, a pesar de estar perseguidos e ilegalizados en buena parte de los países, los partidos comunistas latinoamericanos y caribeños, considerados como vanguardias del movimiento revolucionario, en su mayoría no desarrollaban una política coherente que los condujera a tomar el poder político. Bajo el supuesto de que la revolución latinoamericana debía desarrollarse en dos etapas (una democrática-burguesa y otra socialista), ellos mantenían el esquema de ir debilitando al enemigo mediante la obtención de pequeñas y a ratos secundarias cuotas de poder en los sindicatos, las organizaciones campesinas, estudiantiles y profesionales. Al par, los que se mantenían legalizados, luchaban por acceder a representaciones dentro de ciertos gobiernos municipales, al igual que a algunos escaños parlamentarios, lo que poco contribuía a la liquidación de la dominación oligárquica e imperialista sobre sus correspondientes países.

En consecuencia, el ejemplo de Cuba, su resistencia y sus victorias frente a las constantes agresiones del imperialismo yanqui, llevaron a sectores de algunos partidos comunistas, fundamentalmente de su juventud, a considerar que el camino que seguían sus correspondientes organizaciones no estaba acorde con las necesidades del momento. Estos —al igual que otras organizaciones surgidas de los desprendimientos de los partidos nacional-reformistas y "socialdemócratas" entonces existentes en la región (cual era el caso del Partido Acción Democrática de Venezuela y de la llamada Alianza Popular Revolucionaria Americana de Perú)— se fueron agrupando en la entonces llamada "nueva izquierda", cuyos principales destacamentos abrazaron la lucha armada, predominantemente rural, como la estrategia fundamental para la toma del poder político y convirtieron la experiencia cubana en su cardinal punto de referencia.[7]

Por tanto, sus principales dirigentes acudieron a La Habana en busca de ayuda política, económica o militar para lograr sus propósitos revolucionarios. La dirección política cubana fue receptiva a sus demandas; pero sin pretender en momento alguno exportar su Revolución, a no ser su ejemplo de dignidad, resistencia y combate. Esa conducta provocó severas críticas de los partidos comunistas que, con el apoyo del Partido Comunista de la Unión Soviética (PCUS), planteaban que las relaciones cubanas con esas organizaciones revolucionarias debilitaban sus posiciones políticas en América Latina y en algunos países del Caribe. No obstante, Cuba mantuvo fraternales relaciones políticas con la absoluta mayoría de esos partidos, al par que —siguiendo su inalterable posición internacionalista— continuó apoyando a aquéllas organizaciones revolucionarias latinoamericanas y caribeñas que recababan su solidaridad.

Fue en ese contexto histórico que el Che —recordando el compromiso que Fidel había asumido con él en México de permitirle continuar sus combates por la redención de otros pueblos de América Latina cuando triunfara la Revolución cubana y sus servicios no fueran imprescindibles— comenzó a crear las condiciones que le permitieran continuar la lucha armada revolucionaria en otros países del continente, en particular en su país natal: Argentina. A tal fin, desde 1961, comenzó a planificar la puesta en práctica de esta decisión.

En ese entonces se encontraban en Cuba los hermanos colombianos Antonio, Juan Martín y Patricio Larrotta González. Todos habían llegado a La Habana semanas después de haber fundado en su país, en enero de 1959, el llamado Movimiento Obrero Estudiantil Campesino (MOEC). Su decisión de abrazar la lucha armada revolucionaria los acercó al Che; quien valoró altamente la personalidad revolucionaria de Antonio, forjada en el debate político en su país, así como durante su destacada actividad como presidente de la Unión Nacional de Estudiantes Colombianos.

En consecuencia, a partir de su interés en recibir preparación militar, Antonio y Juan Martín se habían incorporado a diferentes unidades de las nacientes Milicias Nacionales Revolucionarias cubanas. Desde las filas de esa organización política y militar, Antonio participó en la batalla de Playa Girón (17 al 19 de abril de 1961) defendiendo las conquistas alcanzadas por el pueblo cubano frente a la agresión de más de 1 200 mercenarios pagados, entrenados, armados y transportados hasta nuestras costas por la CIA y por buques de las fuerzas armadas estadounidenses. A su vez, Juan Martín combatió contra las criminales bandas contrarrevolucionarias que, también con el apoyo de la administración de John F. Kennedy, se habían alzado en armas en las montañas del Escambray, ubicadas en la zona central de la isla de Cuba.[8]

En reconocimiento a esas solidarias conductas y tomando en cuenta la creciente agresividad del gobierno colombiano contra la Revolución,[9] las autoridades cubanas los apoyaron en su afán de abrir un frente guerrillero en la zona del Valle del Cauca. Incluso —según me relató Juan Martín Larrotta, hoy periodista de la revista cubana *Bohemia*— se había previsto que él, junto con el Che, se incorporaran a ese destacamento guerrillero cuando culminara su fase de asentamiento. Pero la muerte en combate de Antonio y de otros dirigentes del MOEC en mayo de 1961 desarticuló ese plan.

Sin embargo, ese revés no varió en lo absoluto la decisión tomada por el Che. Por el contrario, en todo momento mantuvo su apoyo a las operaciones guerrilleras urbanas y rurales que por entonces desarrollaban otros revolucionarios latinoamericanos. En consecuencia, continuó buscando el camino que le permitiera incorporarse directamente a la lucha armada en el sur de nuestro continente hasta que pudiera llevar la guerra liberadora a su amada Argentina.

Con vistas a crear las condiciones a tal fin, a partir del derrocamiento mediante un golpe de estado del gobierno "reformista" del presidente Arturo Frondizi (29 de marzo de 1962),[10] el Che apoyó personalmente y de manera decidida la preparación política y militar de diversos revolucionarios argentinos que, por entonces, se encontraban en Cuba. Entre ellos, algunos integrantes de la llamada Formación Revolucionaria Peronista (en honor al depuesto presidente y líder del Partido Justicialista, Juan Domingo Perón) encabezada por los destacados dirigentes de esa formación política William Cooke y Alicia Eguren. Asimismo, la organización de un selecto grupo de revolucionarios de ese país, encabezados por su amigo y compañero, el prestigioso periodista argentino Jorge Ricardo Masetti;[11] quienes previamente habían recibido preparación militar en Cuba.

Este último grupo, en 1963, concluyó su preparación militar en la entonces recién liberada República Democrática y Popular Argelina;[12] y, a mediados del propio año, emprendió los primeros pasos dirigidos a estructurar un destacamento guerrillero en la zona de Salta, ubicada en el norte de Argentina. Paralelamente, comenzaron a radicarse de manera más o menos legal en Bolivia diversos oficiales del Ministerio del Interior de la República de Cuba. Fue en esas circunstancias que el Che le orientó a Piñeiro la selección y la preparación de una ciudadana argentina con vistas a su radicación clandestina en la capital boliviana.

Según los conceptos iniciales del Che, sin inmiscuirse en los asuntos internos bolivianos, todos ellos, en coordinación con el aparato militar del Partido Comunista de ese país, tendrían que cumplir importantes tareas vinculadas al apoyo de la lucha revolucionaria en los países vecinos (Perú y eventualmente Paraguay), pero particularmente a la preparación de las condiciones para su eventual incorporación al destacamento del Ejército Guerrillero del Pueblo (EGP), encabezado por Masetti; quien, en ese momento, aparecía identificado con el seudónimo de Comandante Segundo.[13]

Sin embargo, la desaparición de este último, junto al asesinato o la captura en los meses de marzo y abril de 1964 de otros de sus compañeros de lucha, pospusieron nuevamente los anhelos del Che. Fue entonces que, a fines de ese año, luego de pronunciar en nombre del gobierno cubano un estremecedor discurso en la Decimonovena Asamblea General de la ONU,[14] él emprendió un largo recorrido por diversos países del Medio Oriente, así como del norte y del centro de África, al regreso del cual el comandante Fidel Castro le aprobó que encabezara el grupo de militares cubanos que —según las propuestas previamente enviadas por el Che— tendrían la responsabilidad de entrenar y apoyar a los destacamentos guerrilleros vinculados con el llamado Consejo Nacional de la Revolución del Congo Leopoldville (CNRC).

En consecuencia, a comienzos de abril de 1965, el Che partió clandestinamente hacia Tanzania, desde donde, el día 22 del propio mes ingresó, a través del Lago Tanganica, al sureste del Congo Leopoldville: ruta que ya habían seguido o que siguieron después más de un centenar de combatientes internacionalistas cubanos cuidadosamente seleccionados por el Ministerio de las Fuerzas Armadas Revolucionarias de nuestro país.

Las derrotas, la falta de combatividad y la progresiva dispersión de las inconsecuentes fuerzas políticas y militares congolesas asentadas en esa zona, junto al reconocimiento por parte de la Organización de la Unidad Africana (OUA) del recién estrenado gobierno del general Mobuto Sese Seko (quien, a comienzos de noviembre, le había propinado un fulminante golpe de Estado al timorato presidente Joseph Kasavubu) determinaron que el CNRC decidiera suspender sus acciones militares y le solicitara a los internacionalistas cubanos la retirada de ese país.

En consecuencia, el 21 de noviembre de 1965, el Che se trasladó en forma secreta a Tanzania; desde donde —luego de una prolongada estancia clandestina en la Embajada cubana en Dar-es-Salaam— viajó a Praga con vistas a reiniciar su proyecto de desarrollar la lucha armada revolucionaria en Suramérica y, en especial, en Bolivia, Perú y Argentina.

Aunque nunca me lo dijo mientras lo acompañé en esa travesía clandestina y en los primeros momentos de su estancia secreta en Praga entre comienzos de marzo y el 19 de julio de 1966, siempre he creído que en su decisión influyó el incremento de la resistencia popular (en particular de los trabajadores mineros) contra la dictadura del general boliviano René Barrientos,[15] así como el nuevo golpe de estado que, encabezado por el célebre general argentino Juan Carlos Onganía, el 26 de junio de 1966, derrocó al débil gobierno "constitucional" de Arturo Illía,[16] e instauró, hasta mayo de 1973, la primera dictadura de seguridad nacional que —con el apoyo del gobierno de los Estados Unidos— asoló a ese país suramericano.

Es, por tanto, totalmente falso e injurioso lo que plantean algunos mercenarios de la pluma, así como ciertos traidores a la Revolución cubana acerca de que el Che partió de Cuba hacia el Congo Leopoldville en abril de 1965 y dieciocho meses después hacia Bolivia a causa de sus presuntas contradicciones con el Comandante en Jefe Fidel Castro y con el Ministro de las Fuerzas Armadas Revolucionarias, el entonces comandante y ahora general de ejército Raúl Castro.[17]

Por el contrario, en las múltiples conversaciones que sostuve con el Che después de su salida de África y mientras permanecimos durante cerca de un mes alojados clandestinamente en un pequeño apartamento ubicado en la ciudad de Praga, en varias ocasiones me relató diversas anécdotas acerca de sus estrechas relaciones con Fidel, a quien consideraba como el hombre que, con sus enseñanzas, lo había convertido en un verdadero comunista. A su vez, las apreciaciones del Che sobre Raúl Castro estuvieron siempre encaminadas a resaltar el respeto y la admiración que sentía hacia él por sus probadas condiciones como dirigente político y militar.

Según me indicó en esas conversaciones, fue a partir de su identificación con la necesidad de apoyar las luchas antiimperialistas en diferentes países del mundo (plasmada en su Carta de Despedida a

Fidel Castro y, posteriormente, en su Mensaje a todos los pueblos del mundo a través de la *Tricontinental*),[18] así como de su reiterada decisión personal de abandonar las altas responsabilidades que ocupaba en el gobierno cubano y en el entonces llamado Partido Unido de la Revolución Socialista de Cuba (ahora Partido Comunista de Cuba) que Fidel lo autorizó y lo apoyó en todas sus acciones dirigidas a incorporarse, en el momento oportuno, a la luchas por la liberación nacional y social que ya se desarrollaban en Colombia, Guatemala, Nicaragua, Perú y Venezuela.

Como he indicado y como veremos en los capítulos que siguen, fue esa inquebrantable decisión del Che la que unió mi trayectoria revolucionaria con ciertas facetas de su actividad internacionalista y, a partir de los primeros meses de 1963, con la trayectoria política y personal de la protagonista de este testimonio: la ex ciudadana de la ahora extinta República Democrática Alemana (RDA), nacida en la Argentina, Haydée Tamara Bunke Bíder, quien en esos momentos ya era conocida en diferentes medios de la capital cubana por su segundo nombre.

CAPÍTULO II
La Operación Fantasma

Cuando, en una madrugada de finales de junio de 1961, en los locales de 5ta y 14, Miramar, donde entonces radicaba la Dirección de Operaciones Especiales del G-2 (contrainteligencia) del naciente Ministerio del Interior de la República de Cuba (MININT),[1] el comandante Manuel Piñeiro Losada, me propuso incorporarme como Oficial Operativo al entonces denominado Departamento M (inteligencia política) que él dirigía, nunca me imaginé que en los imprecisos años que aún me quedaban por vivir, toda mi trayectoria político-profesional y mi existencia personal quedarían inseparablemente unidas a la multifacética solidaridad de la Revolución cubana con las diversas luchas populares, democráticas, antiimperialistas, así como por la liberación nacional y social de los pueblos de Asia, África, América Latina y el Caribe.

Tampoco me imaginé que, bajo la dirección directa del ya célebre "Barbarroja" (a quien progresivamente me fueron uniendo lazos cada vez más fuertes de admiración, amistad y respeto fraternal), así como siguiendo el cercano aliento de los comandantes Fidel, Raúl, Almeida, de Celia Sánchez y de otros dirigentes de nuestro proceso revolucionario,[2] la acelerada dinámica de los acontecimientos hemisféricos e internacionales (entre ellos, la creciente agresividad de los círculos de poder estadounidenses contra mi patria) me llevarían a cumplir diversas tareas político-militares, operativas y "conspirativas" vinculadas, de manera directa o indirecta, con las actividades internacionalistas emprendidas en América Latina y en África por una de las personalidades más extraordinarias y carismáticas de la Revolución cubana, latinoamericana y mundial: el comandante Ernesto Che Guevara.

Mucho menos supuse que esas tareas solidarias e internacionalistas unirían, durante los años 1963 y 1964, múltiples facetas de mi vida personal, política y profesional a Haydée Tamara Bunke Bíder; aquella inteligente, tierna, culta, abnegada y bella mujer mundialmente conocida después que, en 1970, se divulgaron las diversas tareas clandestinas que ella había cumplido en y desde Bolivia bajo las orientaciones del Che, así como los detalles de su incorporación a la "columna madre" del Ejército de Liberación Nacional (ELN) de Bolivia.[3]

El primer indicio al respecto lo recibí cuando en octubre de 1962, después de transitar como segundo jefe de la Sección MM (inteligencia militar) del denominado Departamento M o simplemente M, Piñeiro (entonces identificado con los seudónimos de XII o de Petronio) me encomendó la misión de apoyar al compañero y amigo, capitán Olo Pantoja,[4] al igual que a otros inolvidables compañeros cubanos (entre ellos, Papi),[5] en la organización de la Sección de Operaciones Especiales (MOE) del entonces llamado Viceministerio Técnico (VMT) del MININT.[6]

Según Piñeiro me dijo en esa ocasión, a diferencia de otras Secciones y Departamentos de ese naciente órgano de la inteligencia estratégica cubana, el MOE tendría como única responsabilidad la conducción de diversas operaciones clandestinas vinculadas a la solidaridad de nuestro país con las diferentes organizaciones y movimientos revolucionarios que continuaban surgiendo en varios países de América Latina, bajo el impulso de la victoria insurreccional cubana y en respuesta a las políticas pro imperialistas, antidemocráticas y antipopulares de sus correspondientes gobiernos.

La nítida postura solidaria de la Revolución cubana hacia esas nuevas organizaciones y nuevos movimientos, así como su renovadora y a la vez unitaria posición frente a los debates teóricos, estratégicos y tácticos que, desde 1960, ya sacudían al Movimiento Comunista y Obrero Internacional había sido proclamada, unos meses antes, en la Segunda Declaración de La Habana como respuesta a la vergonzosa decisión de expulsar a nuestro país de la OEA que, bajo la instigación de la Casa Blanca, habían adoptado la mayoría de los gobiernos latinoamericanos y caribeños a la sazón integrantes de ese organismo hemisférico.[7]

En consecuencia, en tal declaración y en respuesta al cínico "panamericanismo" propugnado por los círculos de poder estadounidenses desde comienzos de la década de 1880,[8] la Asamblea General del Pueblo de Cuba había asumido un firme compromiso con el "latinoamericanismo liberador" propugnado desde fines del siglo XIX por el Apóstol de la Independencia de Cuba y precursor de la verdadera y definitiva independencia de los pueblos latinoamericanos y caribeño frente al imperialismo yanqui, José Martí.

En la propia declaración y en concordancia con lo planteado por el comandante Ernesto Che Guevara en la reunión del Consejo Económico y Social de la OEA que, en agosto de 1961, aprobó la tristemente célebre Alianza para el Progreso,[9] la dirección revolucionaria cubana había previsto que —dada la crítica situación económica, social y política del continente y la decisión de diversos organizaciones de la "nueva izquierda" de abrazar la lucha armada revolucionaria como la vía fundamental para tomar el poder político— los Andes se transformarían en una nueva Sierra Maestra. O sea, en el escenario de nuevas y cruentas insurrecciones populares contra el imperialismo y las vetustas clases dominantes latinoamericanas y caribeñas.

De ahí que, contradiciendo las deformadas tesis acerca de la coexistencia pacífica entre los explotadores y los explotados defendidas por algunos dirigentes de la Unión Soviética y del llamado Movimiento Comunista y Obrero Internacional (entre ellos algunos partidos comunistas de América Latina), la Revolución cubana difundiera su criterio acerca de que el deber de todos los revolucionarios (en particular de los latinoamericanos) era hacer la revolución.

A pesar de mi escasa experiencia en los problemas de la política internacional, para mí aquella declaración fue como un nuevo llamado a "la guerra necesaria" contra la dominación colonialista e imperialista en América Latina y el Caribe.[10] Por eso, asumí con un enorme entusiasmo la organización del MOE; pero, sobre todo, las diversas tareas "político-operativas" que por entonces me vincularon, por primera vez, con diversos militantes o dirigentes de los movimientos populares y revolucionarios latinoamericanos y caribeños que ya radicaban, estudiaban o que sistemáticamente visitaban nuestro país.

Mi entusiasmo fue mayor cuando en una reunión que sostuve con XII en su histórica casa de la calle 18, número 3308, entre 33 y Avenida Lázaro Cárdenas, en el reparto Miramar de la ciudad de La Habana (lugar donde en la década de 1960 se desarrollaron diversas entrevistas y debates sobre sus futuras acciones entre varios dirigentes del movimiento revolucionario latinoamericano, el Comandante en Jefe, el Che y Piñeiro), éste me comunicó que debíamos articular las diversas operaciones de solidaridad de la Revolución cubana con el movimiento popular y revolucionario de América del Sur que por entonces estábamos realizando; ya que, a su decir, dadas las condiciones del continente y la intensificación de las acciones enemigas sobre nuestro país y sobre el propio movimiento revolucionario latinoamericano, esas operaciones había que realizarlas "como los fantasmas".

Es decir, con el más absoluto sigilo, sin dejar rastros ni siquiera ante nuestros propios amigos (entre ellos, los del llamado "campo socialista" y los partidos comunistas latinoamericanos) y evitando a toda costa que fueran detectadas por los órganos de inteligencia y contrainteligencia del enemigo; en particular, por la CIA y la "comunidad de inteligencia" de los Estados Unidos. Surgió así, casi espontáneamente, el nombre de "Operación Fantasma" para identificar las diferentes acciones de ayuda política y militar que por entonces la Revolución cubana le estaba ofreciendo a algunas organizaciones revolucionarias de Argentina, Colombia, Perú, Uruguay y Venezuela.[11]

Mi entusiasmo fue mayor cuando —siguiendo los descentralizados métodos de trabajo de Piñeiro— tuve la oportunidad de acompañarlo, junto a algunos dirigentes revolucionarios latinoamericanos, a las entrevistas —por lo general a altas horas de la noche— que estos sostenían con Fidel y, en particular, con el Che; tanto en la casa de Piñeiro, como en las oficinas del Che en el piso 9 del Ministerio de Industrias (radicado en la histórica Plaza de la Revolución de La Habana) o en su residencia privada entonces ubicada en la calle 47, número 772, entre Conill y Tulipán en el reparto Nuevo Vedado de La Habana.[12]

Creció así, aceleradamente, mí acendrada admiración e identificación con el pensamiento de estos líderes cubanos. Además, para mi orgullo, comenzaron a forjarse mis relaciones directas con el Che y con otros de sus colaboradores inmediatos, en primer lugar con el compañero José Manuel Manresa,[13] quien entonces actuaba como su jefe de despacho. Por ello me sentí enormemente congratulado cuando, en diciembre de 1962, inmediatamente después del polémico desenlace de la llamada "crisis de los mísiles" o "crisis de octubre" del propio año,[14] Piñeiro me implicó en diversas tareas relacionadas con las llamadas Operación Matraca y Operación Sombra.

Ambas se desarrollaban en Bolivia con la participación de varios oficiales del MININT (entre ellos, el entonces comandante Abelardo Colomé 'Furry', hoy General de Cuerpo de Ejército y Ministro del Interior;

Papi y el capitán 'Olo' Pantoja), así como de algunos integrantes del aparato militar del Partido Comunista de Bolivia (PCB), como los ya desaparecidos Rodolfo Saldaña y los hermanos Coco e Inti Peredo.[15]

Mediante la primera de esas operaciones, el MOE estaba contribuyendo a preparar las condiciones para la entrada clandestina al territorio peruano de una pequeña columna guerrillera que tenía por propósito iniciar las acciones armadas del posteriormente denominado Ejército de Liberación Nacional (ELN) de Perú, encabezado por Héctor Béjar e integrado, entre otros, por el joven e inolvidable revolucionario y poeta peruano, Javier Heraud.[16]

A su vez, mediante la Operación Sombra, (nombre tomado del libro *Don Segundo Sombra*)[17] se estaba organizando el ingreso a Argentina de un grupo de militantes revolucionarios argentinos, acompañados por dos oficiales cubanos: el capitán Hermes Peña y el primer teniente Alberto Castellanos.[18] Como vimos, estos, bajo la dirección de Jorge Ricardo Masetti y con la ya referida solidaridad del FLN de Argelia, tenían la misión de fundar un frente guerrillero en la norteña provincia de Salta. La apertura y consolidación de ese frente guerrillero constituían el embrión de los planes elaborados por el Che con vistas a incorporarse personalmente a la lucha armada revolucionaria en su "patria chica".

Al concluir mi participación en esas operaciones, Piñeiro me envió a participar en el entrenamiento guerrillero que entonces recibían algunos integrantes de uno de los dos grupos de revolucionarios peruanos que se preparaban en nuestro país: el perteneciente al Movimiento de Izquierda Revolucionaria (MIR), fundado y encabezado, hasta su muerte en 1966, por el doctor Luis de la Puente Uceda,[19] considerado como uno de los más prestigiosos ex dirigentes del APRA (también conocido como Partido Aprista Peruano), dirigido hasta su muerte por el "revolucionario arrepentido" Víctor Raúl Haya de la Torre.[20]

Fue, después de concluida esa breve "preparación guerrillera", que Piñeiro me encomendó la tarea de seleccionar, dentro de las residentes latinoamericanas en La Habana, a "una compañera argentina" que tuviera las condiciones requeridas para cumplir —en los marcos de la Operación Fantasma— una prolongada, riesgosa e importante tarea clandestina en un país sudamericano aún no precisado. Según me indicó, entre las candidatas a cumplir esa tarea, debíamos otorgarle prioridad a una compañera propuesta por el Che cuyo nombre escuché por primera vez en mi vida: Haydée Tamara Bunke Bíder.

Tamara —continúo Piñeiro— trabajaba como traductora de alemán en el Ministerio de Educación y colaboraba de manera muy estrecha con el Instituto Cubano de Amistad con los Pueblos (ICAP) y con las compañeras de la dirección nacional de la Federación de Mujeres de Cubanas (FMC): organización en la que mantenía estrechas relaciones, entre otras, con su presidenta Vilma Espín y con su entonces secretaria de relaciones internacionales, Lupe Véliz.

No obstante esas positivas referencias políticas, Piñeiro también me orientó que la evaluara junto a otras dos compañeras argentinas también radicadas en la capital cubana: Isabel Leguía y la pianista Lidia Guerberoff.[21] En función de ello —agregó— era imprescindible caracterizarlas y verificarlas antes de tomar nuestra decisión colectiva acerca de cual de ellas era la candidata más adecuada para cumplir las delicadas tareas orientadas por el Che.

Dada la situación embrionaria de nuestro aparato de inteligencia la tarea era compleja, ya que teníamos que verificar las condiciones políticas y morales de las tres compañeras, tanto en Cuba, como en sus respectivos países. En el caso de Isabel y de Lidia teníamos que acudir a nuestros contactos políticos y operativos en Argentina; mientras que, en el caso de Tamara, además de verificar sus antecedentes familiares y políticos en ese país teníamos que obtener información en la RDA sin develar ante el partido y los órganos de la inteligencia y la contrainteligencia de ese país nuestro interés político-operativo sobre esa compañera.

Por todo lo anterior Piñeiro le orientó al compañero Ramón Oroza Naberán (históricamente conocido en los medios del VMT y, posteriormente, de la DGI y de la DGLN del MININT con el seudónimo de Demetrio), entonces jefe de la unidad especial de nuestra contrainteligencia, que de manera discreta realizara las investigaciones pertinentes y lo más rápidamente posible nos entregara los resultados. Como veremos en el próximo capítulo, esas investigaciones concluyeron con resultados totalmente positivos a comienzos del año 1963.

CAPÍTULO III
El "Caso Tania"

Gracias al esfuerzo realizado por nuestra inteligencia y por nuestra unidad especial de contrainteligencia, el proceso de verificación de Isabel, Lidia y Tamara fue discreto y profundo. Pero cuando tuve en mis manos los resultados de las investigaciones, me apareció una nueva complejidad: las tres candidatas tenían excelentes e incuestionables condiciones políticas y morales. Además, existían evidencias de que todas ellas tenían una clara disposición a incorporarse a lucha por la redención de Nuestra América. No obstante, debía presentarle una sola propuesta a Piñeiro para que él, a su vez, se la presentara al Che.

A consecuencia, después de analizar y sintetizar toda la información acopiada a través de diferentes fuentes sobre las tres compañeras antes mencionadas, me reuní nuevamente con Piñeiro. Luego de una cuidadosa evaluación de las características y potencialidades de cada una, ambos optamos por la candidatura de Tamara. No sólo porque hubiese sido propuesta por el Che (lo cual, en sí mismo, le otorgaba un aval indiscutible), sino porque, en nuestro criterio, sus diversas experiencias en tareas vinculadas a las relaciones internacionales la aproximaban, en mayor grado que a las demás, a los requerimientos imprescindibles para el cumplimiento de las complejas tareas que pretendíamos que desarrollara en el futuro inmediato.

Además, en las investigaciones que se realizaron en La Habana, Buenos Aires y Berlín Oriental,[1] pudimos constatar la larga y limpia trayectoria política y moral de ella, de su padre y de su madre. Todos poseían una larga tradición de luchas contra el fascismo y a favor de los ideales socialistas, tanto en Argentina como en la RDA. También pudimos verificar que, luego de haber pasado su infancia y primera adolescencia en Argentina e inmediatamente después de su regreso a la también llamada Alemania Oriental, Tamara, con apenas catorce años de edad, se había incorporado a la entonces llamada Juventud Libre Alemana (JLA). Dado los méritos obtenidos en esa organización juvenil y a su solicitud, rápidamente recibió la condición de candidata a miembro del Partido Socialista Unificado Alemán (PSUA).

Desde las filas de esas organizaciones de raigambre comunista, había participado activamente en disímiles tareas con las organizaciones estatales, políticas y culturales alemanas y, como traductora del alemán al español y desde ese idioma al alemán, había acompañado a diversos dirigentes latinoamericanos que visitaban la RDA, en particular a los que se relacionaban con el Departamento de Relaciones Internacionales de la JLA. Junto a los conocimientos sobre la situación de nuestro continente que esa labor le había aportado, esos contactos habían fortalecido sus sueños de regresar a Argentina para incorporarse a las luchas populares y democráticas en su país natal.

Tamara también había sido solidaria con la luchas por su liberación libradas por el pueblo cubano, y se había mantenido al tanto del desarrollo de la guerra redentora que se libraba en la Sierra Maestra. Esa actitud se había fortalecido después de la victoria revolucionaria del 1ro de enero de 1959. A tal grado que, en los meses posteriores a ese acontecimiento, había expresado su deseo de viajar a Cuba para participar, junto a los cubanos, en su duro enfrentamiento al imperialismo yanqui.

Esa disposición se acrecentó cuando, en julio de 1959, ella conoció en la capital de la RDA al Capitán del Ejército Rebelde, Antonio Núñez Jiménez, y al entonces primer teniente Orlando Borrego.[2] También cuando, en diciembre del propio año, en una reunión con estudiantes alemanes y latinoamericanos, le sirvió como interprete al comandante Ernesto Che Guevara, quien por primera vez visitó Berlín Oriental presidiendo una importante delegación del Banco Nacional de Cuba. A partir de esa fecha, Tamara mantuvo estrechos contactos con las diversas delegaciones cubanas que visitaron la RDA durante el año 1960.

Cuando después de haber obtenido la autorización del PSUA y de las exitosas gestiones que realizó con la prestigiosa bailarina cubana Alicia Alonso (Primera Bailarina y fundadora del Ballet Nacional de Cuba), en mayo de 1961, finalmente Tamara pudo llegar a Cuba, se incorporó de inmediato a diversas tareas como traductora en el ICAP, en el Ministerio de Educación, en la FMC y en el MINFAR. En todos esos organismos había ayudado a la atención de las primeras delegaciones alemanas que visitaban La Habana.

También había colaborado con la entonces denominada Asociación de Jóvenes Rebeldes (a partir del 4 de abril de 1962 comenzó a denominarse Unión de Jóvenes Comunistas) en la organización del encuentro de la Unión Internacional de Estudiantes realizado en La Habana en 1961. Igualmente, había participado en múltiples trabajos voluntarios, en algunos de los cuales había coincidido con el Che.

Además, Tamara se había integrado a una unidad regular de las Milicias de la Defensa Popular,[3] cuyo uniforme (pantalón verde olivo, camisa de tela de mezclilla azul y una boina negra), con una pistola al cinto, sistemáticamente lucía con orgullo en los lugares que visitaba en la capital cubana. Paralelamente, también mantenía relaciones con diversos revolucionarios latinoamericanos que transitaban por Cuba en busca de solidaridad para librar sus propios combates. Entre ellos, con el destacado revolucionario nicaragüense y posterior líder y fundador del Frente Sandinista de Liberación Nacional (FSLN), Carlos Fonseca Amador,[4] a quien le había expresado su total disposición a incorporarse de manera inmediata a la lucha guerrillera en ese país centroamericano.

Por otra parte, era una mujer muy culta. Dominaba varios idiomas, conocía de literatura, de pintura y de música: expresión artística en la que —a través del piano, la guitarra y el acordeón— había demostrado un gran dominio de piezas clásicas del folklore latinoamericano en diferentes actividades realizadas por las personas de ese continente residentes en la capital cubana. Adicionalmente, como era muy estudiosa y constantemente estaba en la búsqueda de nuevos conocimientos, había matriculado la Licenciatura en Periodismo en la Universidad de La Habana con el propósito de darle continuidad a los estudios de filosofía que había comenzado en la famosa Universidad Humboldt de Berlín Oriental. Además, su conducta moral era intachable.

Todos esos elementos avalaban la justeza de la proposición del Che. Sin embargo, antes de presentarle nuestras conclusiones, estábamos obligados a conocer la disposición de Tamara a cumplir las tareas que éste pensaba encomendarle. Por esa razón, en los últimos días de marzo de 1963, la citamos a altas horas de la noche a la casa de Piñeiro. Luego de los saludos de rigor se le invitó a pasar al salón, forrado de caoba y situado a la derecha de la entrada principal de la vivienda que otrora había servido como la biblioteca de sus antiguos propietarios.

Fue allí donde ella se encontró, por primera vez, con un Comandante del Ejército Rebelde de tupida barba bermeja y a quien todos tratábamos con mucho respeto, con un oficial del MININT, blanco y fornido al que simplemente llamábamos Papi y conmigo: un negro, alto y muy delgado que apenas había cumplido los veinticinco años de edad y que respondía al nombre de Ulises.[5] Los tres vestíamos, un poco al descuido, nuestros correspondientes uniformes verde olivo. Ella, pistola al cinto, vestía con gallardía su uniforme de miliciana.

Luego de los saludos de rigor y de algunos comentarios sobre la situación política y económica de América Latina, así como acerca del avance de las luchas revolucionarias en ese continente, Piñeiro entró en el tema del encuentro. Le indicó que la habíamos citado para proponerle el cumplimiento de una misión secreta que, en caso de aceptarla, le implicaría grandes riesgos personales. Esta, agregó, se desarrollaría en un país latinoamericano en condiciones de absoluta clandestinidad. Tantas que ni sus amigos más íntimos podrían conocer su paradero, ni el carácter de sus tareas. Estas tampoco debían trascender a sus padres, en quienes confiábamos plenamente, pero sobre cuyos hombros no podíamos hacer recaer el peso de guardar ese secreto.

Ella lo interrumpió y sin titubear le dijo que no hacía falta que le diera más explicaciones. Que si era para cumplir una tarea de la Revolución podíamos contar con ella, sin importar los peligros que tuviese que enfrentar. Piñeiro trató de calmarla con palabras de reconocimiento a su actitud, pues era notable la excitación emocional en que ella se encontraba. Luego continuó explicándole que los sacrificios a los cuales debía someterse comenzarían en Cuba, lugar donde ninguna de sus amistades tampoco podrían conocer que había sido seleccionada para esta misión. Además, los oficiales que le impartirían los diversos cursos de preparación operativa y militar a los que debía someterse, no podrían conocer su verdadera identidad.

Tamara intervino nuevamente para decirle que para ella no era fácil lo que se le pedía, pues su vida en Cuba había estado muy vinculada a diversos revolucionarios cubanos y latinoamericanos. En este último caso, con los integrantes del Frente Unitario Nicaragüense (posteriormente denominado Frente Sandinista de Liberación Nacional), encabezado por Carlos Fonseca Amador, con quienes había proyectado ir a combatir a Nicaragua. A todos ellos, agregó, le sería difícil de entender su alejamiento. Este podría levantar serias sospechas si no se justificaba adecuadamente.

Piñeiro, sonriente, se alegró de la sagacidad de Tamara para comprender la situación que tendría que enfrentar y, restándole importancia al asunto, le manifestó que los oficiales que dirigirían su preparación operativa elaborarían las diferentes leyendas que tendría que utilizar con cada una de sus relaciones personales; de forma tal que se complementaran, sin que, a la vez, ninguna de ellas pudiera verificar la exactitud de las mismas. Esto se haría, la tranquilizó, teniendo en cuenta fundamentalmente las opiniones de ella. Pero, mientras tanto, era necesario que comenzara a separarse de sus amistades más cercanas; de manera que éstas no entorpecieran su entrenamiento y cuando, culminado éste, tuviera que salir de Cuba, su ausencia les llamara menos la atención.

Fue en ese momento cuando, con el rostro fruncido, con lágrimas en sus ojos, pero con su cabeza muy en alto, Tamara nos refirió todo lo que había ganado en su desarrollo político e ideológico desde su llegada a Cuba. También nos indicó cómo habían contribuido en su formación las diferentes tareas revolucionarias que había desarrollado y todavía estaba desarrollando en nuestro país, así como las fluidas relaciones que mantenía con sus diversos amigos cubanos y extranjeros. No obstante, dijo, esperaba que la misión que le íbamos a encomendar le permitiera un mayor desarrollo político y, sobre todo, cumplir con su gran sueño de participar directamente en las luchas por la liberación nacional de América Latina.

Piñeiro le explicó que el combate que ella soñaba librar tenía diferentes formas de realización y para que fuera exitoso implicaría el empleo de diferentes métodos vinculados al trabajo conspirativo. A veces, le detalló con un cierto aire pedagógico, tendría que servir como "buzón" para recibir una carta con un mensaje secreto, del cual podría depender el éxito de una operación revolucionaria o la vida de un compañero. Por otra parte, las diferentes formas de contactos impersonales que aprendería les serían fundamentales en su futura misión para burlar la vigilancia sobre sus actividades de los órganos de seguridad enemigos.

En igual sentido operarían los mensajes cifrados o con escritura invisible que aprendería a elaborar. También su dominio de las técnicas para preparar un escondrijo; es decir, un lugar secreto, bajo camuflaje, donde se pudiera depositar un mensaje, hacer entrega de un arma, de medios de comunicación, de medicamentos o de dinero. Todos ellos, concluyó Piñeiro, separados o en su conjunto, eran métodos que contribuían a garantizar la eficiencia y seguridad del trabajo clandestino que los revolucionarios debían realizar para lograr su victoria sobre el enemigo imperialista y, en particular, sobre sus órganos de inteligencia, contrainteligencia y policíacos.

Tamara le prestaba gran atención a esas explicaciones, pero su cara se iluminó cuando Piñeiro, sin saber que pronosticaba su futuro, le dijo: "No se puede excluir, en ningún caso, que, llegado el momento, tengas que incorporarte a un destacamento guerrillero para lo cual también recibirás la preparación militar necesaria".

A esas alturas de la conversación todos notamos que ella ya había interiorizado la complejidad de las tareas que tendría que enfrentar y el gesto de preocupación que reflejaba en su rostro. Por ello, Piñeiro le aseguró que recibiría la preparación necesaria para que enfrentara exitosamente los riesgos que tendría que correr. Seguidamente le habló de ponerle un seudónimo (que después le propondríamos) con el cual se identificaría a todo lo largo de su preparación operativa, sin revelar a nadie su verdadera personalidad.

Con marcado regocijo ella nos pidió que le permitiéramos escogerlo. De inmediato —como si lo hubiera pensado durante mucho tiempo— nos propuso que su "nombre de guerra" fuera Tania. Según me contó años más tarde su madre, Nadia Bunke, esa fue la forma sutil y sublime escogida por su hija para testimoniar la admiración que siempre había sentido por otra mujer que, en la clandestinidad, había llevado ese sobrenombre: la guerrillera soviética Zoja Kosmodemjanskaja, detenida, torturada y asesinada en diciembre de 1941 por las hordas fascistas que habían ensangrentado el suelo de su país. Aunque entonces no conocíamos esa historia, ni la identificación político-emotiva de Tamara con su protagonista, todos aceptamos el seudónimo que ella había elegido.

Días después, acompañé a Piñeiro, a Tamara y a Papi (a quien el Che había orientado que se vinculara y familiarizara con la compañera que escogiéramos en función de las tareas que en el futuro ambos tendrían que desarrollar en la organización urbana que apoyaría a un destacamento guerrillero en algún país suramericano), al despacho de Che en el Ministerio de Industrias. Al entrar, ella no sabía a quien íbamos a ver.

Sin embargo, más que demostrar sorpresa, exteriorizó un inmenso regocijo al vislumbrar que las tareas de las que Piñeiro le había hablado estarían vinculadas, en una forma que aún desconocía, a aquel compatriota de quien, en agosto de 1960, había escrito al capitán Antonio Núñez Jiménez indicándole que, tal vez, algún día se lo llevaría a Argentina "para que ayude a lograr algunos cambios en nuestra tierra".[6]

Por su parte, el Che —que había compartido con ella en trabajos voluntarios con delegaciones alemanas y en ciertas actividades de la colonia argentina radicada en Cuba (como el histórico asado que se efectuó en los amplios locales del ICAP el 25 de mayo de 1962 para celebrar el 152 Aniversario de la independencia de Argentina frente al colonialismo español)— comenzó preguntándole por algunos de sus compatriotas. También le preguntó cómo marchaba su trabajo en los diferentes organismos cubanos con los que cooperaba y sobre otros temas de su interés.

Objetivamente, con aquel dialogo, el experimentado comandante y dirigente político quería eliminar la tensión inicial del encuentro. Cuando consideró que había cumplido ese propósito, mirándola fijamente a los ojos, le preguntó qué le había dicho Piñeiro y cuál era su decisión al respecto, a partir del criterio de que su aceptación de la tarea debía ser totalmente voluntaria. En caso de que en los días transcurridos desde su reunión con nosotros hubiese cambiado de opinión, eso no significaría —agregó el Che— ningún problema para ella, pues él sabía que habían disímiles tareas a cumplir por un revolucionario; incluidas algunas ajenas a los graves peligros que ella tendría que enfrentar si finalmente aceptaba la misión que se le había propuesto.

Sin vacilar un instante, con un poco de enfado, Tamara le respondió que, como revolucionaria, ella tenía una solo palabra. Que ya le había expresado a Piñeiro su disposición a cumplir cualquier tarea que contribuyera a liberar a América Latina de la explotación imperialista, lo cual para ella era más importante que cualquier riesgo que tuviera que enfrentar.

Sonriente, el Che la calmó y jovialmente le reiteró que, una vez aceptada la tarea, quedaba comprometida con su total cumplimiento. Por ello, continúo, él personalmente quería estar convencido de que así sería. Acto seguido se refirió a las grandes tensiones emocionales que ella tendría que enfrentar como consecuencia del alejamiento de sus seres más queridos y de la vinculación al mundo capitalista que ella siempre había despreciado por sus actitudes egoístas y explotadoras hacia nuestros pueblos. Además, tendría que correr grandes peligros en los cuales podría perder la vida.

Después comenzó a analizar la situación política, económica, social y militar del continente, la presencia (oculta para muchos) del imperialismo norteamericano en el saqueo de las principales riquezas de la región y la subordinación de los gobiernos locales a estos propósitos, por lo que, a cambio, sólo recibían las migajas que los imperialistas le proporcionaban para que se enriquecieran sus dirigentes. "No se puede ser revolucionario —afirmó categóricamente el Che— sin ser antiimperialista." Por consiguiente, concluyó, no había otra alternativa que desarrollar la lucha abierta y frontal contra la presencia imperialista en América Latina y contra los gobiernos serviles, fueran estos o no dictaduras militares.

Con palabras entrecortadas por la emoción que le producían esas aseveraciones, Tamara le respondió que sería fiel a esos principios al costo que fuese necesario. Que a partir de ese momento ese sería el objetivo fundamental de su vida. También manifestó que jamás había pensado en un momento como éste. Muchos menos en que sería directamente el Che quien le hablaría y confiaría en ella. Y finalizó afirmando: "Esa confianza no la defraudaré mientras me quede un hálito de vida."

Terminó así el proceso de selección de lo que —en nuestro lenguaje operativo— comenzamos a identificar como "el caso Tania". A partir de ese momento, cumpliendo instrucciones de Piñeiro, quedé encargado de la organización y la dirección del equipo de oficiales de la Sección Técnica de la Inteligencia Política, de las Escuelas de Preparación Militar y de otras dependencias del MININT, que se encargarían de su entrenamiento en los métodos y las técnicas conspirativas necesarias para el trabajo clandestino que ella tendría que realizar. También de prepararla para que, llegado el caso, pudiera incorporarse a la lucha armada revolucionaria urbana o rural.

Paralelamente, en estrecha coordinación con otros especialistas del organismo, tendría que comenzar a crear las condiciones para obtener la documentación necesaria para la salida secreta de Tania de nuestro país; pero, sobre todo, a elaborar la fachada y la leyenda que le posibilitarían a Tania ingresar de manera segura y clandestina en el país latinoamericano que el Che identificaría en el momento oportuno.

CAPÍTULO IV
Preparación operativa en Cuba

Sobre la base de lo acordado con Tania luego de nuestra reunión con el Che, en los primeros días de abril de 1963 me presenté en su apartamento, ubicado en el tercer piso del edificio que se encuentra en la calle 3ra, número 1080, entre 18 y 20, en el Reparto Miramar de Ciudad Habana. Al verme con otro compañero que ella no conocía, su rostro reflejó cierto asombro. Le expliqué que se trataba del oficial Juan Carlos (Salvador Prat, actualmente dirigente del Ministerio de la Construcción de la República de Cuba), quien me acompañaría durante la mayor parte del tiempo de su entrenamiento. Se notaba tensa, expectante.

Bebimos un delicioso café que nos preparó a la manera cubana antes de comenzar a conversar, con la mayor naturalidad posible, acerca de temas referidos a las diferentes actividades que ella había desarrollado en Cuba. Luego de esa necesaria introducción, entramos directamente en materia. Como previamente le habíamos solicitado, nos entregó una autobiografía redactada de manera impersonal (ver Anexo 1). Acto seguido le indicamos que el entrenamiento que recibiría sería prolongado e intenso. Sin embargo, como le había adelantado Piñeiro, en los primeros días nos limitaríamos a revisar las leyendas que llevaríamos preparadas para ocultar las actividades que, a partir de ese momento, comenzaríamos a realizar.

En función de lo anterior fuimos analizando, caso por caso, los organismos cubanos con los cuales se encontraba trabajando y, siempre teniendo en cuenta sus opiniones, definimos lo que en el futuro inmediato tendría que plantearles a sus jefes y amigos con vistas a justificar su paulatino alejamiento de los mismos. Posteriormente, revisamos sus relaciones personales más cercanas, comenzando por el matrimonio estadounidense Lenna y Louis Yones que vivían en el piso superior al de su apartamento y con quienes Tania compartía diariamente en razón de la identificación política que se había creado entre ellos.[1] Luego de estudiar diferentes alternativas, llegamos a un consenso acerca de las explicaciones que ella le daría al indicado matrimonio.

Después abordamos el caso particular de sus padres, Nadia y Erich, en quienes —como le habíamos indicado en la conversación en casa de Piñeiro— teníamos absoluta confianza política, pero a los que no debíamos someter a la incertidumbre que seguramente les provocaría conocer la realidad de sus futuras actividades clandestinas. Al respecto acordamos que comenzaría a hablarles en sus cartas de "un trabajo especial" que emprendería con las Fuerzas Armadas Revolucionarias cubanas. Debía agregarles que esas tareas, llegado el momento, la "secuestrarían" de sus actividades normales.

En ese contexto le insistimos en que la necesidad de elaborar esa leyenda no implicaba desconfianza hacia ninguno de los revolucionarios cubanos o extranjeros con los que ella estaba vinculada, pero que la compartimentación —típica de las tareas conspirativas— era un principio inviolable de nuestro trabajo. Por su parte, Tania expresó su convencimiento de que sus padres —entrenados durante muchos años en la lucha clandestina contra el fascismo— comprenderían la situación y nunca le preguntarían nada acerca de su "trabajo especial".

Después le adelantamos que, pasado algún tiempo, analizaríamos la necesidad de mudarla a otra dirección que no fuese conocida por sus amigos. Mientras tanto, para justificar mis constantes visitas a su apartamento a altas horas de la noche, acordamos que ella les diría que yo era su novio, pero que por el delicado trabajo que realizaba y por otras situaciones personales, no quería mantener relaciones con ellos; cosa que Tania aceptó en la seguridad de que todos sus amigos comprenderían la situación sin necesidad de tener que ofrecerles explicaciones adicionales.

Ya relajada del intercambio sobre estos temas, nos señaló —con su franqueza característica— la necesidad de que le habláramos con toda claridad, incluso cuando tuviéramos que señalarle sus errores o deficiencias. Pero demandó que siempre fuéramos explícitos al expresarle nuestros puntos de vistas. Haciendo gala de su recia personalidad, también nos pidió que, en cada momento que ella no entendiera una orientación o una enseñanza cualquiera, se le permitiera dar su criterio hasta que interiorizara claramente nuestras orientaciones. Ella sabía, agregó, la importancia de mantener a toda costa la disciplina en tareas tan complejas y riesgosas como las que tendría que emprender; pero esto sólo le sería posible cuando tuviera una verdadera comprensión de lo que tenía que hacer, obviamente sin violar, en momento alguno, los necesarios principios de la compartimentación.

Aunque estuvimos de acuerdo con sus reclamos pues en nuestro trabajo no podían (ni pueden) imponerse los criterios, a Juan Carlos y a mí rápidamente se nos hizo evidente que el concepto de Tania sobre la disciplina era muy particular. Este nos auguraba un trabajo difícil y paciente. Sin embargo, ambos valoramos que los objetivos de nuestro primer encuentro con ella se habían cumplido de manera satisfactoria.

A partir de ahí, nuestras reuniones con Tania fueron prácticamente diarias. La mayor parte de las veces nos veíamos en horas de la noche hasta entrada la madrugada. Por consiguiente, poco a poco, nos fuimos conociendo y, en los momentos de mutua relajación, comenzamos a compartir nuestras correspondientes inclinaciones hacia la música, la literatura, el cine, el deporte. En algunas ocasiones, ella tomaba su guitarra y nos regalaba sus interpretaciones de diversas piezas del folklore argentino. Otras veces, al ritmo de su acordeón, nos deleitaba con su maravillosa interpretación de algunas canciones soviéticas; entre ellas, la afamada Noches de Moscú.

Así, sus pláticas acerca de los detalles más íntimos de su vida personal se fueron haciendo cotidianas. En forma ostensible ella demostraba satisfacción al contarnos su vida, la de sus padres (a quienes idolatraba), al igual que la del resto de su familia. También se sentía complacida al entregarnos sus recuerdos sobre su infancia y adolescencia en Argentina, al igual que acerca de la agitada vida que desarrolló en la RDA como consecuencia de su entrega total al trabajo revolucionario.

Para Juan Carlos y para mí esos intercambios eran imprescindibles, ya que teníamos necesidad de conocerla con la mayor profundidad posible con vistas —según le explicamos— a elaborar la fachada y la leyenda que definiría la nueva personalidad que Tania asumiría fuera de Cuba. En ese orden, nuestro propósito era que esa fachada y esa leyenda se basaran en datos lo más cercanos posibles a su vida real.

El resto de la instrucción también fue muy rigurosa. Comenzamos por debatir con ella el trabajo del enemigo. Le indicamos que estaba obligada a dominar los métodos de los órganos de inteligencia y contrainteligencia latinoamericanos. Estos, en muchos casos, eran similares en razón de que la mayoría de esos órganos represivos eran entrenados por la CIA, el Buró Federal de Investigaciones (FBI, por sus siglas en inglés) o por oficiales de la Policía y de otras agencias especiales estadounidenses.

Tanto Juan Carlos como yo le insistimos mucho en los mecanismos de vigilancia y control político que empleaban los aparatos represivos bolivianos, aunque sin mencionarle el país en el cual tendría que infiltrarse. Además, dedicamos días enteros al estudio de la situación política, económica y militar que existía en los países suramericanos; los vínculos de sus correspondientes gobiernos con el de los Estados Unidos y con los monopolios de ese país. También a hablarle a Tania (a partir de los conocimientos y experiencias que ya habíamos acumulado) de las costumbres y las formas de vida de sus correspondientes burguesías.

Después de abordar esos temas comenzamos a prepararla psicológicamente para las clases que recibiría de nuestros instructores en diversas técnicas operativas. Esas clases, le indicamos, la convertirían en una verdadera especialista en los métodos de trabajo de la inteligencia y la contrainteligencia enemiga, lo que le permitiría detectar y, en la medida de lo necesario, burlar o neutralizar las acciones que estos órganos pudieran emprender contra ella. Sobre todo en los primeros momentos de su radicación en cualquier país, ya que muchas veces ante un extranjero recién llegado y que comienza a frecuentar los círculos de poder político y económico, como parte de la rutina propia de su trabajo, esos órganos pueden ejercer determinados controles para conocer sus verdaderas intenciones.

Por otro lado, cual parte intrínseca de su entrenamiento, Tania comenzó a aprender cómo contrachequearse; es decir, los diferentes métodos que debía emplear para detectar la vigilancia y el control que podía ejercer sobre ella un potencial enemigo. También aprendió a chequear los objetivos que se le señalaban. Cuando entendimos que su asimilación de la parte teórica de esas materias era aceptable, comenzamos a salir con ella para realizar algunos ejercicios prácticos en la calle.

En ese orden le orientábamos que, sin ponerse en evidencia, siguiera a un objetivo (o sea, a una persona escogida al azar) y luego nos rindiera un informe de todas las actividades que ésta había realizado. Aunque al principio tuvimos que corregir los errores que cometió a causa de su falta de experiencia (en particular, en los casos en que el objetivo señalado podía haber notado el seguimiento), su atención en nuestros encuentros y discusiones, así como su capacidad e inteligencia, permitieron que rápidamente fuera superando esas deficiencias. Más aún porque para ella esos ejercicios de chequeo eran como un juego.

En efecto, cuando nos explicaba los movimientos de alguien a quien había seguido lo hacia con una gran capacidad expresiva, cargando su relato con constantes sonrisas que le iluminaban su bello rostro. De modo que, poco a poco, comenzó a sentir tanta seguridad en lo que estaba haciendo y en lo que tendría que hacer en el futuro inmediato que tuvimos que trabajar con ella para evitar su exceso de seguridad, lo que −según le explicamos utilizando el lenguaje entonces en boga en Cuba− podría llevarla a "bajar la guardia".[2] Esa conducta, le insistimos, no era aconsejable en las tareas clandestina. En estas, la desconfianza y la vigilancia constantes son virtudes inapreciables y, a la vez, principios que −como decía el Che respecto a la lucha guerrillera rural− hay que tener presentes en cada instante.

Paralelamente, Juan Carlos y yo también empleamos intensas jornadas de trabajo en enseñarle las diferentes formas de contactos impersonales; entre ellas los escondrijos. Sus características −le indicamos− estaban estrechamente vinculadas al uso que finalmente fuera a dárseles. A partir de ese concepto los lugares a escoger también diferían. Por ejemplo, el banco de un parque puede servir para pegar en una parte no visible un simple mensaje; mientras, una pared, un árbol o un terreno yermo serían los lugares más apropiados para el ocultamiento de un objeto de mayor tamaño. Además, el o los elementos a ocultar debían estar debidamente camuflados, de manera que a simple vista no les llamaran la atención a ninguna persona y nadie pudiera percatarse de su contenido.

Para nuestra sorpresa, en mucho menor tiempo del calculado, Tania se convirtió en una experta en el uso de esos métodos de tanta importancia para el cumplimiento de su futura misión. Por ello, comenzamos a explicarle el uso de la escritura invisible y del sistema de codificación. Pero sólo lo hicimos desde el punto de vista teórico y con el único objetivo de que ella tuviera una idea preliminar del contenido de las clases sobre esos temas que, posteriormente, le impartirían los compañeros de la técnica operativa especializados en esas materias.

Lo mismo hicimos con el uso de las transmisiones y con la recepción por radio de mensajes codificados con el empleo de la telegrafía. En ese orden únicamente le trasladamos algunas experiencias y algunos consejos que luego podría conocer con lujo de detalles en las clases prácticas que recibiría. Según pudimos confirmar, las dudas que presentó en nuestras conversaciones al respecto las fue disipando con sus instructores, ya que —en opinión de ellos— en esas materias obtuvo resultados satisfactorios.

Así también ocurrió con el entrenamiento dirigido al establecimiento de relaciones con personas desconocidas. Para Tania esas clases les fueron fáciles, ya que su aspecto, su nivel cultural, su belleza, su simpatía, su audacia y sus otros atributos personales, le permitían cumplir ese propósito con relativa facilidad. Como si fuera ahora recuerdo una práctica que realizamos en las calles San Rafael y Galeano, en La Habana. Entonces esa era una zona con muchos comercios dedicados a la venta de ropa, zapatos, efectos electrodomésticos y otros productos industriales. En consecuencia, sus inmediaciones eran muy transitadas en horas de la tarde.

Un día caminando con ella por allí y sin previo aviso le indicamos que debía tratar de establecer relación con un matrimonio que, acompañado por su pequeña niña, caminaba por el lugar. Sin pensarlo dos veces, Tania partió hacia ellos y le preguntó la dirección de un comercio. Al instante, el matrimonio escogido no sólo la llevó hasta ese lugar y la acompañó a realizar algunas compras, sino que terminó invitándola a su casa, donde le ofrecieron saborear una taza de café. Ella les aceptó la invitación y con datos ficticios les habló de Argentina y de su estancia en Cuba. El hombre era un funcionario oficial de un organismo cultural y la esposa era maestra por lo que la conversación se prolongó por algunas horas en las que quedó sellada una amistad. Esta se mantuvo hasta el momento en que decidimos que la suspendiera justificadamente.

El estudio operativo de un objetivo militar o económico fue otra de las materias que Juan Carlos y yo le tuvimos que enseñar. En ese terreno aprendió cómo analizar desde el exterior las características fundamentales de una instalación seleccionada. También la instruimos acerca de cómo analizar de manera profunda toda la información pública que contribuyera a la valoración de las características de una unidad militar determinada, la vigilancia que la protegía, las diferentes formas de acceso a la misma, los puntos sensibles donde pudiera radicar la información requerida y, en el caso en que esa fuera la misión, cómo atentar contra ese objetivo.

Tania no denotaba inseguridad, pero observamos que sus reacciones no eran como en otras materias en las que su capacidad de captación de nuestras lecciones era muy rápida. Por ello, tuvimos que convencerla de que sólo en las clases prácticas que recibiría posteriormente por parte de instructores especializados podría despejar todas sus dudas, pero que tanto Juan Carlos, como yo estábamos seguros que ella ya había adquirido las herramientas necesarias para emprender un entrenamiento superior.

Simultáneamente, y a partir de nuestras experiencias en las luchas contra la dictadura de Batista, le trasladamos nuestro criterio acerca de que, sin el apoyo de una organización en la ciudad, era muy difícil para un movimiento revolucionario armado sostenerse en las áreas rurales. Mucho menos en su primera etapa. Luego, cuando alcanzara la madurez, la columna guerrillera rural podría actuar con mayor independencia; pero siempre continuaría necesitando determinados elementos logísticos e importantes contactos para lo cual requeriría de un aparato clandestino urbano. Las células del mismo, además de desarrollar tareas de propaganda, también contribuían a facilitar los vínculos de la organización político-militar con el exterior.

En nuestro concepto, le indicamos, en el futuro inmediato esa sería su tarea fundamental, aunque —como le había expresado Piñeiro— no descartábamos que algún día su sueño de ocupar un puesto de combate en una columna guerrillera rural pudiera convertirse en realidad. Por eso, le adelantamos, en los próximos meses recibiría entrenamiento militar en lucha irregular, lo que le permitiría dominar las tácticas esenciales de ese tipo de guerra, el uso de diferentes armas y explosivos convencionales, así como la fabricación de otros con los medios más rudimentarios. En la experiencia cubana, insistimos, el empleo de esos explosivos fue un importante instrumento en el enfrentamiento al ejército y a las fuerzas represivas del enemigo; pero usados como un arma de guerra y nunca en acciones terroristas contra la población civil.

Cuando vencimos la etapa de preparación teórica y psicológica de Tania, coordiné con el entonces primer teniente del Ejército Rebelde Neuris Trutié (conocido como Teobaldo); quien —previamente— había recibido instrucciones del mando superior para que actuara como jefe de los instructores técnico-operativos encargados de la preparación de Tania. Según rememoró Teobaldo años más tarde, en los primeros días de abril de 1963 Piñeiro lo citó para indicarle que coordinara conmigo con vistas a ir preparando el entrenamiento "con todos los yerros" (o sea, una preparación integral) a una compañera que yo le presentaría. También le dio indicaciones precisas de las principales materias que debía abarcar esa preparación.

En función de ello, el plan que elaboré junto con Teobaldo (para quien Tania era una agente más de la Inteligencia cubana y no una internacionalista que cumpliría una misión clandestina en apoyo al movimiento revolucionario latinoamericano), comprendía tres etapas: una en la ciudad; otra en un territorio lo más agreste posible (preferiblemente en alguna zona montañosa) y, finalmente, una práctica de comunicación radial triangular.

Según el testimonio que me entregó Teobaldo entre los instructores de Tania estuvo la compañera Laura.[3] Ella le enseñó escritura invisible y código cifrado. Las clases de fotografía, micropunto,[4] película blanda y embutido se las impartió el compañero Medina; mientras que las vinculadas con el desarrollo de contactos personales e impersonales, así como con la preparación de leyendas se las ofrecieron los compañeros Mauricio y Galardy. La instrucción práctica acerca de cómo desarrollar el chequeo y contrachequeo estuvo a cargo de Mauricio.

Por otra parte, las instrucciones vinculadas a las comunicaciones, al arme, desarme, instalación y operación de equipos receptores y transmisores se las impartieron Castilla y Manuel. Adicionalmente, la enseñanza de radiotelegrafía estuvo a cargo de Carlos Puig Espinosa (también conocido por Manuel) y de Payret padre, quien tenía mucha experiencia en ese campo ya que, como agente de los órganos de contrainteligencia cubanos, previamente había participado en un juego operativo contra las bandas contrarrevolucionarias que, con el apoyo estadounidense, se habían alzado en la serranía del Escambray.

Toda la preparación técnica de Tania en esas materias duró cerca de un año. En todo ese período —recuerda Teobaldo— la misma se destacó por su discreción. A tal grado que, a pesar de que conversó con ella varias veces acerca de sus experiencias personales en la lucha contra Batista, así como sobre lo que él había aprendido en las tareas clandestinas que había cumplido en el exterior, nunca conoció la identidad verdadera de Tania, ni ella le entregó la más mínima información sobre la misión para la que se estaba preparando. También se destacó por su disciplina (nunca recibió queja alguna sobre su conducta), por su rápida asimilación de todos los conocimientos y por el escaso número de deficiencias que tuvo que señalarle.

Estas fueron tan pocas que, pese al tiempo transcurrido, Teobaldo aún las tiene en su memoria. En una ocasión, durante una práctica, Tania tuvo que realizar un pase de información en la terminal de trenes de la ciudad de Pinar del Río, ubicada en el occidente de Cuba. Aunque realizó la acción satisfactoriamente, cuando terminó el ejercicio regresó al lugar de los hechos para conversar con el compañero a quien le había entregado la información, lo cual violaba las medidas de seguridad establecidas para esa forma de comunicación.

En otra oportunidad, tuvo que llamarle la atención a Tania por su forma de vestir con ropas que en aquellos años no se usaban en Cuba, lo cual —junto a su elegante físico— la hacia muy llamativa en los lugares que visitaba. También tuvo que requerirla porque, en una de las prácticas de comunicación radial, el Centro principal, fingiendo ser un radio aficionado, le interrumpió la transmisión y le hizo diferentes preguntas a Tania para identificar quién transmitía, hacia dónde lo hacía y qué equipo estaba utilizando. En esa situación, ella no cortó rápidamente las comunicaciones, lo cual, en condiciones reales, podía facilitar su localización por parte del enemigo.

A pesar de su recia personalidad, Tania asimiló rápidamente esas criticas, por lo que Teobaldo todavía la recuerda como "una persona de trato afable, con la cual era fácil conversar, ni muy espontánea, ni introvertida"; pero portadora de "un alto nivel cultural y político". Por otro lado, sabía adaptarse "al medio en que se desenvolvía y actuar de acuerdo a los principios básicos que se le enseñaron". Esas cualidades —concluye Teobaldo— le permitieron a Tania "asimilar positivamente la instrucción impartida, sin la cual, sumado a su inteligencia y audacia personal, no hubiese podido trabajar exitosamente todo el tiempo que estuvo en Bolivia con una personalidad falsa".

Criterios parecidos acerca de las virtudes de Tania también conserva el entonces técnico de radio y radiotelegrafía e integrante del VMT, Carlos Puig Espinosa; quien, como está indicado, fue otro de sus instructores. Este recuerda el momento en que, en 1963, se la presenté en la casa de entrenamiento situada en la avenida 9na y calle 26, en Miramar, Ciudad Habana. Ella debía aprender radiotelegrafía, transmisión y recepción radial. En función de lo anterior aprendió a operar varios equipos de radio, entre los que figuraba el que llamábamos "el Pancho": un aparato muy pequeño, manuable y con un buen alcance que había sido introducido por la CIA en Cuba. Una vez que conoció estas técnicas,

Tania realizó diversas practicas de comunicación con otros corresponsales situados en varias casas operativas en la capital cubana y otros puntos del país. Asimismo, aprendió a construir un equipo de radio.

En ese orden —siempre según Puig— la única dificultad que Tania tuvo al comienzo de su entrenamiento fue el aprendizaje de la radiotelegrafía internacional ya que nuestros técnicos le habían introducido algunas modificaciones al código convencional con vistas a garantizar una mayor seguridad en las comunicaciones y que los mensajes no pudieran ser fácilmente descodificados por los medios técnicos del enemigo. Sin embargo, empleando la Clave Morse y haciéndose pasar por una radio aficionada,[5] ella logró perfeccionar la técnica, lo que le permitió establecer contactos con Venezuela y otros países del continente. Algo parecido le ocurrió con el aprendizaje de la construcción de un equipo de radio con materiales fáciles de conseguir en cualquier casa de venta de componentes radiales. Pese a sus dificultades iniciales, durante el entrenamiento, ella logró construir un equipo de 75 watts que le garantizó comunicaciones con toda América Latina.

Adicionalmente, la preparación de Tania para su posible incorporación a un destacamento guerrillero requería la enseñanza teórico-práctica de varias materias militares: armar y desarmar armas ligeras, tiro, explosivos, táctica, caminatas y ejercicios de supervivencia en las montañas donde el agua y los alimentos debía obtenerlos del medio en el que se desenvolvía. Uno de sus instructores en esas materias fue Carlos Alberto González Méndez (Pascual).

Él fue su profesor de explosivos y aún recuerda que comenzó a prepararla en esa disciplina en junio de 1963. Las clases se efectuaron en una casa operativa ubicada cerca de la Autopista del Medio Día, al oeste de la capital cubana. Fue en esa casa en la cual Juan Carlos se la presentó y en la que le demandó que la instrucción debía incluir el conocimiento de los explosivos fabricados por la CIA que se le habían ocupado en Cuba a elementos contrarrevolucionarios. Asimismo, otros explosivos convencionales y de confección casera que pudieran ser útiles en la lucha guerrillera urbana y rural.

Según Pascual, en su primera conversación, le explicó a Tania los innumerables riesgos que se corrían en el manejo de explosivos y las estrictas medidas de seguridad que debían guardarse. Sobre la base de la experiencia de la lucha insurreccional en Cuba, también le explicó que esos mortíferos artefactos sólo debían utilizarse en acciones directas contra las fuerzas represivas del enemigo, sin afectar en forma alguna a personas inocentes, ni a la población civil. En su trato diario, él la apreció como "una gente jovial, muy accesible, sencilla, a quien le gustaba mucho conversar y preguntaba mucho, pero era muy disciplinada por ser ésta una de las reglas inviolables en el manejo de explosivos".

Él —agregó— "no conocía su nacionalidad ni su identidad real"; pero como casi siempre iba vestida de miliciana con una pistola en la cintura, se vio obligado a alertarla acerca de que su indumentaria podría llamar mucho la atención, ya que eran muy pocas las extranjeras radicadas en Cuba que se vestían de miliciana y portaban una pistola. Aunque se lo dijo "en forma de broma para que no lo interpretara como una critica"; a partir del día siguiente Tania "dejó de ir vestida de miliciana" y comenzó a ir sin la pistola.

Además, cuando se hacían explosivos caseros que tenían una gran parte de sus componentes en polvos, la ropa y el pelo se le ensuciaba, por lo que ella jocosamente decía que le habían salido canas. Adicionalmente, en la fabricación de las granadas de mano, al principio de la preparación, se preocupaba mucho por la lata o el envase que se utilizaría y por la cantidad de metrallas que podían contener; pero progresivamente fue aprendiendo muy bien la mejor manera de combinar esos materiales. Muy tranquila, sin nerviosismo ni miedo alguno, aprendió a lanzar las granadas y a tirarse al suelo en espera de la explosión.

A decir de Pascual, a Tania "le gustaba conversar mucho". No obstante y a pesar de que en su entrenamiento casi siempre estaban solos (en pocas ocasiones Juan Carlos, que era quien la llevaba, se quedaba a presenciar las prácticas), nunca le dio a conocer detalle alguno que permitiera conocer su personalidad real. Por el contrario, mantenía todas las reglas de la clandestinidad y nunca le preguntó sobre su vida personal. Por ello, no fue hasta que se hizo pública la noticia de la muerte de Tania en la guerrilla boliviana, que Pascual supo a quien había entrenado años atrás. Todavía la recuerda como "una gente joven, llena de vida, muy firme en sus convicciones [y], muy inteligente".

Esos testimonios y otros excluidos en aras de la síntesis, demuestran cómo, a lo largo de su intensa preparación, ella había desarrollado criterios muy bien definidos sobre el trabajo clandestino. Junto a ellos había consolidado los principios que rigen la vida de los hombres y mujeres dedicados a la actividad revolucionaria: odio al enemigo, firmeza ideológica, disciplina, superación constante y disposición al sacrificio con la confianza en la victoria y sin otra ambición ajena a la satisfacción del deber cumplido.

Tania también ya había modelado su carácter. Tenía plena conciencia de la necesidad de eliminar sus referencias a la teoría y a la práctica revolucionaria. Ahora tendría que utilizar palabras frías, con el vago contenido explotador de la burguesía. En sus relaciones no podría utilizar más el apelativo "compañero". En su léxico ya había incorporado los vocablos señor, señorita y señora. Su vestimenta miliciana había quedado en el recuerdo. Aunque con la sencillez que la caracterizaba, su atuendo se acercaba cada vez más al utilizado por la pequeña burguesía. Además, había aprendido la forma de ser y vivir de las clases dominantes y estaba presta a imitarla con la maestría de una artista.

Por ello, en mi criterio, se imponía dar por concluida esa parte del entrenamiento. Había que pasar a la última fase de su preparación operativa en Cuba: los ejercicios prácticos integrales en los que finalmente se comprobarían si, efectivamente, Tania ya estaba realmente lista para salir de Cuba a cumplir exitosamente las misiones que le encomendaría el Che.

Según lo previsto y sobre la base de las coordinaciones previamente realizadas con los órganos de la contrainteligencia del MININT, esos ejercicios se realizarían en la ciudad de Cienfuegos, ubicada en el centro sur de la isla de Cuba. Como veremos inmediatamente, ella tendría que viajar a esa urbe —conocida por su belleza como "la Perla del Sur"— con una doble personalidad y colocarse en circunstancias lo más parecidas posibles a las que tendría que enfrentar cuando saliera del territorio cubano.

CAPÍTULO V
Graduación de una combatiente clandestina

El Plan de Trabajo que Tania tendría que desarrollar en Cienfuegos fue rigurosamente preparado. Dada la complejidad de las tareas implicadas, en varias ocasiones, Juan Carlos y yo analizamos y discutimos con ella los contenidos del mismo. También le advertimos de los inconvenientes que podrían surgir, así como sobre las medidas que debería adoptar en el caso de que fuese detectada por la vigilancia popular o por los órganos del Departamento de Seguridad del Estado (DSE) del MININT de esa ciudad.

Esos inconvenientes podrían ser mayores porque, en ese ejercicio práctico, ella actuaría como una supuesta agente extranjera con misiones de inteligencia y sabotaje infiltrada en una de las más importantes ciudades de la antigua provincia de Las Villas.[1] Esta, entre 1959 y 1963, había sido uno de los principales escenarios de las victoriosas luchas del pueblo cubano contra las bandas contrarrevolucionarias amamantadas por la CIA. Por ende, todas las dependencias del MININT de esa región, al igual que los Comités de Defensa de la Revolución ya acumulaban una gran experiencia en el enfrentamiento a las actividades enemigas.

La dificultad que esto implicaba para Tania se incrementaría porque —como parte del ejercicio— nosotros denunciaríamos su presencia en esa ciudad y, por ende, la contrainteligencia cubana haría todo lo posible por detectar sus actividades clandestinas. De manera que ella tendría que cumplir todos los contenidos de su plan sin que esas actividades fueran detectadas por los órganos de la seguridad cubana.

Con el fin de coordinar todos los detalles de ese entrenamiento, en la primera semana de febrero del año 1964 viajé a Cienfuegos. Allí me entrevisté con el compañero Manuel Abstengo Carmenate (falleció en 1978), entonces jefe del DSE (G-2) de esa región. Le solicité que una brigada de chequeo tratara de controlar todas las actividades que Tania realizaría en la ciudad y en sus inmediaciones. Sin embargo, acordamos que la única información que él le entregaría a los oficiales involucrados en esa tarea estaría vinculada con la presencia de una extranjera que tenía "fuertes indicios de estar implicada en actividades enemigas". De modo que —manteniendo la compartimentación— ninguno de sus subordinados supiera que se trataba de un ejercicio organizado por el VMT del MININT

Tambien le solicité a Abstengo que nos facilitara su casa para realizar las transmisiones y recepciones radiales. Asimismo, que su esposa, Vitalia Lorenzo, acompañara a Tania en algunas ocasiones y, si fuese absolutamente necesario, la presentara como su prima. Para darle credibilidad a ese presunto parentesco, Tania viajaría a la ciudad con el nombre de Tamara Lorenzo. También portaría un carné que la identificaría como traductora del Ministerio de Industrias (MIND) y se hospedaría en el Hotel Jagua, una de las instalaciones turísticas más emblemáticas de la Perla del Sur.

Aunque desde mi punto de vista todo estaba totalmente preparado, una semana antes de trasladarme a esa ciudad para el desarrollo del ejercicio y sin previamente consultar con Piñeiro (quien aprobó mi decisión cuando se lo informé una vez concluido el entrenamiento de Tania), opté por pedirle al compañero José Gómez Abad (Diosdado), entonces jefe de la unidad del VMT del MININT que dirigía el trabajo ilegal hacia los países de América del Sur que eran hostiles a la Revolución cubana y con quien me unían estrechas relaciones personales y profesionales, que me acompañara a visitarla en el apartamento ubicado en la calle 20 esquina a la avenida 9na en Miramar, al que la habíamos trasladado poco después del inicio de su preparación. Sin romper la compartimentación en aspectos esenciales, mi objetivo era que, desde la óptica de su experiencia profesional en la preparación de agentes ilegales, Diosdado conversara con ella, participara junto conmigo y con Juan Carlos en el análisis del plan de trabajo que cumpliría en Cienfuegos y analizáramos colegiadamente su nivel de preparación, sus aptitudes y capacidades para cumplirlo.

Con esos fines, los tres visitamos a Tania ya pasadas las diez de la noche del 12 de febrero de 1964. O sea, una semana antes del día que inicialmente habíamos previsto para su salida hacia Cienfuegos. Al llegar a su apartamento toqué a la puerta. Pasaron algunos minutos sin que ella la abriera. Cuando pensábamos que no había nadie en la casa, nos abrió excusándose por la demora. Nos dio a entender que había sido determinada porque estaba concluyendo la recepción de un mensaje radial.

Según me comentó cuando años después logré vencer sus múltiples pretextos y resistencias para no concederme sus testimonios para esta obra (entre ellas las provenientes de su proverbial modestia y de su enraizada educación dentro de los principios de la compartimentación que rigen el trabajo clandestino), a Diosdado le llamó la atención que ella nos explicara la situación sin utilizar palabras, sino acudiendo a diversos gestos: conducta que demostró cuánto había interiorizado los principios conspirativos que le habíamos enseñado. En particular, la necesidad de tomar constantes precauciones ante la posibilidad de que los órganos enemigos le instalaran, de manera oculta, técnicas de escucha en su residencia.

Tan pronto entramos al apartamento, le presenté a Diosdado, a quien simplemente identifiqué como "un compañero de trabajo". En los primeros minutos, Tania lo observó con atención. Fue evidente que estaba tratando de desentrañar las características de su inesperado visitante. Él también la observaba, aunque objetivamente tenía ventaja sobre ella por los antecedentes que previamente yo le había entregado. De manera especial, lo había alertado acerca de algunos rasgos de la personalidad de Tania. También le había indicado que ella no era fácil de convencer cuando se creía poseedora de la verdad, cuando dudaba o no entendía con claridad las indicaciones que le trasladábamos.

Sin embargo, rápidamente comenzamos a bromear y a reírnos; de modo que muy pronto se creó el ambiente propicio para el diálogo que queríamos desarrollar. Los cuatro nos sentamos en la habitación de trabajo de Tania; en la que, para mi regocijo, no se veían por ningún lugar los implementos que sistemáticamente utilizaba para cumplir las tareas clandestinas que desarrollaba como parte de su entrenamiento. Entre otras cosas porque, con un delicado toque femenino y personal, ella había ordenado de manera muy peculiar su escondite secreto y su lugar de descanso. Así, cerca del radio-receptor que utilizaba para mantener las comunicaciones clandestinas, tenía colocada su guitarra y un grupo de libros que ayudaban a camuflar el equipo. En ese ambiente, la conversación transcurrió hasta avanzada la madrugada. En la primera etapa ella se colocó a la defensiva, seguramente debido a la presencia de alguien a quien no conocía; pero después comprendió que se trataba de un intercambio normal de trabajo. A consecuencia, se fue relajando. Ese estado de ánimo la ayudó a buscar respuestas y argumentos más amplios y objetivos a nuestras interrogantes. Por ende, la sesión de trabajo fue muy intensa, con sólo breves interrupciones para tomar café o para darle unos instantes de reposo mental. De modo que también pasó esa prueba de manera satisfactoria. Sólo nos quedaban por ajustar algunos detalles del ejercicio práctico. Este, entre otras cosas, nos debía ayudar a identificar las acciones que tendríamos que emprender para completar su entrenamiento durante el poco tiempo que ya le faltaba para salir de Cuba.

Dos días después de lo que inicialmente habíamos previsto, el 20 de febrero de 1964, me trasladé a la ciudad de Cienfuegos, acompañado por el compañero Iván Montero (alias Renán),[2] quien entonces se preparaba como radiotelegrafista para incorporarse al grupo guerrillero del EGP que, bajo la dirección de Jorge Ricardo Masetti y como parte de la mencionada Operación Sombra, ya había ingresado clandestinamente al territorio argentino en los meses precedentes.[3] Por consiguiente, Renán participaría en el ejercicio como uno de los corresponsales que tendría contacto radial con Tania. A su vez, para que la apoyara en caso necesario, decidimos que también nos acompañara su instructor en radiotelegrafía, Carlos Puig Espinosa (Manuel).

A las dos de la madrugada (02:00 hrs.) del 21 de febrero de 1964, e identificada, como habíamos previsto con el nombre de Tamara Lorenzo, Tania llegó a esa ciudad. Sobre la base de las coordinaciones que yo había realizado con Abstengo, en la habitación del Hotel Jagua donde se alojó le habíamos depositado un maletín conteniendo, convenientemente embutidos, los equipos y materiales que ella tendría que utilizar durante los días de la práctica operativa en la que —con una personalidad falsa y en un territorio para ella desconocido— tendría que demostrar su dominio de todas las enseñanzas recibidas, así como su capacidad y habilidad para detectar y eludir el trabajo que contra ella realizarían los fogueados órganos del G-2 de la provincia de Villa Clara.

Con tales fines —según consta en el documento donde dejamos consignado los detalles de su Plan de Trabajo (ver Anexo 2)— ella debía utilizar sus conocimientos en radio-transmisión y en radiotelegrafía, así como en el empleo de códigos para esas comunicaciones. También tenía que usar la escritura secreta y la fotografía tanto natural, como de documentos sin revelar. Igualmente, tenía que preparar escondrijos, realizar contactos personales, usar los planes de comunicación y todas las medidas de seguridad y clandestinidad que se le habían enseñado. Asimismo, tenía que llevar a la práctica los conocimientos adquiridos sobre los métodos de la lucha guerrillera urbana, obteniendo la información necesaria para colocar, sin ser detectada, un paquete (que simularía un artefacto explosivo) en un centro industrial de la ciudad que haría las veces de un objetivo militar.

En nuestro concepto, el cumplimiento de todas esas tareas en los once días programados para el ejercicio, consolidaría en Tania su fe en los medios y técnicos del trabajo clandestino que conocía. Además, le fortalecería sus costumbres y experiencias en el empleo de las distintas medidas de seguridad, tales como la escritura de informes sobre superficies duras y lisas; no sostener conversaciones comprometedoras por teléfono, en autos, casas ni otros lugares cerrados; dejar señales en sus ropas y pertenencias para saber si habían sido sometidas a un registro secreto; al igual que la observación de objetos y personas situados en mesas o lugares aledaños dentro de restaurantes, clubes, cines y otros establecimientos públicos seleccionados para contactos. Esto último con el objetivo de evitar la aplicación de la técnica microfónica o fotográfica por el enemigo. Todo lo anterior le infundiría confianza en sus capacidades para cumplir las tareas clandestinas que, en el futuro más o menos inmediato, tendría que emprender en el extranjero.

A pesar de algunas dificultades prácticas derivadas de la simultaneidad de todas las tareas que tuvo que desarrollar, de algunos imprevistos que se le presentaron en la casa de Abstengo y de las incomprensiones que se generaron con Manuel en lo relativo a la forma de instalar las antenas de los equipos de radio-transmisión que debía operar (ver Anexo 3), Tania cumplió la mayor parte de las acciones programadas. De hecho, del Plan de Trabajo Práctico que le habíamos elaborado únicamente dejó de realizar —por razones ajenas a su voluntad— las prácticas en la confección y uso de explosivos que debía efectuar en un cayo aledaño a la bella bahía cienfueguera.

Tal incumplimiento fue causado por el accidente que se produjo en la embarcación (propiedad del MININT) en la que junto a Renán, a Manuel, al jefe del Buró de Lucha contra Bandidos de Cienfuegos, Osvaldo Morejón Rodríguez, y a Valentín, el patrón de la nave, cruzábamos la bahía con vistas a dejar a Renán en Cayo Ocampo (desde donde realizaría las trasmisiones radiales), así como a enterrar en el mismo sitio los explosivos que Tania utilizaría en sus prácticas de esa especialidad. Como en medio de la bahía se produjo un incendió en la embarcación, tomé la decisión de lanzar al mar todos los explosivos que llevaba y, por tanto, de suspender esa operación.

Sin embargo, las observaciones que pudimos realizar durante el desarrollo del ejercicio y el informe que Tania elaboró (ver Anexo 3) demostraron el dominio que ella había adquirido en todas las materias que se le habían enseñado. Así lo evidencian los testimonios que, años más tarde, le ofrecieron a la periodista Onelia Chaveco, directora de la corresponsalía de la Agencia de Información Nacional (AIN) de Cienfuegos, dos de los Oficiales de la contrainteligencia que operaron en la brigada de chequeo que actuó contra Tania.

En efecto, según el mayor Sergio Izaguirre (ya jubilado), quien en 1964 era Oficial de la Sección de Información del DSE de esa región: "Una mañana nos llamó el jefe, entonces Manuel Abstengo, y nos planteó que una ciudadana extranjera, procedente de un país capitalista, se infiltraría en esta ciudad, que debería ser ubicada y chequeada. Años después supe que era Tania. Se montó el dispositivo que la siguió a todas partes, pues ella se movió mucho, incluso en los barrios; esto lo conocimos por los informes que iban llegando, y pudimos darnos cuenta que era muy inteligente para burlar el chequeo y escabullirse. Recuerdo categóricamente lo de 'la bomba'. Ese fue uno de los objetivos del entrenamiento, hacer una acción contra un centro industrial, y logró poner el paquete en la vieja planta eléctrica de Prado y Dorticós, donde está ahora la bolera".

A su vez, Francisco Guerrero Véliz, quien en aquellos momentos era Oficial del Buró del DSE encargado del trabajo contra las bandas armadas contrarrevolucionarias que operaban en la zona de Trinidad,[4] revivió sus recuerdos del siguiente modo: "Vine a Cienfuegos a otros asuntos, pero hablaron conmigo para que participara en el chequeo, no en el informativo, sino en el operativo. Realmente trabajé en el chequeo de un buzón que ella (Tania) tenía que recoger en los jardines o (en el) parqueo del Hotel Jagua. Mi función, junto a otro compañero que no recuerdo su nombre, era cerciorarme si ella cometía fallos a la hora de proceder [y], de ser así, se detenía el entrenamiento, porque yo sí sabía que era un entrenamiento.//[5] Era de noche. Ella vino, se detuvo, tomó todas las precauciones pertinentes de chequeo, contrachequeo, recogió el buzón y se mezcló con los huéspedes. Luego hice la valoración de que la compañera había realizado la recogida de forma satisfactoria".

Por su parte, la "prima de Tania", Vitalia Lorenzo, me ofreció algunas remembranzas que todavía quedan en su memoria a pesar del tiempo transcurrido: "En febrero de 1964 yo vivía en Cienfuegos y mi esposo, Manuel Abstengo, trabajaba en la Seguridad del Estado. Él viene un día y me dice, Tali (así me decía), va a venir una compañera que estará aquí en la casa como si fuera tu prima. (Las dos teníamos el apellido Lorenzo). Hace falta le des la segunda habitación para que ella trabaje. No debes tocar nada de lo que ella traiga, ni preguntarle nada. No va a dormir aquí pero vendrá en el día a trabajar. Ella llegó con mi esposo, me la presentó y la llevé a la habitación en la cual él le había puesto un buró que teníamos en la casa. Mi esposo le trajo después un radio, en mi casa no había (ninguno) en aquel tiempo. Un día vino con una hornilla eléctrica y la llevó para la habitación. Ella entraba, salía, prácticamente no hablaba conmigo. Un día que yo estaba parada en el balcón fue a conversar conmigo y para mi sorpresa me preguntó: ¿Porqué tu no trabajas, no has trabajado nunca? Yo le expliqué que sí, que cuando soltera trabajaba, pero al casarme y quedar embarazada se me presentaron problemas y me mandaron reposo, por lo cual tuve que dejar de trabajar. Al final perdí la criatura."

"Un día —continúa Vitalia— me pidió que la acompañara y salimos a la *manicure* a arreglarnos las manos cerca de la casa. Otra vez mi esposo me pidió la acompañara a la azotea donde tenía que hacer un trabajo para cualquier contratiempo que pudiese surgir. Ahí vi que ella, con otro compañero, estaban montando una antena donde mismo estaba la del televisor. Ella siempre dejaba recogida la habitación y no había nada visible que me hiciera suponer el trabajo que estaba realizando. Antes de irse de la casa, la invitamos a comer y no quiso. Ella era muy reservada. La recuerdo menuda, con un pantalón negro ceñido al cuerpo y un maletín. No sabía ni que era extranjera, hablaba tan bien el español que pensé que era habanera, pues la gente de La Habana habla diferente a nosotros. Mucho tiempo después, mi esposo me dijo que la compañera que había estado en la casa era Tania, la Guerrillera Inolvidable, a quien se le rendía tributo en Cuba."

Por otra parte, según recordó su instructor Manuel, la práctica final de transmisión y recepción radial vinculó a varios corresponsales. Un compañero que se estaba preparando en Pinar del Río;[6] Tania que en Cienfuegos se ubicó en una casa cerca de El Prado, en un segundo piso, y otro instructor que hizo de centro del ejercicio. Este se situó en la provincia de Oriente, en el macizo montañoso Sagua-Baracoa.[7]

Manuel —según recuerda— se reunió con ella en varias ocasiones en Cienfuegos para comprobar si tenía alguna duda sobre el trabajo que tenia que realizar. También acudió a la casa de Abstengo y Vitalia (desde la cual Tania realizó las transmisiones radiales) para ayudarla a instalar las antenas del equipo de radio. En una de sus conversaciones, Tania le dijo con firmeza que se sentía segura de lo que iba a hacer y que además ya había hecho el estudio sobre los compañeros de la seguridad que la estaban vigilando, aunque estaba confusa sobre quiénes eran los que la estaban controlando. En realidad —siempre según Manuel— en esos momentos las personas de las que ella sospechaba no eran parte de la brigada de chequeo que la controlaba.

Una vez concluido el ejercicio práctico en Cienfuegos, el 3 de marzo de 1964, Diosdado y yo visitamos nuevamente a Tania en el apartamento donde vivía en La Habana. Ella irradiaba alegría y entusiasmo. Casi no nos dejaba hablar contando anécdotas y vivencias. A pesar de estar en Cuba —nos dijo— el haber tenido que simular una personalidad diferente había constituido un enorme caudal de experiencias. Como después reflejaría en el informe final de su práctica (ver Anexo 3), con marcado espíritu auto crítico también nos valoró sus deficiencias y aquellos aspectos en los que había cometido errores, sobre todo al haber sobredimensionado la posibilidad de chequeo contra ella, cuando en realidad, en la mayoría de las ocasiones, fueron casualidades o sospechas infundadas.

No obstante, Diosdado y yo valoramos que esa conducta era preferible a que hubiese actuado con subestimación e ingenuidad frente al "chequeo enemigo". Por otra parte, su actitud demostraba que tenía un elevado nivel de alerta aunque, como ella misma reconocía, aún le costaba trabajo fijar detalles del físico de las personas: habilidad que únicamente se adquiere con la práctica y el tiempo

De este encuentro con Tania, años más tarde, Diosdado me entregó el siguiente testimonio: "Hoy estoy convencido de que para el momento histórico que vivíamos y la poca experiencia que habíamos acumulado,

Tania recibió una de las instrucciones más completas de aquellos momentos. Utilizamos incluso medios técnicos sofisticados ocupados a agentes de la CIA por nuestros servicios de contraespionaje. El plan práctico a ejecutar era muy amplio y tenso, incomparablemente más cargado de actividades disímiles que las que normalmente tendría que desarrollar en el exterior. Había que comprobar el tope de sus capacidades y aptitudes. Ella lo cumplimentó muy bien, y demostró que estaba apta para concluir en el exterior la última parte de su preparación."

"Personalmente —continúo Diosdado— nunca antes ni después, en mis 30 años de trabajo, conocí a una mujer que con sólo 27 años de edad tuviese tan elevado nivel motivacional, de entrega y disposición al sacrificio para el cumplimiento de una misión tan difícil y riesgosa (...) Su integridad era excepcional. Con la perspectiva de los años transcurridos, los hechos, y no un criterio personal, me han confirmado esta apreciación. Es como si hubiese estado predestinada para tal misión y su ulterior desenlace. Ella fue consecuente con sus convicciones y [con] el compromiso contraído."

De los testimonios antes referidos se desprende que todos los Oficiales del MININT vinculados con su entrenamiento quedamos convencidos que el ejercicio práctico realizado en Cienfuegos había constituido el acto de graduación de Tania como especialista en el trabajo ilegal o, si se prefiere, como una combatiente clandestina. Por ende, y así se lo informé a Piñeiro, casi un año después de iniciada su preparación operativa, ella había demostrado fehacientemente que ya tenía la formación teórico-práctica y político-operativa necesaria para enfrentar exitosamente las misiones que le encomendaría el Che. De manera consecuente, para organizar su salida de Cuba, sólo faltaba por terminar la preparación de la fachada, la leyenda y la documentación con la que tendría que ingresar clandestinamente al país suramericano que finalmente se decidiera.

Sin embargo, antes de hacerlo, Tania todavía tendría que viajar previamente a diferentes países de Europa Occidental. Esos viajes le permitirían obtener, organizar e interiorizar todos los conocimientos necesarios para fortalecer su leyenda, al igual que obtener las evidencias que le permitieran demostrar su supuesta nacionalidad y procedencia. Para ello, decidimos asentarla en la capital de la ahora desaparecida Checoslovaquia, república popular en la teníamos excelentes relaciones con sus órganos de seguridad. A tal grado que, sobre bases solidarias, estos nos habían entregado un número de casas y apartamentos operativos. También nos habían creado facilidades para los movimientos de entrada y salida en el aeropuerto, así como para la solución de diversos problemas vinculados al tránsito de los revolucionarios de diversos países del mundo que, en aquellos años, estaban obligados a viajar a Cuba de forma clandestina.

Según lo que habíamos planeado inicialmente, una vez radicada en Praga la tarea principal de Tania sería informarse y ambientarse en el contexto europeo occidental. Lo haría con una documentación falsa que temporalmente la identificaba como la ciudadana argentina Marta Iriarte. A su vez, bajo esa personalidad, tenía que obtener las informaciones que necesitaba para ingresar y trabajar en Suramérica asumiendo la biografía de una mujer de origen italo-alemana, denominada Vittoria Pancini. A tal fin se le había preparado una leyenda que Tania tendría que fortalecer en el viaje que debía realizar a la República Federal Alemana (RFA) y a Italia.

Dadas las dificultades que pudieran aparecer en esa delicada fase de su preparación, Piñeiro decidió que después de terminado ese viaje, Tania regresara a Praga, ciudad a la que, sin indicar quien sería, también viajaría uno de nuestros Oficiales con el propósito de analizar con ella el resultado de su recorrido por Europa Occidental, así como para realizar cualquier ajuste en la fachada o la leyenda que resultara necesario. Aunque, como veremos en el próximo capítulo, en ese momento ambos suponíamos que yo iba a ser el designado para el cumplimiento de esa tarea, dejamos establecidas las formas en que la contactaría en la capital checoslovaca el aún indefinido compañero que viajaría a esa ciudad.

Una vez cumplidos esos procedimientos y de habernos reunido con ella para orientarle los próximos pasos que debía emprender en el exterior, Piñeiro decidió organizar una reunión final con el Che. Esta se produjo a fines de marzo de 1964 y duró varias horas. Al igual que en la ocasión anterior, acudí a ese encuentro acompañando a Piñeiro, a Tania y a Papi. A éste, por su fuerte complexión física, ella le había puesto el apodo de Tarzán.[8] Según lo que habíamos definido, cuando Tania saliera hacia Europa, él se quedaría provisionalmente viviendo en el apartamento de seguridad que ella había habitado en los últimos meses.

Cuando comenzó la reunión, Tania estaba visiblemente emocionada; pero ese sentimiento fue incrementándose mientras el Che le insistía en la necesidad de aplicar todos los métodos del trabajo clandestino que había aprendido durante su entrenamiento en Cuba; tanto con vistas a garantizar su seguridad, como la de aquellos revolucionarios que en el futuro pudiesen vincularse con ella. Fue en ese momento que Tania conoció que su radicación definitiva sería en Bolivia, cuya situación había estudiado profundamente junto con la de otros países suramericanos. En tales estudios, ella había contado con la ayuda de Papi; quien — aunque ella no lo sabía— había viajado varias veces a diferentes países de América del Sur en razón de su participación directa en la Operación Sombra.[9]

En la primera etapa —continuó indicándole el Che a Tania— su principal tarea era obtener su radicación legal en La Paz y, utilizando la leyenda como especialista en folklore y etnografía que le habíamos elaborado, debía recorrer algunos lugares, sobre todo rurales, de ese país. También debía realizar un estudio minucioso de sus características socio-políticas y económicas, así como sobre la presencia militar en los mismos. Por otra parte, sin despertar sospechas, debía tratar de establecer vínculos lo más estrechos posibles con personas relacionadas con la burguesía, el poder político, el gobierno y las Fuerzas Armadas bolivianas.

En el momento oportuno uno de nuestros compañeros la contactaría en la capital de ese país y le orientaría el papel preciso que ella jugaría cuando comenzaran lo que, con marcada ambigüedad, el Che definió como "las acciones definitivas". Por consiguiente, Tania tendría que esperar pacientemente ese contacto. Mientras, por difícil que fuera la situación que tuviese que enfrentar, ella no debía vincularse, solicitar ayuda, ni revelar su verdadera identidad a persona, organización o partido de los conocidos como revolucionarios en Bolivia. La desconfianza debía ser total, general y constante.

Tania —con la sinceridad y la profundidad que la caracterizaba— escuchó atentamente esas indicaciones, intercambió algunas opiniones con el Che, le solicitó algunas aclaraciones y, luego, le indicó que estaba totalmente lista para salir de Cuba a cumplir los compromisos contraídos con él y llevar a la realidad sus sueños de convertirse en una combatiente internacionalista. Palabras que fueron muy bien acogidas por todos los participantes en esa histórica y hasta ahora nunca divulgada reunión.

CAPÍTULO VI
Un imborrable recuerdo

La proximidad de la salida clandestina de Tania hacia Bolivia me colocó en una aguda y entonces inconfesada contradicción. Por un parte, como Oficial Operativo, sentía una enorme e íntima satisfacción por haber cumplido mis compromisos políticos y profesionales con Piñeiro y con el Che. Gracias, entre otras cosas, a mi labor de coordinación de todos los calificados instructores que habían participado en su entrenamiento, así como a mi dirección y ayuda técnica y profesional, ella objetivamente se había convertido en una especialista en el trabajo clandestino con enormes potencialidades para cumplir diversas tareas vinculadas a las luchas por la liberación nacional y social que habían comenzado a librarse en diferentes países de América Latina.

Por otra, mi subconsciente comenzaba a calibrar la inquietud que seguramente me provocaría su salida de Cuba y los graves riesgos que ella tendría que encarar en el cumplimiento de sus indeclinables compromisos con el Che. Sobre todo, porque —según lo previsto— yo no podría correr su misma suerte (por el contrario, tendría que quedarme en La Habana, las más de las veces sentado tras un buró en lo que llamábamos "el Centro Principal") y porque, a esas alturas, a ambos ya nos unían vínculos emotivos muy superiores a las relaciones habituales entre un jefe y su subordinada, entre un Oficial Operativo y "su agente" o, si se prefiere, entre un compañero y una compañera implicados en el cumplimiento de una misión internacionalista. De hecho, nuestra relación, luego de penetrar en las profundidades de una amistad sincera, paso a paso, y sin que casi nos diéramos cuenta, fue adentrándose en los sentimientos más caros y sinceros que pueden existir entre una mujer y un hombre.

En efecto, en los muchos momentos en que ambos permanecimos solos durante los largos meses que duró su entrenamiento, Tania —que era exigente al máximo consigo misma y que constantemente me prodigaba una enorme confianza personal— comenzó a exigirme reciprocidad con relación a su comportamiento. Muchas veces me decía, y no sin razón, que ella siempre me relataba los más ínfimos pormenores de su vida personal y política y que, sin embargo, a pesar de la profunda amistad que nos unía, sólo sabía que yo decía llamarme Ulises.

Fue así como, violando todas las reglas establecidas en las unidades del VMT del MININT, comencé a llevarles en dos o tres ocasiones a mis dos pequeñas hijas para que compartiera con ellas. Según me percaté, ese paso la llenó de una enorme alegría, no solo a causa de que adoraba a los niños, sino también porque, como mujer —según me confesó— anhelaba tener los suyos. Por consiguiente, esos encuentros familiares —alejados de los rigores de su entrenamiento— se repitieron una y otra vez.

En ellos, poco a poco, e inicialmente evitando adentrarme en detalles que le permitieran conocer mi identidad y personalidad verdaderas, le fui contando algunos pasajes de mi pasado, así como de mi modesta incorporación a la lucha urbana clandestina —primero en Santiago de Cuba y luego en la capital cubana— contra la sanguinaria dictadura de Fulgencio Batista. Esos relatos los orientaba a trasladarle algunas experiencias que, en mi concepto, podrían serles útiles para su futura misión; pero también —debo reconocerlo— comencé a contarle diversas facetas de mi vida privada. Entre ellas, las dificultades que confrontaba mi matrimonio con la madre de mis hijas, de quien, a pesar de sus excelentes condiciones humanas, había decidido divorciarme. Según le aclaré, esa decisión tenía causas absolutamente personales que no tenían nada que ver con la existencia de relaciones amorosas paralelas con otra mujer.

En esos intercambios, uno de los lugares que comenzamos a frecuentar fueron las discretas instalaciones turísticas ubicadas en Playa Baracoa, ahora perteneciente al municipio Bauta, dislocado al oeste de la capital cubana y en las inmediaciones de una de las carreteras que, por el norte de la isla, conduce a la provincia de Pinar del Río.[1] A ella le gustaba mucho ese sitio que, sin conocer su significado histórico, actualmente es frecuentado por muchos estudiantes de la Escuela Latinoamericana de Medicina. Pero, entonces, lo visitábamos con tanta discreción y adoptando tantas medidas de seguridad que ni Juan Carlos, mi compañero de trabajo más cercano, conocía de nuestras andanzas.

En realidad nuestras visitas a ese lugar eran algo absolutamente exclusivo entre Tania y mi persona o, más bien, entre Haydée Tamara y Dámaso,[2] pues una de las cosas que me fascinaba de la personalidad de aquella hermosa mujer argentino-alemana era su capacidad para desdoblar su comportamiento entre los momentos en que, en razón de las reglas del trabajo clandestino, estaba obligada a actuar como Tania, de aquellos en los que —exteriorizando su rica intimidad— compartíamos nuestros sentimientos y vivencias personales en los lugares alejados de los sitios donde recibía su entrenamiento. En esos momentos, tenía ante mí a Haydée Tamara.

Por ende, nuestras ineludibles conversaciones de carácter político, en las que evidenciaba su firmeza revolucionaria, eran simultaneadas o sustituidas con momentos de mutuo esparcimiento en los que ella, al compás de su guitarra, me interpretaba, con su dulce y melódica voz, piezas del folklore argentino y latinoamericano o, acompañada de su acordeón, me deleitaba cantando Noches de Moscú; la cual —desde que la interpretó por primera vez en mi presencia— se convirtió en una de mis tonadas preferidas.

Otro de los lugares que visitábamos con frecuencia era una pequeña sala de cine que tenía acondicionada el compañero Alfredo Guevara, entonces presidente del Instituto Cubano del Arte y la Industria Cinematográfica (ICAIC), en la que sistemáticamente veíamos algunas películas acerca del ingente trabajo secreto que habían desarrollado, durante la Segunda Guerra Mundial, los servicios de inteligencia soviéticos contra los mandos nazi-fascistas alemanes.

Además de los medios y métodos del trabajo de penetración en los órganos del enemigo empleados por el Comité de Seguridad del Estado (KGB, por sus siglas en ruso) o por los órganos de la inteligencia militar soviética, así como las dificultades que se les presentaban a esos oficiales en el cumplimiento de sus riesgosas misiones, en esas películas prestábamos mucha atención a las dinámicas emotivas de sus personajes. Movidos por una poderosa fuerza íntima comentábamos esas secuencias fílmicas y la comparábamos con la realidad y la proyección de nuestras vidas.

Nunca se me ha olvidado que en una de las películas que vimos en la que llamábamos "la salita del ICAIC" un agente soviético infiltrado en la

GESTAPO se quedó sin contacto con sus mandos y, frente a un espejo, llamándose a si mismo por su nombre verdadero, se preguntó acerca de qué tenía que hacer en esas circunstancias. Aún recuerdo que en aquel instante, en medio del ambiente dramático creado por la película, Tania me dijo con gran convicción: "Yo siempre sabré esperar más que ese agente soviético porque tengo confianza plena en ustedes. Además, siempre sabré qué hacer". Mi respuesta fue breve e igualmente sincera: "No puedo esperar otra cosa de ti".

En esos ambientes íntimos, una noche del año 1963, cuya fecha exacta mí ya envejecida memoria no alcanza a precisar, ocurrió lo inevitable. Estando en Playa Baracoa, sentados en la arena, mirándonos fijamente a los ojos, ambos nos confesamos y, luego, nos entregamos nuestro amor. Y lo hicimos con la pasión propia de nuestra edad. Los dos sabíamos que era un amor prohibido por las normas de nuestro trabajo clandestino, pero también sentíamos que ya no nos podíamos contener. Estábamos convencidos de la pureza de nuestros sentimientos y que estos no afectarían nuestras relaciones de trabajo.

Sin embargo, a partir de ese instante, por mucho que tratábamos de evitarlo, nuestros intercambios de miradas, las formas de hablarnos y de relacionarnos habían cambiado entre nosotros. Por otra parte, a pesar de nuestros esfuerzos, sentíamos que nuestros sentimientos se exteriorizaban hacia las personas más cercanas a nuestra labor. Tan fuerte era esa percepción que decidimos informárselos a Juan Carlos; quien, aunque no nos había dicho nada, había comenzado a sospechar que mis relaciones con Tania trascendían los marcos político-profesionales. Por consiguiente —justo es reconocerlo como premio a su profunda amistad— él fue el primer cómplice silencioso y discreto de nuestra indisciplina. Esa conducta objetivamente le quitó presión a los encuentros entre nosotros en que él participaba.

No obstante, Tania y yo permanentemente nos preguntábamos qué más debíamos hacer. No podíamos recriminarnos. Nuestros sentimientos eran serios y profundos. Ya desde entonces ella me hablaba del futuro, de su regreso a Cuba cuando terminara su misión, de casarnos, de tener hijos, muchos hijos. Aunque yo conocía los enormes riesgos implícitos en su misión, comencé a compartir sus sueños; partiendo de mis convicciones acerca de que en la lucha revolucionaria no se puede pensar en la derrota y en la muerte.

Pero ambos nos sentíamos mal. En mi condición de instructor y jefe de su preparación operativa sentía que sistemáticamente la estaba llevando a quebrar las normas de disciplina que yo mismo le había inculcado. A su vez, ella, como alumna, se lamentaba de incumplir todo lo que había aprendido sobre la necesidad de controlar sus sentimientos personales y de subordinarlos a los requerimientos del trabajo secreto. Empero, ambos estábamos convencidos que, en nuestro caso, las relaciones personales no nos llevarían a incumplir los compromisos que habíamos adquirido con la revolución cubana y latinoamericana.

De todas formas, para resolver esa mortificante desazón, en conjunto decidimos que yo hablaría con Piñeiro y le explicaría con toda franqueza lo que nos había ocurrido. También le diría que no se trataba de una aventura o de un amor fortuito. Que era algo profundamente arraigado en nuestros sentimientos. Por consiguiente, cumpliendo lo acordado con Tania, un día, en su casa, en el mismo salón forrado de caoba donde ambos habíamos conocido a Tania y en el que, en otras ocasiones, nos habíamos reunido con otros Oficiales del VMT o con otros militantes revolucionarios, finalmente hablé con él.

Su primera reacción fue muy crítica; pero luego —con esa amplitud de espíritu que siempre lo caracterizó— comprendió la situación. Lo único que me orientó —alisándose con su mano derecha, como era su costumbre, su tupida y larga barba roja— fue que nadie más tuviera conocimiento de esa relación. No podíamos correr el riesgo —me indicó— de sentar un mal precedente para los demás Oficiales y Combatientes del VMT. En esa ocasión, mi única falta fue ocultarle a mi jefe y amigo, Manuel Piñeiro, que Juan Carlos también conocía de mis relaciones amorosas con Tania, ya que no quise comprometer la fidelidad que nos había demostrado nuestro compañero de trabajo.

Meses más tarde —cuando después del ejercicio práctico realizado por Tania en Cienfuegos— le informé y le fundamenté mi decisión de llevar a Diosdado a conocerla, tampoco le dije a Piñeiro que ese compañero también tenía conocimiento del asunto. Por ende, no le conté que aquella noche de marzo de 1964 en que Diosdado y yo nos habíamos reunido con ella para valorar el resultado de sus ejercicios prácticos en la Perla del Sur, él se había percatado de que, a pesar del enorme respeto y consideración con que nos tratábamos, entre Tania y mi persona —como Diosdado me diría años más tarde— "existía una delicada deferencia, una química que nos unía más allá de los vínculos de trabajo".

A causa de lo anterior y a partir de su sostenido criterio de que, salvo excepciones que confirman las reglas del trabajo clandestino, "entre un oficial y un subordinado a quien está entrenando, no deben existir relaciones íntimas que puedan afectar la disciplina y tareas encomendadas", en esa oportunidad, en cuanto salimos del apartamento de Tania, Diosdado me expresó su inquietud. De inmediato le confirmé que desde hacía un tiempo Tania y yo habíamos decidido unirnos como pareja: asunto que habíamos analizado con toda madurez y desde el compromiso compartido de que nuestras relaciones afectivas no interferirían la misión que ella tenía asignada.

Convencido, a decir de Diosdado, de que "el universo sentimental entre un hombre y una mujer no puede regularse con la misma exactitud y rigidez que las máquinas", de que "nuestras grandes necesidades afectivas", nuestro "mutuo respeto y admiración", así como la comunión de ideales habían favorecido nuestra decisión, él —al igual que Juan Carlos y que Piñeiro— adoptó una posición comprensiva y discreta ante mis relaciones amorosas con Tania. Sobre todo, porque —según me dijo cuando me entregó este testimonio— ya era consciente de que "su madurez nunca permitiría que nuestro vínculo sentimental interfiriera en el cumplimiento de su misión". Sin embargo, agregó Diosdado, a él le preocupaba que esa situación pudiera ser lacerante para los dos, en tanto sabíamos "que, más temprano que tarde, ella, sin mirar atrás, saldría a cumplir su heroica misión, llevando consigo solamente el recuerdo de su compañero de lucha y de amor".

Por su parte, sin comunicármelo, semanas después, Tania tomó la decisión de compartir nuestro secreto con sus padres. Así, como veremos después, estando sola en Praga, el 11 de abril de 1964, le envió una carta a su madre en la que le hablaba de nuestro amor y de nuestros sueños compartidos. Denotando su indeclinable confianza en el éxito de su misión, así como identificándose, cual era su hábito, con el sobrenombre familiar de Ita, en esa misiva le había indicado a la inolvidable Nadia Bunke: "Bueno, ahora otra cosa: si no me roban a mi negrito antes que yo vuelva, entonces me voy a casar. Si habrán enseguida mulatitos no sé, pero sería muy posible. Qué aspecto tiene: flaco, alto, bastante negro, típicamente cubano, muy cariñoso... Están ustedes de acuerdo??? Ah, he olvidado lo más importante: muy revolucionario, y quiere también una mujer muy revolucionaria".[3]

Aunque —como ya indiqué— no conocí la existencia de esa misiva hasta que, dos años después de la caída en combate de Tania, por órdenes de Piñeiro, me impliqué en la redacción, junto a las periodistas Marta Rojas y Mirta Rodríguez Calderón, del libro que por primera vez vio la luz en 1970 bajo el título *Tania la guerrillera inolvidable,* mantuve mi lealtad hacia nuestro amor. Por tanto, pese a que, como veremos en lo queda de este volumen, la vida nos distanció de manera irreversible, me divorcié de mi primera esposa y estuve esperando por Tania durante mucho tiempo.

A pesar de que volví a contraer matrimonio años después de su desaparición física, tengo que confesar que ella todavía sigue viviendo en mí recuerdo. No sólo como Tania la guerrillera, sino también como Haydée Tamara Bunke Bíder: la excepcional mujer, compañera y amiga que un día amé con todas las fuerzas de mi corazón. A ambas las recuerdo con la íntima satisfacción de que contribuyeron positivamente (y todavía contribuyen) al curso, a veces accidentado pero en general fructífero, de mi ya larga vida política y personal.

CAPÍTULO VII
Una leyenda fallida

Cuando todo parecía indicar que, desde la capital checoslovaca, yo continuaría dirigiendo la etapa final de la preparación de Tania y la conformación definitiva de los aspectos esenciales de la leyenda que utilizaría para radicarse clandestinamente en Bolivia, Piñeiro me informó que había designado para esta tarea al compañero Diosdado, él que — como yo le había informado— ya la conocía personalmente desde semanas atrás. Fundamentó esa decisión indicándome que ese compañero tenía acumulada muchas más experiencias que yo en el trabajo ilegal.

Sin dudas, desde el punto de vista profesional, ese argumento era totalmente acertado; pero detrás, del mismo, aprecié la intención de Piñeiro de separarme de Tania para que nuestras relaciones sentimentales no influyeran en forma alguna en los resultados finales de las importantes tareas que ella tenía que cumplir en Europa Occidental. También interpreté su decisión como una virtual sanción a la indisciplina que ella y yo habíamos cometido.

No obstante, aunque sentí un gran dolor en lo más profundo de mi corazón, la acepté sin replicar, a pesar de que probablemente significaría que yo no vería más a Tania hasta que no culminara la peligrosa misión que se le había encomendado. Ambos habíamos soñado que nos mantendríamos juntos hasta el mismo momento en que ella partiera desde Praga hacia La Paz. Que nos dedicaríamos por entero a la conclusión exitosa de su preparación y, además, que viviríamos intensamente, minuto a minuto, el profundo amor que nos profesábamos, mientras tuviésemos el privilegio de permanecer juntos. La realidad nos hizo despertar de ese sueño y ella, aunque tan apesadumbrada como yo y aún sin saber cuál sería el compañero que me sustituiría en la tarea que tenía por delante, también comprendió la justeza de la decisión adoptada por el mando superior.

Con esas contradictorias sensaciones, pero muy decidida a cumplir las acciones previstas, el 9 de abril de 1964, Tania salió de La Habana hacia la ahora desaparecida Checoslovaquia con un Pasaporte cubano que la identificaba como Haydée Bídel González. Al otro día, fue recibida en el aeropuerto de Praga por los compañeros de los órganos de la seguridad de ese país que sistemáticamente colaboraban con nosotros en la recepción y la atención de los múltiples revolucionarios latinoamericanos que, de manera discreta o clandestina, entraban y salían de La Habana. Ellos la alojaron en una casa operativa (en la que, casi dos años después y ya estando Tania en Bolivia, pernoctó el Che) ubicada en las afueras de la bella capital de ese país centroeuropeo.

Luego de descansar un poco, de realizar los ajustes necesarios y tal como habíamos acordado en La Habana, cuatro días después, portando un pasaporte a nombre de la ciudadana argentina Marta Iriarte que le entregaron los órganos de la seguridad checoslovaca, Tania viajó a la República Federal Alemana y a Italia. Previamente, realizó una breve estancia en Berlín Occidental: parte de la histórica capital de Alemania que —cual se sabe— desde 1948 había quedado totalmente separada del resto del territorio germano-occidental.

Como está indicado, el principal objetivo de ese recorrido era obtener las vivencias personales, las evidencias necesarias para el fortalecimiento de la fachada y la leyenda que utilizaría para su radicación clandestina en Bolivia. Al principio, pensamos que se asentaría en ese país con la personalidad de la ciudadana italo-alemana Vittoria Pancini; cuyo pasaporte nos habían entregado manos amigas. Según la leyenda que habíamos elaborado en Cuba, Vittoria había nacido en el año 1939 en una pequeña aldea de Tirol Meridional; zona ubicada al norte de Italia y cercana a la frontera de ese país con Austria.[1]

En 1944, próximo a concluir la Segunda Guerra Mundial, sus padres, de filiación fascista, la habían enviado hacia Uruguay a vivir con una familia alemana. En ese país suramericano había residido hasta los 18 años; edad a la que había decidido continuar sus estudios universitarios en Berlín Occidental. Allí —siempre según la leyenda— había vivido hasta que por propia voluntad, había decidido regresar a América Latina, y en particular instalarse en Bolivia, dada las posibilidades que le ofrecía ese país para aplicar sus estudios etnográficos y especializarse en el conocimiento del rico folklore de la región andina.

Con el propósito de obtener las vivencias que le permitieran interiorizar y consolidar esa fachada y terminar de construir su leyenda, Tania comenzó su periplo por Berlín Occidental. Luego viajó por el territorio de la República Federal Alemana hasta que —atravesando el territorio austriaco— llegó a la aldea italiana donde había nacido Vittoria Pancini. En ella se vinculó con varias personas y tomó fotos a quienes en el futuro presentaría como sus presuntos familiares y amigos.

En ese recorrido por países donde nunca había estado, con un conocimiento mínimo del idioma italiano, Tania se enfrentó por primera vez al modo de vida de los países capitalistas "desarrollados", así como a sus hábitos y costumbres. Por consiguiente, pudo observar de manera directa las diferencias de clases, la pobreza en medio de la opulencia y el egoísmo que caracteriza a esas sociedades, lo que le permitió conocer diversos fenómenos sociales que previamente sólo había aprendido a través de las enseñanzas de sus padres o de los estudios del marxismo y de la situación del mundo que había emprendido tanto en la RDA, como en Cuba.

También pudo aquilatar las grandes diferencias que existían entre el sistema capitalista que regía en la RFA y en Berlín Occidental con los grandes logros del modo de vida creado por el socialismo en la RDA y en Berlín Oriental: parte de la ciudad que, desde una de las tarimas habilitadas para esos fines, sólo pudo ver, con profunda nostalgia, por encima del muro divisorio que, a causa de las agudos conflictos creados por los Estados Unidos, había erigido el gobierno de Alemania Oriental unos pocos años atrás. Como puede verse en el Anexo 5, ese sentimiento fue mucho más profundo por los intensos recuerdos de los momentos que había vivido con diversos compañeros y amigos desde su llegada en 1952, siendo todavía una adolescente, a la entonces naciente RDA.

También porque se colocó en un punto de la parte occidental de Berlín desde donde podía divisar el edificio en el que vivían sus padres, los cuales no veía desde su salida hacia Cuba en 1961 y a quienes no sabía cuándo los volvería a ver. Pudo haber cruzado. Nadie se habría enterado. En última instancia, sus padres, viejos comunistas, habrían guardado el secreto. Sin embargo, se abstuvo de hacerlo. ¿Cuánto dolor sintió? ¿Cuánto meditó y sopesó los sentimientos y el deber revolucionario? Cualquiera que haya sido su dolor y sus reflexiones más íntimas, sin dudas optó por la conducta que le dictó la disciplina, el sentido del deber y el respeto a las normas de seguridad que deben acompañar el trabajo clandestino.

Adicionalmente, cual se puede ver en los mensajes que envió desde Praga sobre este primer recorrido por Europa Occidental (Anexos 4 y 5), en éste se le presentaron diversas dificultades que —haciendo gala de los conocimientos adquiridos en Cuba, así como de una gran imaginación y audacia operativa— enfrentó y venció de manera exitosa. Sin embargo, desde mi punto de vista, lo más importante que dibujan esas históricas líneas son los rasgos fundamentales de su personalidad y de su entrañable perfil humano. Como veremos en los párrafos que siguen, esa riqueza fue aquilatada en todo su magnitud por Diosdado durante los casi seis meses que, de manera imprevista, tuvo que convivir con ella en la ya referida casa operativa situada en las afueras de Praga.

En efecto, según el testimonio de Diosdado, cuando él llegó a esa ciudad a principios de mayo de 1964, ya Tania había regresado de su primer periplo por Alemania Occidental e Italia. Sobre la base de las coordinaciones que previamente se habían efectuado con los órganos de la seguridad checoslovaca, algunos de sus Oficiales lo recibieron en el aeropuerto, lo condujeron al local de nuestra Embajada (donde debía coordinar directamente y sin ningún intermediario con el clavista[2] el envío de sus mensajes y la recepción de los que le llegaran desde La Habana) y, después, lo trasladaron a la casa operativa donde estaba alojada Tania. Era como una pequeña finca. Se encontraba en una localidad llamada Ladvi, ubicada a unos 20 kilómetros al norte de Praga. Estaba separada unas pocas decenas de metros de la carretera y la vegetación que la rodeada impedía observarla. Se llegaba a ella a través de un angosto camino de tierra.

Diosdado todavía recuerda que llegó allí a media tarde junto con una compañera de los servicios secretos checoslovacos a quien todos los Oficiales del Centro del VMT del MININT instalado en Praga y todos los cubanos que la conocíamos, nombrábamos María, aunque su nombre verdadero era Janka. Era una vieja luchadora comunista de casi 50 años de edad que, durante la Segunda Guerra Mundial, había participado en la resistencia contra la ocupación de su país por parte de la Alemania nazista. Hablaba perfectamente el español y vivía en Mielnik, un bello paraje alejado de Praga, famoso por su vino de uvas y por ser el sitio donde se unen los dos ríos más importantes de Bohemia: el Voltaraz y el Danubio. Con María —indica Diosdado— "siempre se mantuvieron relaciones fraternales". Fueron muy útiles, además, el cariño y la atención que ella le brindó a Tania. Y, sobre todo, los consejos que le ofreció, con un gran espíritu internacionalista, sobre el trabajo clandestino.

Como está dicho, Tania conocía que vendría un compañero desde Cuba a ultimar los detalles de su partida hacia Bolivia; pero no sabía quién sería el encargado de esa tarea. De manera que, cuando vio a Diosdado, recibió una grata sorpresa. Fue corriendo hacia él, lo abrazó muy fuerte y le dijo: "¡Coño flaco, quién me iba a decir que nos volveríamos a encontrar!". Sin esperar a sentarse y, prácticamente sin reparar en la presencia de María, empezó atropelladamente a preguntarle por sus conocidos en Cuba.

Según recuerda Diosdado, primero indagó sobre mí persona. Como no llevaba ninguna carta mía, él le respondió con una "mentira piadosa". Le indicó que hacía un mes que me encontraba cumpliendo una misión en el exterior, cuando realmente lo que había ocurrido era que ya yo le había entregado la atención de Tania al compañero Juan Carretero Ibáñez (alias Ariel), entonces Jefe de la Sección de América Latina del VMT, en tanto Piñeiro me había entregado la tarea de coordinar y participar en el entrenamiento de un grupo de ex-sargentos de las fuerzas armadas brasileñas que —luego de protagonizar una frustrada rebelión en Río de Janeiro— habían llegado a La Habana con el objetivo de solicitar instrucción en las técnicas de la guerra irregular.[3]

Tania, siguiendo las reglas de la compartimentación, no le preguntó sobre el carácter de la misión que presuntamente yo estaba cumpliendo. Por el contrario, enseguida indagó por "el Gordo", como cariñosamente llamaba a Juan Carlos, por quien sentía un afecto especial. También se interesó por "Tarzán" (Papi), con él que —según recordó en ese instante— había sostenido fuertes debates sobre el machismo cubano durante sus múltiples interacciones políticas y operativas en La Habana.

A los pocos minutos, cuando Diosdado aún estaba respondiendo esas preguntas, María se despidió y se retiró de la casa. Por tanto, Tania y él se quedaron solos. Entonces, ella lo acompañó al piso superior de la vivienda y le mostró la habitación que él ocuparía. Lo ayudó a guardar la escasa ropa que había llevado desde la capital cubana en un pequeño maletín, ya que —según había supuesto Piñeiro— su estancia en Praga sólo sería de una semana.

Ya instalado en la casa, continuaron conversando sobre diferentes temas vinculados con Cuba y sobre sus amistades más allegadas. Entre ellos, el matrimonio integrado por Louis y Lenna Yones, así como la argentina Isabel Larguía, a quienes Tania realmente apreciaba. Ella también se interesó por conocer el resultado de la zafra azucarera; las actividades que desarrollaba la FMC; el estado de salud de su presidenta, Vilma Espín; la situación de la distribución de los abastecimientos a la población; las agresiones imperialistas contra Cuba; las últimas películas exhibidas y hasta los *feelings* que se escuchaban en aquellos momentos.[3] Sin dudas, concluyó Diosdado: "a pesar del poco tiempo que llevaba fuera de la Isla, Tania tenía una sed insaciable por conocer la realidad cubana en sus detalles cotidianos."

No obstante, como según le había orientado Piñeiro, los objetivos de su viaje eran determinar, junto con Tania, lo más rápidamente posible la factibilidad de su leyenda, la idoneidad de la documentación que utilizaría para viajar a Bolivia, así como las posibles señales de actividad enemiga y los eventuales errores que ella hubiera podido cometer en su viaje por Europa Occidental, inmediatamente después de cenar, comenzaron la primera sesión de trabajo. En ésta concentraron su atención en los dos últimos puntos.

Siempre según Diosdado, los aspectos más sobresalientes de esa conversación fueron los siguientes: En el viaje entre La Habana y Praga, Tania no detectó nada anormal. Cuando salía de esa última ciudad hacia la RFA, en el aeropuerto estaba una compañera que había sido traductora de la Misión de la RDA en La Habana, con la que había establecido relaciones de amistad. No obstante, por el excelente camuflaje que Tania llevaba, dicha compañera no la reconoció.

Por otra parte, en su recorrido por Europa Occidental, al ver que viajaba sola, muchos hombres se le acercaron. De acuerdo con el país donde se encontrara, unos tenían el objetivo de enamorarla, incluso la acosaban, y otros únicamente querían conversar. Ella, de manera inteligente, se los iba apartando sin despertar sospechas. Además, acorde con la leyenda que se le había elaborado para su viaje definitivo a Bolivia, el lugar donde mayor tiempo permaneció fue en Italia. Especialmente, en Tirol Meridional.

En su recorrido por esta zona, conoció a muchas personas; entre ellas a un joven italiano llamado Pacífico, quien involuntariamente propició que ella profundizara en la información necesaria para su leyenda sobre las características del lugar y sus costumbres. También que hubiera podido tomar las fotografías locales junto a sus supuestos amigos y familiares que mostraría como evidencias de haber nacido y vivido allí. Asimismo, estableció relaciones por breves días con un grupo de amigos de un joven policía nombrado Tomasso. Él no ocultaba sus intenciones amorosas hacia ella. Incluso, alardeó grandemente sobre sus funciones como agente policial, lo cual le permitió a Tania obtener valiosas informaciones sobre los controles policíacos que existían en la región fronteriza entre Italia, Austria y Suiza.

En otro sentido, aunque habían ocurrido hechos y situaciones con algunas personas que podían interpretarse como posibles provocaciones de los órganos de la seguridad germano occidental o austriaca (cual fue el caso de un hombre no identificado que mientras viajaban en un tren, simuló no hablar bien el español y comenzó a hablarle mal de los sacerdotes católicos, a la vez que a plantear que, él había viajado a Cuba), como conclusión de ese minucioso análisis y de todos los vínculos personales establecidos, Diosdado y Tania llegaron a la conclusión de que no existió actividad enemiga contra ella durante todo ese periodo de tiempo. A partir de todas las informaciones entregadas por Tania, Diosdado también forjó su convicción de que ella no había cometido errores que hubiesen podido dejar rastros de su actividad clandestina.

Terminada esa parte del encuentro ambos comenzaron a valorar con la profundidad requerida la eficacia de su fachada y su leyenda; pero, como estaba muy avanzada la madrugada y estaban agotados, decidieron continuar trabajando en las primeras horas de la mañana. A pesar de que apenas habían dormido cuatro horas, cuando Diosdado bajó a la cocina ya Tania había preparado el desayuno. Lo degustaron rápidamente y enseguida reiniciaron el trabajo.

Luego de varias horas de intercambiar apreciaciones sobre ese punto, ambos llegaron a la conclusión de que, a pesar de la información y de las evidencias acopiadas, así como de las relaciones establecidas por ella, en el recorrido realizado por la zona de Tirol, había quedado demostrado que era muy pobre el conocimiento que Tania tenía del idioma italiano. También era muy pobre la experiencia que ella había adquirido para adoptar la leyenda preparada con esa nacionalidad. Ambos factores podrían favorecer su identificación por parte de los órganos represivos del enemigo.

Por tanto, para lograr la madurez de su falsa identidad como Vittoria Pancini era necesario, al menos, un año de preparación adicional, incluida la terminación de los estudios de italiano que Tania había comenzado en fecha reciente. Como no se disponía de ese tiempo, imponerle rígidamente esa leyenda podría dar al traste con el éxito de su misión. Mucho más, teniendo en cuenta que tendría que vivir esa personalidad ficticia de forma permanente, así como de manera tan convincente para escenificarla todos los días y, sobre todo, para resistir verificaciones de todo tipo; desde las de un posible enamorado hasta la de los servicios enemigos, pasando por las amistades que tendría que establecer cuando ya estuviese radicada en Bolivia.

Derivado de lo anterior, aunque ella se había demostrado a sí misma que tenía las capacidades y habilidades necesarias para simular otra personalidad, era necesario buscar una fachada y una leyenda más idónea. Como consecuencia de ese criterio, esa misma noche, Tania elaboró un informe detallando los pormenores de todo su recorrido (ver Anexo 4), sus impresiones y consideraciones. Al par, Diosdado redactó sus apreciaciones personales y las conclusiones a las que ambos habían arribado.

Cual consta en el expediente de Tania que todavía se conserva en los Archivos Históricos del CC del PCC, entre esas conclusiones figuraban las siguientes: 1) No se habían dejado rastros ni detectado indicios de actividad enemiga; 2) Era necesario desistir de la variante documental y la leyenda italiana, tanto por el aspecto idiomático como por su fragilidad ante cualquier verificación; 3) Tania mantenía una alta moral de trabajo y reflejaba una gran motivación por la misión que se le había encomendado; 4) A ello contribuyó la experiencia adquirida en su recorrido por Europa Occidental con la personalidad de la ciudadana argentina Marta Iriarte; 5) Su instinto de observación y análisis se habían agudizado, a la vez que maduraba como una combatiente clandestina; y 6) Se imponía de inmediato comenzar a resolver otra opción documental y elaborar una nueva leyenda.

En ese orden, Tania y Diosdado propusieron que la nacionalidad de la futura fachada fuese argentina, con vistas a aprovechar los conocimientos que ella tenía sobre ese país. Los mismos le facilitarían la elaboración de una leyenda sustentada en lugares, hechos y nombres que, en ciertos momentos de su trayectoria, habían formado parte de su vida real.

Al día siguiente, Diosdado viajó a Praga y desde la Embajada cubana, a través del clavista, envió toda esa información para el Centro Principal. Esa misma noche regresó a la casa operativa con vistas a esperar orientaciones. Pocos días después, respondiendo a una llamada telefónica del clavista, se personó nuevamente en la Embajada.

Éste le entregó un mensaje donde se le comunicaba la aprobación del análisis y las propuestas que había enviado. También se le orientaba emprender coordinaciones con los órganos de la seguridad checoslovaca con vistas a determinar la posibilidad de que estos facilitaran la documentación argentina que se había sugerido, así como los apoyaran durante la permanencia de Tania en Praga hasta su salida definitiva hacia Suramérica.

Por consiguiente, a través de María, Diosdado solicitó una entrevista urgente con alguno de los jefes de la seguridad checoslovaca. De inmediato lo recibió un coronel conocido como Yemla, quien entonces era el segundo jefe de la misma. Al explicarle la situación, éste —sin preguntar los detalles de la misión que Tania tendría que cumplir y en un significativo gesto de solidaridad— inmediatamente aceptó ambas solicitudes. En consecuencia, le sugirió a Diosdado que, al otro día, se reuniera con uno de sus subordinados especializados en la actividad de documentación. En conjunto ambos debían determinar dónde concentrar los esfuerzos para obtener los documentos que se necesitaban.

Como había previsto el coronel Yemla, menos de veinticuatro horas después, atendió a Diosdado el Jefe de la Sección de Documentación de la seguridad checoslovaca. En esa reunión María actuó como traductora. Después de un profundo análisis, sin mencionar el país de destino, ni la misión que Tania debería cumplir en el futuro próximo, ambos coincidieron que lo más aconsejable era utilizar un pasaporte argentino en blanco; pero en esos momentos los servicios secretos checoslovacos no poseían ningún documento con esas características. Era preciso fabricarlo con todos los requerimientos técnicos que exige un trabajo de este tipo; lo que, obviamente, demoraría algún tiempo.

En el ínterin, sus interlocutores de los órganos de la seguridad checoslovacos se comprometieron a apoyar el trabajo de Diosdado mediante la entrega de diversas informaciones sobre los puntos fronterizos y los aeropuertos europeos por donde Tania tendría que transitar antes de llegar a Latinoamérica. También se comprometieron a preparar el nuevo camuflaje físico que ella tendría que utilizar acorde con la documentación argentina que finalmente se elaborara.

Ese mismo día, Diosdado volvió a la Embajada cubana y, siguiendo los procedimientos establecidos, comunicó todos esos acuerdos al Centro

Principal. En respuesta, a los pocos días, a través del clavista, recibió indicaciones aceptando los compromisos contraídos con la parte checoeslovaca. También se le orientó que comenzara a trabajar con Tania en su nueva fachada.

Fue así como, cuando ya había transcurrido casi un mes de su llegada a Praga, Diosdado tuvo que comenzar desde cero a cumplir una tarea especialmente delicada y para la cual no poseía mucha experiencia, ni contaba con recursos propios. En esas circunstancias, quedó en una situación de total dependencia de la ayuda solidaria que le brindaron los colegas checoslovacos.

De modo que —como veremos en el capítulo que sigue— un viaje programado para una semana, se prolongó cerca de seis meses. En ese tiempo, Diosdado tuvo que reajustar todo el plan de preparación de Tania en correspondencia con las nuevas circunstancias. Y, en especial, adoptar junto a ella un grupo de medidas que le permitieran aprovechar activa y positivamente el entonces indefinido tiempo que mediaría hasta su salida definitiva hacia Bolivia. Es decir, ambos sabían cuándo iban a comenzar a cumplir esos objetivos, pero ninguno sabía cuándo concluiría su estancia en Praga.

CAPÍTULO VIII
El nacimiento de Laura Gutiérrez Bauer

Siguiendo las recomendaciones que le había realizado cuando le presenté a Tania acerca de la importancia de hablar francamente con ella cualquier problema que pudiera presentarse, así como sobre la base de las conclusiones acerca de sus características personales a las que él mismo había arribado durante el minucioso estudio del expediente vinculado al papel que a ella le correspondía desempeñar en la Operación Fantasma, Diosdado —sin romper la compartimentación respecto a los acuerdos adoptados con los órganos de la seguridad checoslovaca— de inmediato le explicó las instrucciones que había recibido desde La Habana y el retraso de su salida hacia Bolivia que implicaba la preparación del nuevo pasaporte argentino que ambos habían sugerido.

Enseguida Tania comprendió la situación creada. Por consiguiente, con vistas a garantizar el uso provechoso del todavía indefinido tiempo que ambos tendrían que permanecer en Praga, Tania y él elaboraron un intenso plan de actividades diarias. Este incluyó la lectura, el estudio y la actualización de la situación de Argentina y de la RFA. Aunque aún no podían llegar a una decisión acerca de la fachada argentina que ella utilizaría, en ese tiempo también debían conformar el esqueleto de la nueva leyenda de Tania. Como ambos le habían sugerido al Centro Principal, esa leyenda debía tomar como puntos de partida lugares y hechos reales por ella conocidos. También las personas que pudieran ser utilizadas de manera verídica o para elaborar referencias asociativas con los personajes ficticios que se integrarían a la trama de su nueva "biografía".

Paralelamente a esas tareas, programaron la práctica diaria de ejercicios físicos; la realización de caminatas, así como la búsqueda, carga y descarga de escondrijos en las áreas campestres y boscosas que rodeaban la casa operativa donde estaban residiendo. También organizaron las recepciones de radiotelegrafía que Tania tendría que realizar sobre la base del plan al respecto enviado desde Cuba. Asimismo, las prácticas de escritura secreta, fotografía, cifrado y descifrado de mensajes entre Tania y el Centro Principal.

El plan de actividades igualmente incluyó la realización de lecturas de la prensa cubana, de bibliografía política y de ciertos libros de entretenimiento, así como la audición diaria de las emisiones nocturnas de Radio Habana Cuba y la realización de algunas visitas nocturnas a Praga para evitar que ella perdiese su capacidad para orientarse en una zona urbana. En esas visitas también se incluyeron la realización de ejercicios de contactos personales y de pases clandestinos en lugares previamente seleccionados por Diosdado.

En su concepto, en las imprevistas circunstancias en que estaba colocada, era de vital importancia evitar que la inactividad se convirtiera en un elemento desmoralizador y de pérdida de las capacidades que Tania había adquirido durante su preparación en Cuba. En la evaluación de Diosdado, ambos peligros se sortearon gracias a la alta disciplina que ella había demostrado. Igualmente, gracias a las características de su personalidad y a su cabal comprensión de la situación creada. Todo ello propició que Tania estuviera permanentemente en la mejor disposición de hacer fructífera la que finalmente resultó una larga espera.

En efecto, cada día lo tenían previamente planificado y ella y Diosdado le incorporaban aquellos aspectos que cualquiera de los dos considerara útil. Parecía —según éste último— "que estaban internos en una escuela, con un régimen de horario para cumplir con un número de actividades". Lo único que no tenían era una definición exacta de la hora en que cada uno por separado se acostaría a dormir. Para garantizar ese régimen acordaron levantarse diariamente a las 07:30 horas, excepto los domingos en que descansaban la mañana.

Por su parte, para la atención de la casa operativa, los compañeros checoslovacos le situaron una señora mayor con la que se comunicaban por señas pues no hablaba español. Esta les preparaba el almuerzo y limpiaba la casa. Antes de que esa señora llegara, Tania se encargaba de preparar el desayuno. A su vez, Diosdado era el responsable de realizar las compras, pues ella no debía salir de día a zonas urbanas. En la noche, ambos preparaban la cena; pero, como a Tania le disgustaba el fregado de la vajilla, Diosdado accedió a realizarlo. A cambio, ella se ofreció a lavarle la ropa. Fue —Diosdado todavía la recuerda— una aleccionadora experiencia el tener que vivir en la misma casa con una compañera de trabajo con la que no lo unían relaciones sentimentales.

En ocasiones, tenían disputas cotidianas, pues —en la apreciación de Diosdado (que en aquellos momentos tenía 23 años y estaba recién casado con una compañera cubana)— Tania le quería imponer "su disciplina alemana", alegando su supuesto machismo: espinoso tema sobre el cual, en broma o en serio, a ella le gustaba insistir. No obstante, sus contradicciones siempre fueron secundarias. Aunque, en la apreciación de Diosdado, generalmente fue Tania quien provocó conflictos por situaciones intrascendentes, algunas veces se disgustaron y hasta dejaron de hablarse.

Al cabo, a decir de Diosdado, esos momentos y su posterior reconciliación, eran maneras de salir de la rutina diaria y de buscar un paliativo a la imprevista situación en que ambos se encontraban. A tal grado que, cualquiera que fuera la dinámica específica que existiese entre ellos en un momento determinado, había una actividad que durante los meses que estuvieron bajo el mismo techo era "religiosamente inviolable: las audiciones nocturnas de Radio Habana Cuba". Ese era su principal vínculo con nuestro país y, como ninguno leía checo, estas les permitían mantenerse informados de la situación de la Isla, de América Latina y del mundo.

Durante todo ese tiempo sólo tuvieron una discusión en la que los tonos subieron más allá de lo normal. Sucedió que en el mes de julio, por orientaciones recibidas desde Cuba, Diosdado tuvo que trasladarse urgentemente a Paris, Francia, donde conjuntamente con otro compañero realizarían una delicada operación de inteligencia. Por ello, únicamente le planteó a Tania que estaría ausente 15 días ya que, por necesidades del trabajo, debía viajar al exterior.

Ella lo entendió perfectamente. Incluso le ayudó a preparar su exiguo equipaje. Al llegar a Francia, él tuvo que comprarse un pantalón y dos camisas presentables para el uso diario, así como unas sandalias cómodas para lo mucho que tendría que caminar. La necesidad de realizar esas compras fue mayor por la índole de la actividad que Diosdado desarrollaría en Paris: lugar donde llamaba la atención el descolorido traje con que él había viajado desde La Habana hacia Praga y el raído pantalón que había llevado para la semana que supuestamente iba a estar en esa ciudad.

Al regresar de la capital francesa, Tania lo recibió cordialmente, aunque la notó algo contrariada. Ella —según le dijo— lo esperaba desde hacía días. Pero, además, cuando lo ayudaba a desempacar el equipaje, como conocía sus pocas pertenencias por ser quien las lavaba, rápidamente "descubrió" las nuevas prendas de vestir que Diosdado se había comprado. Las cogió en sus manos y le preguntó por su origen.

Él le explicó que tuvo necesidad de comprarlas para el trabajo encomendado. Sin más diálogo, Tania que era la tesorera de ambos, estalló en un arranque de llanto y disgusto, reprochándole que ese había sido "un gasto innecesario", que cómo él había hecho eso, si hasta ese momento, habían mantenido una exigente política de control de sus correspondientes presupuestos. También le dijo, en tono de reproche, que con el dinero de la compra de esa ropa ambos podían comer varios días.

Ante esta inesperada reacción y consciente de que ella no tenía razón en sus argumentos y, menos aún, para ponerse en el estado crispado en que se había colocado, Diosdado —según su versión de los hechos— trató de persuadirla de que estaba equivocada. En tono firme le expresó que ambos habían sido austeros. Que cuando ella regresó de su viaje al exterior en ningún momento él le cuestionó lo que traía pues consideraba que le era útil. Que lamentablemente sus relaciones de hermandad se estaban afectando y, sobre todo, se estaba afectando la disciplina necesaria. Le agregó que, a partir de ese momento, se vería obligado a adoptar otra actitud en cuanto a trasladarle detalles y explicaciones de sus pasos. Tania lloró nuevamente, pero sin agresividad. Él esperó en silencio a que se desahogara. Luego, ella le dijo: "Pensé que era un capricho tuyo comprarte esas cosas."

Ese inesperado incidente no trascendió más allá de media hora. Tania lo invitó a comer un postre y todo volvió a la normalidad; pero le permitió a Diosdado observar otros rasgos de su personalidad y de su dimensión humana: su honestidad y su alto sentido de la austeridad. No era extremista, pero sí muy ahorrativa. También pudo percatarse de su susceptibilidad. En ocasiones perdía el control emocional, sobre todo cuando trataba con personas muy allegadas y no tenía que inhibirse; pero cuando —como en esa ocasión— se le demostraba que estaba en un error, ella tenía la suficiente humildad para reconocerlo con sinceridad, pedir excusas y, sobre todo, no guardaba rencor.

Mucho menos porque, en condiciones normales, Tania tenía un alto sentido del humor. Según me narró Diosdado, un detalle demostrativo de ese rasgo de su personalidad fue que ella elaboró dos carteles que colocaba en la parte exterior de la puerta de su habitación. De la mañana a la tarde, mientras trabajaban, ponía uno que decía: "¡Silencio, genios trabajando!". Y en aquellas noches que, antes de que Diosdado se retirara a su aposento, ambos se ponían a escuchar música cubana (en particular aquellos boleros y *feelings* que la fascinaban) ponía el otro cartel. Este decía: "Club Saudades": palabra portuguesa que tiene diferentes acepciones (lo mismo significa nostalgia, romanticismo), pero que esencialmente alude un estado de ánimo presente en la más profunda intimidad de los seres humanos.

Cuando se colocaba en ese estado del espíritu, a Tania le gustaba cantar canciones de autores o interpretes cubanos. Entre sus preferidas estaban las de César Portillo de la Luz, las de José Antonio Méndez, las de Ignacio Villa (conocido como Bola de Nieve) y las de Elena Burke. En esas circunstancias, a Tania y a Diosdado se les antojaba llamarse los "últimos románticos del mundo".

Cualquiera que fuera la hora en que se fueran a descansar en sus correspondientes habitaciones, por la mañana ambos hacían ejercicios en el patio de la casa. Esa era una de las especialidades de Tania. En algunas ocasiones, salían a caminar por los alrededores. A veces salían desde temprano en la mañana, llevaban comida dentro de una mochila y regresaban al anochecer. A esas caminatas le llamaban "hacer guerrilla"; actividad que aprovechaban para practicar la fotografía, pero cuidando no salir juntos en ninguna foto. Ella —siempre según el recuerdo de Diosdado— tenía una gran resistencia física por lo que usualmente lo criticaba cuando se cansaba. También le insistía en que dejara de fumar, pues en las primeras caminatas a veces él se había mareado. Algunas veces llegaron a caminar hasta 30 kilómetros en un día.

Por otra parte, para romper la rutina alimenticia —sobre todo cuando ya estaban saturados de la comida y sazón checoslovaca que preparaba la señora de la casa— salían de noche a la carretera y caminaban unos 200 metros hasta su pequeño hotel llamado Balnovka, donde cenaban en un restaurante. Se hacían pasar por un matrimonio dominicano que trabajaba en una fábrica de la ciudad más cercana. Sin embargo, allí nunca se encontraron con ningún latinoamericano, pues era un lugar apartado y sólo utilizado por algunos transeúntes checoslovacos. Sus trabajadores ya conocían a Tania y a Diosdado, así como sus gustos gastronómicos.

Al principio a él le apenaba simular una ficticia relación íntima y entonces ella tomaba la iniciativa: lo mismo le agarraba una mano que le tiraba el brazo por la cintura. Se burlaba de él diciéndole: "Ustedes los cubanos siempre se creen los más machos, y tú, sin embargo, en esta situación, te muestras tímido. Son los prejuicios de ustedes". Ya después, con el paso del tiempo y por el nivel de identificación al que habían llegado, esas simulaciones resultaron naturales.

Durante el tiempo que estuvieron conviviendo bajo un mismo techo, fueron juntos a Praga seis veces. Salían al caer la tarde en un ómnibus que demoraba 40 minutos en llegar al paradero de Pankrác, cercano a la cárcel donde estuvo preso el renombrado periodista y antifascista checoslovaco Julius Fucík.[1] Allí tomaban un tranvía aproximadamente a las siete de la noche y, cuando ya había oscurecido, llegaban al centro de la ciudad.

Caminaban separados, pues temían encontrarse con personas que conocieran a Diosdado, supieran de su trabajo y, por tanto, la vincularan con él. Si cenaban en algún lugar de la capital checoslovaca lo hacían en mesas separadas: regla que —como veremos después— sólo violaron el día que Tania finalmente salió hacia Bolivia. Pero, incluso, en esa ocasión, lo hicieron en un restaurante apartado de manera de evitar cualquier casualidad negativa.

Además de las prácticas operativas que realizaban, esos paseos nocturnos eran una forma para sacarla de su encierro; ya que Diosdado viajaba todas las semanas a Praga para enviar o recibir informaciones, pero ella se mantenía semienclaustrada. Por eso, en broma, él la llamaba "la monjita". Al principio, cuando por necesidades de trabajo o cuando se le hacía tarde y no podía regresar en el último ómnibus, Diosdado se quedaba en Praga. Pero, cuando esto ocurría, ella le reprochaba irónicamente por haberla dejado sola y le decía cosas para conminarlo a regresar; tales como: Anoche te perdiste tal cosa en la radio, fulano cantó tal canción o te perdiste una cena que ella sabía que a él le gustaba.

Entonces él comprendió su necesidad de compañía y trató de regresar a la casa todas las noches. También trató de emplear el tiempo que estaban juntos para abordar otros temas de conversación que los separaran de sus constantes diálogos sobre el trabajo clandestino. En esos intercambios, Diosdado se percató que ella poseía una sólida formación política.

A veces, se enfrascaban en discusiones sobre los países socialistas, en especial respeto a las críticas que por aquellos años existían en Cuba con relación a la negativa actitud de esos países hacia los movimientos de liberación nacional. En tales discusiones, Tania era una defensora a ultranza de la RDA y de la URSS, aunque criticaba fuertemente los errores de la etapa de Stalin. Sobre todo los abusos de poder y las persecuciones que, durante su mandato, se perpetraron contra sus propios compañeros de lucha.[2]

En ese contexto, Tania planteaba que el socialismo en Cuba era diferente. Que no tenía los defectos que ella encontraba en otros países de Europa del Este; tales como la pérdida de una conciencia socialista y el ansia consumista o de imitar tendencias capitalistas. Para ella, la Revolución cubana y su sistema, aún reconociendo ciertos problemas, eran el ejemplo de lo que debía ser un país socialista. Por ende, consideraba que si los cubanos llegábamos a alcanzar el nivel de vida que en aquellos años ya tenía la RDA y su disciplina laboral, seríamos invencibles.

Por otro lado, cuando Tania le escribía cartas a sus padres y amistades, se las daba a leer a Diosdado para que las pasara por lo que ella llamaba "la censura". Sin embargo, demostrando su sentido de la disciplina, aceptaba de buen gusto cualquier observación que él le hiciera sobre algún aspecto que debía omitir o subsanar.

Lo mismo hacía con las cartas personales que me enviaba y cuando él (a partir de la confianza mutua que nos unía y de mi vinculación con la Operación Fantasma) se negaba a leerlas, ella le razonaba que no debían existir excepciones; ya que, sin darse cuenta, podía decirme algo que no fuera conveniente. Por ello, Diosdado tuvo que aceptar la revisión de mis cartas.

Según me dijo años más tarde, en sus lecturas de esas cartas, él consolidó su confianza en que nuestras relaciones amorosas jamás entorpecerían la decisión de Tania de cumplir la misión que se le había encomendado. Mucho menos porque, desde el primer día de su llegada a Praga, él había tenido que enfrentar una delicada situación que nos estaba afectando tanto a Tania, como a mí.

En efecto, antes de salir de Cuba, yo le había pedido a Diosdado que viese con ella cómo estaba su salud pues, en el momento de nuestra despedida, estaba padeciendo algunos desarreglos menstruales. Según me dijo, con mucho cautela, él le expresó a Tania su preocupación al respecto y, con la ayuda de María, llevaron a Tania a ver a un ginecólogo. En esa ocasión, le preguntó: "¿En caso de que estuvieses embarazada, qué piensas hacer?"

Ella se quedó mirándolo en silencio y sin titubear le respondió: "Mira, tú quizás no comprendas lo importante que para mí resulta tener un hijo, a mi edad y del hombre que quiero; pero esto no puede ser un obstáculo para el cumplimiento de la tarea con la cual me comprometí. Algún día, si puedo, lo tendré, si no lo adoptaremos."

Diosdado no esperaba esa respuesta. Confiesa que le impresionó el nivel de entrega a un ideal que demostraban esas palabras de Tania. Afortunadamente, no estaba embarazada. El desarreglo era motivado por la tensión nerviosa y, a los pocos días, con el tratamiento médico que le recomendaron, volvió a la normalidad. Cuando ya estaba confirmado el diagnóstico clínico Tania le dijo: "Dile al negrito que esté tranquilo. Que por ahora no habrá mulatitos, pero que se prepare para el futuro."

Diosdado nunca me comunicó esas afirmaciones de Tania. Según me dijo casi cuatros décadas después, "temía herirme, conociendo mi gran sensibilidad." Sin embargo, conociéndola como la conocía, yo estaba convencido de que, en cualquier caso, ella nunca hubiera subordinado la misión que le había entregado el Che a los avatares de nuestra relación personal.

Esa convicción se me profundizó cuando, con el paso del tiempo, fui conociendo todos los detalles de su estancia en Praga, al igual que la seriedad de los pasos que emprendió en la preparación de su nueva fachada y leyenda. Así, luego de un intenso trabajo, el 25 de julio de 1964, Diosdado envió al Centro Principal la nueva leyenda que ambos habían elaborado para la radicación clandestina de Tania en Bolivia.

Acorde con las propuestas que ambos habían realizado más de dos meses antes y como se podrá ver en el Anexo 6, a partir de la fecha indicada en el párrafo anterior, Tania comenzó a asumir la personalidad ficticia de Laura Gutiérrez Bauer, ciudadana argentina que supuestamente había vivido mucho tiempo en la RFA. Con esa fachada se superaban la mayor parte de los problemas que había confrontado la anterior, tanto por las vivencias personales que Tania conservaba de su infancia en Argentina, como por su conocimiento del idioma y de la idiosincrasia alemana.

No obstante, como Tania sólo había viajado a la RFA y a Berlín

Occidental en una ocasión, era determinante para la credibilidad de su fachada y de su leyenda que adquiriera un conocimiento más profundo de esa parte del país. A tal fin, el 5 de agosto salió nuevamente hacia Alemania Occidental. Lo hizo con el mismo pasaporte que había empleado en el viaje anterior. Es decir, con el expedido a nombre de la ciudadana argentina Marta Iriarte. En esta ocasión, el objetivo fundamental de su viaje era estudiar el contexto alemán, obtener evidencias e incorporar al "esqueleto" de Laura Gutiérrez un conjunto de elementos definitorios de su personalidad.

En ese orden el viaje fue muy fructífero y se desenvolvió sin contratiempos. A su regreso, Diosdado y ella analizaron todos los detalles; llegando al criterio que, durante su segundo recorrido por Europa Occidental, Tania había consolidado su fachada y asumido de manera coherente, creciente y consciente todos los detalles de su nueva "biografía". Se confirmó así la afirmación que ella había realizado en un mensaje que me envió antes de salir hacia la RFA.[3]

Como se verá en el Anexo 5, en ese mensaje me indicaba que, dentro de poco, ella se creería de tal manera "el cuento" que, si se le acercaba alguien a decirle lo contrario, lo consideraría "un loco". Por consiguiente, en su segundo viaje a Alemania y a Berlín Occidental ella enriqueció su leyenda y obtuvo nuevas evidencias para la preparación de su ingreso clandestino a Bolivia; paso que, por fortuna, se acercaba porque, cuando Tania retornó a Praga, ya estaba listo su nuevo pasaporte argentino.

Sólo faltaban por estampar sus huellas digitales; pero Diosdado decidió no hacerlo y, en su lugar, colocar las de otra persona por recomendaciones de los experimentados especialistas de la Sección de Documentación de la seguridad checoslovaca. Según ellos, si era detenida por cualquier motivo, no podrían acusarla de falsificación del documento, medida preventiva y coyunturalmente necesaria; pero que —como veremos más adelante— la obligó, meses después, a realizar una riesgosa operación para recibir un documento similar con sus propias huellas digitales que le permitiese obtener su residencia permanente en Bolivia o, como era la aspiración, la nacionalidad boliviana.

De modo que, a fines de septiembre de 1964, se habían ultimado todos los detalles para la salida definitiva de Tania hacia Suramérica. A tal fin —como se había comprometido con Diosdado el coronel Yemla— los órganos de la seguridad checoslovaca le proporcionaron una amplia información sobre los puntos fronterizos y los controles de los aeropuertos que se les habían solicitado. Con esos elementos, Diosdado elaboró el itinerario de Tania.

Paralelamente, María, con su dedicación de siempre, la llevó a una peluquería fuera de la ciudad, en la que se le cambió el color del cabello y se peinó convenientemente para tomarse la fotografía que se colocaría en el nuevo pasaporte argentino. La transformación era notable: el oscurecimiento del color del pelo la transformaba en un tipo femenino que en Cuba llamamos "trigueña" y, al colocarse las gafas que ocultaban sus profundos ojos azules, resultaba irreconocible para quienes recordaran el bello pelo rubio que dominaba su cara blanca y suavemente ovalada.

Cumplidas las tareas vinculadas a su enmascaramiento y a la terminación del pasaporte, llegó el momento de su salida definitiva de Praga. Según recuerda Diosdado, esta se produjo el 3 de octubre de 1964, exactamente un día después del cumpleaños de Elsa Montero, su compañera y esposa. Diosdado también tiene guardada en su entrenada memoria que, ese día, "Tania estaba más callada que de costumbre. Fruncía el ceño. Cuando le pregunté cómo se sentía, ella me dijo: 'Llevo meses preparándome sicológicamente, pero me vienen tantas cosas a la mente. Recuerdo a tanta gente de la que quisiera despedirme, y sin embargo, estamos solos tú y yo. Me tienes que aguantar el gorrión. Tú ya me conoces'". Él asintió en silencio. Realmente, no sólo la conocía, sino que también comprendía su acendrada sensibilidad humana y su profunda lealtad hacia sus seres queridos.

El día de la partida de Tania, rememora Diosdado, el gris del cielo y el color ocre de las hojas de algunos árboles anunciaban el comienzo del otoño. Por elemental sentido de la compartimentación, ningún compañero checoslovaco visitó la casa. María se había despedido el día anterior y al abrazar y besar a Tania le habían brotado las lágrimas. Seguramente quiso decirle muchas cosas, pero solamente alcanzó a pedirle que se cuidara mucho y a desearle buena suerte.

Antes de partir, Tania revisó, otra vez, minuciosamente su habitación para cerciorarse que no quedara ningún rastro comprometedor. Como a las diez de la mañana, ella y Diosdado abandonaron la casa que los había cobijado en los últimos meses. A unos 200 metros, en la carretera, abordaron el ómnibus que los llevó hasta Praga. Durante los 40 minutos que aproximadamente duró el viaje, se ubicaron en asientos separados. Al llegar a la ciudad se movieron en taxi, pues era muy peligroso trasladarse constantemente a pie, en espera de la hora a la que ella debería partir. El tren donde Tania viajaría hacia Austria saldría a las nueve de la noche.

De manera que, temprano en la tarde, tuvieron tiempo para ir a un restaurante alejado de la ciudad. Como está dicho, fuera del discreto hotel Balnovka, fue la única vez que se sentaron en la misma mesa de un restaurante. Según los recuerdos de Diosdado, hablaron poco. Ella no se sentía con ánimo para hacerlo. Él respetó su silencio. Hicieron un brindis por el éxito de la misión y otra vez sus ojos azules se llenaron de lágrimas. Salieron a caminar un poco, pero ya entrada la noche comenzaron a sentir frío. Ella llevaba puesta una capa de agua de color negro. Él le recomendó que se pusiera el abrigo. Así lo hizo y le dijo: "Quédate con la capa, es un regalo mío para tu esposa por su cumpleaños". Se la aceptó. Elsa aún la conserva como un recuerdo de esa ocasión.

Después, Diosdado y Tania llegaron juntos hasta unas cuadras cercanas a la estación de trenes. Hasta ahí él debía acompañarla. Ella lloró copiosamente. Le dijo que quería verlo hasta el último momento. A él le costó trabajo explicarle que, según el "manual" del trabajo clandestino, no era recomendable que siguieran juntos. Ella no lo entendía. Al fin, logró calmarla prometiéndole que iría hasta el andén; pero separados, y que allí esperaría su salida.

Se abrazaron. Ella le apretó las manos y lo besó fraternalmente. Le dijo estas últimas palabras: "Perdona mis majaderías, yo sé que a veces me pongo insoportable. Tú has sido como un hermano. Dale besos a todos y dile al Comandante que cumpliré con la tarea que me dio, el tiempo que sea necesario. A mi negrito, dile que me espere". Lo volvió a abrazar y salió caminando. Poco después él salió detrás de ella. En el andén, a distancia, la observó hasta que subió en el tren. Antes de desaparecer entre los pasajeros, ella volteó la cabeza y sus miradas se encontraron. Los separaban unos 50 metros.

Fue la última vez que él la vio, pero no la última vez que supo de ella. Desde la distancia, continuó trabajando para apoyarla en el cumplimiento de su misión. Sin embargo, a pesar de su implicación posterior en la Operación Fantasma, sólo años después Diosdado supo que el Comandante al que se había referido Tania en su despedida, no era Piñeiro, como él suponía, sino el Che.

"A partir de entonces —concluyó Diosdado— nuestro órgano (el VMT y, a partir de 1970, la DGI del MININT) tomó importantes medidas que permitieron que muchos compañeros, en iguales condiciones, siguieran el camino emprendido por Tania. Fue una precursora. Fue la primera compañera que, con una doble personalidad, se radicó por tiempo indefinido en el exterior. Ella señaló el camino. Otras la siguieron".

CAPÍTULO IX
Un año fecundo

Por pura coincidencia histórica, no fue hasta el 5 de noviembre de 1964 (un día después del golpe de Estado que, encabezado por el reaccionario general René Barrientos Ortuño,[1] derrocó al otrora líder de la Revolución boliviana de 1952,[2] pero ya claudicante presidente, Víctor Paz Estenssoro) que Tania —habiendo asumido plenamente la personalidad de la argentina Laura Gutiérrez Bauer— arribó a Perú, en tránsito hacia La Paz, capital de Bolivia. A esa ciudad llegó el día 18 de noviembre del propio año, comenzando, desde ese mismo día, el meticuloso cumplimiento de los pasos dirigidos a tratar de legalizar su radicación indefinida en ese país con vistas a cumplir las complejas misiones que el Che le había encomendado.

Según el detallado informe que presentó sobre su entrada y sobre el primer año de su estancia en Bolivia (ver anexo 9), previamente ella había viajado al Cuzco, otrora capital del poderoso imperio incaico.[3] Después de algunos días de estancia en esa emblemática ciudad peruana (en la cual se relacionó con diversas personas, entre ellas el abogado Lino Fernando Casafranca, director de un grupo de estudios del rico folklore de esa región), continuó en tren hasta Puno.[4] Desde ahí viajó por carretera a Yunguyo, último punto en la frontera peruana. Y, montada en un burro, ingresó al territorio boliviano cuando finalizaba la tarde del 17 de noviembre.

Como a esa hora no había control policial en el puesto fronterizo boliviano, se presentó en el edificio de la Aduana para declarar sus pertenencias. Después siguió hasta Copacabana, la ciudad boliviana más cercana a la frontera con Perú. Allí, luego de pasar la noche en un pequeño hotel en compañía de una española que había conocido en el Cuzco y que la había acompañado en el viaje,[5] en la mañana del otro día se presentó a la Policía boliviana. Cuando los efectivos de esta registraron su ingreso al país, Tania continuó su camino hacia La Paz.

Las primeras semanas en la capital boliviana las dedicó a realizar actividades turísticas, así como a visitar algunos lugares relacionados con las portentosas culturas ancestrales de ese país (cuales fueron sus visitas al museo y a las famosas ruinas de la civilización Tiahuanaco ubicadas en las cercanías de La Paz),[6] al igual que a establecer relaciones con personas directamente vinculadas al estudio de las mismas. A través de una de ellas (el pintor Moisés Chire Barrientos, primo del entonces jefe de la Junta Militar boliviana) conoció a la doctora Julia Elena Fortún, dirigente de un Comité de Investigadores adscrito al Departamento de Folklore del Ministerio de Educación.

Gracias a sus recomendaciones enseguida estableció contacto con el Sr. Ricardo Arce, secretario de la Embajada argentina; quien, a su vez, días más tarde, cuando coincidió con ella en una actividad en el exclusivo Club La Paz, la presentó ante diversos asistentes (algunos pertenecientes al cuerpo diplomático) como "una persona que trabajaba en su Embajada".[7] Arce, de manera inconsciente, también le abrió el camino para que ella (presentándola como su esposa) participara en un festival folklórico y en un almuerzo especial con el general René Barrientos que se efectuó, a fines de 1964, en las orillas bolivianas del majestuoso Lago Titicaca.[8]

En esa ocasión, tuvo la oportunidad de sostener una conversación y tomarse unas fotos con el entonces recién estrenado dictador boliviano (quien le prodigó diversas atenciones) y con varios funcionarios de su gobierno; incluidos algunos de la Dirección de Protocolo del Ministerio de Relaciones Exteriores con los que mantuvo posteriores relaciones que les fueron útiles para el cumplimiento de sus diversas tareas.

Conocida por diversas personas su permanencia en La Paz, reconocida públicamente por la Embajada argentina la "legalidad" de su pasaporte, con sus primeras relaciones con ciertos intelectuales bolivianos, con relevantes funcionarios gubernamentales y con algunos integrantes del cuerpo diplomático latinoamericano acreditados en ese país (como el mencionado secretario de la Embajada Argentina y el Encargado de Negocios de México en Bolivia, Juan Manuel Ramírez), Tania abandonó el concurrido Hotel La Paz (donde se había alojado) y se instaló en una casa de huéspedes ubicada en la calle Juan José Pérez No. 232, cuya dueña era la boliviana Alcira Dupley de Zamora, esposa del administrador de un importante fábrica de cemento. Desde ese momento, Alicia estableció con Tania una relación que ella definió como "maternal".

A través de Alcira, Tania se vinculó con una de sus hijas, descendiente de un matrimonio anterior, llamada Sonia Azurduy Dupley; la que, en ese momento, era secretaria del Director (con rango de Ministro) de la Secretaría de Planeamiento y Planificación del gobierno boliviano. También, con el esposo de Sonia, el dirigente estudiantil universitario, Marcelo Hurtado. Asimismo, estableció vínculos amistosos con la inquilina de la propia casa, Ana Heinrich; quien, por su anterior desempeño como Secretaria del Senado, tenía fluidas relaciones con diversos políticos bolivianos y que para esa fecha fungía como secretaria de Walter Guevara Arce, Presidente del derechista Partido Revolucionario Auténtico, integrante de la heterogénea coalición política que, hasta 1966, sustentó la Junta Militar integrada por los generales René Barrientos y Alfredo Ovando Candía.[9]

Esa "amistad" con Ana también le permitió a Tania relacionarse con Mario Quiroga Santa Cruz, ideológicamente vinculado a la democracia cristiana al igual que a la pro fascista agrupación política denominada Falange Socialista Boliviana (FSB), y director del periódico *El Sol* que, por aquellos meses, se publicaba en la capital boliviana. Éste de inmediato le ofreció trabajo como correctora de pruebas en ese diario. Aunque dadas las inadecuadas características de ese puesto Tania rechazó el ofrecimiento, Quiroga le entregó el Certificado de Trabajo que ella necesitaba para comenzar las gestiones dirigidas a su radicación permanente en Bolivia.

En la misma fiesta donde Ana le presentó al antes mencionado periodista, Tania también estableció relaciones con los empresarios bolivianos, radicados en Perú, Oscar de la Fuente y René Segadan. Asimismo, con el corrupto abogado Alfonso Bascope Méndez, dirigente de la Comisión de Propaganda de la FSB y quien, en la apreciación de Tania, estaba vinculado a los grupos de seguridad de esa derechistas agrupación política. En cualquier caso, él le sirvió de garante y le orientó las triquiñuelas que podía emplear para gestionar de manera expedita todos los documentos que Tania necesitaba para obtener su residencia en Bolivia. Entre ellos, el Certificado de Trabajo que le entregó Mario

Quiroga Santa Cruz, el Certificado Médico y el Certificado de Buena Conducta que debía expedirle la Policía. Este lo obtuvo en media hora, luego de pagar un soborno de poco más de 5 000 pesos bolivianos.[10]

Gracias a esas gestiones, dos o tres días después, el Departamento de Migración del Ministerio de Gobierno le entregó su radicación en Bolivia; lo que constituía un paso imprescindible para obtener la Cédula de Identidad que certificaba su residencia en ese país. Para evitar el eventual cotejo de sus verdaderas huellas digitales con las falsas huellas que — como está indicado— estaban estampadas en el pasaporte argentino que le entregaron los órganos de la seguridad checoslovacos, Tania fingió la pérdida de ese documento.

En razón de la ingeniosa credibilidad con que organizó esa argucia (ver Anexo 9), de una carta que había obtenido del Departamento de Folklore del Ministerio de Educación solicitando que se le otorgaran facilidades para un viaje que debía realizar al interior del país, así como de la manera creativa con que había enriquecido su fachada y su leyenda como Laura Gutiérrez Bauer, el Departamento de Identificación Personal y Extranjería del Ministerio de Gobierno le entregó la referida cédula. Como sabría después, para legalizar totalmente su presencia en Bolivia, sólo le quedaba pendiente su inscripción en el Censo; pero este paso requería de la presentación del pasaporte que supuestamente se le había perdido y, seguramente, el cotejo de sus verdaderas huellas digitales con las que estaban estampadas en ese documento.

De modo que, el 20 de enero de 1965, apenas dos meses después de haber atravesado la frontera peruano-boliviana, Tania ya había logrado los elementos mínimos necesarios para permanecer por tiempo indefinido en ese país suramericano. Mientras buscaba una solución para la realización del imprescindible trámite migratorio antes referido, en el propio mes, cambió de residencia y se trasladó para una habitación alquilada en el apartamento que, junto a su esposa, ocupaba el otrora progresista, pero ya anciano, reaccionario y empobrecido ex diplomático boliviano Alfredo Sanjinés. Ese inmueble estaba ubicado en la calle Presbítero Medina, número 2521, del conocido barrio Sopocachi de la capital boliviana.

Su permanencia en ese apartamento le permitió establecer vínculos con otros integrantes de la familia del matrimonio Sanjinés, todos bien colocados en la tradicionalista sociedad paceña y, algunos, cercanos a los integrantes de la Junta Militar boliviana. Por consiguiente —según el plan que habíamos elaborado en La Habana — a Tania sólo le faltaba por encontrar las vías para justificar sistemáticamente sus ingresos económicos, así como para tratar de obtener la ciudadanía boliviana.

Para lograr lo primero —luego de consolidar sus relaciones con el Comité de Investigadores del folklore boliviano, con algunos funcionarios del Ministerio de Educación, así como de la Dirección Nacional de Turismo y contando con el apoyo de ya referida Ana Heinrich— entró en contacto con el posteriormente afamado pintor boliviano Juan Ortega Leyton.[11] Él, a su vez, la vinculó con el periodista Gonzalo López Muñoz. Éste, en esos momentos y antes de ser nombrado Director de Información de la Presidencia de la República de Bolivia, era corresponsal de la conocida revista *Visión* y, junto a otros colegas, estaba publicando simultáneamente la revista boliviana *Esto es* y un semanario conocido como *Información Periodística* (IPE).

Utilizando su demostrada capacidad para establecer vínculos con personas desconocidas, en ese encuentro Tania recibió ofertas de trabajo como agente suscriptora de la revista *Visión* y del semanario IPE. En razón de las responsabilidades que implicaban esas ofertas, rechazó la primera, pero temporalmente aceptó la última, ya que ésta le ofrecía mayores facilidades para el cumplimiento de sus tareas clandestina. No obstante, lo más importante de ese encuentro fue que consolidó sus relaciones con Leyton, y comenzó sus vínculos con López Muñoz y otros integrantes de su familia, al igual que con otros periodistas que frecuentaban la oficina de las publicaciones antes referidas.

Gracias a la ayuda de algunos de ellos comenzó a ofrecer las clases de alemán (llegó a tener ocho alumnos) que le posibilitaron obtener justificadamente algunos ingresos económicos y disponer del tiempo necesario para fortalecer su fachada (incluida el estudio de cerámica artesanal), así como para realizar las investigaciones antropológicas que, sin remuneración, realizaba como parte del Comité de Investigadores adscrito al Departamento de Folklore del Ministerio de Educación. Sus reconocidas investigaciones en ese campo le sirvieron como justificación para sus desplazamientos hacia diferentes zonas de Bolivia, al par que sus resultados (llegó a grabar decenas de piezas musicales típicas de ese país) le posibilitaron desarrollar sus relaciones con algunos destacados intelectuales bolivianos. Mediante esas relaciones también obtuvo las credenciales que le permitieron justificar sus viajes al exterior. Entre ellas, las de la Sociedad de Ceramistas de Bolivia, de la cual fue socia fundadora.

Paralelamente, para tratar de resolver las dificultades que le estaba generando la violación de su inscripción en el Censo boliviano y obtener cuanto antes la ciudadanía de ese país, por iniciativa propia, y siguiendo una de las variantes operativas que habíamos discutido en La Habana, orientó sus pasos a contraer matrimonio con un ciudadano boliviano que cumpliera algunos requisitos ineludibles. Entre ellos, su confiabilidad, su total desvinculación con las organizaciones y partidos de la izquierda, al igual que su disposición a permitirle la libertad de movimientos que a ella le resultaba imprescindible para cumplir sus tareas clandestinas.

En esa búsqueda, dentro de diversos pretendientes deslumbrados por su ostensible cultura, por su simpatía y por su delicada belleza, así como de una cuidadosa (aunque incompleta) evaluación, ella seleccionó al joven estudiante de ingeniería eléctrica Mario Martínez Álvarez, quien —junto a su hermano y a otros estudiantes— se había incorporado a su círculo de relaciones. Durante su noviazgo, Mario había aceptado casarse con ella de manera secreta, ya que temía que, de saberlo su hermano y sus amigos, la noticia pudiera llegar al conocimiento de su padre (un Ingeniero Minero que vivía en Oruro)[12] y éste desaprobara su compromiso por temor a que abandonara o perdiera sus estudios universitarios.

Sobre esas bases, Tania envió un mensaje al Centro Principal, en el cual —además de caracterizarlo— trasladó sus consideraciones acerca de la conveniencia de contraer matrimonio con Mario como medio para resolver los problemas de seguridad que le estaba creando la mencionada fragilidad de su pasaporte argentino. También como vía para obtener rápidamente la nacionalidad boliviana. Sin embargo, dadas las dificultades que se estaban presentando con las comunicaciones mutuas, no pudo obtener respuesta a esa consulta. Por tanto, sobre la base de su análisis de la situación creada, a fines de febrero de 1966, contrajo matrimonio de manera discreta con el indicado estudiante; lo que, unos días después, le facilitó su imprescindible salida hacia Brasil, Uruguay y México.

Sobre el contenido de esos viajes volveré después. Pero antes merece significar que, en los primeros quince meses de actividad en Bolivia, a pesar de la compleja situación política que existía en ese país, así como de las dificultades que se le habían presentado en la recepción de instrucciones desde el Centro Principal, Tania —adoptando y demostrando posiciones políticas conservadoras y teñidas de un cierto anticomunismo— había logrado establecer una tupida red de relaciones que incluía a diversos intelectuales, profesionales y políticos vinculados a los partidos de derecha, al igual que a ciertos sectores de la burguesía y a altos funcionarios de la Junta Militar boliviana.

Además de las personas previamente mencionadas, en su red de relaciones también estaban incluidos el escritor Tristán Marof (cuyo nombre verdadero era Gustavo Navarro); el representante de la revista *Visión Internacional* para la cuestión de las suscripciones, Sergio Soria Cobarrubias (de ideas falangistas); el periodista Luis Raúl Durán, Jefe de Prensa de la empresa estatal Yacimientos Petrolíferos Fiscales Bolivianos (YPFB);[13] los hermanos de Gonzalo López Muñoz: los periodistas Alberto y Eduardo Olmedo López. Este último, aunque fue encarcelado en 1965 bajo la acusación de haber sido el autor de un crimen pasional, había sido secretario del derrocado presidente Víctor Paz Estenssoro.

En el círculo de relaciones de Tania se encontraban, igualmente, Víctor Sanier, director del periódico *El Mundo* de Cochabamba,[14] y muy bien relacionado con el dictador René Barrientos; el empresario Carlos Casi Goli, casado con Colombia López Muñoz y propietario de un negocio especializado en la venta de plástico, así como de una imprenta que ofrecía sus servicios al gobierno boliviano; el Director del diario *Prensa Libre* de Cochabamba, Carlos Becar Gómez; el secretario del Rectorado de la Universidad de esa ciudad y periodista del diario *Extra,* Julio Mendoza López; el abogado Erdulfo Val de Escobar con algunos vínculos profesionales con la OEA; la conocida artesana Rosario Sarabia (autora de exposiciones-ventas de sus obras en Estados Unidos); así como los destacados ceramistas bolivianos Jorge Medina, Inés de Córdoba y Yolanda Rivas de Plaskonska: fundadores, junto con Tania, de la Sociedad de Ceramistas de Bolivia.

Además de fortalecer su fachada y su leyenda ante los órganos represivos bolivianos, a través de esos y otros vínculos, Tania pudo desarrollar algunos estudios de la situación operativa de la cárcel de La Paz (conocida como el Panóptico) y de la Dirección de Investigaciones Criminales (DIC) del Ministerio de Gobierno. También pudo informarse de las modificaciones que estaba produciendo la dictadura del general René Barrientos en las estructuras represivas bolivianas. Igualmente, acerca de la ubicación de algunas unidades militares; entre ellas, el Colegio Militar del Estado Mayor ubicado en Calacoto, La Paz.

En este último caso pudo obtener evidencias de la penetración estadounidense en esa institución. Esto lo logró mediante sus relaciones ocasionales (pero fluidas) con Álvaro Cristian, uno de los profesores norteamericanos que trabajaba en esa escuela. Éste, según pudo constatar Tania de manera habilidosa, además de una larga trayectoria "diplomática", tenía evidentes vínculos con el Buró Federal de Investigaciones (FBI) de Estados Unidos.

Cual veremos en otro capítulo, algunos de esos vínculos de Tania (como fue el caso del Jefe de Información de la Presidencia de la República, Gonzalo López Muñoz) contribuyeron inconscientemente al desplazamiento clandestino de Che por el territorio boliviano cuando este llegó a ese país en los primeros días de noviembre de 1966. Pero, antes de llegar a ese momento histórico, es imprescindible insistir en que, unos tres meses después de la llegada de la principal protagonista de mi relato a ese país, se produjeron diversos contratiempos en sus comunicaciones con el Centro Principal.

Según pude conocer después (ya que en esa fecha estaba con el Che en el Congo Leopoldville), lo anterior, junto a un nuevo mensaje enviado por Tania en septiembre de 1965 en el cual solicitaba de manera urgente un contacto personal con un oficial cubano del VMT del MININT (siempre identificado por ella como el MOE), determinó que Piñeiro decidiera el rápido traslado ilegal a La Paz del ya mencionado compañero guatemalteco Carlos Conrado de Jesús Alvarado Marín (alias Mercy), quien en ese momento se encontraba en Europa Occidental fortaleciendo su fachada como empresario de una firma internacional distribuidora de cosméticos. A partir de esa decisión, a él se le orientó que el plan de trabajo que debía cumplir en Bolivia tenía que incluir, entre otras tareas, las siguientes:

Felicitar a Tania por el trabajo realizado y comunicarle, además, que le había sido concedida la militancia en el Partido Comunista de Cuba;

Brindarle noticias de sus familiares y compañeros e informarle del desarrollo del proceso revolucionario latinoamericano y cubano;

Verificar la posibilidad de que hubiera sido detectada por el enemigo, sometiéndola a varios chequeos antes de entrar en contacto con ella, a fin de garantizar su seguridad;

Repasarle los conocimientos de las materias técnicas que se le habían enseñado en La Habana y en Praga y que, por el poco uso, había informado que comenzaba a olvidar;

Hacer un estudio de las relaciones personales que Tania había establecido en Bolivia y analizar con ella las posibilidades de utilizar algunas de éstas en el trabajo revolucionario; y crear condiciones para la salida de ella a realizar, en México, un contacto personal y clandestino con un oficial cubano del VMT. En ese contacto, se le cambiaría el pasaporte argentino que le habían confeccionado en Checoslovaquia por otro documento, con igual identidad y nacionalidad, pero con sus verdaderas huellas digitales.

Esto último le permitiría a Tania consolidar, con mínimos riesgos (salvo los derivados de su salida y entrada a Bolivia), su situación legal; ya que —según el análisis que se había realizado por los compañeros del Centro Principal encargados de la atención de Tania— incluso si ella finalmente decidía contraer matrimonio con el estudiante Mario Martínez Álvarez, se vería obligada a presentar su pasaporte argentino como paso previo para obtener la ciudadanía boliviana.

Cuando ya estaba prácticamente listo para viajar a Bolivia con documentación argentina y su leyenda de comerciante, el 22 de noviembre de 1965, Mercy recibió las últimas instrucciones para la realización de sus contactos clandestinos con Tania en la capital boliviana. Cual se verá en el Anexo 7, además de las referencias a un mensaje que ella había enviado días antes en el que modificaba los lugares de contactos que previamente había establecido, en esa comunicación se le entregaron a Mercy las indicaciones acerca de la ruta que debía seguir en su viaje a Bolivia, las gestiones que previamente debía terminar en Europa, al igual que todas las instrucciones que debía cumplir Tania con vistas a realizar el antes mencionado contacto secreto en México. Este había sido programado para abril de 1966.

Luego de haber cumplido todas las tareas orientadas, Mercy finalmente llegó a la capital boliviana el 1ro de enero de 1966. Sin embargo, según se desprende del minucioso informe que posteriormente confeccionó sobre su estancia en La Paz y Cochabamba, al igual que, de manera imprevista, en São Paulo, Brasil (ver Anexo 8), cumpliendo las indicaciones que llevaba del Centro Principal, de inmediato no estableció contacto con Tania. Por el contrario, lo primero que Mercy hizo fue actualizar sus conocimientos sobre la situación operativa de la capital boliviana y, especialmente, de los lugares en los que supuestamente se movía Tania.

No obstante, no pudo localizarla a causa de las confusiones que existían en el Centro Principal respecto a los lugares que ella frecuentaba. Ante esa realidad, el 5 de enero, Mercy tomó la decisión de observar los movimientos de Tania a partir del momento en que saliera de la casa del matrimonio Sanjinés donde entones habitaba. Luego de comprobar durante varias horas que no existía indicios de ninguna actividad enemiga contra ella, al mediodía del 6 de enero, inició las acciones previstas para establecer los contactos personales con Tania que se requerían para el cumplimiento completo de su misión.

En efecto, después de haber activado por vía telefónica las señas y contraseñas que le anunciaban a ella la llegada a La Paz de un enviado del Centro Principal y la necesidad de que acudiera al lugar de contacto establecido, Mercy continuó observándola de manera subrepticia. Ello le posibilitó percatarse de la alegría que la embargaba, al igual que confirmar la profesionalidad con que Tania desarrollaba sus movimientos en la ciudad.

En consecuencia, en la noche del 7 de enero, se encontraron, por primera vez, ambos combatientes internacionalistas. En palabras de Mercy, después del intercambio de sus correspondientes identificaciones, "ella, sonriendo, me tendió la mano, la saludé y la invité para que fuéramos a un lugar donde pudiéramos hablar tranquilamente".[15] Cuando —siguiendo las sugerencias de Tania— arribaron al lugar seleccionado, él le entregó los saludos que le enviaban "los compañeros", así como algunas indicaciones acerca de los pasos que ella debía emprender para localizar un lugar seguro donde recibir el correo que él le había llevado y en el que, además, ambos pudieran trabajar en los días venideros.

Como no era posible utilizar el lugar que ella tenía identificado (la casa que estaba construyendo en el barrio Calacoto su amiga, la ceramista Yolanda Rivas de de Plaskonska) hasta varios días después, acordaron un nuevo contacto en las afueras de la ciudad. Este le posibilitó a Tania recuperar los medios para cifrar y descifrar sus comunicaciones clandestinas con el Centro Principal (las llamadas "gamas") que inadecuadamente había escondido en un punto muy distante de su casa. Luego de la destrucción de las mismas y de la entrega de las nuevas "gamas" que Mercy le había traído, continuaron compartiendo otras ideas, hasta que finalmente acordaron encontrarse nuevamente cuarenta y ocho horas después.

Fue en ese encuentro —efectuado en la casa que estaba construyendo Yolanda en Calacoto— que él finalmente pudo entregarle el mensaje que llevaba "embutido" en sus zapatos. Según consignó en su mencionado informe: "... ella se puso muy contenta y mientras lo leía pude observar su felicidad, en ocasiones lloraba de emoción y decía: 'YO CREÍA QUE YA ME HABÍAN OLVIDADO'. Yo le dije: —Eso ni lo debes pensar, la Revolución nunca puede olvidarla a usted, ni a quien le sirve como usted lo está haciendo. Y emocionada contestaba: —FUE UNA BROMA, YO SE QUE NO ME HAN OLVIDADO...".[16]

Inmediatamente después, Mercy le dio instrucciones teóricas acerca de las nuevas técnicas de chequeo y contrachequeo. También le orientó algunos ejercicios prácticos vinculados a la selección de puntos de comprobación. Y, finalmente, establecieron los detalles del nuevo contacto personal que sostendrían cuarenta y ocho horas más tarde en el propio lugar. Ese encuentro también se efectuó sin ningún contratiempo y Tania recibió nuevas clases teóricas sobre las técnicas antes mencionadas; pero, en el criterio de ambos, el lugar ya resultaba inseguro, además de inadecuado para todas las tareas que ambos tenían que cumplir.

Ante los temores que tenía Tania de que la realización de contactos en algunos lugares abiertos de La Paz provocara su encuentro con personas indeseadas (entre ellos, un Oficial de Inmigración del Aeropuerto que constantemente le pedía que pusiera totalmente en regla sus papeles de ingreso a Bolivia), decidieron continuar sus contactos en la ciudad de Cochabamba. Sin embargo, el fuerte control policial que existía sobre los extranjeros que la visitaban, así como la imposibilidad de conseguir un apartamento seguro en esa y en otras ciudades colindantes, los llevó a regresar a la capital boliviana.

Como allí tampoco pudieron alquilar un apartamento seguro (el único que localizaron pertenecía a una señora que trabajaba en el Ministerio de Gobierno boliviano), luego de otros encuentros personales y de algunas prácticas operativas, ambos decidieron viajar a Brasil, aún cuando ello pudiera implicar algunos inconvenientes con el pasaporte de Tania en el momento de obtener el permiso para su salida de Bolivia por vía aérea.

En tal caso, previeron una ruta alternativa utilizando algunos puntos de la extensa frontera terrestre entre ambos países. Pero esos temores no se confirmaron y sin inconvenientes, después de haber contraído matrimonio con Mario Martínez Álvarez (quien la ayudó en los trámites de salida) y con el pretexto de cumplir un contrato de traducción que le habían ofertado en ese país, Tania llegó a la ciudad de São Paolo a fines de febrero de 1966. Como allí tampoco pudieron alquilar un apartamento, ni una casa segura que se adecuara a los limitados recursos financieros que ambos tenían disponibles, finalmente, el 1ro de marzo, tuvieron que trasladarse a un apartamento rentado en la playa Itarare de São Vicente,[17] ubicada a unos 78 kilómetros al sureste de São Paolo y bañada por las aguas del Océano Atlántico.

Fue en esa playa donde finalmente Mercy —luego de sortear algunos conflictos derivados de lo que él definió como la inadecuada tendencia de Tania a ser "demasiado económica", "el afán de contradicción" presente en su carácter y el "fuerte choque emotivo" derivado de su encuentro y del previo "aislamiento en que encontraba"— pudo concluir, a fines de marzo, con la seguridad y la tranquilidad requerida, el intenso repaso y la actualización de todos los conocimientos sobre las técnicas del trabajo clandestino que ella había adquirido en La Habana.

Una vez concluido ese entrenamiento y a pesar de la oposición de Mercy, a partir del 24 de marzo, Tania, con el propósito de fortalecer su leyenda y de aducir ante sus relaciones bolivianas una presunta visita a Argentina, decidió realizar un breve y exitoso viaje de ida y vuelta entre São Vicente y Montevideo, la capital de Uruguay. En este (además de fortalecer su posición con integrante de la Asociación de Ceramistas de Bolivia) y haciendo gala de su entrenamiento, como se verá en el Anexo 9, pudo obtener algunas informaciones de cierta utilidad operativa.

Todo ello le permitió a Mercy afirmar en las conclusiones del informe que he venido mencionando: "...he llegado a la conclusión que a pesar del poco tiempo con que contamos para la instrucción de TANIA, gracias a su excelente capacidad de asimilación, captó a plenitud todo lo que se le enseñó y en los casos en que no quedaba conforme yo le dije que lo consultara con quien la fuera a ver en su próximo contacto y en esta forma quedaría satisfecha, lo cual aceptó de buena gana".

Y agregó: "Con relación a su postura respecto a nuestro trabajo considero que está consciente del honor que representa ser un eslabón de la cadena que estrangulará en un día no lejano al imperialismo y que se siente orgullosa de haber sido escogida para realizar las labores especiales en pro de la revolución latinoamericana". En consecuencia, como veremos en el próximo capítulo, Mercy le entregó todas las instrucciones para su ya próximo contacto clandestino en México.

CAPÍTULO X
Un encuentro esperado

Acorde con las instrucciones que Mercy le había entregado, a comienzos de abril de 1966, Tania llegó a Ciudad México procedente de São Paulo, Brasil. Como está indicado, para ella el objetivo de ese viaje era sostener un encuentro clandestino en esa urbe con un oficial cubano del MOE que le entregaría instrucciones sobre las consultas que ella había realizado, despejaría las dudas que le hubieran quedado después de sus encuentros con Mercy y le resolvería —según éste le había informado— los problemas del pasaporte argentino que, pese a su reciente matrimonio con Mario Martínez Álvarez, continuaban dificultándole la obtención de la nacionalidad boliviana.

Sin embargo, a decir de Diosdado, siguiendo las instrucciones de Piñeiro, viajaron a esa ciudad dos compañeros cubanos: el ya mencionado Juan Carretero Ibáñez (Ariel) y Adolfo Valdés, a quien, hasta su desaparición física, todos los que lo conocimos le identificábamos como Adolfito. En aquellos años, Ariel (quien, como ya vimos, desde marzo de 1964 me había sustituido en la atención del "caso Tania") era el Jefe de la Sección de América Latina del VMT; mientras que Adolfito era uno de los más destacados oficiales de la Sección de Documentación del Departamento encargado del trabajo con todos los agentes ilegales ubicados en el exterior que dirigía ese viceministerio del MININT.

Según el testimonio de Ariel, antes de partir hacia Ciudad México, había recibido instrucciones directas y precisas de Che (quien, desde comienzos de marzo de 1966, se encontraba radicado clandestinamente en Praga)[1] de crear todas las condiciones políticas y operativas que permitieran incorporar a Tania, de manera segura, a las actividades de apoyo al destacamento guerrillero internacionalista que, en los próximos meses, comenzaría a organizarse en Bolivia.

En función de ello, Piñeiro le orientó a Ariel que en sus contactos con ella, y con el imprescindible concurso de los Oficiales del Centro del VMT del MININT que existía en la Ciudad México, así como de Adolfito, garantizara la solución definitiva de los problemas que había confrontado con la documentación argentina que le habían entregado en Checoslovaquia. Además, Ariel debía recoger toda la información que ella había recopilado sobre las actividades que había desarrollado en Bolivia, evaluar la situación de seguridad que la rodeaba y crear todas las condiciones para un próximo contacto clandestino que un enviado de Che sostendría con ella en La Paz.

Asimismo, sin precisarle quien sería la persona que la contactaría, ni el carácter de sus tareas futuras, debía fortalecer su confianza en la importancia revolucionaria de la misión que tenía asignada. A decir de Ariel (quien todavía no conocía los resultados de los encuentros que había sostenido Mercy con Tania entre comienzos de enero y fines de marzo de 1966),[2] esto último era necesario porque "podía darse el caso que, luego de dos años de exitoso y esforzado trabajo clandestino,[3] Tania hubiese cuestionado la importancia de la misión que estaba cumpliendo, pues hasta entonces no vislumbraba su participación directa en un movimiento de liberación nacional, que era su mayor aspiración revolucionaria y lo que realmente la inspiró a aceptar la tarea".

Por ello, como tarea prioritaria y siempre según las instrucciones de Piñeiro, Ariel debía trasladarle a Tania la alta evaluación que se tenía en Cuba acerca del trabajo que había desarrollado, así como sobre sus dotes conspirativas. Cual demostración del positivo balance de su trayectoria revolucionaria en Argentina y la RDA (ver Anexo 1), de todas las tareas que había cumplido en Cuba entre 1961 y 1964, de la alta disciplina que había demostrado durante los cinco meses de su estancia en Praga y de todas las actividades que durante cerca de quince meses había desarrollado en Bolivia, Ariel llevó consigo y tenía el encargo de mostrarle a Tania el carné que, con su nombre verdadero, la acreditaba como militante del Partido Comunista de Cuba (PCC). Según Ariel, para remarcar "la extrema importancia política" de ese hecho, el 6 de abril de 1966, ese carné fue "firmado personalmente por el Comandante en Jefe y Primer Secretario del CC del PCC, Fidel Castro Ruz."

Todas esas tareas tenían que cumplirse garantizando que la estancia de Tania en México fuera breve; ya que —según Diosdado, quien estaba vinculado a la atención de esa operación— "a pesar de que ella había creado una sólida fachada que facilitaba cualquier viaje al exterior, sólo debía ausentarse de Bolivia el tiempo estrictamente necesario". En consecuencia, "...se había planificado una operación rápida que evitara incidentes que pudiesen perjudicar a Tania". Por ende, se planearon "no más de dos contactos personales (de Tania) con Ariel, en días y lugares diferentes, ya previstos y minuciosamente estudiados."

Para garantizar el éxito de los mismos, previamente Mercy le había entregado a Tanía diversas formas de contactos personales e impersonales en México. Paralelamente, recuerda Diosdado, los oficiales del Centro del VMT en esa ciudad realizaron diferentes contrachequeos clandestinos con vistas a comprobar que ni ella ni Ariel tuvieran sobre sí el chequeo enemigo. Luego, ambos acudieron al lugar de contacto personal establecido. Según Ariel, todas esas "estrictas medidas de discreción" fueron necesarias porque —a pesar de la tradicional posición de solidaridad del gobierno mexicano con muchas causas populares— en Ciudad México operaban "la CIA y otras agencias de espionaje y contraespionaje norteamericanas".

Para la satisfacción de todos los implicados, a pesar de la demora con que, por razones ajenas a su voluntad, Ariel llegó al lugar de contacto, la operación funcionó según lo previsto.[4] A tal grado que —como se puede ver en el Anexo 9— el 16 de abril de 1966 Tania pudo analizar detenida y personalmente con Ariel (quien estuvo acompañado por un Oficial del Centro del VMT en Ciudad México)[5] los pormenores de su llegada y estancia en Bolivia; las diversas relaciones establecidas en ese país; la posibilidad de que hubiera sido blanco de sospechas o de algún control por parte de los aparatos de seguridad bolivianos; las dificultades que le habían creado las falsas huellas digitales plasmadas en el pasaporte argentino que le habían entregado los órganos de la seguridad checoslovacos; así como —en ese contexto— los elementos que la habían llevado a tomar la decisión de contraer matrimonio, de manera discreta, con el estudiante boliviano antes mencionado.

Como quiera que, en la opinión de Tania, una de las tareas principales que ella tenía que resolver era la obtención de su nacionalidad boliviana, en su contacto con Ariel también se exploraron detenidamente las diversas variantes que a tal fin podrían presentarse cuando ella regresara a Bolivia y confirmara o rectificara —a través de las formas de comunicación clandestina con el Centro Principal que quedaron establecidas— la disposición de Mario a sostener los compromisos que él había adquirido con ella antes de consumar el matrimonio.

En ese contexto, merece significar la insistencia de Tania en lograr el apoyo del Centro Principal para que Mario, cual era su anhelo, pudiera continuar sus estudios en algunos países limítrofes con Bolivia o en algún país socialista europeo: idea que —a partir de su demostrada sensibilidad humana— ella había estimulado en el ánimo de aquel joven a quien, además, había ayudado a superarse notablemente en los estudios universitarios que desarrollaba en la capital boliviana.

Esa preocupación de Tania era mayor porque ella tenía conciencia de que su flamante esposo (cuyas eventuales vinculaciones con el Partido Comunista Boliviano solicitó verificar) podría constituirse en un obstáculo para el cumplimiento de las difíciles tareas clandestinas que ella tenía por delante. A tal grado que, dentro de las variantes analizadas, ella insistió en la posibilidad de formalizar el divorcio en cuanto quedara resuelto el problema de su ciudadanía boliviana.

Fue tal la positiva disposición de lucha en que se encontraba Tania que, según Ariel, aunque por su responsabilidad sólo estaba al tanto del desarrollo de su misión a través de "la información fría de un expediente", así como de la caracterización que le "habían proporcionado los compañeros que anteriormente habían trabajado en su preparación operativa", al conocerla personalmente, encontró en ella "a la combatiente madura, forjada en la lucha revolucionaria diaria contra el enemigo" y, a su vez, "adornada con toda la dulzura que una mujer puede brindar cuando ama y se entrega por entero a una causa justa."

En nuestras conversaciones —agregó Ariel— "resaltó siempre su admiración por Fidel y el Che, a quienes veía como símbolos de sus más caras aspiraciones latinoamericanistas". También estuvieron presentes "sus tres grandes amores: sus padres Nadia y Erich Bunke, su compañero cubano Ulises Estrada y la causa revolucionaria." Por ello, continúa: "A pesar de que por razones obvias de compartimentación no podía informarle en detalle sobre los pasos que se estaban dando para la organización de la guerrilla y mucho menos que trabajaría directamente con el Che, la preparé para un próximo contacto en La Paz con un enviado cubano (...) cuyas instrucciones debía seguir; explicándole que, en lo adelante, tendría que alistarse a asumir nuevas, importantes y vitales tareas vinculadas a la lucha revolucionaria continental."

En consecuencia —según recuerda Diosdado— "bajo la tensión de la enorme responsabilidad de la misión", Adolfito, quien, en razón de la extrema compartimentación que rodeó todo lo vinculado con Tania, hasta el último momento desconocía que se iba a realizar un encuentro personal clandestino con ella y quiénes lo llevarían a cabo, "habilitó el nuevo pasaporte argentino de Tania que manos amigas nos habían facilitado, con los cuños de entrada y salida a diferentes países, los datos personales, las visas y otros que aparecían en el documento (entregado por los servicios secretos checoslovacos) que sería desechado." Y agregó: "Este trabajo, en las condiciones normales de aquella época, hubiera requerido de tres o cuatro especialistas. Sin embargo, la destreza y responsabilidad de Adolfito, permitieron que, cuando recibió la orden de entregar el pasaporte, en un tiempo record, lo tuvo listo". Sólo faltaba estampar las huellas digitales de Tania.

Ese esfuerzo —en opinión de Ariel— tuvo una enorme significación para ella, en tanto, "las nuevas orientaciones sobre el futuro comportamiento de su personalidad como Laura Gutiérrez Bauer, constituyeron un formidable aliento y le ofrecieron la seguridad de que participaría activamente en aquellos acontecimientos históricos para los cuales se había preparado intensa y pacientemente."

Merece resaltar que, a comienzos de marzo de 1966, es decir unos días después que, procedente de Dar-es-Salaam, llegué clandestinamente junto al Che a Praga, así como previo al encuentro antes referido entre Ariel y Tania en México, Papi —cumpliendo instrucciones del Comandante en Jefe Fidel Castro y de Piñeiro— llegó a la capital checoslovaca con vistas a explicarle al Che las acciones que ya se estaban emprendiendo en y desde Cuba con vistas a concretar los planes con relación a Bolivia que él venía elaborando desde su estancia clandestina en la Embajada cubana ubicada en la capital de la denominada República Unida de Tanzania.[6]

Así, en una comida efectuada en un restaurante de Praga en la que participé junto a Papi, al entonces Jefe del Centro del VMT en Checoslovaquia, el ya desaparecido compañero José Luis Ojalvo, y al Che, este último autorizó un viaje de Papi a La Paz con el propósito de restablecer contactos con los compañeros del Partido Comunista de Bolivia que venían trabajando, desde 1962, en diversas tareas de apoyo a la que, siguiendo lo definido por Piñeiro en ese mismo año, yo seguía denominando "Operación Fantasma".

En esa ocasión, el Che (quien aún no sabía que en esos momentos Tania se encontraba en Brasil) le insistió a Papi que, bajo ninguna circunstancia, debía contactar con ella. Ni siquiera si se encontraban causalmente en alguna de las calles de La Paz, ya que era imprescindible preservar intacta la fachada y la leyenda de Tania para las tareas futuras que él personalmente le encomendaría. Cumpliendo esas instrucciones, Papi viajó a Bolivia, contactó con los compañeros bolivianos antes aludidos y, a penas unos días después, luego de un rápido recorrido por diversos países, pasó por La Habana antes de volver nuevamente a Praga. Ahora acompañado por otro oficial del MININT cuya identidad aún no debo revelar.[7]

En esa oportunidad, el Che decidió que Papi y el indicado compañero ingresaran nuevamente a Bolivia y que éste último se quedara en La Paz contribuyendo a crear las condiciones para el futuro ingreso clandestino de los combatientes cubanos que ya habían comenzado a seleccionarse en Cuba sobre la base de una lista personalmente elaborada por el Che. Por razones que nada tienen que ver con el objetivo central de este relato, pero que fueron justamente aquilatadas por el Che, ambos compañeros, luego de permanecer unos días en Bolivia, regresaron a Praga.

Demostrando sus proverbiales métodos conspirativos de trabajo, el Che nos excluyó a José Luis y a mí de su nueva reunión con los dos compañeros. Sin embargo, a través de Papi (con quien, como está indicado, me unían viejas relaciones personales y de trabajo) — pude informarme, de manera general y sin romper las reglas de la compartimentación, acerca de que, a pesar de lo que él calificaba como "la lentitud con que se estaban moviendo los compañeros bolivianos", en su segundo viaje se habían activado los contactos imprescindibles para emprender los primeros pasos de lo que en este libro se ha denominado: "la epopeya suramericana del Che".

Comoquiera que mi estampa y, sobre todo, el intenso color negro de mi piel y el voluminoso pelo que adornaba mi cabeza, llamaban mucho la atención de las checoslovacas que trabajaban o eran comensales en los restaurantes donde ocasionalmente acudíamos y, por ende, ponían en peligro la clandestinidad de los movimientos del Che en Praga, a fines de marzo, él tomó la decisión de regresarme a La Habana, donde de inmediato y sin conocimiento previo, fui nombrado por Piñeiro como Jefe de la Dirección General del VMT que, en lo adelante, se encargaría de materializar la solidaridad de la Revolución cubana con los movimientos de liberación nacional africanos.

Por consiguiente, durante unos días y hasta después de la llegada del compañero Carlos Coello (alias Tuma o Tumaini),[8] me sustituyó en la atención del Che en la capital checoslovaca el compañero Ariel; quien, como ya indiqué, a comienzos de abril, pasó por La Habana antes de partir hacia su contacto personal con Tania en México.

Siguiendo los objetivos de este volumen, es importante consignar que, según su testimonio, unos días después de ese contacto, Diosdado tuvo lo que con el paso del tiempo define como "el alto honor de integrar el reducido grupo de compañeros que participaban en el trabajo de apoyo del Gobierno Revolucionario (cubano) al Guerrillero Heroico". En efecto, siguiendo instrucciones de Piñeiro, en la tercera semana de abril de 1966, viajó nuevamente a Praga con vistas a cumplir, ésta vez, algunas tareas vinculadas con el enmascaramiento y el posterior traslado clandestino de Che desde esa ciudad hacia La Habana.

En consecuencia, durante su estancia en la capital checoslovaca, en más de una ocasión, el Che le pidió sus opiniones especializadas sobre la situación de Tania. Como particular, después que se enteró que, en los primeros días de abril, él había sido trasladado por José Luis Ojalvo desde el apartamento operativo que inicialmente habíamos ocupado cuando llegamos desde El Cairo, hacia la misma casa operativa ubicada en la periferia de Praga donde Tania y Diosdado habían permanecido alojados durante cerca de seis meses en el año 1964.

Al respecto, Diosdado aún recuerda el momento en que el Che — luego de presentarle a Tuma y a Pombo,[9] quien unos días antes había llegado a la capital checoslovaca, así como de cenar juntos en la cocina de la casa— lo invitó a salir al patio, alegando la posibilidad que hubiese técnica de escucha instalada de manera secreta en esa residencia. Este planteamiento lo sorprendió, pues a pesar de que tenía antecedentes de la suspicacia y el elevado sentido de alerta y desconfianza guerrillera del Che, nunca se imaginó que también las tuviese para esas sutilezas conspirativas. Sobre todo, estando en un país de los entonces llamados "socialistas".

Como era la primera vez que conversaba con el Che y aunque hizo todo el esfuerzo posible por autocontrolarse, Diosdado reconoce que se sintió altamente presionado e impactado por la fuerte personalidad de Che y por las múltiples anécdotas que había escuchado sobre su descollante trayectoria revolucionaria. Sin embargo, con mucha naturalidad y familiaridad, como si lo conociera desde hacía muchos años, el Che le puso una mano sobre el hombro y lo invitó a caminar. Al poco rato, le sugirió sentarse en la hierba, debajo de unos pinos, donde conversaron durante casi dos horas.

En esa conversación, sin indicar detalles, Che le expresó que hacía como un mes le habían informado sobre un contacto clandestino que se había sostenido con Tania en Bolivia y luego le preguntó si tenía noticias más recientes sobre ella. En respuesta y como no conocía los detalles de los encuentros entre Mercy y Tania, Diosdado le explicó lo que sabía de los resultados del contacto que recientemente ella había efectuado con Ariel y Adolfito en Ciudad México. Al conocer sobre el cambio del pasaporte de Tania y sobre los motivos que obligaron a ello, el Che se mostró contento y coincidió en que esto le propiciaría su radicación legal en Bolivia. También le manifestó que ese había sido un importante paso dado por "los ramiritos",[10] como usualmente denominaba a los Oficiales del MININT.

Acto seguido le expresó que no debían encomendarle ninguna tarea a Tania que la pudiese "quemar".[11] Que había que orientarla bien y dejarla que fuese dando todos los pasos normales que requiriese la legalización total de su situación en Bolivia, pues —según el Che— todo indicaba que ya estaban dando sus frutos lo previsto mucho tiempo atrás. Asimismo, el Che se interesó por el estado de salud y de ánimo de Tania e insistió en conocer cómo había resistido la soledad; si nos comunicábamos sistemáticamente con ella y si Diosdado sabía cómo estaban los padres de Tania en Alemania.

Antes las diferentes respuestas de Diosdado, el Che mostró comprensión y satisfacción. Finalizó ese tópico de la conversación, reiterando que la cuidáramos, que no la presionáramos para que saltara etapas, pues tenía previstas importantes tareas para ella. A tal grado que —como si tuviera pensando en las misiones que le entregaría— en forma aislada, cada vez que estaba solo con Diosdado, el Che nuevamente hacia referencias a Tania.

Por consiguiente, Diosdado le comentó diversas anécdotas de la estancia de Tania y él en esa casa operativa, a la que denominaban "la finca". En ocasiones, el Che se reía de lo que le contaba y mostraba satisfacción al saber que, durante el tiempo que Tania estuvo allí, había demostrado su capacidad de autocontrol, su paciencia y su disciplina diaria en la realización de las prácticas y ejercicios, así como en las caminatas que habían emprendido por los alrededores. Al respecto el Che le contó a Diosdado varias anécdotas y le hizo énfasis en la importancia de combatir la pasividad y la rutina, en el papel desmoralizador de no estar haciendo algo útil, por insignificante que parezca.

Adicionalmente, en diferentes momentos, de una u otra forma, el Che le preguntó si estaba seguro que los órganos de seguridad checoslovacos no sabían el país donde Tania estaba radicada, pues él no consideraba imposible la penetración de los servicios secretos occidentales dentro de lo que llamó "el Aparato Checo". Le insistió, además, que la presencia de él en Praga no debía conocerla ningún funcionario, ni oficial de la seguridad checoslovaca

Para tratar de disipar sus preocupaciones, Diosdado le explicó ampliamente todo lo referente a la ayuda que los compañeros de los órganos de la seguridad de ese país le habían brindado y la compartimentación con que se había realizado ese trabajo. También le explicó que, a pesar de que ellos tuvieron que conocer el nombre que llevaba el pasaporte de Tania, nunca se habló de su destino, ni ellos tampoco lo preguntaron.

En todas estas conversaciones con el Che —concluye Diosdado— pude "apreciar claramente que siempre existió en él una preocupación constante en cuanto a no involucrarla en tareas que pudiesen 'quemarla', con vistas a que estuviera apta para las importantes responsabilidades que tendría que acometer. Igualmente, su preocupación por el estado de salud y ánimo de ella, (ya que el Che) sabía que estaba sola en un medio adverso y sometida a fuertes presiones psicológicas."

Por consiguiente, puede afirmarse que, en abril de 1966, se produjeron los encuentros que, durante muchos meses, Tania había estado esperando. En primer lugar, su contacto con un oficial cubano (Ariel) de lo que ella seguía llamando "el MOE". Y, aunque ella no lo sabía, en esa fecha también se había producido la reincorporación del Che a la dirección de los planes para continuar la lucha revolucionaria en América del Sur que, desde 1963, habían determinado su reclutamiento, su preparación en La Habana y en Praga, así como su posterior infiltración clandestina en Bolivia. Como veremos en los capítulos que siguen, ese reencuentro del Che con "la Operación Fantasma" determinó los próximos años de la abnegada vida de Tania y su transformación en "Tania la guerrillera".

CAPÍTULO XI
Reencuentro con el Che

Tal como le había orientado Ariel, en la tercera semana de abril de 1966, Tania —utilizando y, a la vez, comprobando la calidad del nuevo pasaporte argentino que se le había entregado— regresó por vía aérea, en un vuelo procedente de Ciudad México, a la capital boliviana; ciudad en la que —sin emprender nuevas tareas que pudieran comprometer su seguridad— tenía que esperar, con la misma paciencia y sagacidad que hasta entonces había demostrado, el próximo contacto clandestino que establecería con ella "un compañero cubano", cuya identidad no conocía, en una fecha que tampoco se le había precisado.

Dicho compañero —le había indicado Ariel, sin adelantarle las instrucciones que personalmente había recibido del Che sobre la futura incorporación de Tania a las actividades de apoyo al destacamento guerrillero internacionalista que él, con el imprescindible respaldo de la máxima dirección del Partido Comunista y del Gobierno cubanos, ya había comenzado a organizar desde Praga— sería el encargado de orientarle todas las tareas político-operativas que ella tendría que desarrollar en el futuro próximo. A tal fin, Tania había actualizado con Ariel las señas y contraseñas telefónicas con las que el indicado compañero le avisaría su llegada a La Paz, la forma en que ambos se identificarían mutuamente, así como la hora y el lugar donde, en el momento oportuno, se realizaría su primer contacto personal.

Así ocurrió —para sorpresa y satisfacción de Tania— en los primeros días de mayo de 1966; momento en que —luego de recibir la señal telefónica convenida y de contrachequearse— ella acudió al lugar de contacto establecido. Su alegría fue inmensa cuando, al llegar al sitio, comprobó que el "compañero cubano" que le había anunciado Ariel no era otro que Papi con quien —como está dicho— la unían viejas relaciones profesionales y de amistad, y hacia quien ella sentía una gran estimación, pese a las intermitentes discusiones sobre "el machismo cubano" que ambos habían sostenido en La Habana.

Luego de los saludos, remembranzas e intercambios de rigor, Papi, sin mencionarle la procedencia exacta de esa orientación, le reiteró que, en el futuro inmediato, ella no debía emprender ninguna actividad ilegal. En consecuencia, debía concentrar sus esfuerzos en el aprovechamiento de las relaciones que —según lo que recientemente ya le había informado a Ariel— había establecido en los medios oficiales, periodísticos, culturales y políticos bolivianos con vistas a obtener aquellas informaciones que permitieran mantener un análisis sistemático del desarrollo de la situación política y militar de ese país.

Según el testimonio de Diosdado, esas instrucciones fueron sistemáticamente reiteradas por el Che. En particular, durante el primero de los dos nuevos viajes que él (Diosdado) realizó a Praga a mediados de junio y a mediados de julio, respectivamente, con vistas a crear las condiciones para la preparación definitiva del itinerario, del enmascaramiento y de la documentación con la que, entre el 19 y el 21 de julio de 1966, el Che —bajo el nombre de Ramón Benítez Fernández— finalmente se trasladó en forma clandestina a Cuba, luego de viajar por diversas ciudades de Europa Occidental y de pasar fugazmente por la capital de la Unión Soviética.

Respecto al primero de dichos viajes, Diosdado recuerda que, tan pronto se encontró con Alberto Fernández Montes de Oca (Pachungo)[1] y con el Che en la ya mencionada casa operativa ubicada en la periferia de Praga, este —caminando por los alrededores de la vivienda— se interesó por conocer las nuevas informaciones que él tenía sobre la situación de Tania después del contacto que ella había sostenido con Ariel en México. En respuesta, Diosdado le indicó que —según la información a la que él tenía acceso—Tania se encontraba bien y ya había establecido contacto con Papi en la capital boliviana.

De esa ocasión, Diosdado también recuerda la insistencia del Che en conocer si el matrimonio de Tania con el estudiante boliviano Mario Martínez Álvarez había sido una iniciativa de ella o le había sido impuesto por los oficiales del VMT del MININT encargados de su atención. Antes las satisfactorias explicaciones de Diosdado acerca de las causas operativas por las que Tania había adoptado de manera absolutamente voluntaria y unilateral esa decisión (ver Anexo 9), así como sobre las posibilidades que ofrecía su matrimonio con Mario para que Tania obtuviera la nacionalidad boliviana, el Che se mostró complacido; pero —exteriorizando sus criterios sobre las relaciones amorosas de los compañeros— le insistió que, con independencia de la utilidad operativa que pudiera tener una decisión de ese tipo, siempre había que tener en cuenta "la voluntariedad de los compañeros y nunca imponerle las cosas, más aún en cuestiones tan delicadas".

Otro día de mediados de junio, continúa Diosdado, después de tratar varios temas de interés, el Che le reiteró la importancia que le atribuía a no mezclar a Tania en ninguna actividad que afectase las importantes tareas que en el futuro él tenía pensado entregarle y que, en ese sentido, ya había dado "instrucciones expresas". Aunque, como está indicado, en ese momento yo no tenía ninguna vinculación directa con la atención de Tania, ni con la operación que se estaba organizando en Bolivia, según mis indagaciones posteriores, lo expresado por Diosdado se confirma en las instrucciones que el Che le envió a Papi el 10 de julio de 1966.

Además, a decir del ahora general de las Fuerzas Armadas Revolucionarias cubanas, Harry Villegas (Pombo), uno días después de esa fecha —o sea, cuando el 25 de julio, él arribó clandestinamente a Bolivia, junto con el compañero Carlos Coello (Tuma)— por encargo del Che, él le trasladó a Papi diversas orientaciones vinculadas con Tania. Según éstas, tanto Papi, como Tuma y él (Pombo) debían evitar, al máximo posible, los contactos clandestinos con ella con vistas a disminuir los riesgos de "quemarla" y de que se perdiera así el paciente y meticuloso trabajo que ella había venido desarrollando en los últimos dos años.

Por consiguiente —continúa Pombo— el Che también les orientó que Tania no participara en ninguna de las múltiples tareas operativas vinculadas a la fase organizativa del destacamento guerrillero en que ellos se tenían que implicar (como la obtención de la finca donde posteriormente se concentraron sus integrantes; la compra de armas, uniformes y otras vituallas), ni en los contactos políticos que, con ese fin y con vistas a la selección de los futuros combatientes bolivianos, se estaban desarrollando, de manera paralela, con el Partido Comunista Boliviano encabezado por Mario Monje y, a través del boliviano Julio Dagnino Pacheco (alias Sánchez),[2] con el grupo disidente de ese partido —conocido como el PCB "línea Pekín"— encabezado por Moisés Guevara.[3]

Cumpliendo esas instrucciones, durante julio y agosto de 1966, los diversos contactos de Papi con Tania sólo tuvieron como objetivo recoger la información que ella obtuvo a través de sus relaciones en los medios políticos bolivianos. Por su parte, según su testimonio, Pombo se limitó a mantener, a través de Papi, contactos indirectos con ella. En el primero de esos contactos los tres acudieron a un restaurante conocido como "Confitería Malí", lugar en el que se sentaron en mesas separadas (Tania en una, y Pombo y Papi en otra) con el único fin de identificarse mutuamente. En la perspectiva de Pombo, para él, ese paso, al igual que la ubicación exacta de la dirección de la casa donde ya estaba viviendo Tania y de las formas de contactos establecidas con ella, resultaban necesarias para tener disponible en La Paz un lugar de emergencia donde ocultarse, en caso que resultara imprescindible.

Con un propósito parecido, Papi le presentó a Tania a Iván Montero (alias Renán) cuando este llegó a Bolivia a mediados de octubre de 1966. Según el testimonio de Renán, él la conoció en un encuentro personal realizado en una casa de contacto que Papi y ella tenían disponible en La Paz; pero ni en ese, ni en los futuros y esporádicos contactos que él sostuvo con Tania quedaron establecidas relaciones de subordinación ni de cooperación entre ambos.

Por el contrario, las indicaciones que le había entregado personalmente el Che en la finca de San Andrés, Pinar del Río, donde ya estaban terminando su entrenamiento militar los compañeros cubanos que él había seleccionado para que lo acompañaran a Bolivia, sólo iban dirigidas a que él (Renán), en lo inmediato, se estableciera de la manera más legal posible en La Paz con vistas a participar en la recepción de los compañeros cubanos que, en las próximas semanas, comenzarían a llegar clandestinamente a ese país suramericano. Tarea en la cual —según recuerda Renán— no estaba prevista la participación de Tania; al menos, en forma directa.

Sin embargo, esa situación había comenzado a cambiar a partir de fines de agosto de 1966; ya que —dada la debilidad de lo que Renán denomina "el aparato clandestino" (urbano) que había estado organizando Papi en coordinación con los compañeros del PCB— Tania tuvo que comenzar a participar en las primeras actividades dirigidas a la creación de las condiciones materiales y de seguridad para la recepción de los futuros integrantes del destacamento guerrillero. Entre ellas, según recuerda Pombo, el alquiler de algunas casas y locales que pudieran

servir "para el recibimiento del personal" o como almacén para las
vituallas que estaban adquiriendo. También, la preparación "de un
embutido para el envío de un mensaje a La Habana" y, sin que ella
conociera el propósito final de sus acciones, "el alquiler de una casa de
reserva (en La Paz) para la probable llegada de Ramón", seudónimo con
el que ya se identificaba al Che entre los cubanos encargados de organizar
su llegada clandestina a Bolivia.

Con la disciplina y la eficacia que siempre la caracterizó, Tania
cumplió cada una de las diversas tareas que, en ese período, le fueron
encomendadas. Paralelamente, sobre la base de lo analizado con Ariel
durante su encuentro en México, ella continúo sus gestiones para obtener
la ciudadanía boliviana: objetivo que —según el testimonio del ex Ministro
de Gobierno boliviano, Antonio Arguedas Mendieta[4] — cumplió en una
fecha (que la indagación histórica todavía no ha podido precisar) del
año 1966. Posteriormente, Tania, aplicando una de las variantes que
había analizado con Ariel (ver Anexo 9), de manera tan discreta como se
habían casado, formalizó su divorcio con el estudiante boliviano Mario
Martínez Álvarez, a quien —cumpliendo sus deseos, con el apoyó de
Papi y, de manera inconsciente, del entonces Secretario General del PCB,
Mario Monje— ella ayudó a que continuara sus estudios de ingeniería
en Bulgaria, uno de los otrora llamados "países socialistas de Europa
oriental".[5]

Como se desprende del ya mencionado testimonio de Antonio
Arguedas, la obtención de la ciudadanía boliviana contribuyó a fortalecer
aún más la fachada que había venido utilizando Tania desde su llegada
a Bolivia a fines de 1964. Con este último fin, al igual que con el propósito
de enriquecer sus conocimientos antropológicos, ella continúo sus
estudios de cerámica en el taller que tenía en La Paz su amiga, la
destacada ceramista boliviana Yolanda Rivas de Plaskonska. Asimismo,
siguió desarrollando sus meticulosas investigaciones sobre el rico folklore
del altiplano boliviano.

En ese sentido, organizó y expuso exitosamente en Salta, Argentina,
una muestra de trajes típicos de las diferentes comunidades originarias
de esa región andina.[6] También —como parte del Comité de
Investigadores adscrito al Departamento de Folklore del Ministerio de
Educación— siguió compilando y grabando diversas piezas
representativas del acervo musical de la población autóctona de esa zona.
Tal fue su empeño en ese orden que —según la historiadora cubana Adys

Cupull— algunos intelectuales bolivianos consideran que Tania fue la autora de una de las más valiosas colecciones de música folklórica de ese país que hasta entonces existían.[7]

Estando Tania, bajo la dirección directa de Papi, en todas las tareas legales e ilegales antes mencionadas, el 3 de noviembre de 1966, acompañado por el combatiente internacionalista cubano Alberto Fernández Montes de Oca (Pacho), así como escrupulosamente enmascarado e identificado con un pasaporte uruguayo a nombre del comerciante Adolfo Mena González, el Che llegó clandestinamente a la capital boliviana. Según Renán, siguiendo el plan de comunicaciones que se le había enviado desde el Centro Principal, a la hora de almuerzo de ese día, él acudió al restaurante El Prado que estaba establecido como lugar de contacto con dos compañeros cubanos que habían llegado a La Paz y cuya identificación exacta desconocía.

Al llegar al sitio, se encontró con Pacho a quien —siguiendo instrucciones de Che— previamente había conocido en Cuba. Con éste quedó establecido un nuevo encuentro clandestino en horas de la noche. Fui ahí, en ese encuentro, efectuado en una casa operativa al parecer alquilada por Tania, y en la que también participó Papi y otras personas que él (Renan) no conocía, que pudo verificar la llegada del Che a Bolivia. En esa reunión —según sus recuerdos— no estuvo presente Tania; con quien —según los ya mencionados historiadores Adys Cupull y Froilán González— el Che se reunió, de manera independiente y casi seguramente con la presencia de Papi, el 4 de noviembre: fecha que, por consiguiente, ha pasado a la historia escrita como el primer encuentro que sostuvo Tania con el Che en tierras bolivianas.[8]

Aunque ninguno de los pocos sobrevivientes de aquella gesta (Pombo y Renán) me ha podido confirmar la realización de ese encuentro, la indagación histórica ha podido establecer que, a solicitud del Che, Tania, gracias a sus gestiones, le entregó una carta de presentación (a nombre de Adolfo Mena) firmada por el entonces Director de Prensa e Información de la Presidencia de la República de Bolivia, Gonzalo López Muñoz, con el cual Tania, nuevamente, había estrechado sus relaciones personales después de su regreso de México. A tal grado que —según el testimonio de López Muñoz— ella "durmió varias veces en mi casa" porque se había hecho amiga no sólo de él, sino también de su esposa y del resto de su familia; incluida su primera hija, Amelia, quien guardó durante mucho tiempo "una pulserita" que Tania le había regalado.[9]

En la mencionada carta, López Muñoz (quien nunca ha reconocido su autoría) presentaba a "al señor don Adolfo Mena" como: "Enviado especial por la Organización de Estados Americanos (O.E.A.) que efectúa un estudio y reune [sic] informaciones sobre las relaciones económicas y sociales que rigen en el campo boliviano". En consecuencia, le solicitaba "a las autoridades nacionales" y "a las personas e instituciones privadas" que le prestaran, al portador de "la credencial" que él había firmado, "toda la cooperación que puedan para facilitar su labor investigadora".[10]

Por otra parte, ese mismo día, y al parecer también gracias a las gestiones de Tania, el Che recibió otra credencial del Director del Instituto de Colonización y Desarrollo de las Comunidades Rurales de Bolivia donde le solicitaba a las "Autoridades Civiles y Militares" que le ofrecieran al Sr. Adolfo Mena "toda la colaboración necesaria, en sentido de proporcionarle informaciones y datos pertinentes" para la misión de estudios socio-económicos de Bolivia que estaba realizando por encargo del Departamento Económico de la O.E.A..[11]

Portando ambos documentos, entre el 5 y 6 de noviembre de 1966, el Che —acompañado por Pombo, Pacho, Tuma y por el combatiente boliviano Jorge Vázquez Viaña (identificado como "el Loro")[12] — realizó el periplo terrestre que, en la medianoche del 7 de noviembre, concluyó en la llamada "casa de calamina" ubicada en la finca Ñacaguazu[13] que había sido previamente comprada, a nombre de Roberto Peredo Liegue (Coco), para utilizarla como uno de los lugares que pudiera servir de zona de concentración y entrenamiento de todos los integrantes del destacamento guerrillero internacionalista que, posteriormente, adoptó el nombre del ELN de Bolivia.[14]

Según el insustituible testimonio de Pombo, en esas circunstancias y al no contar con suficientes compañeros de confianza en La Paz, Papi se vio obligado a "darle una utilización directa a Tania" en el recibimiento de todos los combatientes cubanos que, de manera separada y clandestina, llegaron a la capital boliviana y se trasladaron a Ñacaguazu entre el 20 de noviembre y el 19 de diciembre de 1966: tarea en la que —como está indicado— inicialmente ella no debía participar. Por ello, según Pombo: "no fue la que más asistió al aeropuerto en busca de los compañeros, sino que, fundamentalmente, se dedicaba a comprar la comida y a solucionar cualquier tipo de necesidad que la gente tuviera de ropa o para cocinarles", lo que determinó que, en definitiva, "los atendiera directamente". "Según iban llegando —continúa Pombo— visitaba las casas e iba manteniendo el contacto directo con ellos y a varios hubo de sacarlos por La Paz, de paseo, para mostrarles la ciudad".

De ahí la alegría que recibieron todos los combatientes cubanos cuando, procedente de Camiri (donde había pernoctado la noche anterior), en las primeras horas de la mañana del 31 de diciembre de 1966, Tania, siguiendo orientaciones del Che, llegó por primera vez al incipiente campamento guerrillero ubicado en la finca antes mencionada, en compañía de Papi, del entonces Secretario General del PCB, Mario Monje, y del también boliviano Antonio Jiménez Tardío (Pan Divino).[15]

A pesar del justificado ambiente de tensión que produjo la llegada de Monje al campamento guerrillero y, sobre todo, su posterior intervención en la cual —después de sus engañosos diálogos con el Che— colocó a los militantes del PCB que allí se encontraban en "la disyuntiva de quedarse (en la guerrilla) o de apoyar al partido",[16] el vívido testimonio de Pombo reconstruye el ambiente que rodeó a Tania aquel histórico día: "A su llegada a la guerrilla, Tania se veía muy jubilosa, a pesar de caminar unos ocho o nueve kilómetros había llegado en condiciones físicas aceptables.// Nos estrechó a todos, nos abrazó, brincó de júbilo, alegría espontánea. Se encontraba en un ambiente de compañeros a los cuales ya casi todos conocía y con los mismos había compartido los momentos de la llegada al país brindándoles todo su afecto y cariño. Los compañeros que fueron con el Che a esperarla eran: Tuma, Inti, Urbano[17] y Arturo[18].// En su estancia, el Che le dedicó una gran parte de su tiempo a conversar con ella; primero hubo de conversar con ella, posteriormente con Monje; y, el resto de la noche, en la celebración de las fiestas de fin de año y el triunfo de la Revolución,[19] hubo de dedicar gran parte del tiempo a conversar con ella, a compartir con ella.// Para nosotros la llegada de Tania tuvo una significación extraordinaria, pues nos traía grabaciones, en una pequeña grabadora de *cassetts*, con canciones cubanas que había grabado por Radio Habana Cuba. Llevó algunas canciones de música folklórica argentina, música de Atahualpa Yupanki,[20] trajo pequeños regalos para todos, pañuelos de colores, bombones, linternas, linternas pequeñas; cantamos, bebimos y en todas estas actividades estuvo ella estrechamente vinculada como centro real de la alegría y el jubilo de lo que eran los festejos del Año Nuevo."[21]

Por consiguiente, Tania estuvo presente en el momento en que el Che, en los primeros minutos del Año Nuevo y rememorando al patriota boliviano y líder la primera declaración de independencia de una colonia americana frente al dominio colonial español, Pedro Domingo Murillo, comparó la gesta internacionalista que estaba comenzando en Bolivia con el célebre Grito de Murillo de la revolución continental.[22] También cuando, el 1ro de enero de 1967, el Che, consciente de la actitud traicionera de Monje, vaticinó "momentos difíciles y días de angustia moral para los bolivianos" y anunció su decisión de trabajar por "la unidad con todos los que quisieran hacer la revolución":[23] declaración con la que oficializó su decisión de incorporar al destacamento guerrillero a los militantes de las demás organizaciones políticas bolivianas —entre ellos los del llamado PCB "línea Pekín"— y, posteriormente, de otros países de la región que, bajo su dirección, quisieran incorporarse a la lucha por la redención de América Latina.

La profunda identificación de Tania con ese proyecto revolucionario se expresó, nuevamente, en la tarde del primer día del año 1967. En esa ocasión, luego de haber participado con Papi y con Pombo en la redacción y el cifrado de un mensaje dirigido a la máxima dirección del Partido y del Gobierno cubanos, así como de revelar varias fotografías que había tomado durante su estancia en el campamento guerrillero, ella sostuvo una nueva reunión con el Che. Según lo que él dejo consignado en su *Diario en Bolivia*, en esa oportunidad, Tania aceptó la importante y riesgosa tarea de viajar a Argentina con vistas a concertar una reunión secreta de Che con Ciro Roberto Bustos (Mauricio)[24] y con el ex militante del Partido Comunista Argentino, periodista y abogado Eduardo Jozami; quien había expresado su adhesión a la lucha armada revolucionaria.

Con esa misión, Tania —en compañía de los bolivianos Coco Peredo y Julio Dagnino Pacheco (Sánchez), quien, al igual que ella, llevaba el encargo de continuar trabajando, junto a otros compañeros bolivianos, en la estructuración de la red de apoyo urbano— salió del campamento guerrillero, luego de escuchar, con profunda emoción, el discurso pronunciado por el Primer Secretario del CC del PCC y Primer Ministro del gobierno revolucionario cubano, comandante Fidel Castro, en el acto de celebración del octavo aniversario del triunfo de la Revolución cubana. Sin que ella lo supiera, en la tribuna de ese acto, se encontraban, como invitados especiales, su padre y su madre, Erich Bunke y Nadia Bíder, respectivamente.

La desaparición física de Tania, los escasos contactos que ella sostuvo con Renán, así como la imposibilidad de obtener para este libro el testimonio de Loyola Guzmán y de otros sobrevivientes de la incipiente red urbana que funcionaba en La Paz, me impiden reconstruir, en sus detalles, toda la actividad que —siguiendo las instrucciones directas del Che— Tania desarrolló entre el 2 de enero y el 19 de marzo de 1967: etapa en la que no estuvo bajo la dirección de Papi; ya que éste, desde fines de diciembre de 1966, se había quedado definitivamente en el campamento guerrillero.

Sin embargo, según los relatos que le ha entregado Loyola a otros autores cubanos, todo parece indicar que, en esa etapa, Tania les ofreció cierta instrucción sobre los métodos conspirativos a los inexpertos integrantes de la dirección de la naciente red urbana.[25] Por otra parte, a través de El diario del Che en Bolivia he podido conocer que, el 21 de enero del propio año, ella salió para Argentina con vistas a contactar con Ciro Roberto Bustos y con Eduardo Jozami; tarea que cumplió exitosamente, pese a la imposibilidad de Jozami de concretar su contacto con el Che. Según la información difundida, gracias a las reiteradas gestiones de Tania (la que, según Bustos, realizó un nuevo viaje a Argentina en febrero del propio año), Jozami estuvo dos veces en La Paz; pero en ninguna de las dos ocasiones tuvo tiempo para esperar que Tania lo trasladara al campamento ubicado en la finca Ñacaguazu.

A través del propio Diario del Che en Bolivia, también he conocido que, el 19 de marzo, estando él de regreso a dicho campamento luego de haber realizado un prolongado recorrido de reconocimiento de la zona de operaciones, sorpresivamente se enteró que Tania se encontraba en el campamento guerrillero, al cual —según Loyola Guzmán— había llevado, en los primeros días de marzo, a los peruanos Juan Pablo Chang (Chino),[26] Restituto José Cabrera Flores (Negro)[27] y Lucio Edilberto Galván (Eustaquio),[28] al igual que, unos días después, a Ciro Roberto Bustos y al intelectual francés Regis Debray; ambos ahora "arrepentidos" de los compromisos con las causas revolucionarias que decían profesar en aquellos años.

Según el testimonio de Pombo, pese a la alegría que a todos le produjo la llegada de Tania, aquella noticia y su encuentro con ella al día siguiente, llenó de mortificación al Che; "puesto que las instrucciones que él le había dado a Tania no era que regresara a la guerrilla, sino que tratara, por todos los medios, de no mantenerse en contacto con este tipo de actividad, para no quemarse, para no correr el riesgo de la posibilidad de ser detectada".[29] En la base de esas instrucciones —siempre según Pombo— estaba el criterio de Che de que ella no participara "directamente en el abastecimiento de la guerrilla ni de forma directa en la ejecución de acciones, sino que, por las posibilidades de conexión en las altas esferas gubernamentales y dentro de los medios donde se podía obtener algún tipo de información estratégica y de importancia táctica, había que dedicarla abiertamente a ese tipo de tarea y mantenerla como una reserva, desde el punto de vista operativo, por si en un momento determinado fuera necesario utilizar una persona que no fuese sospechosa, pudiéramos contar con alguien bien ubicado, con alguien confiable para poder ocultar algún compañero e incluso realizar la recepción de algún mensajero que viniese con algo en extremo importante".[30]

Por ello, en la reunión que sostuvo con Tania el 21 de marzo, luego de saludarla, el Che le criticó que estuviese allí en una situación que podría tornarse muy difícil, en razón de las deserciones, el 11 de marzo, de los bolivianos Pastor Barrera y Vicente Rocabado (ambos pertenecientes al grupo que había llevado Moisés Guevara al campamento de Ñacaguazu),[31] así como de los múltiples indicios que a esas alturas ya existían acerca de que las Fuerzas Armadas bolivianas habían detectado la existencia del destacamento guerrillero. Entre ellos, la violenta incursión que había realizado a la llamada "casa de calima" un destacamento militar y la captura, el 17 de marzo, del boliviano Salustio Choque Choque.[32] Por todo ello, de inmediato, el Che comenzó a organizar las acciones que había que emprender para garantizar la salida de Bustos, Debray y Tania del campamento guerrillero.

Por su parte, ella, para fundamentar su infracción de las instrucciones recibidas, le explicó al Che su conducta indicándole que —como no había nadie en La Paz que estuviera en posibilidades de trasladar hacia el campamento guerrillero, primero a los tres compañeros peruanos y, luego, a Debray y a Bustos— ella se había ofrecido para cumplir esa tarea; ya que, en caso de no hacerlo, "los compañeros hubieran tenido que esperar más tiempo" en la capital boliviana. Años después, esa información les fue corroborada a Adys Cupull y a Froilán González por Loyola Guzmán.[33] Según ella, era tal la debilidad y la inexperiencia conspirativa de la red urbana radicada en La Paz que, sus dirigentes y escasos integrantes, estaban sobrepasados en sus capacidades para cumplir todas las tareas que, a fines de enero, durante su primera y única visita al campamento guerrillero, les había orientado el Che.

A decir de Pombo, con su conducta ante esa realidad, Tania demostró su "decisión de hacer, su decisión de que se cumpliese lo que estaba planificado, aunque eso no fuese lo que estaba dispuesto para ella." También mostró su disposición de anteponer la necesidad que tenía la guerrilla de que "llegasen estos compañeros hasta el seno de la zona en la cual estaba la base operativa" por encima de su seguridad y de las misiones, como reserva estratégica del destacamento guerrillero, que el Che tenía pensado entregarle en el futuro inmediato.

En cualquier caso, en el análisis de esa supuesta indisciplina de Tania, también hay que tomar en cuenta que ella no sabía que el Che se demoraría tantos días en llegar al campamento guerrillero. Mucho menos porque, desde el 12 de marzo (escasos días después de su llegada junto a Debray y a Bustos), la vanguardia de la columna ya había arribado a Ñacaguazu. Por ello, desde mi punto de vista, cualquier que sea la evaluación que retrospectivamente se realice respecto a la conducta de Tania, siempre habrá que reconocer que, en el desenlace de los acontecimientos, influyeron un inmenso cúmulo de circunstancias, más o menos fortuitas, que ella no estaba en capacidad de prever en el momento que tomó la audaz decisión de llevar a Juan Pablo Chang y sus compañeros, así como a Debray y a Bustos a la comandancia guerrillera. Mucho más porque, en mi opinión, en la manera de Tania ver las cosas, seguramente influyó su percepción de que la reunión de los mismos con el Che resultaba imprescindible para garantizar el alcance regional del proyecto guerrillero.

Se coincida o no con mis apreciaciones, lo cierto fue que, todas las circunstancias antes mencionadas y otras que veremos en el próximo capítulo, determinaron que, finalmente, Tania pudiera realizar su acariciado sueño de incorporarse, de manera directa, a la lucha armada revolucionaria en América Latina. Anhelo y disposición que —como hemos visto— ella le había hecho saber, desde 1962, al fundador del Frente Sandinista de Liberación Nacional, Carlos Fonseca Amador, y que nos había planteado, con toda sinceridad, desde nuestro primer encuentro, en los últimos días de marzo de 1963, en la biblioteca de la histórica casa del inolvidable comandante Manuel Piñeiro Losada.

CAPÍTULO XII
Tania la guerrillera

El 23 de marzo de 1967 —o sea, dos días después de la reunión del Che
con Tania antes referida y cuando ella todavía se encontraba en el
llamado Campamento Central de Ñacaguazu— quedó marcado en la
historia como el día en que comenzaron los combates del destacamento
guerrillero internacionalista encabezado por el comandante Ernesto Che
Guevara. Según él dejó consignado en su diario de campaña: "A las 8 y
pico (de la mañana) llegó Coco (Peredo) a la carrera a informar que una
sección del ejército había caído en la emboscada" que, al mando del
combatiente internacionalista cubano Orlando "Olo" Pantoja (Antonio),
se había preparado desde el día anterior.[1]

El resultado final de ese encuentro armado fueron 7 muertos (incluido
un teniente) y 14 prisioneros; entre ellos, un mayor y un capitán, así
como 5 soldados heridos, todos pertenecientes al ejército boliviano.[2] A
éstos —tal como dejó indicado el Che en su diario en Bolivia— se les
capturaron 3 morteros de 60 mm con 64 proyectiles; 16 fusiles Mausers
con 2 000 tiros; 2 subametralladoras BZ; 3 fusiles USIS con dos cargadores
cada una; dos radios y otros implementos (uniformes y botas) útiles para
el empeño bélico. También se le capturó su Plan de Operaciones dirigido
a llegar, en un movimiento convergente con otras unidades de la IV
División del ejército boliviano desplegadas en la región, a la zona en que
se encontraba ubicado el campamento guerrillero.[3]

Luego de atender a los heridos con "la mayor eficiencia" que permitían
los servicios médicos de la guerrilla, de liberar a todos los prisioneros
"previa explicación de los ideales de nuestro movimiento", así como de
ofrecerle una tregua al ejército boliviano para que pudiera recuperar sus

cadáveres,[4] el 25 de marzo, el Che envió a tres de sus hombres al observatorio montañoso (previamente instalado) desde donde se podían controlar las dos entrada del río Ñacahuasú. También concentró a todos sus hombres en una nueva emboscada dirigida a defender el campamento guerrillero.

Como ese día no se produjo ningún nuevo combate, a la 6:30 de la tarde, el Che efectuó una reunión de información, crítica y autocrítica con la mayor parte de los 43 combatientes bolivianos, cubanos y peruanos que lo acompañaban. En esa reunión, entre otras cosas, se tomó la decisión de que ese destacamento guerrillero adoptara oficialmente el nombre de Ejército de Liberación Nacional (ELN) de Bolivia. También se acordó preparar el primer parte de guerra donde varias semanas después — además de anunciar los objetivos de esa naciente organización político-militar— se le pudo comunicar a la opinión pública nacional e internacional los detalles del hecho bélico antes referido.[5]

Tania participó en esa reunión, aunque todavía el Che la tenía clasificada en la categoría de "visitante" al campamento guerrillero. Incluso, según Pombo, en ese momento, todavía se pensaba que, en el futuro más o menos inmediato y una vez esclarecido "hasta dónde el enemigo conocía su personalidad", se podría organizar su salida de la incipiente zona de operaciones.[6] Sin embargo, la situación comenzó a cambiar rápidamente a partir del 27 de marzo, fecha en que el gobierno boliviano —en medio de una intensa campaña de mentiras— comenzó a difundir diversas informaciones que le hizo concluir al Che: "Todo parece indicar que Tania está individualizada con lo cual se pierden dos años de trabajo bueno y paciente...".[7]

Los acontecimientos posteriores se encargaron de confirmar esas conclusiones. A decir del entonces Ministro de Gobierno de la dictadura boliviana, Antonio Arguedas: "Los primeros informes sobre Tania se logran cuando agentes de los Servicios de Inteligencia examinan las maletas halladas en un *jeep* que estaba en un garaje de Camiri. En unas maletas se encuentran ropas de civil de mujer y de hombre, y una libreta con apuntes de direcciones y teléfonos que correspondían a Laura Gutiérrez Bauer. Pero no se sabía que esa persona fuese Tania. Con base a esas direcciones, donde había sólo personas insospechables de La Paz, se allanó la casa de Yolanda [Rivas] de Ploskonska. Esta señora dijo quien era Laura...// Se procedió a situar el domicilio. Vivía pobremente. El Jefe de la Inteligencia me dijo que se requisaron en la casa fotografías personales de Laura y otras en las que ella aparece con personas de la vida social y política de Bolivia.// Entonces me entregaron una foto en la que aparece, incluso, entre el presidente Barrientos y el jefe de las Fuerzas Armadas (...), general Ovando, durante una concentración campesina. Había también cartas personales, una del que fue su esposo, pero nada que se relacionara con los guerrilleros.// Se [había] requisado, además, una enorme cantidad de cinta magnetofónicas con grabaciones. Me han informado después, que la gente de la CIA que estaba encargada de revisar las pertenencias de ella han pasado un día y medio repasando y escuchando todas las grabaciones requisadas, en busca de un indicio sospechoso, pero todas las grabaciones contenían canciones y música folklórica, sobre todo del Altiplano...// Aquel registro no nos dio ninguna pista por entonces. La imagen guerrillera de Tania comienza a dibujarse cuando desertan los guerrilleros bolivianos Vicente Rocabado y Pastor Barrera, quienes dijeron que sólo hablarían conmigo. Ambos desertores me contaron cómo habían sido reclutados y llevados a Carmiri (...). Contaron que después llegó Tania a Camiri − (...) ya era allí otra mujer, es decir, la guerrillera...".[8]

Aunque el Che nunca conoció todos los detalles antes mencionados, su constante vigilancia y su perenne desconfianza frente a las acciones del enemigo, lo llevaron inmediatamente a tomar la decisión de abandonar organizadamente el Campamento Central de la finca Ñacaguazu. A tal fin, incorporó a todos los "visitantes" (Tania, Debray, Bustos y Juan Pablo Chang), así como a un "refugiado boliviano" (Serapio Aquino Tudela)[9] a la estructura de la columna guerrillera. Así, el 31 de marzo, Tania quedó incluida en la unidad que Pombo denominó "el Pelotón del Centro"; o sea, el grupo donde radicaba el Estado Mayor de la columna comandada por el Che. "Creemos −indicó Pombo− que uno de los momentos que para ella debe haber tenido mayor significado fue cuando el Che la consideró como una combatiente más y le entregó un fusil M-1"[10]

Tania permaneció en el pelotón antes mencionado hasta el 17 de abril, fecha en que el Che decidió que ella −junto a otros doce combatientes (cuatro de los cuales se encontraban enfermos) y a los cuatro bolivianos denominados como "el grupo de la resaca" (Julio Velazco, José Castillo, Eusebio Tapia y Hugo Choque)[11] − se quedará en el Pelotón de Retaguardia de la columna guerrillera, comandada por el combatiente internacionalista cubano Juan Vitalio "Vilo" Acuña (Joaquín).[12]

Según mis indagaciones, en esa decisión del Che influyeron

decisivamente las fiebres altas (hasta 39 grados centígrados) que ella estaba sufriendo y las consiguientes dificultades que (al igual que otros compañeros enfermos) estaba confrontando durante los constantes desplazamientos que tenía que realizar la columna guerrillera. Asimismo, una herida de origen desconocido que Tania había sufrido en una pierna.[13] También —según el testimonio de Pombo, confirmado por otras fuentes— las dificultades que le creaban durante la marcha las botas militares que se le pudieron entregar. Estas le quedaban "un poco grandes, por lo cual sintió molestias (durante) un tiempo."[14]

No obstante, continúa Pombo, durante los dieciocho días que ella permaneció en el Pelotón del Estado Mayor: "...podemos considerar que fue una gente estoica, porque no estaba habituada a nuestras caminatas prolongadas y, sin embargo, las resistió. En toda una serie de oportunidades se negó a que se le diese un cuidado especial por el hecho de ser mujer, por el contrario, quería sentirse en las mismas condiciones que el resto de los compañeros que componían la guerrilla.". A tal grado que "ella no quería de ninguna forma decirle al Che que se encontraba enferma.".[15]

En razón de esas exigencias —siempre según Pombo— se decidió que Tania "hiciese un trabajo útil durante el tiempo que se viera obligada a estar con nosotros. La primera tarea que realizó fue la de coserle la ropa a los compañeros y atender toda una serie de cosas que una mujer realiza siempre mejor que un hombre (...) La segunda tarea fue hacerse responsable de todo lo que era la recopilación de información, conjuntamente con Papi; ella mantenía una cronología de todas las noticias que salían al aire en Bolivia y algunos noticiosos del extranjero, Radio Habana Cuba, Radio Balmaceda y algunas estaciones de Argentina (...) Tania estaba encargada de la captación y selección de estas noticias, o sea, que comenzó el desarrollo de lo que llamamos 'el análisis de información'. Además de eso, empezó también a cifrar los mensajes y colaboraba abiertamente con Papi en ese tipo de actividad." También ayudó en la "distribución y control de los alimentos".[16]

Una actitud idéntica mantuvo Tania durante los más de cuatro meses (entre el 17 de abril y el 31 de agosto de 1967) que permaneció en el denominado "grupo de Joaquín". Aunque la indagación histórica aún no ha establecido en todos sus detalles el desplazamiento y las acciones emprendidas por esos aguerridos combatientes, a través de las investigaciones realizadas por los historiadores cubanos Adys Cupull y

Froilán González he podido conocer que —cumpliendo las instrucciones que el Che le había entregado personalmente a Joaquín cuando se separaron el 17 de abril— los diecisiete integrantes de ese grupo guerrillero permanecieron durante cerca de tres meses (abril, mayo y junio) en las inmediaciones de una zona conocida con el nombre de Bella Vista: ubicada en la llamada Serranía del Incahuasí.[17]

En su relativamente prolongada permanencia en esa zona, prácticamente sin combatir, tuvo una enorme influencia la capacidad de todos los integrantes del grupo para evitar su localización por parte de las fuerzas enemigas, la decisiva ayuda que recibieron de algunos campesinos de la región y, sobre todo, la falta de voluntad combativa del ejército boliviano. Según la información disponible, éste se limitó a controlar los alrededores de la zona (en particular, los caminos y la población campesina) y a bombardear la región donde suponía que estaba ubicado el grupo guerrillero, pero sin iniciar ninguna operación terrestre contra el mismo. No obstante, a fines de abril, el férreo cerco que mantenían el ejército boliviano en esa zona logró frustrar el primer intento emprendido por el Che para localizar al grupo de Joaquín.[18]

Ante esa realidad y en respuesta a la brutal represión que sufrieron los campesinos que los apoyaban después de la deserción, a fines de mayo, del boliviano Julio Velazco Montana (Pepe), así como de la caída en combate el 2 de junio de 1967 de los compañeros Antonio Sánchez (Marcos)[19] y Casildo Condorí (Víctor),[20] a fines de ese mes, todos los entonces integrantes del "grupo de Joaquín" (incluida Tania) decidieron abandonar la zona de Bella Vista. A partir de ese momento, iniciaron el lento y peligroso recorrido que, poco a poco, a través de diversas maniobras, de difíciles marchas y contramarchas, los fue acercando a las inmediaciones del Río Grande, en cuyas cercanías ya estaba combatiendo el destacamento guerrillero encabezado por el Che. Allí llegaron a pesar de las nuevas bajas que había sufrido (como la de los combatientes bolivianos Serapio Aquino Tudela y Antonio Jiménez Tardio) y de las deserciones de los bolivianos Eusebio Tapia (Eusebio) y Hugo Choque (Chingolo).

Como veremos después, la alevosa traición del campesino boliviano Honorato Rojas y la criminal emboscada que, a causa de la misma, el 31 de agosto, le tendió el ejército boliviano al "grupo de Joaquín" en el vado de Puerto Mauricio, ubicado en las zigzagueantes márgenes de la vía fluvial antes mencionada, impidieron que, en los primeros días de septiembre de 1967, finalmente se produjera el anhelado encuentro entre ambas partes del destacamento guerrillero. Pero, antes de llegar al relato de los duros acontecimientos de esos días, quiero resaltar la información hasta ahora disponible acerca de la impecable conducta mantenida por la principal protagonista de este libro durante su complicada trayectoria entre la Serranía del Incahuasí y el Río Grande.

En efecto, según el relato del desertor boliviano Eusebio Tapia, cuando Tania se recuperó de las principales dolencias que habían determinado su incorporación al Pelotón de Retaguardia de la columna guerrillera, "caminaba bastante como todos nosotros. Aunque todos tratábamos de ayudarla porque el hombre siempre es sensible con las mujeres (...), ella [decía que] no necesitaba y [que] no quería (nuestra ayuda), era uno más". Y agregó: "Yo sentía (...) que era como una madre (trataba de ayudarme y de hacerme ver los errores que había cometido), ella llevaba en un bolsito azul, así puesto en el hombro, y por su sensibilidad recogía piedrecitas bonitas y de colores...".[21] Esos detalles fueron plenamente confirmados en las investigaciones realizadas por Adys Cupull y Froilán González sobre la que ellos llaman "la quinta etapa" de la vida del Che.[22]

Sobre todo cuando, años más tarde, pudieron localizar algunas de las pertenencias de Tania (entre ellas, el indicado "bolsito azul"),[23] y procesaron el relato acerca de la historia del "grupo de Joaquín" que le había realizado el único sobreviviente de la criminal emboscada del vado de Puerto Mauricio: el boliviano José Castillo Chávez (Paco). Según este, en diferentes momentos de la peligrosa marcha entre Bella Vista y el Río Grande, Tania asumió importantes tareas. Por ejemplo, en cierto momento, ella se quedó, prácticamente sola, protegiendo todas las pertenencias del grupo guerrillero cuando éste, a comienzos de agosto, luego de romper una vez más el cerco que le tenía tendido el ejército, salió a conseguir alimentos y combatió contra el enemigo en los alrededores del poblado denominado Taperillas. A decir de Froilán González, desde esa posición, ella también participó en ese reñido combate.[24]

Algo parecido ocurrió días más tarde cuando Tania, provisionalmente armada de una ametralladora 30, quedó encargada de la defensa del campamento guerrillero cuando su destacamento tomó el poblado conocido con el nombre de Chuyuhaucu, ubicado en la Serranía de Iñao. En ese momento —según el relato de Paco— "Tania ya estaba bien, el único defecto (que tenía) eran las niguas, que le producían dolor".[25] Por otra parte, siempre según Paco: "sus botas no eran del tamaño que le correspondía."[26] Esas precisiones —dicho sea de paso— desmienten rotundamente otra de las falacias del escritorzuelo uruguayo José Friedl Zapata, quien afirma que Tania, previo a su caída en combate, estaba padeciendo fuertes dolores en el bajo vientre determinados por lo que él define como "un cáncer uterino terminal".[27]

Por otra parte, los testimonios de Eusebio y de Paco confirman las valoraciones que me entregó Pombo cuando, en 1969, estábamos preparando —junto a Marta Rojas y a Mirta Rodríguez Calderón— la primera edición de *Tania la guerrillera Inolvidable*. Según consta en ese texto, en aquel momento, él expresó: "...sabemos que en las actividades del grupo de Joaquín, ella tuvo una actitud estoica, tuvo una actividad de fortalecimiento moral de ese grupo, un grupo con una situación muy difícil, pues en él se encontraban los reclutas que habían sido considerados como [parte de] la resaca. Esos reclutas eran desertores en potencia, que se negaban a continuar en la guerrilla y prácticamente habían traicionado los ideales de la Revolución; sin embargo, la presencia de ella dentro de ese grupo servía como un acicate para demostrar que estaba por sobre las condiciones de aquellos rastrojos de hombres que habían claudicado. A pesar de todo, ella se mantenía firme, o sea, podemos considerarla como uno de los elementos de sostenimiento de la moral combativa en un grupo que pasó mucha más necesidad y mucho más trabajo que el nuestro."[28] Es decir, que el grupo de veinticuatro combatientes que quedó bajo las ordenes del Che a partir del 17 de abril de 1967.

Con independencia de las leyendas difundidas alrededor del impacto desmoralizador que tuvo sobre los soldados del ejército boliviano las exhortaciones a rendirse que Tania les hacía durante los combates en que participó,[29] y de su papel más o menos destacado en esas acciones militares, en mi concepto, ese fortalecimiento de la moral combativa de sus compañeros de lucha fue, probablemente, uno de los mayores aportes que ella realizó, mientras permaneció en el Pelotón de Estado Mayor, a toda la columna guerrillera y, sobre todo, a la azarosa trayectoria del "grupo de Joaquín"; la mayoría de cuyos integrantes —como está dicho— fueron masacrados, el 31 de agosto, en la emboscada que les tendió un pelotón reforzado del Regimiento Machengo 12 de la VIII División del ejército boliviano en el vado de Puerto Mauricio.

Según la reconstrucción de esos hechos que he podido realizar, un día antes de esa fecha, los diez guerrilleros que entonces se mantenían subordinados a Joaquín llegaron a las proximidades de la casa de Honorato Rojas, ubicada en las cercanías del Río Grande. Poco después, dos de sus integrantes trataron de hacer contacto con él; pero regresaron al lugar donde el grupo estaba acampado cuando sintieron unos disparos que se produjeron al otro lado de ese río. Aún así, horas después se decidió enviar otra comisión, encabezada, esta vez, por Gustavo Machín Hoed de Beche (Alejandro);[30] quien logró entrevistarse con Honorato. Este, de manera traicionera, les ofreció colaboración en todo lo que estuviera a su alcance.

Cuando Alejandro y su acompañante se retiraron, uno de los dos soldados que, con el conocimiento de Honorato, estaban escondidos en su casa salió a toda velocidad a trasladar a los mandos militares la información sobre la llegada del grupo guerrillero. Desconocedores de esa situación, en la noche de ese día, Joaquín y otros combatientes visitaron la casa del traidor para entregarle dinero con vistas a que comprara los víveres que necesitaban. También vieron con él otros detalles de la ayuda que él le había prometido a Alejandro; entre ellos, la posibilidad de mantener a Tania y Alejandro (ambos seguían enfermos) bajo su cuidado mientras el grupo continuaba sus maniobras dirigidas a encontrar la columna del Che y la necesidad de que Honorato guiara a todos los integrantes del grupo hasta un vado por el que pudieran atravesar de manera segura las profundas y turbulentas aguas del Río Grande. De común acuerdo, esa última operación quedó fijada para la tarde del otro día.

En el ínterin, luego de ejercer brutales presiones contra la familia de Honorato y de virtualmente detener como rehenes a su esposa y a sus hijas, de manera subrepticia, la unidad del ejército boliviano antes mencionada ocupó favorables posiciones a ambos lados del lugar del vado de Puerto Mauricio hacia el cual Honorato conduciría al grupo guerrillero. Este llegó a esa zona a fines de la tarde del 31 de agosto y, luego de recibir la señal de Honorato que habían convenido, sus integrantes se internaron en fila india en el río. El ejército que los esperaba emboscado en las dos márgenes del mismo, abrió fuego contra ellos desde diferentes posiciones previamente seleccionadas y fortificadas.

Esa extraordinariamente ventajosa posición, junto a las condiciones sobrehumanas que, desde su salida de la zona de Bella Vista, había tenido que soportar el comando guerrillero y el precario estado de salud de algunos de sus combatientes, contribuyen a entender la facilidad con que, en breves minutos, el fuego sorpresivo y cruzado de los treinta y cinco efectivos del ejército boliviano que participaron en la acción pudo fulminar a siete de los diez integrantes del "grupo de Joaquín"; entre ellos a Tania.

Según el ya referido testimonio de Antonio Arguedas, cuando ella salió de la maleza para tocar el agua, los soldados agazapados, vieron por primera vez la imagen física de la mujer, cuya "voz imperativa" ya conocían: "una mujer rubia, (...), delgada (...) por las privaciones de la lucha, se les aparece como una mujer bellísima. Llevaba pantalones moteados para camuflajes; botas de soldado; una blusa a rayas verdes y blancas muy desteñida; mochila y metralleta colgada. Se oyeron los primeros disparos de los [soldados] emboscados. Tania levantó los brazos en un movimiento para sacarse la metralleta por el cuello y disparar; no se sabe si llegó a disparar. Pero uno de los soldados, Vargas, le disparó un tiro que le atravesó el pulmón...".[31] Entonces ella cayó al agua y fue arrastrada por la corriente. Siete días después el ejército la encontró, junto a su mochila, con la ayuda de perros rastreadores.[32]

Merece consignar que ese relato sobre el desarrollo de esos dolorosos acontecimientos es bastante coincidente con el realizado por Paco: el único integrante del "grupo de Joaquín" que sobrevivió a esas criminales acciones. Según le dijo a Adys Cupull y a Froilán González, él iba cruzando el río delante de Tania. Detrás iba Joaquín, quien siempre marchaba junto a ella. Después que vio la caída en combate del destacado guerrillero cubano Israel Reyes Zayas (Braulio),[33] y al generalizarse el tiroteo, el instinto de conservación le hizo meterse en el agua. Al sacar la cabeza, Paco logró ver que Joaquín había logrado salir del río y que estaba caminando dificultosamente. Después lo vio caer fulminado en la orilla. Cuando cesó la resistencia de los integrantes del grupo, los soldados salieron por ambos lados del río, por lo que les dispararon por delante y por detrás.[34]

Cuando terminó ese traicionero ataque y fue capturado por las tropas enemigas, Paco se percató que —además de él— sólo estaba en manos de las mismas el combatiente boliviano Freddy Maymura;[35] quien, luego de ser torturado, fue vilmente asesinado en la noche del propio día. Tampoco estaban entre los muertos y los prisioneros ni Tania, ni José Cabrera Flores (el Negro).[36] Según las indagaciones históricas posteriores, él fue hecho prisionero el 4 de septiembre de 1967 en el río Palmarito, afluente del Ñacahuasú. Luego fue trasladado al poblado de Camiri, lugar donde fue asesinado a golpes por el ejército boliviano. Tres días después, fue que apareció el cadáver de Tania.

Por esa razón, aunque desde el 3 de septiembre ya existían diversas informaciones públicas acerca del aniquilamiento del "grupo de Joaquín", la noticia sobre la caída en combate de Tania no se oficializó hasta el 7 de septiembre. Ese día, lleno de incredulidad, el Che consignó en su diario: "Radio la Cruz del Sur anuncia el hallazgo del cadáver de Tania la guerrillera en las márgenes del Río Grande; es una noticia que no tiene los visos de veracidad de la del Negro; el cadáver fue llevado a Santa Cruz, según informa esa emisora y sólo ella...".[37]

Además de ese dato circunstancial, en esa valoración del Che deben haber influido diversos factores. Entre ellos, la información que poseía acerca de que, en la noche del 1ro de septiembre (es decir, 24 horas después de la criminal emboscada antes aludida), la vanguardia de su columna había llegado y ocupado la casa de Honorato Rojas sin encontrar en ella nada anormal. Adicionalmente, al otro día, otros de sus combatientes habían apresado a cuatro arrieros, quienes tampoco trasladaron ninguna información acerca del hecho. Más aún, estos habían contado que la mujer de Honorato (a quien el Che, cuando lo conoció en el 10 de febrero de 1967, había calificado como "un hombre potencialmente peligroso"),[38] se había quejado del ejército por los golpes que le habían propinado a su marido y porque se habían comido todo lo que él tenía.

Por consiguiente, en la noche del 2 de septiembre, el Che pasó por la casa del traidor, donde sólo encontró algunos signos (como el fuego encendido) de que alguien había estado en ella recientemente. Tal vez por ello, decidió continuar la marcha, cruzar el río y acampar en lo que llamó "una senda de vaca" hasta que amaneciera. Al parecer fue, en ese momento, es decir en la madrugada del 3 de septiembre, que recibió lo que califico como "una noticia fea sobre el aniquilamiento de un grupo de 10 hombres dirigidos por un cubano llamado Joaquín en la zona de Camiri". Sin embargo, consignó en su diario: "...la noticia la dio la voz de las Américas y las emisoras locales no han dicho nada."[39]

A pesar de todos los elementos anteriores, esa incredulidad del Che respecto a las noticias difundidas sobre el aniquilamiento de Joaquín y sus compañeros fue parcialmente desapareciendo en los días subsiguientes. Así, en medio del impacto negativo que tuvo para el destacamento guerrillero la emboscada del 26 de septiembre en la que perdieron la vida Coco Peredo, Manuel Hernández Osorio (Miguel)[40] y

Mario Gutiérrez Ardaya (Julio),[41] el fortalecimiento del cerco táctico que ya le tenía tendido el ejército boliviano y el temor que demostraba la población campesina, en su resumen del mes de septiembre indicó:

> Debiera ser un mes de recuperación y estuvo a punto de serlo, pero la emboscada en que cayeron Miguel, Coco y Julio malogró todo y luego hemos quedado en una posición peligrosa...
>
> (...)
>
> Por otra parte, parecen ser ciertas varias de las noticias sobre muertos del otro grupo al que se debe dar como liquidado, aunque es posible que deambule un grupito rehuyendo contacto con el Ejército, pues la noticia de la muerte conjunta de los 7 puede ser falsa o, por lo menos, exagerada.
>
> (...)
>
> La tarea más importante es zafar y buscar zonas más propicias; luego los contactos, a pesar de que todo el aparato [urbano] está desquiciado en La Paz donde también nos dieron duros golpes...[42]

Estando el Che en esa búsqueda incansable y tenaz de los mejores caminos para continuar su proyecto de transformar a Bolivia en uno de los pivotes de la lucha antiimperialista en América del Sur, al comienzo de la tarde del 8 de octubre de 1967, se produjo el fatídico combate de la Quebrada del Yuro, en el que —junto al combatiente boliviano Simón Cuba (Willy)[43] — fue hecho prisionero a causa de las heridas recibidas en una pierna, de la inutilización de su carabina por un disparo del enemigo y del agotamiento de las balas de su pistola.

Un día después, siguiendo instrucciones del gobierno de Estados Unidos y de sus títeres bolivianos, el Che y sus heroicos compañeros de lucha Simón Cuba y Juan Pablo Chang-Navarro (el Chino) fueron asesinados por temblorosos sicarios del ejército boliviano en la diminuta escuela de La Higueras. Sin embargo, como él había previsto en su célebre mensaje a todos los pueblos del Mundo a través de la *Tricontinental*, titulado "Crear dos, tres, muchos Vietnam",[44] su desaparición física, al igual que la de la mayor parte de los cuarenta y nueve bolivianos, cubanos y peruanos que lo acompañaron en su epopeya suramericana (incluida Tania), no significó el final de las multiformes luchas revolucionarias, democráticas y antiimperialistas en todo el mundo y, en particular, en América Latina y el Caribe.

Por el contrario, como había demandado el Che en su virtual

Testamento Político, en los años posteriores, a lo largo y ancho de ese continente, su "grito de guerra contra el imperialismo" y su "clamor por la unidad de los pueblos", poco a poco, fue llegando a nuevos "oídos receptivos", a otras manos que empuñaron y aún empuñan las armas, así como a otros hombres y mujeres dispuestos y dispuestas —como siempre estuvo Haydée Tamara Bunke Bíder— a entonar sus "cantos luctuosos con tableteo de ametralladoras y nuevos gritos de guerra y de victoria".

CAPÍTULO XIII
En brazos de la inmortalidad

La confirmación oficial de la caída en combate de Tania, se produjo en un comunicado emitido por el Comando en Jefe de las Fuerzas Armadas bolivianas, el 7 de septiembre de 1967. Este fue publicado, un día después, por el periódico *Última Hora*. Según se indicaba en ese escueto e impreciso documento, su cadáver había sido encontrado "a orillas del río Grande" y sería "trasladado hacia Santa Cruz".[1] Sin embargo, según consta en la prensa boliviana de la época, el cuerpo de Tania realmente fue llevado en un helicóptero hacia el pequeño poblado montañoso de Vallegrande; lugar al que, el 3 de septiembre, también habían sido trasladados los restos de todos los guerrilleros caídos y asesinados durante e inmediatamente después de la criminal emboscada del vado de Puerto Mauricio.

Por ello, a decir de Froilán González: "allí se dio una situación especial con ella".[2] Como inicialmente los cuerpos de esos guerrilleros habían sido abandonados insepultos en un barranco cercano (lo que hirió las profundas sensibilidades religiosas y revivió las supersticiones de los pobladores del lugar), cuando el 8 de septiembre llegó el cuerpo de Tania a Vallegrande, algunas mujeres —encabezadas por la profesora Dora Cárdenas— tomaron la iniciativa de hablar con el entonces Jefe del Regimiento de Ingenieros de la VIII División del ejército boliviano, coronel Andrés Sélich, para que no le dieran a sus restos el mismo trato inmisericorde que sus subordinados le habían ofrecido a los de los guerrilleros finalmente sepultados, prácticamente sin identificar, en una fosa común ubicada en un lugar entonces impreciso de los alrededores de ese pintoresco poblado.

Manteniendo el criminal y abusivo comportamiento que había demostrado (y que después demostraría) a lo largo de su carrera militar, Sélich les habría indicado a sus interlocutoras que el ejército no tenía presupuesto para comprar ni un cajón (ataúd), ni sabanas, ni velas dirigidas ofrecerle a Tania lo que ellas llamaban una "cristiana sepultura". Ante esa situación, las mujeres de Vallegrande se organizaron y movilizaron para hacer una colecta dirigida a obtener todos esos objetos y en especial para comprar y bordar lo que ellas llaman "una sábana santa", lo que —en la valoración de Froilán González— "creó un estado político desfavorable para el ejército".[3]

Para tratar de contrarrestarlo, el dictador boliviano René Barrientos —quien rodeado de un amplio despliegue publicitario había llegado a la zona el día 8 de septiembre, dejándose fotografiar junto al cadáver de Tania— habría decidido proceder a enterrar, con presuntos "honores militares" y siguiendo los ritos de los servicios fúnebres católicos, "el cadáver de Laura Gutiérrez Bauer, la argentina que integraba el grupo de Joaquín con el seudónimo de Tania."[4]

Según los reportajes sobre ese suceso publicado, al calor de los acontecimientos, por el enviado especial del diario *Presencia* de La Paz, esa ceremonia, efectuada el 10 se septiembre, fue oficiada por el capellán capitán Mario Laredo y en ella participaron —además de "un pelotón militar"— varios vecinos del lugar; sobre todo, un grupo de mujeres, que rodearon "la caja de madera donde fue depositado el cuerpo de Tania envuelto en la sábana blanca" que, previamente, había sido comprada "gracias a la colecta organizada por las mujeres vallegrandinas".[5]

Las informaciones antes indicadas se complementan y precisan de forma más completa en el testimonio que —como veremos en los párrafos siguientes— me entregó especialmente para este libro la historiadora cubana María del Carmen Ariet; la que, a partir de marzo de 1996, permaneció durante más de cinco años en Bolivia integrando el equipo multidisciplinario de profesionales (geofísicos, geólogos, arqueólogos, antropólogos, especialistas en fotografía forense) cubanos que —bajo la dirección del doctor Jorge González Pérez (Popy)— trabajó en la búsqueda de los restos de todos los integrantes del destacamento guerrillero internacionalista comandado por el Che.

Según pudo comprobar María del Carmen en sus entrevistas con las mujeres que vivían en Vallegrande en el momento en que llegó el cuerpo de Tania, ellas, "con sus luchas, se ganaron el derecho a hablar con el ejército y obligarlo a que le dieran a Tania cristiana sepultura por ser la única mujer de la guerrilla." Además, fueron ellas las que recaudaron los "fondos para poder comprar la sábana blanca con la que Tania fue enterrada"; mientras que el ejército, bajo la presión de las mujeres vallegrandinas, se vio impelido a conseguir el ataúd.

A pesar de ese gesto supuestamente "humanitario" y "cristiano", Barrientos, los altos mandos de las Fuerzas Armadas y de los servicios de inteligencia bolivianos que se encontraban en Vallegrande — asesorados por la CIA, por la Embajada y por otras agencias del gobierno de Estados Unidos— de inmediato comenzaron a desplegar un conjunto de acciones conscientemente dirigidas a denigrar la memoria de Tania (entre ellas, el violento interrogatorio dirigido a lograr que Paco "confirmara" algunas informaciones acerca de las supuestas relaciones sexuales que ella había mantenido con el Che y con otros integrantes del destacamento guerrillero),[6] así como a evitar que los habitantes de Vallegrande y los corresponsales de prensa que se encontraban en la localidad conocieran el lugar exacto donde había sido enterrado su cadáver.

A tal fin —según la reconstrucción de los hechos realizada por María del Carmen Ariet— los restos de Tania fueron llevados para el Tercio Táctico Militar de la VIII División que se encontraba ubicado frente al aeropuerto de Vallegrande. En consecuencia, sus pobladores no pudieron atravesar los límites de esa unidad militar y, por ende, mientras caía la tarde, sólo pudieron observar lo que allí estaba ocurriendo a una distancia de aproximadamente 500 metros. Paralelamente, algunos habitantes del poblado detectaron que un grupo de militares estaba cavando una tumba en el cementerio ubicado en la periferia inmediata del casco urbano. Y, ya de noche, en la distancia, se percataron que un transporte militar había llegado allí con el supuesto propósito de depositar el féretro de Tania.

Aunque nadie —ni siquiera un campesino que decía haberse ocultado para observar el enterramiento— estaba en capacidad de precisar el lugar exacto donde se encontraba su tumba, todo ello propició la versión difundida como válida durante mucho tiempo (incluso por algunos militares) de que los restos de Tania se encontraban enterrados en ese lugar. Incluso, algunos afirmaban que, como una artimaña del ejército, estos habían sido colocados en el mal identificado nicho de un soldado boliviano, de apellido Benítez, caído en un combate contra la guerrilla.

Sin embargo, siempre según María del Carmen, otras versiones indicaban que Tania había sido sepultada "en la tierra" en una tumba simplemente identificada con una cruz de madera.

Tal era la credibilidad de esa última leyenda que, durante cierto tiempo, los pobladores de Vallegrande depositaron flores para honrar la memoria de Tania en la tumba antes mencionada. En consecuencia, a decir de María del Carmen: "cuando cayó la dictadura del general Hugo Banzer (1971-1978), algunos jóvenes incursionaron en estos nichos, pero no lograron evidencia alguna de que allí estuvieran los restos de Tania". Lo anterior dio pábulos a la versión de que, luego de haberlos enterrado "oficialmente" en ese camposanto, en los días posteriores, de manera subrepticia, un grupo de efectivos del ejército, orientados por el coronel Sélich, los habían sacado de allí para enterrarlos en otro lugar no identificado.[7] No obstante, cuando el equipo interdisciplinario cubano antes mencionado llegó a Bolivia, lo que preponderaba era el criterio de que el cuerpo de Tania permanecía enterrado en un punto no identificado del cementerio de Vallegrande.

Merece recordar que esa práctica de desaparecer los cuerpos de sus víctimas ya había sido adoptada con los guerrilleros (y otras personas) previamente asesinadas por los órganos represivos bolivianos. También que —como se conoce— posteriormente fue seguida con los cadáveres del Che y de todos sus compañeros caídos en combate o asesinados inmediatamente después de su captura por el ejército boliviano. Por ello, coincido con la doctora Ariet en que todas las desinformaciones vinculadas a la ubicación del cadáver de Tania formaron parte de los planes conscientemente ejecutados por "la Inteligencia boliviana, el ejército, la CIA y todos los que tuvieron que ver con el enterramiento de esos compañeros" con vistas a "evitar que las personas sensibilizadas con los guerrilleros les rindieran homenaje y sus imágenes y su ejemplo perduraran para la posteridad". Asimismo, sus asesinos querían "enterrar definitivamente la historia de la lucha guerrillera encabezada por el Che".

Aunque nunca lograron cumplir esos últimos propósitos (de hecho, el poblado de Vallegrande, en particular la lavandería del hospital Señor de Malta donde había sido exhibido el cadáver del Che, y el caserío de La Higuera se convirtieron en lugares de peregrinación para todos los que querían rendirle homenaje a él y a sus demás compañeros de lucha), lo cierto fue que sus asesinos pudieron mantener oculto el paradero de sus restos durante cerca de treinta años.

Además del férreo secreto guardado por los militares bolivianos implicados en la sádica práctica de desaparecer a sus víctimas (generalizada por las llamadas "dictaduras de Seguridad Nacional" que asolaron a América Latina entre 1964 y 1990), en esa situación influyó la inestabilidad política que históricamente ha caracterizado a Bolivia; y, en particular, la sistemática represión perpetrada contra el movimiento popular por la mayor parte de los diversos gobiernos militares, "narcomilitares" o cívico-militares que gobernaron ese país desde fines de 1964 hasta agosto de 1993.[8]

No obstante, según me consta, la máxima dirección del Gobierno y del Partido Comunista de Cuba, siguiendo su práctica histórica, nunca abandonó el propósito de, algún día, rescatar los restos de todos los guerrilleros argentinos (entre ellos, Tania), bolivianos, cubanos y peruanos que habían participado en la epopeya suramericana del Che con vistas a rendirle —como se hizo con los internacionalistas cubanos caídos en Granada y África[9] — los honores que merecían esos heroicos combatientes.

Sin embargo, las condiciones políticas imprescindibles para emprender ese complejo empeño no se crearon hasta fines de noviembre de 1995. Es decir, hasta unos días después que el general retirado Mario Vargas Salina le confesó al periodista estadounidense Jon Lee Anderson que el cadáver del Che no había sido incinerado como indicaba la versión oficial que se había difundido desde octubre de 1967, sino que se encontraba sepultado —junto a otros guerrilleros— en un punto que situó en la pista del antiguo aeropuerto militar de Vallegrande.

Ante la publicación de esa reveladora noticia por diferentes órganos de prensa de todo el mundo y gracias a las persistentes presiones internacionales y nacionales —entre ellas, las ejercidas por la Asociación de Familiares y Mártires Desaparecidos (ASOFAMD) de Bolivia— al entonces presidente constitucional boliviano Gonzalo Sánchez Lozada (1993-1997) no le quedó otra alternativa que aprobar, el 25 de noviembre, una Resolución que permitía el inicio de las investigaciones para la localización de los restos de esos compañeros.

En función de ello, cuatro días después, se trasladó a Bolivia un grupo de antropólogos forenses argentinos; quienes, de inmediato, comenzaron sus búsquedas en un área (2 000 metros cuadrados) de la pista aérea ya mencionada. A ese grupo se incorporó el doctor Jorge González Pérez

(Popy), como representante de los familiares cubanos del Che y de Nadia, la madre de Tania; quien, semanas después, formalmente le solicitó al presidente cubano Fidel Castro su apoyo en todas las tareas vinculadas a la búsqueda, la exhumación y la identificación de los restos de su hija.[10]

A pesar de que el 12, el 13 y el 17 de diciembre de 1995, gracias a las informaciones que había entregado ASOFAMD provenientes de un campesino llamado Vicente Sabala que había presenciado el enterramiento, aparecieron en la llamada Cañada del Arroyo, los restos del boliviano Jaime Arana Campero,[11] del cubano Octavio de la Concepción y de la Pedraja,[12] y del peruano Lucio Galván Hidalgo (todos caídos o capturados en el combate de Cajones del 12 de octubre de 1967; es decir, tres días después del asesinato del Che), el grupo de antropólogos forenses argentino tuvo que retirarse por falta de recursos. Ante esa situación, el gobierno cubano solicitó a su homólogo boliviano la autorización para continuar la búsqueda de los restos de los demás combatientes. En cuanto fue otorgada, viajó a ese país suramericano el equipo multidisciplinario cubano ya mencionado.

Esa decisión le dio un nuevo impulso a la búsqueda de los restos de los héroes caídos. Sobre todo, después que, el 15 de marzo de 1996, aparecieron los del boliviano Francisco Huanca Flores (Pablito)[13] y, tres meses más tarde, fuera de Vallegrande, los del cubano Carlos Coello (Tuma), caído en el combate de Alto Seco, el 26 de junio de 1967. Empero, pese a que en los meses posteriores esas difíciles labores no se detuvieron, dejaron de reportar nuevos éxitos inmediatos. Por ende, nos recuerda la doctora María del Carmen Ariet, fue necesaria una paciente labor de investigación socio-histórica dirigida a corroborar las diversas versiones recibidas antes de reiniciar la búsqueda de Tania; ya que si se concentraban en el cementerio de Vallegrande y no se obtenían los resultados esperados, sus pobladores "podían acusarlos de violar una o varias tumbas" de ese camposanto.

Ante esa situación, dedicaron todos sus esfuerzos a las exploraciones geológicas y a las excavaciones que se estaban realizando en la pista de aeropuerto y en los terrenos del antiguo Comando de la VIII División del ejército boliviano. Por coincidencia histórica, sus esfuerzos dieron nuevos frutos en el momento en que, en diferentes países del mundo —en primer lugar en Argentina, Bolivia y Cuba— se estaban creando las condiciones para conmemorar, como se merecía, el Treinta Aniversario de la caída en combate de Che y de otros de sus compañeros de lucha.

Así, para satisfacción del equipo multidisciplinario cubano, el 28 de junio de 1997, aparecieron los restos del Guerrillero Heroico, junto a los de Juan Pablo Chang-Navarro (el Chino), Simón Cuba Sanabria (Willi), René Martínez Tamayo (Arturo), Alberto Fernández Montes de Oca (Pacho), Aniceto Reinaga Gordillo (Aniceto),[14] y Orlando Pantoja Tamayo (Olo). Los tres primeros asesinados en La Higuera y los cuatro últimos caídos en el desigual combate de la Quebrada del Yuro del 8 de octubre de 1967.

Sin dudas, la anhelada aparición de los restos de Che y de esos compañeros bolivianos, cubanos y peruanos; su emocionante recepción en Cuba; su inolvidable traslado, el 8 de octubre de 1997, al formidable Memorial Che Guevara, diseñado por el desaparecido escultor cubano José Ramón de Lázaro Bencomo (Delarra) y erigido en la histórica ciudad de Santa Clara; el estremecedor discurso que pronunció, en esa ocasión, el Comandante en Jefe Fidel Castro;[15] y la celebración en los días posteriores en Vallegrande del Primer Encuentro Mundial Che Guevara, le imprimió un nuevo impulso al trabajo del equipo multidisciplinario cubano en su ardua tarea de encontrar los restos de los guerrilleras que faltaban.

Gracias a su sistemático esfuerzo, el 11 de febrero de 1998, aparecieron los restos de Roberto Peredo Leigue (Coco), de Manuel Hernández Osorio (Miguel) y de Mario Gutiérrez Arcaya (Julio).[16] Y, dos días después, en un lugar no explorado previamente y en el que uno de los integrantes del equipo cubano, el ingeniero Noel Pérez, estaba realizando una investigación geofísica, apareció el cadáver del combatiente boliviano Julio Luis Méndez Korne (Ñato),[17] caído en el último combate que, el 15 de noviembre de 1967, sostuvo con el ejército boliviano el único grupo sobreviviente del destacamento guerrillero comandado por el Che.[18]

Merece resaltar que ya a comienzos de 1998 habían comenzado a llegar al equipo interdisciplinario cubano las primeras informaciones que indicaban que los restos de Tania no estaban en el cementerio de Vallegrande. En efecto, según recuerda María del Carmen Ariet: "Luego de aparecer el Che y los primeros compañeros, la gente se destapa a hablar y algunos soldados nos envían diferentes recados de que Tania no estaba en el cementerio, que la habían enterrado afuera. Hay gente incluso que dice tener información sobre Tania y nos la ofrecen si estamos dispuestos a pagársela. De pronto, aparece un alemán que tiene un restaurante en Vallegrande, que le dice al antropólogo cubano Héctor

Soto, que Tania estaba enterrada fuera del cementerio. Nosotros sabíamos que lo que dijera ese alemán estaba en concordancia con lo que el ejército quería, por eso pensamos que se le estaban escapando sus verdades y que lo que realmente querían era que les diéramos dinero y que si lo hacíamos nos darían sus versiones."

Ante esos nuevos indicios, continúa María del Carmen: "Teníamos que comenzar a indagar pues estas versiones eran bastante creíbles. Había también muchas versiones sobre el enterramiento de los demás guerrilleros que no habían aparecido y entonces existía la posibilidad de trabajar en la búsqueda de los restos de Tania. Mucho más, porque apareció un soldado en la ciudad de Santa Cruz (con el que se entrevistó el doctor Jorge González para preguntarle sobre el lugar del enterramiento de Papi) que le indicó que, sobre éste él no sabía nada, pero sobre Tania sí; coincidiendo con la versión que ella estaba enterrada fuera del cementerio. Por mi parte, yo me entrevisté con el alemán que había hablado con Soto y fuimos cruzando las versiones con las informaciones obtenidas en Santa Cruz y Vallegrande en cuanto a que el enterramiento de Tania se realizó fuera del cementerio."

Aunque, en esos momentos, la prioridad del trabajo seguía concentrada en la zona del antiguo Comando del ejército donde habían aparecido los restos de Coco, Julio y Miguel, la aparición del cuerpo de Ñato, pegado a la cerca de esa antigua unidad militar, le otorgó cierta credibilidad a las versiones que indicaban que Tania había sido enterrada en las proximidades de una cerca de árboles colocada en el fondo de la actual muralla del Rotary Club, y que, en 1967, pertenecía a la finca de una señora llamada Eufronia, colindante con el perímetro defensivo de la jefatura de la VIII División. Según esas versiones, como era de noche y la gente que estaba a una considerable distancia del lugar se mantenía atenta a los movimientos que se hicieran con los restos de Tania, de manera oculta los militares los trasladaron hasta una pequeña fosa que previamente habían abierto en esa cerca, sin tener que enfrentar un movimiento de tierra que los hubiera obligado a utilizar equipos para abrir una fosa grande; como habían hecho con los demás enterramientos realizados en otros lugares donde la población no tenía ningún acceso.

Ante esa información, virtualmente confirmada el 17 de septiembre de 1998, el equipo cubano decidió realizar nuevos estudios geofísicos en la zona pegada a la cerca de árboles antes mencionada. Y fue ahí donde, para su satisfacción, a las diez de la mañana del 19 de septiembre del propio año, el ingeniero Noel Pérez comenzó a encontrar los primeros vestigios de los restos de Tania. Según María del Carmen Ariet, cuando se realizaron la excavaciones, "no hubo dudas de que se tratada de ella. En primer lugar, porque en la fosa que se descubrió estaban los restos de unas botas de goma de un tamaño pequeño, así como las anillas y el cristal del ataúd, la ropa interior y algunas fibras de un pantalón femenino. En segundo, porque incluso para quien no supiera nada de antropología (como es mi caso), era evidente que se trataba de una mujer; ya que los huesos de una mujer son diferentes a los de un hombre, sus caderas son diferentes. Además, a simple vista, se veía que los huesos eran bien robustos, pertenecientes a una mujer que en su vida tuvo un entrenamiento físico fuerte. Por otra parte, su cráneo era del tipo 'europeoide'. Por último, porque —según la versión difundida, incluso por el ya mencionado general Vargas Salina— Tania había muerto como consecuencia de un tiro de ametralladora que, luego de atravesarle el brazo, le penetró el pulmón y le provocó una hemorragia interna. Y el único tiro que tenían los restos de la mujer que habíamos encontrado era en el brazo". A todo ello se agregaron las diversas pruebas periciales realizadas en el hospital Señor de Malta de Vallegrande que inobjetablemente confirmaron el hallazgo de los restos de Tania.

Por otra parte, las condiciones en que estos se encontraron le permitió al equipo multidisciplinario cubano comprobar que todos los enterramientos de los guerrilleros caídos en manos del enemigo habían sido hechos en terrenos vinculados al ejército boliviano (como la pista aérea de Vallegrande y el perímetro interior del regimiento Pando, donde en 1967 estaba ubicada la Jefatura de la VIII División) o a figuras vinculadas al ejército; cual fue el caso de la finca de la llamada Cañada del Arroyo (donde, como ya se dijo, se encontraron los cadáveres de Jaime Arana Campero, Octavio de la Concepción y de la Pedraja, Lucio Galván Hidalgo y Francisco Huanca Flores) que pertenecía a un ex militar.

En los meses posteriores, esa conclusión permitió el hallazgo, el 7 de junio de 1999, de Juan Vitalio Acuña Nuñez (Joaquín), de Israel Reyes Zayas (Braulio), de Gustavo Machín Hoed de Beche (Alejandro), de Walter Arancibia Ayala (Walter),[19] de Moisés Guevara Rodríguez (Moisés), de Apolinar Aquino Quispe (Apolo)[20] y de Fredy Maimura Hurtado (Ernesto); es decir, de la mayor parte de los integrantes del "grupo de Joaquín". Ese hallazgo permitió concentrar los esfuerzos de los investigadores cubanos en la búsqueda de los compañeros que fueron enterrados por el ejército o por la propia guerrilla en diferentes lugares de la zona de Camiri.

Fue en ese poblado donde el equipo multidisciplinario cubano halló, en marzo del 2000, los restos del último integrante del "grupo de Joaquín": el médico peruano José Restituto Cabrera Flores (Negro), quien, luego de su captura, había sido brutalmente asesinado a golpes por el ejército boliviano. Además, encontraron en esa zona la osamenta de José María Martínez Tamayo (Papi) caído en el combate de Río Rosita el 30 de julio de 1967; de Serapio Aquino Tudela, muerto en el combate de Iquira, el 9 de julio del propio año; de Antonio Sánchez Díaz (Marcos) y Casildo Condori Vargas (Víctor), muertos en combate en Bella Vista, el día 2 de junio de 1967; de Eliseo Reyes (Rolando)[21] quien cayó combatiendo en El Mesón, el 25 de abril de 1967; y de Antonio Jiménez Tardío (Pedro o Pan Divino), caído en el combate que se produjo cerca de Monteagudo el 9 de agosto del mismo año.

Lo antes dicho posibilitó que, en el momento en que estoy escribiendo estas líneas (octubre del 2004), sólo falten por encontrar los restos de Jesús Suárez Gayol (el Rubio), quien cayó en combate en Iripití el 10 de abril de 1967;[22] de Jorge Vázquez Viaña (Loro), que fue asesinado en Camiri el 29 de abril de 1967; de Raúl Quispaya (Raúl),[23] caído en combate en el río Rosita el 30 de julio de 1967; así como de Benjamín Coronado Córdova (Benjamín)[24] y Lorgio Vaca Marchetti (Carlos);[25] quienes —pese a todos los esfuerzos por rescatarlos— se habían ahogado accidentalmente en el Río Grande el 26 de febrero y el 16 de marzo 1967, respectivamente.

A todos los detalles de esa hazaña científica y humana algún día habrá que dedicarle uno o más volúmenes; pero ahora quiero remarcar que ella sólo resultó posible gracias a la tenacidad y a la profesionalidad de nuestros especialistas, así como a la creciente colaboración que — luego de vencer las lógicas resistencias iniciales— ellos encontraron en el noble pueblo boliviano y, en particular, entre los habitantes de Vallegrande. Sin dudas, su ayuda, su hospitalidad y su solidaridad hicieron posible el hallazgo y el posterior traslado de Tania a su querido suelo cubano.

Según la doctora María del Carmen Ariet, los representantes de la población de Vallegrande —sobre todo, dos de las mujeres (Dora y Edith) que del 8 de septiembre de 1967, habían participado en las conversaciones con los militares para pedirle que le dieran a Tania una cristiana sepultura— solicitaron "que le permitiéramos organizar la despedida de sus restos en la pequeña Catedral de la ciudad, donde aceptamos que le oficiara una bella y elocuente misa de despedida un joven cura polaco y en la que, en el culto de todos los domingos, se recuerda a los guerrilleros caídos en 1967; en especial, a aquel que —siguiendo la tradición establecida por los pobladores de La Higuera— en Vallegrande también se denomina: San Ernesto de la Higuera."

Después de esa misa —relató la periodista de televisión cubana Gladys Rubio—, una nutrida procesión de los pobladores de Vallegrande llevaron el osario de Tania hasta la fosa donde habían sido encontrados sus restos. Allí, las mujeres, luego de recordar cómo hacía treinta y un años ellas los habían defendido frente a la ignominia de los militares bolivianos, le hicieron oficialmente la entrega de los mismos al representante de la familia de Tania, el doctor Jorge González. Acto seguido, los asistentes entonaron "La Cacharpalla"; canción quechua con la que, además de una despedida, expresaron su deseo de que la osamenta de Tania, luego de salir de Vallegrande, tuvieran "un feliz destino".[26]

Culminada esa emotiva ceremonia, y en medio de las exclamaciones de ¡Viva Tania! y de ¡Gloria a la guerrillera! que resonaron en el lugar, su osario recorrió el polvoriento y zigzagueante camino terrestre que, cruzando más de un vía fluvial, valles, poblados y montañas, conduce desde una altitud de 2 000 metros de la empinada cordillera andina hasta los Llanos tropicales donde, bordeada por el río Piray, se encuentra la ya cuatro veces centenaria ciudad de Santa Cruz de la Sierra.

Después de bordear la Plaza Mayor y la Catedral de esa ciudad, la caravana automovilística que los conducía se dirigió hacia la pequeña clínica que tiene en esa ciudad el Dr. "Chato" Peredo (hermano de Coco e Inti) a la que acudieron decenas de pobladores de la ciudad. Luego, los restos de Tania fueron trasladados por vía aérea a La Paz; desde donde, culminados los trámites de rigor, fueron traídos hasta la Ciudad de La Habana.

De modo que, casi 34 años después de haber llegado por primera vez a Bolivia, Tania —cual más de una vez había soñado— finalmente regresó a Cuba: su "tercera patria". Pero esta vez, no salió del aeropuerto de El Alto identificada con el nombre clandestino de la argentino-alemana Laura Gutiérrez Bauer, sino con la ya célebre filiación de la internacionalista Haydée Tamara Bunke Bíder o, más propiamente, con la inconfundible identidad de *Tania la guerrillera*; quien —como cumplió bien la obra de su vida—[27] se ganó el derecho de entrar en brazos de la inmortalidad a los Anales de las luchas populares, democráticas, antiimperialistas y revolucionarias en todo el mundo; especialmente, a la Historia de las aún inconclusas luchas de los pueblos latinoamericanos y caribeños por su verdadera y definitiva independencia.

CAPÍTULO XIV
Mi pequeña Ita

Cuando en la segunda semana de diciembre de 1998 fui a recibir a Nadia
Bunke al Aeropuerto Internacional de Varadero,[1] la encontré en un estado
de ánimo signado por una mezcla de alegría y de dolor. La noticia que
oficialmente se le había remitido a Alemania sobre el hallazgo de los
restos de su hija en Vallegrande y sobre su traslado a La Habana, la
había colocado, otra vez, ante la irrefutable evidencia de la desaparición
física de uno de sus seres más queridos. Sin embargo, la reconfortaba el
hecho de que, al fin, Haydée Tamara, su "pequeña Ita", reposaría para
siempre en la Cuba que amó y que también consideró como su patria, así
como donde su recuerdo permanece imborrable en escuelas, Comités de
Defensa de la Revolución, delegaciones de base de la FMC, policlínicos y
otros centros de trabajo.

Esas mismas sensaciones la acompañaban el día que en que, juntos,
fuimos conducidos por el Comandante de la Revolución Ramiro Valdés
Menéndez al Ministerio de las Fuerzas Armadas Revolucionarias, lugar
donde el doctor Jorge González Pérez abrió el osario para que pudiéramos
observar y acariciar sus guerrilleros huesos antes de que fueran conducidos
—junto a los de los otros nueve guerrilleros internacionalistas caídos en
Bolivia— al Memorial Ernesto Che Guevara erigido, un año antes, en la
capital de la provincia de Villa Clara. Por eso, cuando en su oficina,
luego de enseñarle las otras prendas de Tania que habían sido
encontradas en Vallegrande, Ramiro Valdés le preguntó bajo que bandera
debían llevarse hasta allá los restos de su hija, sin titubear, Nadia
respondió que se hiciera "bajo la bandera cubana, que era su otra patria,
por la cual había combatido, y la que le [había dado] el honor de [admitirla]
como militante del Partido Comunista de Cuba."[2]

Ese sentido de pertenencia de Tania a las más profundas raíces de la patria de José Martí, otra vez, se consolidó en Nadia y en mi cuando pudimos observar, en silencio y con lágrimas en los ojos, el estremecedor homenaje que —en representaciones del pueblo cubano— decenas de miles de habaneros, matanceros, cienfuegueros y villaclareños, colocados a lo largo de la ruta entre Ciudad de La Habana y Santa Clara, le tributaron a la solemne comitiva que, en la mañana del 29 de diciembre, trasladó a los caídos hasta esa última ciudad.

Igualmente, cuando durante la tarde, la noche y la madrugada de ese día y del siguiente, incontables hombres, mujeres, ancianos y niños velaron y acompañaron los restos de Tania, junto a los de los bolivianos Roberto Peredo Liegue (Coco), Mario Gutiérrez Ardaya (Julio), Aniceto Reinaga Gordillo (Aniceto), Jaime Arana Campero (Chapaco), Francisco Huanca Flores (Pablito) y Julio Luis Méndez Korne (Ñato), a los del peruano Lucio Edilberto Galván Hidalgo (Eustaquio); y de los cubanos Manuel Hernández Osorio (Miguel) y Octavio de la Concepción de la Pedraja. (Moro). Asimismo, cuando, el 30 de diciembre, una ceremoniosa caravana, con honores militares y bajo sus correspondientes banderas nacionales, los condujo hasta el Mausuleo del Memorial Ernesto Che Guevara y los colocó en los nichos, custodiados por una estrellada Llama Eterna y alegróricamente rodeados de vegetación selvática, en los que, a partir de ese instante, se les rendiría un imperecedero homenaje.

Pero antes, nuestra emoción había llegado a límites indescriptibles cuando el Comandante de la Revolución Ramiro Valdés Menéndez, en la sentida y profunda alocución que pronunció en esa oportunidad,[3] recordó diversos pasajes de la vida de "aquella joven valiente, inteligente y de pensamiento profundo" que había unido su vida "a la causa de nuestra patria" y que —"convertida en luchadora clandestina"—había prestado "inestimables servicios al movimiento revolucionario latinoamericano" antes de llenar, como guerrillera, "una página gloriosa en la gesta del Che en Bolivia". Además, cuando el ex Ministro del Interior de Cuba —parafraseando lo dicho por Fidel sobre el Che y sobre los caídos en Bolivia,[4] poco más de un año antes— incorporó a Tania y a sus demás compañeros al "destacamento de refuerzo" que había venido a apoyar al pueblo cubano en su "dura y difícil batalla" contra "el enemigo yanqui que trata de destruirnos" y en su "defensa de las ideas de la Revolución, la solidaridad y el socialisrno".[5]

Con esas y otras ideas buyendo en nuestras mentes y en nuestros corazones, regresamos a La Habana en la mañana del último día de ese año. Mientras viajaba por las carreteras entre Santa Clara y La Habana, por la que, cuarenta años antes, el Che y Camilo, rodeados de pueblo, habían transitado para ocupar los últimos bastiones de la derrocada dictadura de Fulgencio Batista,[6] involuntariamente regresaron a mi mente mis recuerdos de aquel triste momento de fines de octubre de 1967 en que Nadia y Erich Bunke habían sido oficialmente informados, en La Habana, de la caída en combate de su hija mientras integraba las filas del ELN de Bolivia.

También recordé como ambos, pese al dolor que les había provocado la noticia, de inmediato compartieron la decisión de su hija de incorporarse a la lucha por la liberación nacional y social de América Latina y expresaron su comprensión acerca de la decisión que, con el consentimiento de Tania, habíamos adoptado de mantenerlos "compartimentados", antes, durante y después de su visita a Cuba en enero de 1966, respecto a las delicadas y riesgosas tareas que, desde fines de 1964, ella estaba cumpliendo en ese país suramericano. Sin dudas, como padres, fue inconsolable su pesar; pero como comunistas expresaron, profundamente emocionados, la satisfacción de saber que su Haydée Tamara había muerto como soñaba: cumpliendo su deber revolucionario y entregando su sangre por sus más caros ideales políticos.

En consecuencia, durante muchos años, ambos —orgullosos de su hija— dedicaron su existencia a recordarla, a dar a conocer su vida y sus hazañas, a difundir su verdadera historia y a combatir las mentiras sobre ella que se divulgaban por los medios de comunicación masiva con vistas a lograr que perdurara su ejemplo entre las nuevas generaciones. La muerte de Erich dejó sola a Nadia en esa tarea, pero ella no desmayó en su empeño, ni siquiera cuando, en 1990, desapareció la República Democrática Alemana. Por el contrario, en ese difícil momento, redobló sus acciones dirigidas a preservar el legado de su hija.

Mucho más porque —según me contó— preveía que, como parte de la confusión política-ideológica generada por la desintegración de la URSS y por la desaparición del llamado "socialismo real europeo", los enemigos de nuestras ideas, más temprano que tarde, volverían a emprenderla contra la memoria de Tania. Y así ocurrió, en 1997, cuando la conocida Editorial Aufbau de la República Federal Alemana decidió publicar el libelo del escritorzuelo uruguayo José A. Friedl Zapata titulado en alemán *Tania la mujer que el Che Guevara amó:* texto en el que nuevamente se recreaban las falsedades sobre la vida de Tania difundidas, desde comienzos de la década de 1970, por la CIA a través del desertor y corrupto ex oficial de los órganos de seguridad de la RDA, Günter Männel.[7]

A pesar de sus ochenta y un años de edad, desde que se anunció la publicación de ese bodrio, Nadia libró una valerosa y victoriosa batalla legal que, en marzo de 1998, obligó a la editorial antes mencionada a retirar de las librerías los ejemplares que aún quedaban por vender. Pero más importante aún fue la decisión previamente adoptada, el 17 de diciembre de 1997, por un tribunal competente de Berlín, prohibiendo la publicación en Alemania de 14 difamaciones de diversa índole sobre la vida de Tania y su familia so pena de que sus autores tuvieran que pagar una multa de 500 000 marcos alemanes o que cumplir una condena de seis meses de prisión.[8]

Creo que fue hablando sobre ese tema que de, manera preliminar, le expresé, a Nadia mi intención de escribir este testimonio. Aunque para ser franco, inicialmente ella no simpatizó con esa idea dada la alta estima que sentía por el libro *Tania la guerrillera inolvidable* que, con su ayuda, habíamos publicado en Cuba por primera vez en 1970, poco a poco, comencé a convencerla. A tal grado que, en el 2001, le pedí y ella me entregó su testimonio para este volumen. Como, desde febrero del 2003, Nadia no nos acompaña, separada de nosotros por la muerte, a continuación lo presento íntegramente a los lectores para que queden plasmados para la posteridad sus sentimientos más íntimos hacia su hija Haydée Tamara; es decir hacia "su pequeña Ita", la principal protagonista de este libro:

> En 1935, Erich comunista alemán, y yo, comunista y judía rusa, nos vimos obligados a abandonar Alemania ante el incremento de la represión fascista. Pensábamos ir a Moscú, pero los trámites se dilataban mucho. Entonces decidimos marchar hacia Argentina donde teníamos algunos familiares.
>
> Erich y yo enseguida militamos en el Partido Comunista Argentino. En nuestra casa se celebraban reuniones clandestinas, se escondía propaganda y a veces armas, reinaba un ambiente comunista en el que crecieron Olaf y Tamara.[9] Ellos conocían nuestras actividades, las cartas que recibíamos de Alemania y lo terrible de la represión fascista.
>
> Cuando nos instalamos en Argentina queríamos tener una niña, pero al principio Erich solo ganaba 200 pesos como Profesor de Educación Física; eso no nos alcanzaba para vivir y tener una hija.

Un día aumentaron 20 pesos al salario de Erich y de inmediato dijimos: "vamos a tener la niña". Habíamos concebido que sería niña y ya habíamos escogido su nombre, se llamaría Tamara que era el nombre de mi mamá. Ella murió cuando yo tenía 9 años y medio de edad.

Una de las alumnas de Erich era una rubia muy bonita y él quería que nuestra hija se llamara como ella: Haydée. Yo le dije: "Está bien, Tamara será su segundo nombre".

Cuando la niña nació Erich me dijo: "Tengo una niña preciosa con pelo negro y ojos azules." Yo le dije: "Bien, se llamará Haydée Tamara".

Fue una lucha dura mantener a los dos niños, queríamos darle una buena educación y vivir en un ambiente sin muchas penurias. Toda la responsabilidad recaía sobre los hombros de mi esposo. Él daba clases de alemán, de matemáticas, de educación física; trataba por todos los medios de incrementar su salario de 220 pesos.

Nosotros nos habíamos incorporado a una organización antifascista integrada por obreros alemanes residentes en Argentina. Esa institución política tenía una finca en las afueras de Buenos Aires donde se desarrollaban diferentes deportes; allí acudíamos con Olaf y Tamara.

Ella era muy decidida. A los cuatro años de edad ya subía a los árboles, con siete ya escalaba una cerca de cinco metros de altura que había en la casa; trepaba sogas, montaba a caballo y sabía guiarlos muy bien. Ya a los doce años los montaba a pelo y sin riendas. Aprendió a nadar y montar bicicleta muy temprano.

Era una niña que tenía una figura muy bien proporcionada, más bien gordita. Cuando nació fue una sorpresa para todos porque tenía el cabello largo y negro y su tez era bastante oscura. Después de tres o cuatro meses, cambió por completo de color: se le puso la tez muy blanca y el cabello muy rubio. Desde el primer día tuvo los ojos azules. Era fuerte, pesó al nacer como cuatro kilos. Todo el que la observaba pensaba que era un bebé de dos o tres meses. Comenzó a caminar cuando tenía un año y un mes, fue así, de momento. Y dijo "mamá" como a los siete meses.

Era suave, cariñosa y tranquila; sin ninguna dificultad y no demostraba miedo a nada. Le gustaba el agua, sobre todo porque veía a papá y mamá en el agua. Y, a los dos años, cuando todavía no hablaba bien, decía: "Mañana Ita va a entrar al agua".

Le gustaban sus muñecas. Tenía unas cuantas. Podía pasar horas con ellas; jugaba como todas las niñas. Desde muy pequeña, con un año, cuando se acostaba, lo hacía con una muñequita en el brazo; parecía una madrecita. Su muñeca preferida se llamaba Cuca.

Cuando creció un poco más comenzó a practicar deportes. También le gustaba leer mucho, aparte de sus libros escolares. Al partir hacia la

RDA, le regaló sus libros a una amiga de la escuela que se llamaba Nélida. Era su mejor amiga.

En la escuela primaria donde estudiaba aprendió español, inglés, alemán y francés; tomaba clases de piano y algo más tarde de acordeón y pintura. El acordeón se lo regalamos a Olaf, junto con diez lecciones que daban gratis al hacer la compra. Olaf enseñó a Tamara y, al final, ella tocaba mejor que él.

De pequeña le decíamos Tamarita, pero ella sólo sabía pronunciar la última sílaba. Fue esta la razón por la que siempre le dijimos Ita. En las cartas que nos enviaba firmaba siempre así: ITA.

Cuando el fascismo fue derrotado, regresamos a Alemania. Tamara tenía catorce años y medio. No quería abandonar Argentina, era realmente su país. Nos pidió que la dejáramos regresar algún día, y nos comprometimos a dejarla volver cuando arribara a la mayoría de edad.

El socialismo alemán fue para ella una revelación. No se apartaba realmente de lo que quería, y fue por eso que se incorporó de inmediato a la vida política del país. Cuando asistió a la primera reunión de la Juventud Libre Alemana, regresó a casa con gran entusiasmo. Había comprobado que en el socialismo tenía la posibilidad de expresar libremente sus pensamientos, sus inquietudes políticas.

Tamara siempre se sintió vinculada a América Latina. Cuando regresamos a Alemania ella manifestaba ante sus amigos su preferencia por la música folklórica Argentina, también del Perú y Uruguay. Le gustaban los bailes folklóricos argentinos; sus compañeros se sorprendían al oír cuantas canciones latinoamericanas se sabía, aunque también le gustaba mucho la música clásica.

Estaba enamorada de la vida. Era alegre, llena de optimismo, de energía, incansable, muy abierta, amable y tenía también sus sueños de amor como cualquier otra muchacha de su edad. Quería casarse, tener hijos; pero ponía por encima de todo el deber revolucionario que sentía en sí, y sentía el deber de participar en la lucha revolucionaria en América Latina.

En 1957, cuando viajó a la Unión Soviética para participar en el V Festival Mundial de la Juventud y los Estudiantes[10], entró en contacto con algunos cubanos y conoció cómo se estaba desarrollando la lucha de Fidel Castro en la Sierra Maestra y que, con él, se encontraba un argentino al que llamaban Che Guevara, a quien consideraban comunista.

A partir de ese momento, el Che representó para ella una figura especial en la lucha revolucionaria del continente, por argentino y, sobre todo, por su condición de comunista.

Sus dos últimos años en la RDA los pasó organizando su viaje a Latinoamérica. Preparó el Pasaporte y obtuvo el permiso del Partido que tuvo mucha comprensión ante la especial y firme decisión de Tamara de volver a América Latina.

En esa ocasión, los compañeros del Partido Socialista Unificado Alemán le dijeron: "Nosotros te conocemos bien, tenemos plena confianza en ti y la seguridad de que, en cualquier lugar que te encuentres, bien sea en un país socialista o capitalista, seguirás tu lucha consecuente, en las filas de la clase obrera, del movimiento revolucionario".

Ella tenía la convicción de que estando en Cuba iba a aprender a fondo de esa Revolución lo que le serviría para el trabajo que pensaba desarrollar después en Argentina. Si, ella pensaba así y estaba convencida que su deber era combatir en Latinoamérica. Nosotros, como padres, no teníamos ningún derecho a impedírselo.

Cuando conocimos su decisión de irse a Cuba nos sentimos contentos porque en Argentina correría muchos riesgos. El Partido Comunista era ilegal allí y ella seguro se incorporaría al trabajo con ellos. Podían detenerla, torturarla y hasta asesinarla. En Cuba, nunca pensamos que le darían la misión que supo cumplir exitosamente.

Ella supo guardar en secreto la importante misión que le había encomendado el Che, ante nosotros y ante sus amigos en Cuba. Por teléfono y en las cartas que recibimos de ella en 1964, nos dijo que iría a visitarnos. Esperábamos a nuestra hija que no habíamos visto en varios años y estuvimos muy contentos cuando nos dijo y nos escribió que nos iba a visitar. Esa visita no se realizó y nos quedamos muy tristes porque la alegría de nosotros hubiera sido muy grande al verla después de tantos años.

El 15 de octubre de 1964, nos envió una carta escrita en español:

Queridos compañeritos viejos. En primer lugar FELIZ CUMPLEAÑOS, compañera mamá. Pensaba darles la sorpresa y aparecerme por ahí para el 25 pero como ven, no me fue posible. Pero nuestra "vieja" todavía es una joven estudiante de la Universidad, deportista con Sportleistungsabzeichen en oro[11], eterna viajera, etc. etcétera.

Seguro que les extrañará que les escriba en español. Todavía no he olvidado el alemán ni es tampoco por "faulheit"[12]. Pienso que no les será difícil comprender que cuando se está en trabajo de tipo militar no se quiere crear desconfianza escribiendo en otro idioma que no sea el nuestro... De todas formas es para ustedes una buena práctica leer y escribir en español.

Tamara de niña en Argentina.

Tamara, de 18 años,
practicando gimnasia en
el Parque Bebelsberg,
en Alemania oriental.

Tamara tocando el acordeón.

Arriba: Tamara con Anita Prestes (hija de Luis Prestes y Olga Benario) y miembros del ejército de Alemania oriental (República Democrática Alemana), 1960-61.
Abajo: Telegrama recibido por Tania donde se le autorizaba viajar a Cuba en 1961.

Tamara impartiendo clases de acordeón a la prima bailarina cubana Alicia Alonso. Ella fue la traductora de Alicia durante un recorrido del Ballet Nacional de Cuba por Alemania oriental en 1960.

De traductora de una delegación de periodistas y jóvenes escritores alemanes en Cuba.

Retrato de Tamara.

Arriba y abajo:
Tamara participando en actos
políticos en La Habana, Cuba.

Con amigos en La Habana.

En Santiago de Cuba con Vilma Espín, presidenta de
la Federación de Mujeres Cubanas (FMC).

Tamara (tercera desde la izquierda) y el Che Guevara (segundo desde la derecha) con un grupo de trabajadores voluntarios, en la construcción de una escuela en La Habana.

Tamara en uniforme de la Milicia Nacional Revolucionaria, Cuba.

Tamara en el Malecón, el más popular paseo habanero, que bordea el mar.

Tania como Marta Iriarte en Berlín.

Pasaporte argentino a nombre de
Laura Gutiérrez Bauer, empleado por
Tania en Bolivia entre 1964 y 1967.

Tania como Haydeé González en Europa.

Tania como Laura Gutiérrez Bauer
en Bolivia.

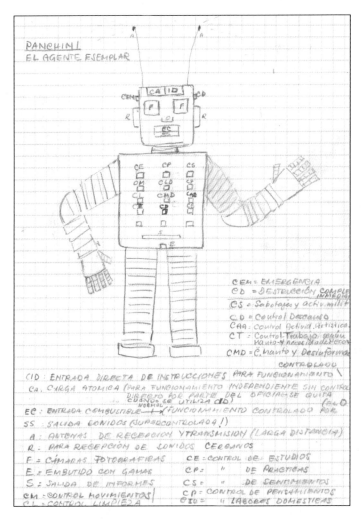

Tania dibujó esta caricatura de "Pancini: el agente ejemplar" para sus instructores cubanos en Praga. La acompaña la siguiente nota:

QUERIDOS COMPAÑEROS,

YA QUE ME TOCA SALIR A PONER A PRUEBA MI "PATRIA O MUERTE" Y LO QUE ME ENSEÑARON EN ESTE TIEMPO, PERO CONSCIENTE DE MIS DEBILIDADES, DEFECTOS, DESVIACIONES, MALACRIANZAS, ETC., Y PARA QUE NO PIERDAN LA ESPERANZA DE CREAR ALGUN DIA MEJORES AI, MAS PERFECTOS QUE ESTE "CASO PERDIDO", CONSIDERANDO LAS NECESIDADES DE NUESTRO TRABAJO PERO TAMBIEN LOS DESEOS, COMODIDADES Y PRETENCIONES DE LOS O., ENVIO CON ESTA UN PROYECTO-PROPOSICION PARA LA CREACION DE UN AI IDEAL, CANDIDATO A PRIMER AI EJEMPLAR O DE VANGUARDIA.

UN FUERTE ABRAZO REVOLUCIONARIO,

TANIA

Arriba y abajo a la izquierda: Tania en la personalidad de María Iriarte en el norte de Italia junto al policía italiano Tomasso. Abajo a la derecha: Tania como María Iriarte con Pacífico en Europa.

Tania a la izquierda, en el campamento guerrillero del ELN de Bolivia.

El General René Barrientos, presidente de Bolivia (segundo desde la izquierda) observa el cadáver de Tania. Septiembre 9 de 1967.

Nadia Bunke, madre de Tania, en su hogar de Alemania.

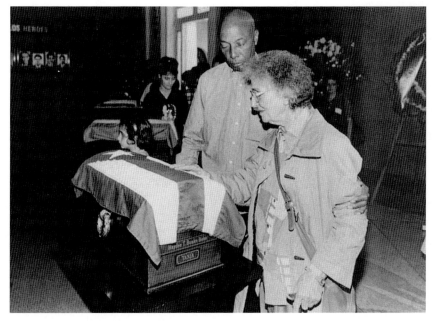
El autor Ulises Estrada y Nadia Bunke meditan ante los restos de Tania. Cuba, 1998.

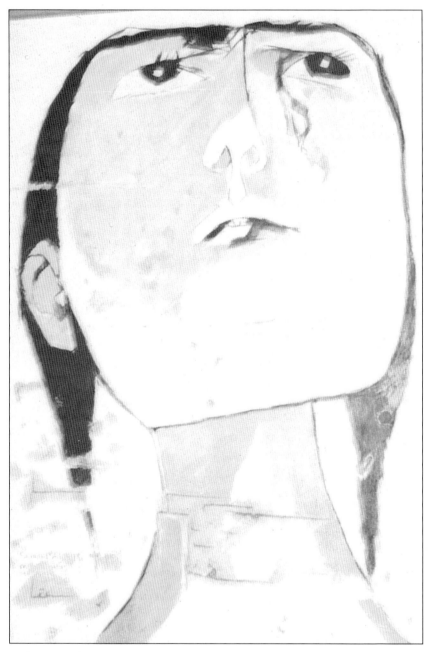

El artista ecuatoriano Oswaldo Guayasamín realizó esta pintura en honor de Tania. Guayasamín se la regaló al presidente de Chile Salvador Allende. La pintura estaba en la oficina de Allende en el momento del golpe de estado fascista de 1973. Los daños que pueden observarse en la parte baja del lienzo son producto de disparos recibidos durante las acciones en las que fue asesinado Allende y tajos causados por los soldados golpistas con sus bayonetas.

No puedo decirles todavía cuando estaré por allí, posiblemente sea recién para Navidad o Año Nuevo. Me han propuesto para un curso especial, todavía no se ha tomado una decisión definitiva, pero espero que en ese caso pueda pasar antes por ahí.
Besos y "en bisschen drucken" contra el corazón[13],
ITA

Nuestra Ita se había transformado en Tamara, luego en Tania la guerrilla del Che en Bolivia. Entró en la historia como Tania la Guerrillera, y ha recibido su definitivo reposo en el Memorial "Ernesto Che Guevara" en Santa Clara, junto al Che y sus compañeros. Es un altísimo honor para mi querida hija Tamara-Tania, y un orgullo inmenso para mí, como la madre de mi querida Ita. He perdido una hija; pero me he ganado muchos, muchos hijos en el pueblo cubano.

Leyendo lo escrito por Nadia sobre una etapa de la vida de Tania que no conocí directamente, pensando en todo lo escrito en las páginas precedentes y, sin negar las dotes excepcionales que acompañan a algunos seres humanos, se me ocurre parafrasear lo planteado por el Comandante en Jefe Fidel Castro respecto a nuestro inolvidable comandante guerrillero Camilo Cienfuegos: ¡En el pueblo hay muchas Tanias![14]

Algunas de ellas, con otros nombres y otros rostros, las he visto con mis propios ojos entre las mujeres argelinas, argentinas, chilenas, cubanas, dominicanas, ecuatorianas, guatemaltecas, nicaragüenses, palestinas, peruanas, portorriqueñas, salvadoreñas, saharuíes… que, sin perder su ternura, ni su amor por la vida, se han entregado en cuerpo y alma a las multiformes luchas de la humanidad por la redención de los "condenados de la Tierra".

Por eso, quiero concluir esta obra diciéndole a Nadia y a Erich que Tamara está y estará viva por siempre entre nosotros. Su ejemplo vive en el espíritu indoblegable de los pueblos de Nuestra América que mantienen encendida la llama de la rebeldía en las continuas protestas populares en las que reclaman el ejercicio pleno de los derechos de la mujer, de los niños, de los ancianos, de los blancos, de los negros, de los indígenas; de los sin tierra, así como al disfrute de un sistema educacional y de salud pública que den cobertura a las necesidades de todos sin diferencia alguna, bien sea social, económica, de género, de raza, de etnia o de religión.

Su ejemplo vive en Cuba, donde los sueños socialistas de Tamara se convierten cada vez más en realidades irreversibles; en los combates librados por el pueblo en Argentina, Ecuador y Bolivia donde la fuerza de las masas obligó a dimitir a varios gobernantes corruptos y entreguistas; en Colombia, donde aún se combate con las armas en la mano contra la oligarquía y el imperialismo; en Venezuela, donde el clamor popular dio al traste con el golpe de Estado de abril del 2001 contra el presidente Hugo Chávez, organizado por los grupos de poder económico y el imperialismo norteamericano, por el único delito de ejecutar certeramente el ideario bolivariano para conducir a los desposeídos de siempre hacia un futuro mejor.

Nadia y Erich, descansen en paz, con la seguridad de que el ejemplo de Tamara no sólo ha perdurado y perdurará, sino que se multiplica y se multiplicará...

ANEXOS

ANEXO 1
Autobiografía elaborada por el "Caso Tania"[1]

El nombre de Tania es Haydée Tamara Bunke Bíder, y el sobrenombre familiar Ita. Nace el 19 de noviembre de 1937, en Buenos Aires, Capital Federal,[2] ya que sus padres, dos años antes han tenido que huir de Alemania ante la persecución fascista. Su huida se debe a dos razones, políticas y raciales. Las primeras, porque el padre milita en el Partido Comunista Alemán desde 1928; las segundas, por ser la madre rusa de procedencia judía.

Vive en los primeros años de su vida en Saavedra, barrio de Buenos Aires, con sus padres y su hermano.

Después cambian su domicilio a Corrientes y Pasteur y más tarde a Sarmiento 2106, todas en la ciudad de Buenos Aires.

En esta época viaja repetidas veces a Altagracia, en Córdoba,[3] y a Quequén, en Necocha, al sur de la Provincia de Buenos Aires.[4]

Cursa la escuela primaria en Argentina en la misma escuela en que su padre era profesor y más tarde hasta el primer año de maestra en la Escuela Normal.[5]

También en la Argentina, estudia piano, algo de guitarra y mucho más profundamente el acordeón. Recibe un curso de pintura y dibujo y durante el último año de su estancia en Buenos Aires asiste a un curso de ballet.

Ya desde pequeña siente afición por las actividades deportivas y las practica ampliamente, siendo su preferida el campo y pista.

Desde muy niña su vida se desarrolla en el seno de una familia combativa, revolucionaria. Sus padres son miembros del Partido

Comunista Argentino y trabajan activamente contra el fascismo, ayudan a los refugiados judíos, celebran reuniones del Partido, guardan armas, etc. Tania, siendo casi una niña, se liga a esa lucha, lleva mensajes, reparte propaganda clandestina, reparte periódicos.

En el año 1952 los padres deciden regresar a Alemania. Hacen el viaje en barco hasta Hamburgo y de ahí a Berlín.[6] Mientras se realizan los trámites para conseguir empleo viven en Potsdam-Babelsberg,[7] en casa de un viejo amigo de su padre, compañero de profesión y miembro del Partido Comunista Alemán.[8]

En noviembre de ese mismo año se instalan los padres en la antigua ciudad de Stalinstad,[9] mientras Tania y su hermano viven en el Internado de la Escuela Secundaria de Fürstenberg/Oder,[10] donde cursan el Bachillerato, ingresando Tania en octubre del 52 en la Juventud Libre de Alemania (JLA), participando en diversas plenarias de dicha organización.

Al terminar sus estudios de Secundaria, Tania va al lado de sus padres, mientras el hermano se traslada a Berlín a continuar sus estudios. En este período, 1954-56, trabaja como activista en la dirección de la JLA en Stalinstadt, siendo ya miembro del Partido Socialista Unificado.

En este tiempo participa en varios cursos de equitación y tiro, tomando parte en algunas competencias.

En el año 1956 decide trasladarse a Berlín, donde vive sola hasta el siguiente año en que sus padres se trasladan a esa ciudad. En este período realiza frecuentes viajes al interior del país acompañando delegaciones, organizando eventos internacionales. Al llegar a Berlín comienza a trabajar en el MINREX, donde milita en la organización de base de la JLA ocupando diferentes cargos (propaganda, finanzas). En 1957, siguiendo un llamado de la JLA, comienza a trabajar como dirigente de la Organización de Pioneros Berlín-Centro, luego de pasar un cursillo preparatorio. Mientras tanto, ya había iniciado sus actividades en el Departamento de Relaciones Internacionales del Consejo Central de la Juventud Libre de Alemania, labor en la que puede desarrollar sus conocimientos de idiomas, ya que habla español y alemán perfectamente, y tiene algunos conocimientos de inglés y francés.

Comienza, en el año 58, a estudiar Filosofía en la Universidad de Humboldt,[11] terminando su primer año, continuando su activa militancia en la Juventud de dicha Universidad, donde ostenta los cargos de responsable de Propaganda y Diarios Murales.

En estos últimos años concentra sus actividades en el mencionado Dpto. de Relaciones Internacionales de la Juventud, impulsando especialmente las relaciones con América Latina.

Realiza varios viajes al extranjero, a Moscú, luego a Praga. En el 59 trabaja en la preparación del VII Festival Mundial de la Juventud y de los Estudiantes.[12] Desempeña sus funciones dentro del Buró de América Latina, integrando la delegación argentina, por lo que se traslada a Viena, viviendo en dicha ciudad todo el tiempo que dura ese trabajo.

Toda esta labor que desempeña le permite estar constantemente en contacto con delegados de toda América Latina y otros países.

Durante este período se fue relacionando cada vez más con la Revolución Cubana. Esto ocurre antes del triunfo de la Revolución, por la que desarrolló una amplia y fecunda labor, dando conferencias, campañas de solidaridad, artículos para la prensa.

Ya en el año 57, en el Festival en Moscú entra en contacto con los delegados cubanos, representantes en la FMJD.[13] Un tiempo más tarde conoce un compañero cubano que llega a su país con un coágulo en la cabeza a causa de las torturas recibidas por la policía batistiana.[14] En un viaje a Praga se reúne con otros cubanos que residen en esa ciudad.

Esta relación con la Revolución Cubana se incrementa al triunfo de ésta. Ya comienzan a llegar numerosos cubanos a Europa, recibe materiales que hablan de la Revolución.

Debe apuntarse la importancia de estas actividades por ella desplegada, ya que en los primeros años en Europa no se entendía bien el camino de la Revolución Cubana y más todavía su importancia para América Latina, provocándole su actitud serias discusiones.

En julio del 59 trabaja con la primera delegación oficial cubana que llega a la RDA, teniendo como miembros a Antonio Núñez Jiménez, Orlando Borrego y otros.

En diciembre de ese mismo año llega otra delegación oficial cubana presidida por el Cmdte. Ernesto Guevara y con la que toma contacto.

Luego, durante sus últimas semanas en Alemania, trabaja en la Misión provisional de Cuba en la RDA.

En el año 61 teniendo todo preparado para volver a su Patria[15], recibe una invitación para viajar a Cuba, adonde llega el 12 de mayo de ese año.

Al poco tiempo de su llegada se incorpora a los trabajos de la Comisión Preparatoria de la UIE.[16] Más tarde, comienza a trabajar en el ICAP, acompañando delegaciones en viajes al interior, integrándose inmediatamente a las actividades revolucionarias en dicho organismo, colaborando con la AJR (UJC), CTC, etc., así como con la FEU[17], Federación de Mujeres Cubanas.

Al pasar a trabajar en el Dpto. de Traducciones del Ministerio de Educación continúa sus actividades en las organizaciones de masa del organismo así como con la UJC e ingresa en las Milicias Populares.

Conoce a algunos compañeros nicaragüenses que militan en el Frente Unitario Nicaragüense (hoy conocido con el nombre de Frente Sandinista de Liberación Nacional) y comienza a colaborar con los mismos.

Primero, en los programas de Radio Habana Cuba y más tarde en planes más concretos que por diversas circunstancias no se pudieron concretar, ya que encontrándose en La Habana Carlos Fonseca, dirigente de dicho Frente (actualmente comandando las guerrillas en ese país), sostiene conversaciones con Tania y se plantea un posible viaje para la incorporación de ella a la lucha armada en dicho país.

De sus relaciones personales se podría hablar ampliamente. Las relaciones con sus familiares siempre han sido muy buenas, y son descritas por ella de la siguiente manera: "Las relaciones con mis padres siempre han sido muy buenas, como padres y más todavía como compañeros de ideales revolucionarios, y en especial con mi madre, mujer de una energía y dinamismo inagotable, por la que siento una profunda admiración. Con mi hermano las relaciones son semejantes, aunque siempre nos distanció algo nuestras diferentes inquietudes, él por la ciencia y el trabajo puramente intelectual; yo, por la política y las actividades revolucionarias."

ANEXO 2
Plan de Trabajo que debía cumplir Tania en Cienfuegos

La Habana, Febrero 12 de 1964
"Año de la Economía"

SECRETO

PLAN DE TRABAJO PRÁCTICO PARA SER CUMPLIDO POR LA AGENTE "TANIA", DE LA "OPERACIÓN FANTASMA", EN CIENFUEGOS, PROVINCIA DE LAS VILLAS:

1. OBJETIVOS: — Esté Plan de trabajo práctico tiene como objetivos los siguientes puntos:

a. Poder comprobar el aprendizaje de los conocimientos que se le han impartido al Caso "TANIA", de la OPERACIÓN FANTASMA, en las siguientes materias: —"RADIO-TRANSMISION", "RADIO-TELEGRAFIA"; "CODIGO"; "ESCRITURA-SECRETA"; "ESCONDRIJOS"; "CONTACTOS-PERSONALES"; "FOTOGRAFIA-NATURAL-DOCUMENTO-SIN- REVELAR"; "ENVASE DE FOTOGRAFIA", "EL USO DE LOS PLANES DE COMUNICACIÓN" y TODAS LAS MEDIDAS DE SEGURIDAD Y CLANDESTINIDAD QUE SE LE HAN ENSEÑADO.

b. Que "TANIA" adquiera toda la confianza necesaria en los medios técnicos en que ha sido instruida, ya que durante los once (11) días que durará este Plan de Trabajo el Agente trabajará en nuestro país en forma clandestina, como si fuera un infiltrado del Enemigo en nuestro territorio nacional, por lo tanto, tendrá que burlar toda la vigilancia revolucionaria, cosa esta que le infundirá confianza en el trabajo futuro que realizará en el extranjero.

c. Crearle costumbres y experiencias sobre las distintas medidas de seguridad que debe observar durante su trabajo y vida clandestina futura.

2. PLAN DE TRABAJO A CUMPLIR:

1. Martes 18-2-964:

a. Salida de la Habana hacia la Provincia de Santa Clara, en la cuál realizará su Plan de trabajo práctico.

b. Estudio Operativo y ambientación con las personas que le rodean y la ciudad.

2. Miércoles 19-2-964:

a. Salida de paseo por el pueblo, con el fin de estudiarlo operativamente y para ir viendo las mejores zonas para Escondrijos.

b. Nos informará de su situación Operativa y posibilidades de cumplir el Plan de trabajo, esto lo hará a través de la Escritura Secreta y el Código.

c. Poner al Correo la Carta conteniendo el mensaje.

d. Tomara ½ rollo de película en Fotos Documentos.

e. Revelará estas Fotos.

3. Jueves 20-2-964:

a. Salida de paseo por la ciudad con el fin de localizar un Escondrijo.

b. Comprar un objeto apropiado, para en el hacernos el Embutido, con las Fotos de Documentos.

c. Preparará un Embutido, en el cual nos mandará las Fotos de Documentos.

d. Pondrá al Correo el objeto conteniendo el Embutido.

4. Viernes 21-2-964:

a. Instalará las Antenas para el Transmisor.

b. Estudiara la zona de su Escondrijo.

c. Comprobar sus Equipos de Radio.

5. Sábado 22-2-964:

a. Saldrá de paseo por la ciudad y tomara durante este paseo ½ rollo de Fotos Naturales.

b. Hará el Croquis completo de su Escondrijo.

c. Recibirá un mensaje del Punto #3, a las ____hora.[1]

d. Descifrará el mensaje recibido del Punto #3.

e. Preparará mensaje para el Punto #1.

f. Le Transmitirá el mensaje al Punto #1, a las ____hora, esto con el Equipo C.I.A.[2]

6. Domingo 23-2-964:

a. Tomar ½ rollo de película en Fotos Documento.

b. Realizará un Contacto Personal a las 20:00 horas, en el cual entregará el Croquis de su Escondrijo (Completo).

c. Preparará en Película no Revelada este rollo, para ponerlo en su Escondrijo.

d. Recibirá Transmisión del Punto #1, a las ____horas.

7. Lunes 24-2-964:

a. Descifrará el mensaje recibido del Punto #1.

b. Situará el rollo de Película no Revelada en su Escondrijo.

c. Nos informará de su situación Operativa y cumplimiento del Plan de Trabajo, a través de la Escritura Secreta y el Código.

8. Martes 25-2-964:

a. Preparará mensaje de unos 80 grupos para el Punto #1.

b. Establecerá Contacto Bilateral con el Punto #1, a las ____ hora, recibirá el mensaje del Punto #1 y le enviará el que tiene para él, esto con el Equipo C.I.A.

c. Descifrará el mensaje recibido del Punto #1.

d. Preparará un mensaje para el Punto #4 (Habana), pasará en este mensaje la misma información que en el anterior mensaje de Escritura Secreta y Código.

e. Hacer Contacto bilateral con el Punto #4 (Habana) a las____horas, transmitirá el mensaje para él y recibirá el suyo, esto con el Equipo EICO.[3]

9. Miércoles 26-2-964:

a. Descifrará el mensaje del Punto #4.

b. Revisará su Escondrijo, para ver si tiene algo para ella.

c. Preparará un mensaje de unos 70 grupos para el Punto #4.

d. Establecerá Contacto Bilateral con el Punto #4 (Habana) a las ____horas, para enviarle su mensaje y recibir el suyo, esto con el Equipo C.I.A.

e. Descifrará el mensaje recibido del Punto #4.

f. Preparará un mensaje para el Punto #1.

g. Establecerá Contacto bilateral con el Punto #1, a las ____horas, enviándole el mensaje que tenemos para él y recibir el que este le envíe con el Equipo EICO.

10. Jueves 27-2-964:

a. Recibirá un mensaje del punto #1, a las____horas.

b. Retransmitirá el mensaje recibido del punto #1, al Punto #3, a las ____horas, esto con el Equipo C.I.A.

c. Recibirá un mensaje del punto #3, a las ____horas.

d. Retransmitirá el mensaje recibido del punto #3, al punto #1, a las ____ horas, esto con el Equipo C.I.A.

11. Viernes 28-2-964:

a. Recogida de todos los materiales.

b. Salida para la Habana.

3. MATERIALES NECESARIOS PARA PODER CUMPLIR ESTE PLAN DE TRABAJO:

1. Un Equipo completo C.I.A.

2. El transmisor EICO.

3. Todas las piezas que estime nuestro taller necesarias que tenga nuestro Agente durante el cumplimiento del Plan de Trabajo, Herramientas y Material para la instalación de las Antenas.

4. Prepararle los Planes de Comunicaciones y Frecuencias a usar durante su trabajo.

5. Una Cámara Fotográfica tipo Reflex de 35 mm.

6. Los Líquidos Reveladores y Fijador de película.

7. Un Tanque para revelar película de 35 mm.

8. Papel Plomo y Negro, para preparar película sin revelar.

9. 4 Rollos de película 35 mm. de un asage[4] adecuado para sacar fotos Documento y Natural, con 36 exposiciones cada uno.

10. Una extensión para la toma de fotos-Documento.

11. Una Lupa, para que pueda leer su Plan de Trabajo y la calidad de sus negativos.

12. Todo el material necesario para que el Agente pueda trabajar la Escritura-Secreta.

13. Todo el material para que pueda revelar nuestros mensajes.

14. Fotografiar los Planes de Comunicaciones y el de Trabajo.

15. Preparar embutido personal con las copias en negativo de estos planes.

16. Disponer de un hombre del grupo N° 1, para que realice el Contacto Personal y Recoja y Cargue en el Escondrijo.

17. Ver posibilidades que durante el trabajo de nuestro Agente ponerle dos o tres días una brigada de chequeo al mismo.

18. Debe entregársele una cámara Minox con sus accesorios.[5]

Revolucionariamente;

Ulises
Oficial Operativo. Responsable Instrucción Técnica.

Teobaldo
Responsable de Instrucción Técnica

Aldo
J" Sección Técnica MI

COPIAS.
O = Oficial Operativo.
C = Expediente Técnico.
C-F = TANIA
Meca = Teobaldo.

ANEXO 3
Informe de Tania sobre las tareas cumplidas durante el ejercicio práctico en Cienfuegos

A: Ulises

De: Tania

Asunto: INFORME DE TANIA SOBRE PRÁCTICA REALIZADA DEL 21-2 AL 1-3-64 en CIENFUEGOS

A. INFORME GENERAL DE ACTIVIDADES

Llegué a Cienfuegos en la noche del jueves al viernes (21-2) a las 02:00 de la madrugada. Inmediatamente surgió un pequeño problema al inscribirme en la carpeta del hotel; no solamente el hecho de que el cuarto se había pedido por el Ministerio de Industrias y a nombre de Tania Lorenzo, sino que mi identificación del MINCEX[1] a nombre de Tamara Lorenzo estaba mal confeccionada; esto llamó la atención, aunque como parece, por las conversaciones y mi comportamiento en ese momento y posteriormente, pude desinformar con efectividad ya que no tuve más problemas en ese sentido. En esa ocasión planteé que trabajaba de traductora para diferentes organismos, que recientemente estaba haciendo un trabajo para el MINCEX y se me dio el carné en último momento, que el compañero que pidió el cuarto trabaja en el MININD,[2] que no estaba bien informado, que los compañeros de trabajo me dicen Tania y por eso se pidió el cuarto a ese nombre; que estaba descansando y esperando a que me llamen a trabajar con una delegación o técnicos extranjeros, esto creaba también las condiciones para justificar un posible cambio de hotel, viaje imprevisto y en general me facilitaba encontrar las respuestas más convenientes en el caso que visitaran el lugar personas que me conocen, etc.

En relación a mi MANTO DE TURISTA debo decir que apenas en los primeros días pude cubrir en forma limitada mi manto, después me fue casi imposible debido a las muchas tareas que debía cumplir y el tiempo que requerían según el Plan de Trabajo. Entonces me limité a justificar mis salidas del hotel hablando de lugares que visitaba (Laguna del Tesoro,[3] Trinidad,[4] que son lugares que había conocido en otra ocasión). Además hablaba de mi interés por la fotografía y por el periodismo. El pretexto del interés por la fotografía me hubiese servido en caso de necesidad también como respuesta en relación a mis visitas y permanencia en la casa de contacto, considerando que se trata de una ciudad muy pequeña y que constantemente se encuentra uno con las mismas personas (en relación a la casa de contacto podía argumentarse que mis amigos o parientes tenían el material necesario para revelar).

En lo que se refiere al manto debe considerarse especialmente en el caso de una mujer, que necesita un determinado tiempo para arreglarse, para arreglar su ropa, etc. También con este aspecto sólo he podido cumplir en forma muy limitada. Por lo demás no tuve grandes problemas para desenvolverme cubriendo mi manto según las necesidades y las situaciones que se presentaban. En general pensaban que era rusa o checa; en la ciudad eso podía ser favorable (para sacar fotografías, etc.) en el hotel era mejor dejar las cosas claras, para que no surjan dudas, etc.; al comienzo me limité a decir que era cubana —según lo previsto, mi identificación, etc.— luego agregué que mi madre era de procedencia alemana y que yo había estado muchos años en el extranjero. En relación a personas que se presentaron en el Hotel o ciudad que conocen mi personalidad real, mi nombre, que trabajo para el MINFAR,[5] etc. Por un lado vi algunas personas que me conocen pero que hace mucho tiempo no tengo contacto con ellos; creo que algunos me reconocieron pero por mi parte hice como si no los hubiese visto o reconocido. Por el otro lado se presentaron algunas personas cuya presencia podía traerme complicaciones. Por ejemplo, una delegación del ICAP con algunos funcionarios de esta institución. Vi a tiempo la máquina en la ciudad y luego en el parqueo del hotel desde el ómnibus por lo cual decidí regresar más tarde al hotel. En otro caso, al salir del hotel vi en el parqueo unos compañeros que conozco del Ministerio de Educación que acababan de llegar y se encontraban descargando sus maletas. Me dirigí inmediatamente hacia ellos, los saludé, me preguntaron que es lo qué hacía aquí, dónde estaba trabajando; les dije que trabajo en el MINFAR (considerando que son amigos íntimos de un compañero al cual le di hace algunas semanas esa información), pero que en las últimas semanas estaba haciendo un trabajo para el MINCEX, que el trabajo se interrumpió porque no habían llegado unos técnicos y que por eso me encontraba descansando aquí en Cienfuegos; les di además el número de mi cuarto para evitar que pregunten en la carpeta.

En relación a mi manto y leyenda pienso que debía conocer algunos detalles de la casa cuya dirección aparecía en mi carné y que debía utilizar como dirección en La Habana (por ejemplo: Calle 6 entre que calles?). Además debía conocer, por ejemplo, algunos nombres de personas que trabajan en el MINCEX, en especial del departamento que se menciona en el carné.

ACTIVIDADES EN LOS PRIMEROS TRES DIAS:

Primeramente, después de estudiar el Plan de Trabajo, tenía que buscar la forma más adecuada (escondrijo, embutidos, notas convencionales, etc.) para ocultar los apuntes y material que debía tener siempre a mano. Este problema lo fui resolviendo de la siguiente manera: no había condiciones para un Escondrijo cerca del Hotel. Destruí el Plan de trabajo y escribí en su lugar un diario que aparentaba haber sido escrito algunas semanas antes (sobre mi vida en general, trabajo, amistades, paseos, actividades, etc.) del cual podía extraer en cualquier momento las instrucciones que se me dieron en el Plan de Trabajo. Además coloqué un Embutido en el tubo de pasta de dientes que estaba utilizando en el hotel con instrucciones que debía recordar textualmente: el código de emergencia, señas y contraseñas para el contacto personal, etc. En los días siguientes encontré además un Escondrijo para esconder material de mayor tamaño abriendo unas ventanas que dan hacia un entretecho. En la casa de contacto oculté el material que se me había entregado fotografiado (Plan de Trabajo, Plan de Comunicaciones, etc.) en una ranura que se encuentra en un escaparate en el cuarto que utilizaba para mi trabajo. Allí guardé también algunas notas que fui haciendo y pensaba que trabajando por más tiempo en ese lugar podría guardar de esa forma cables cifrados, datos sobre la situación operativa, etc. (fotografiando el material). Para trasladar pequeñas notas o material fotografiado tenía un pomo de brillantina, un lápiz de labios y un carrete de película. Además un libro que entregué en el Contacto Personal del domingo 23-2. El primer día comencé con el estudio de la situación operativa de la ciudad y comencé a sacar algunas fotografías. Además debía conocer la zona en donde se encontraba la casa de contacto y conocer la casa, mi prima, etc. Al mismo tiempo revisé el material de trabajo que ya se encontraba en la casa, comprobando que faltaban algunas cosas: gotero para la tinta, calentador, que los bombillos eran de 40 Watt (y mis rollos de película de 160 Assa).[6] Más adelante comprobé que faltaba cable, aisladores, etc). Desde el primer día comencé a buscar el material para los embutidos (escondrijo y contacto material) como también lo que faltaba para el trabajo. Comprobé también que en la casa tenía malas condiciones para algunos trabajos: falta de agua, reverbero de alcohol. Decidí inicialmente realizar algunas tareas, por ejemplo, revelado en el hotel. Lo hice una vez, pero luego la falta de tiempo, no me permitía coordinar bien las diferentes tareas, el manto que debía cubrir, etc. Por lo cual decidí realizar casi todos los trabajos en la casa de contacto. Hasta el domingo tenía que tener resuelto el Escondrijo con el Envase correspondiente, el envase para entregar el croquis del Escondrijo durante el Contacto Personal. Además las fotos-documento para depositar en el Escondrijo. Para esto último debía realizar primero una prueba de foto-documento ya que los bombillos eran de 40 Watt y el rollo de 160 Assa, y el revelado correspondiente, antes de hacer las fotos-documentos definitivas que debía depositar no-reveladas. Se presentó otro problema: no había material de propaganda ni nada parecido para las foto-documentos; por ello traté de conseguir el diario local "La correspondencia", que como me enteré luego, había sido cerrado justamente en esos días. El mismo sábado también debía conseguir el envase o material para un envase para enviarlo como regalo al buzón con medio rollo de fotos reveladas de tipo operativo. El mismo día además de sacar fotos y hacer contactos con personas en la ciudad (actividad que fui realizando también en los siguientes días), debía estudiar y tener preparada la Zona de Reserva y el Plan de Emergencia. Hice las averiguaciones correspondientes en varios hoteles y en las terminales de ómnibus, máquinas, trenes, etc. Tuve que emplear ese día 4 horas (!) en actividades relacionadas con mi manto (peluquería). Luego me sorprendió una lluvia de varias horas que no me permitió terminar la preparación del escondrijo, croquis, etc. Terminé esas tareas el domingo, junto con algunos estudios y fotos de situación operativa de la ciudad y un contrachequeo de una hora y media. Además debía encontrarme con el técnico de radio en la CC[7] y comenzar los preparativos técnicos, comprobando ambos que todavía no podíamos preparar las antenas por no tener el Plan de Comunicaciones; de todas formas decidimos preparar ya las condiciones, estudiar las posibilidades en el techo de la casa, etc. Me llamó inmediatamente la atención la forma de actuar y reaccionar del técnico: por un lado muy indiscreto, hablando en voz muy alta y además delante de los compañeros de la casa de problemas de radio, de los aparatos mismos (hasta nombrando en cierta ocasión el CIA, etc.).[8] El compañero de la casa le dijo varias veces que él no entendía nada del asunto y no sabía nada de todos esos problemas, etc. Hablé luego con el técnico sobre ese incidente y me dijo que estaba bien lo que yo objetaba pero que de todas formas el compañero de la casa debía saber algo de esos problemas y que además debía ayudarle a encontrar la segunda casa. Le dije que lo único que debía saber el compañero es que sobre la casa debían colocarse antenas y, al máximo, debía decírsele las dimensiones que debía tener el techo. Además, hablando de una serie de cuestiones técnicas se contradecía continuamente, no sé si para ponerme a prueba o por falta de conocimientos. Por ello decidí evitar cualquier discusión y limitarme a pedirle que me ponga la antena en tal o cual dirección, etc. El compañero se mostraba nervioso y agitado por los problemas que se presentaban y el atraso que teníamos en el trabajo y parecía no comprender que además de la preparación técnica debía por mi parte cubrir un manto determinado y cumplir con determinadas tareas. Hasta el último momento insistió en una serie de cuestiones para las cuales no existían buenas condiciones dando a entender que de esa forma no podía realizarse un buen trabajo. Por ejemplo, la colocación de la Antena Dipolo, que para colocarla en la dirección correcta y con la extensión correspondiente debía atravesar alambres, cables, antenas de televisión. Hasta el último momento insistió en que debía colocarse de otro forma, que los cables perturbarían la transmisión, etc.

Recién pudimos comenzar con el corte de las antenas el lunes, cuando se encontraba ya en mis manos el Plan de Comunicaciones, que se me entregó el domingo a las 19:30 (cita de reserva) durante el Contacto Personal. No me fue posible acudir a las 17:00 porque como ya informé al comienzo el mismo día terminé de estudiar las condiciones del escondrijo y tomé las fotos correspondientes. Después tenía que hacer el croquis y hacer las fotos-documento del mismo para depositarlas sin revelar en el Escondrijo. Tenía el tiempo calculado de forma que apenas me alcanzaba para llegar a la cita de las 17:00, pero se presentó una dificultad imprevista: no pude entrar en la casa porque mi "prima" había salido (este problema no se volvió a presentar porque me dieron la llave de la casa). Terminé luego el croquis, y me dirigí al lugar del CP[9] con un contrachequeo preliminar de media hora. Entregué el libro envase con el croquis y me entregaron un envase en el cual se encontraban embutidos el Plan de Trabajo, de Comunicaciones, el Refrendador, un mensaje, etc. (fotografiados). No me entregaron lupa; le dije al compañero que trataría de leer el material con el lente de la cámara. Con el compañero con el cual se realizó el Contacto Personal discutimos luego otro Contacto a realizarse el domingo siguiente, además sobre el Escondrijo y sobre el CP que acabábamos de realizar; comentamos en relación al mismo, que el lugar no era muy adecuado, sólo pasaban creo que 2 rutas de ómnibus y si el agente debe estar en el lugar unos 10-15 minutos y pasan varios ómnibus de la misma ruta, eso llama la atención. Hay otros lugares más adecuados, por ejemplo, la cartelera de un cine, una librería o tienda, etc. Fijamos otra cita para el día siguiente antes de regresar el contacto para La Habana. Me llamó la atención que el compañero me anotaba muchos detalles en hojas grandes, teniendo que moverse, vivir en un hotel, trasladarse de un lugar al otro. Por mi parte, a mi regreso a la casa preparé inmediatamente una nota bien pequeña con las señas, contraseñas, hora, etc. del próximo contacto y lo embutí en el pomo de brillantina, al día siguiente lo trasladé al hotel para embutirlo en el tubo de pasta de dientes. La misma noche del domingo terminé con el revelado del primer rollo de fotografías operativas de la ciudad (para el Embutido vía regalo al buzón) y saqué algunas fotos-documento (pruebas) y al mismo tiempo una FD[10] con las explicaciones de las fotografías (Serie #1) que envié por correo. Comencé a ordenar mis primeras informaciones sobre la situación operativa, contactos personales, etc.; primeramente había leído el material que me habían entregado durante el Contacto P. Cometí el error de no copiar minuciosamente el Plan de Comunicaciones, me encontraba agotada y me limité a leer rápidamente lo principal: las frecuencias para el corte de las antenas y el mensaje con nuevas instrucciones. Aunque ya había acordado con el contacto depositar el Embutido en el Escondrijo al día siguiente, leyendo las instrucciones tuve que abandonar ese propósito porque en el mensaje me decía explícitamente que debía depositar solamente el Sábado 29-2. Comencé además esa noche la carta que debía mandar al buzón (ya tenía un día de atraso) aunque todavía me faltaba el gotero para preparar la tinta (esa carta recién la llegué a enviar el viernes o sábado, aunque ya el mensaje cifrado tenía un contenido atrasado, pensé que tendría cierta utilidad para la práctica).

Ya el lunes mis actividades se comenzaron a parcializar casi totalmente en los preparativos técnicos y luego en las transmisiones, preparación de mensajes (cifrar y descifrar), etc. El lunes apenas tuve tiempo para terminar el embutido y el paquete con otros regalos que convoyaban al envase y llevarlo al correo con un pequeño mensaje legal al buzón. Además volví a encontrarme con el contacto y lo acompañé al aeropuerto (¿es correcto?). Llegué nuevamente tarde, debido a que nos encontrábamos colocando las antenas en ambas casas, y en la segunda, subí (o mas bien me trepé) al techo, naturalmente me ensucié y con ese aspecto no podía pasear por la ciudad y hacer el contacto. Debía ir primeramente al hotel y arreglarme.

En la segunda casa nos encontramos con nuevos problemas en la colocación de las antenas. Sólo había una posibilidad de colocar la antena porque no había otra forma de amarrar los palos que teníamos que utilizar. Decidimos entonces colocarla de todas formas y cambiarla al día siguiente en dirección contraria (antena direccionada hacia el corresponsal). Debo señalar que la casa se encuentra frente a una calle por la que pasan ómnibus con turistas, por esa calle se llega justamente al Centro Turístico del INIT[11] y muchas personas que se encuentran en el Jagua[12] visitan constantemente ese lugar para comer, pasear, etc. Pienso que fue un error de mi parte colocar esa antena y utilizar esa casa, aunque me habían dado las instrucciones de hacerlo por dos razones fundamentales: evitar dos antenas en una casa y dificultar la localización de las plantas. La segunda se podía cumplir, pero la primera quedaba de todas formas sin efecto, ya que no tenía un relay[13] de antena lo que me obligaba a confeccionar una antena de recepción que hubiese servido perfectamente para el CIA chiquito, utilizándolo en la misma casa. Al mismo tiempo quedaba entonces resuelto el problema del cable que finalmente nos consiguió el día martes el compañero de la casa pudiendo instalar así la Antena de Recepción del EICO. Insistí al técnico que calculara al colocar la última antena su extensión y tratara de ponerla de forma que también podría haberse utilizado para el CIA (yo no quería subir constantemente al techo porque llamaba mucho la atención). No sé si el compañero no me entendió o estaba ya muy agitado por las dificultades, el apuro, etc. Además insistí varias veces en que el bajante de la dipolo podía tirarse perfectamente por el interior del edificio hacia una ventana del cuarto de trabajo que daba hacia el interior, le expliqué que era preferible que el cable llame la atención a los vecinos de la casa (a ellos se le podía desinformar perfectamente), que lo que debíamos evitar es que llame la atención desde la casa. El técnico no me hizo caso, dijo que el lugar perfecto era por la otra ventana donde se encontraba la mesa para colocar los aparatos y la colocó allí. Pienso que fue un grave error de mi parte, más todavía pudiendo cambiar yo misma la colocación del bajante en los días posteriores. El martes pensaba establecer la primera comunicación con el equipo chiquito de la CIA (según el Plan debía comunicarme con el Punto 4). Terminamos muy tarde con las instalaciones de las antenas (no pudimos conseguir el cable y los aisladores hasta el mediodía del martes); debía preparar un mensaje y cifrarlo; no conseguí máquina,[14] no llegaba el ómnibus, tuve que ir caminando (unas 18 cuadras) y llegué justo a la hora de transmisión, sin haber preparado el equipo. No pude hacer ninguna comunicación. Decidimos con el técnico hacer al día siguiente una prueba entre los dos equipos (2 minutos VVV GA, VVVK de respuesta). Se hizo la prueba al día siguiente, el EICO salía perfectamente pero el chiquito no, a los pocos minutos comprobamos que no funcionaba un cristal y el otro cristal no entraba en los agujeros previstos.[15] Habíamos decidido salir entonces con el otro aparato pero los cristales no servían y la antena tampoco para transmitir en esa frecuencia. Por eso acordamos con Ulises establecer una comunicación en la frecuencia prevista para el EICO el miércoles a las 17:30. Esta fue la primera comunicación en la que transmití un breve mensaje. Seguía presentándose un pequeño problema que dificultaba las transmisiones: el chucho de la corriente[16] está roto y constantemente debía arreglarlo en medio de las transmisiones y al comienzo de estas. En esos días mi trabajó se parcializó casi completamente en las transmisiones las que correspondían a mi planta y las otras que copié con excepción de una y creo que una dejé de oírla porque había muchas interferencias. No tuve dificultades para copiar los números, la comunicación con el punto #3 no pudo terminarse, había muchas interferencias, el punto #4 me repitió integro todo el mensaje aunque sólo me faltaban los dos últimos números. Tuve dificultades para copiar letras, creo que es indispensable que practique la transmisión y recepción del alfabeto.[17] Tuve dificultades en descifrar algunos mensajes, en uno de los casos podía ser por no haber copiado bien al tratarse de una comunicación entre otros dos puntos, pero en otro caso pienso que no estaban bien cifrados (cosa que debería comprobarse). Me llamó la atención que las comunicaciones entre diferentes puntos se prolongaban mucho; que a veces dos puntos se cruzaban por ejemplo el 3 y el 5, a pesar de que el cuarto le transmitía constantemente a uno de ellos AS (espera corta). El punto #4 me transmitió horas y frecuencias de la próxima comunicación aunque eran las mismas previstas en el plan. Esto, facilita la localización de las plantas. Pienso que esto podría incluirse perfectamente en el cuadro o refrendador en el que se pueden utilizar los cuadrados vacíos y los números para las horas, etc. Pude establecer comunicación con todos los puntos. Pasé solo dos mensajes cortos y pensaba pasar mi primer mensaje largo con informaciones de la situación operativa en la transmisión que había pedido para el viernes a las 17:00, pidiendo luego postergarla por 20 minutos más, porque en el momento de comunicarme tuve nuevamente dificultades con el chucho de la corriente. Salí exactamente a los 20 minutos según las horas que me había indicado el Punto #4 pero no me contestaron, salí también por la Frecuencia de Reserva pero tampoco recibí respuesta. Era un mensaje largo con informaciones operativas sobre la ciudad y contactos personales que había establecido. Algunos de estos datos los transmití a través del croquis que entregué en Foto-Documento no revelada junto con las explicaciones de la Serie de Fotografías #2, en el embutido que deposité el sábado 29-2 en el Escondrijo (El embutido contenía Foto-Documento no reveladas y fotografías reveladas-Serie #2).

En relación a los contactos: además de algunos contactos "turísticos" en el hotel (un checo, empleados del hotel, etc.) pensaba utilizar para el estudio e informes de la situación operativa principalmente los siguientes contactos: un empleado del Hotel, Carmelo, miliciano; un miliciano del Bon. 320 de la Defensa Popular (ver fotografías en Serie #2) Miguel Angel Medina,[18] peleó en Girón, organizador del Núcleo del PURSC de la fábrica de Tabacos, Planta 2B-7, en la Avenida 60 y 51 junto a la Cruz Roja. Este compañero me había invitado a visitar la fábrica (yo lo conocí en la Casa del Bon. 320 en 19 entre 54 y 56). Además hice contacto con una familia muy humilde que vive frente a Cayo Loco (Base Naval). También establecí contacto con estudiantes de secundaria (antigua San Lorenzo), entre ellos una muchacha Caridad Lara, Calle 21#4828, estudiante de segundo año.

En los últimos días conocí también a uno de los compañeros que trabajan en la delegación provincial del INIT,[18] Isaac Torres que me llevó el Sábado 29-2 a la fábrica de motores Diesel, a la nueva Escuela Tecnológica y Construcción de los nuevos Espigones para la carga de azúcar a granel. El mismo día preparé las foto-documentos no reveladas (croquis con informes operativos, mapas de la ciudad, explicaciones de Serie de Fotos #2) y los coloque junto con la Serie de Fotos #2 en el Envase y me dirigí al Escondrijo. Ya me había percatado de que me estaban chequeando y que habían detectado la casa de contacto (con sus dos antenas tan visibles); pero no tenía ninguna seguridad. Debo decir en relación a las medidas de contrachequeo que en los últimos días había descuidado casi totalmente ese aspecto, me limitaba a cumplir lo mejor posible mis tareas, especialmente de transmisión, preparar, cifrar y descifrar mensajes, etc.; de cubrir en la mejor forma posible mi manto justificando mis salidas del hotel, hablando de paseos, afición por la fotografía; justificar mi presencia en casa de mi prima frente a los vecinos; desinformar a las personas con las cuales entablaba contacto, etc. Pero no tomé medidas de contrachequeo en el verdadero sentido de la palabra (preparar un plan, realizar determinadas actividades con el fin concreto de contrachequearme). Me limitaba a contrachequearme en medio de las demás actividades; el plan de trabajo no daba tiempo y condiciones para cumplir con las normas de seguridad; además se había insistido mucho en la parte técnica, salir al aire, comunicarme con los demás puntos; al llegar el momento de encontrar algún tiempo para realizar un verdadero contrachequeo ya me encontraba completamente detectaba por un lado, pero no seguro de ello por el otro. Primero me pareció que había alguien que podía ser de la brigada de Ch. frente a la casa.[19] Mi "prima" me habló también de una persona. Me llamó la atención un hombre que se encontraba cerca de la otra casa, cuando se rompió la máquina del compañero que me ayudaba a trasladar los aparatos. (El hombre apareció en medio de la oscuridad en un lugar donde no había nadie). Me llamó la atención que a la salida de la Fábrica de Motores Diesel vi a dos hombres, uno de ellos negro junto a la alambrada, uno parecía estar sacando fotografías. En el INIT[20] donde se encontraba mi Escondrijo hice la siguiente observación: salí de la cafetería y vi en la caseta de madera un hombre y una mujer negros cerca de la ventana que da hacia el mar. Me dirigí al muelle. No llegué hasta el Escondrijo, regresé a la Cafetería con la intención de almorzar. Al regreso las dos personas que había observado se encontraban sentadas cerca de la puerta. Almorcé. Volví a dirigirme hacia el lugar del Escondrijo, las dos personas se encontraban sentadas en el malecón (una mujer negra de estatura grande, delgada con espejuelos; el hombre también de color, algo más pequeño, me pareció ser el mismo que vi por la mañana cerca de la Fábrica de Motores Diesel). Llegué al Escondrijo, deposité, regresé a la cafetería, esperé un poco porque veía llegar un ómnibus, pero todavía me faltaba colocar la seña, me encontré con los dos compañeros del INIT, hice como si salía definitivamente del INIT pero por el costado volví por otro maleconcito desde el cual podía ver hacia el parque. Vi como las dos personas salían en dirección al lugar del E.,[21] pero sólo dieron dos pasos y al verme aparentaron ir en otra dirección. Por mi parte continué paseando, me dirigí al lugar donde pensaba colocar la señal y vi allí a un hombre de pelo gris que se sentó cerca del árbol señalado. Regresé otra vez a la cafetería y vi como las dos personas que había observado se dirigían hacia el lugar del E.— Analizando la situación lo menos que podía hacer en esa situación es no colocar la señal para no quemar al agente o colaborador que debía recoger el Embutido. Regresé a la casa de contacto. Fui con mi "prima" a arreglarme las manos cerca de la casa y me llamó la atención una máquina azul y blanca, paró delante de nosotras al cruzar la calle y dobló por lo misma, pensé que era el momento ideal para sacarme una fotografía desde la máquina. En la casa comencé nuevamente a analizar la situación, pero todavía no tenía seguridad, pensé que en la forma en que estaba trabajando durante los últimos días era lógico que podían detectarme fácilmente y descubrir mis actividades; primero decidí no realizar el contacto por la noche, ya que lo primero que debería hacer en una situación como esa, es interrumpir todo contacto con otras personas relacionadas a nuestras actividades, hacer al día siguiente un verdadero contrachequeo planificado y ver si existían las condiciones para regresar al lugar del Escondrijo; recoger lo depositado o poner la señal (¿es correcto?). Mientras tanto preparé un pequeño embutido con un mensaje informativo que pensaba entregar al Contacto, no había decidido aún lo que iba a hacer. Salí a la calle alrededor de las 20:00 con la idea de tomar una máquina, cosa bastante difícil un sábado por la noche. Me llamaron la atención dos personas paradas en la piquera y al poco tiempo una máquina que paró delante de la misma. Pensé que la misma máquina de alquiler podría ser de una brigada de chequeo. Tomé la máquina hasta el Hotel Jagua. En el momento de bajar paró a pocos metros una máquina blanca y azul (parte inferior) que ya me había llamado la atención en otro momento y bajó un hombre que me pareció ser el mismo que había observado en el INIT. Vi también inmediatamente a las dos personas de color que había visto en el INIT; el hombre se levantó y se dirigió al bar. Subí a mi cuarto. Ya no me quedaba casi tiempo para pensar; no debía en ese momento realizar un contacto, debía al máximo tratar de conocer a la persona con que debía encontrarme, pero no darle la contraseña. Arreglar al día siguiente mis cosas y salir por ejemplo para Santa Clara. Por el otro lado, pensé que estaba exagerando que de todas formas el Plan de Trabajo no me permitió tomar las medidas necesarias de contrachequeo, que era mejor hacer el contacto y ver lo que me decía el compañero. Además no tenía todavía seguridad de que realmente había detectado el chequeo, o si no me estaba encontrando constantemente con las mismas personas como ya me había pasado en otras ocasiones debido a las condiciones de la ciudad y de que por lo general todas las personas y en especial los turistas visitaban siempre los mismos lugares. Al bajar al lobby me pareció ver fugazmente a uno de los hombres que se encontraba cerca de la casa de contacto. Me resulta difícil describir su aspecto, tengo bastante dificultad en ese sentido, es una de las cosas que debería practicar (memorizar y describir el aspecto, rostro, señas, etc. de las personas). A las 21:00 se me acercó el contacto cuando me encontraba sentada en el bar, me dijo: Me permite una pregunta, Ud. es Talia? Yo contesté: ¿No será Tania? El dijo: Me recuerda... No dijo el resto que debía decir. Yo esperé y le dije lo que tenía que decir. Nos sentamos en una mesa. El compañero me preguntó si fumaba, le dije que no. Insistió, dijo que debería fumar y que me regalaría los cigarros. Le dije que a veces fumaba y que le aceptaría el regalo (dando por entendido que dentro del paquete debía encontrarse un embutido). Por mi parte estaba muy preocupada, pensé que pasando al plano real de una misión de ese tipo, lo que estaba haciendo estaba mal. No debí hacer el contacto. Pensé que encontrándome realmente cumpliendo una misión de este tipo en otro país debía pensar que el que estaba hablando conmigo podía ser perfectamente un miembro de la contrainteligencia enemiga, que habían interceptado alguna comunicación, podían tener en sus manos una serie de datos por ejemplo, procedentes de algún colaborador que había caído en sus manos y que había "cantado" todo lo que sabía o un agente de ellos infiltrado en nuestras filas, etc. Primero evité la conversación. El compañero me comenzó a hacer preguntas sobre el trabajo, las transmisiones, mi mensaje, señalando el bar, etc. También me preguntó que porqué no había puesto la señal. Le dije que no fue posible. Que había una persona en el lugar. Que pensaba que me estaban chequeando. Que no pensaba realizar el contacto con él esa noche. Que no estaba muy clara de cómo debía realizar un plan de emergencia sabiendo la Brigada de Chequeo dentro del mismo Hotel y con elementos comprometedores en sus manos (Escondrijo, Casa de Contacto, etc.). Al mismo tiempo observé la mesa vecina y me pareció reconocer a algunas de las personas de la Brigada; estaba demasiado oscuro; pensé también que era una situación perfecta para tener una grabadora y grabar toda nuestra conversación. Le dije al Compañero que no había comido que si me podía acompañar. El compañero me acompañó al comedor; al mismo tiempo insistía constantemente en que el trabajo era un éxito, que me desenvolvía muy bien, que me había visto con el hombre del INIT; que no pensaba encontrarse con una persona como yo, que podíamos ir a bailar al Club; que ya se había terminado nuestro trabajo por hoy, etc. (No sé si esa era la misión del compañero o si me funcionaba o enamoraba por cuenta propia). Cuando se dio cuanta que no le hacía caso, y que prefería acostarme temprano esa noche, se excusó un momento; regresó al bar (Pensé: podría ser una mujer pero también la Brigada de Chequeo). Al día siguiente fui a la casa. Revelé las fotografías que encontré en el Embutido. Regresé al hotel. Durante el almuerzo volví a ver la muchacha de color junto con otra muchacha de estatura pequeña a regular con espejuelos. En la cafetería frente al hotel vi nuevamente a uno o dos de los hombres que ya había visto. Subí al cuarto y comencé a preparar un plan para un contrachequeo. Eso fue cuando me llamó el compañero Ulises diciendo que nos encontraríamos en casa de mi prima. Esperando una máquina me empezó a hablar un muchacho joven invitándome a salir, montó conmigo en la máquina; pensé que podía ser también uno de la Brigada que trataba de funcionarme. Llegué a la casa y me encontré allí con el compañero Ulises. (En total me llamaron la atención un hombre canoso, dos hombres jóvenes de estatura mediana, un hombre de color y las dos muchachas ya mencionadas: una negra y otra blanca más bien pequeña, de espejuelos).

Pienso que la práctica ha sido de mucha utilidad tanto para profundizar mis conocimientos en los diferentes aspectos de nuestro trabajo, y comprobarlos a través de la experiencia práctica, como para reconocer la necesidad de aprender o profundizar una serie de cuestiones (ver Resumen). Debo aprender además a organizar mejor mi trabajo y sobre todo a trabajar y actuar con más rapidez; debo tener más iniciativa, tomar rápidamente decisiones cuando las circunstancias así lo requieren.

B. RESUMEN

I. TAREAS REALIZADAS
Comunicaciones radiotelegráficas durante 3 días.— Contactos con los cuatro puntos.— Copié 4 mensajes.— Transmití 2 mensajes cortos (Cifrado y descifrado de mensajes). No pude transmitir el tercero ya preparado.
Preparación técnica para el funcionamiento de dos plantas.—
Una carta con texto legal y mensaje cifrado en tinta invisible.—
Un envase con embutido (Fotografía revelada sobre situación operativa y Escondrijo) vía regalo por correo al buzón.
Un Escondrijo.—Fotografías y croquis correspondientes.— Envase con Embutido de fotografía no-revelada y revelada para depositar en el Escondrijo
Dos contactos personales.— Entrega de material por mi parte en uno de ellos.
Envases y Escondrijos para ocultar instrucciones, informaciones, etc.
Estudio de la situación operativa de la ciudad (comienzo) y algunos contactos personales.
Dos series de fotografías reveladas de la situación operativa con sus explicaciones correspondientes en Foto-Documento.
Una serie de foto-documento no-revelada.
Actividades indispensables para cubrir el manto de turista.— Lo mismo para justificar visitas a Casa de Contacto y permanencia en esta como "prima".

II. DEFICIENCIAS, ERRORES, ETC.
En la preparación: el Plan de trabajo es demasiado amplio, es imposible cumplir con todas las tareas, considerando además que se comenzó el trabajo con uno o dos días de atraso.
El Plan de Trabajo y de Comunicaciones con las instrucciones correspondientes se entregó en el último momento.
La identificación estaba mal confeccionada.— No se conocían detalles, por ejemplo, en relación a la casa y Centro de Trabajo que figuran en el carné.

Falta de material: aisladores (especialmente un aislador grande para Antena-Dipolo), cable para Antena, relay de antena Gotero para preparar tinta.— Calentador (según las condiciones de la casa o lugar donde se realizan los trabajos), Bombillos de 40 Watt para Foto-Documento.

Lupa para leer material fotografiado.—

Indiscreción y falta de experiencia del técnico de radio.

Transmitir por radio horas y frecuencias de próximas transmisiones (pueden incluirse en Refrendador).— Transmisiones demasiado largas.— Impuntualidad en las transmisiones.

Errores en mi trabajo: Colocación de la Antena-Dipolo (camuflaje del Bajante).

Instalación de segunda planta en otra casa, viendo necesidad de colocar de todas formas dos antenas en la Casa de Contacto principal.

Impuntualidad, aunque en muchos casos estaba justificada por los problemas que se presentaban.

No tomar medidas de contrachequeo, especialmente los últimos días.— Tomar rápidamente las decisiones necesarias o más convenientes al percatarme aunque superficialmente de éste. (por ejemplo: no debí realizar el Contacto Personal del Sábado 29-2).

El lugar de seña y contraseña del E. debe encontrarse más alejado de éste.

III. DUDAS, NECESIDAD DE PROFUNDIZAR CONOCIMIENTOS

Tengo dudas en relación al Plan de Emergencia y su aplicación en diferentes circunstancias.

Debo aprender en Radio-Telegrafía el alfabeto morse.

Aclarar una serie de cuestiones en relación a las comunicaciones por Radio; y en relación a las Antenas.

Conocimientos de equipos, armas, etc. de los ejércitos regulares en la forma necesaria para la información militar.

En relación al CONTRACHEQUEO: aprender a memorizar y describir personas.

TANIA

ANEXO 4
Mensaje enviado por Tania desde Praga luego de su primer recorrido por Europa Occidental

A: MOE

DE: BOLIVAR

ASUNTO: "MENSAJE Nro. 3"

PUNTO. COMIENZO. Al salir el lunes 13 de abril, encontré en el aeropuerto a una delegación de la República Democrática Alemana en la cual se encontraba una compañera que había sido traductora en la misión de la RDA en La Habana, a la que me unían lazos de estrecha amistad al igual que a otros miembros de dicha delegación; parece que el color del pelo y el peinado, espejuelos y la "táctica de no darse a conocer", sirvieron durante los 45 minutos que duró esta prueba.

Junto conmigo viajó una argentina en avanzado estado de gestación, con la que eludí toda conversación considerando que podía ser revolucionaria por proceder, igual que yo, de un país socialista y encaminarse a reunirse con su esposo. Me fue difícil en este viaje tener que adoptar constantemente mi temporal leyenda como Marta; al final encontré los fundamentos de ésta sobre los datos acordados inicialmente: soy argentina, profesora de gimnasia, doy clases privadas a mujeres y niños, mi padre es comerciante y viaja constantemente con mi madre y una hermana mía, no me llevo bien con mi familia y por eso vivo sola o con otras amigas en Buenos Aires; ahora me encuentro haciendo una gira turística por Europa donde debo cumplir algunos encargos de amigos argentinos que me ayudaron a costear los gastos; por último, tengo unos amigos en Alemania con quienes debo encontrarme para seguir juntos en el automóvil que tienen, siendo esa la justificación al porqué estoy sola en esta etapa de mi viaje.

Un problema difícil de resolver en Europa, especialmente para una mujer, que es turista y anda sola, son las amistades.

En algunos países, en un viaje en tren, por ejemplo, uno puede hablar tranquilamente con un hombre sin correr el riesgo de que a los pocos minutos comiencen a enamorarla, mientras que en otros es lo primero que hacen tan pronto la conocen a uno. Para la información que yo necesitaba me interesaban personas de clase media, conocer la familia, sus problemas, cómo viven, estudian, trabajan, lugares que frecuentan según sus posibilidades económicas.

Cerca de la agencia turística para las giras por la ciudad me rodeaban siempre algunos estudiantes o jóvenes desocupados y también elementos lumpen, los que, por cierto, son muy propicios a colaborar con la Policía, falta de dinero, conocimiento de idioma, contactos con extranjeros y otras condiciones que los hacían apetecibles para los servicios policíacos. Como constantemente era asediada por diferentes elementos, decidí "meterme" con alguien antes de que siguieran "metiéndose" conmigo, así conocí a Pacífico, a algunos de sus amigos y posteriormente a sus familiares con quienes pude compartir algunos momentos y obtener la información que necesitaba sobre la vida de un núcleo familiar.

Por Pacífico pude conocer infinidades de cosas de mi interés, vincularme a otras familias de clase media y resolver el problema del transporte en la ciudad con la motocicleta de su propiedad. Pacífico estudia artes gráficas, dibujo, pintura en la escuela, por la noche, junto con su inseparable amigo Alberto.

Aquí pude realizar una efectiva práctica de cómo mantener una personalidad: con el transcurso de los días se hizo necesario contar anécdotas de mi vida, mis problemas familiares, mis aspiraciones, a tal extremo, que llegué a convencerme de que contaba mi propia vida. En general, me manifestaba como una persona que no se interesa por la política, sino por su profesión y trabajo, sin discriminar razas ni religiones, pero un poco anticomunista; me convenía una posición antialemana, antifascista, sobre todo porque en Europa ven en cualquiera que hable alemán a un agente al servicio de círculos fascistas. Este grupo de muchachos al cual me había vinculado mantenía una posición política, aunque a veces adoptaban una postura "democrática oficial" y a veces hasta progresista en parte, lo cual me preocupaba pues no me convenía relacionarme con personas de tendencias revolucionarias y menos procomunistas.

Al viajar en tren al lugar que se suponía aparecería en mi leyenda definitiva, posteriormente, entró un hombre algo extraño en mi compartimiento. Me habló en español sobre algo que no comprendí, le pedí hablara en italiano y respondió en español tan mal y con un acento tan pronunciado que le indagué si era norteamericano. Me habló luego en alemán cosas incoherentes relacionadas con un supuesto viaje que había hecho a Cuba, como periodista, mientras me decía que él era, al parecer, guerrillero, pues gesticulaba con las manos como si tuviera un fusil.

Con violencia le pregunté si era comunista y le dije que debía identificarse como periodista, a lo cual me señaló que su trabajo era político y, por tanto, tenía prohibido identificarse. Unos alemanes entraron en nuestro compartimiento y aquel hombre siguió hablando estupideces en su incomprensible español. Al pasar un cura por el pasillo dijo palabras ofensivas hacia la Iglesia, y fue ahí donde comprobé por primera vez el trabajo que me costaba y lo difícil que era manifestarme contra los principios que he defendido por vida. Me rebelé contra aquel hombre y dije miles de injurias contra el comunismo y en defensa de la Iglesia, al extremo, que los alemanes que estaban en el compartimiento salieron en mi defensa obligándolo a marcharse de allí. Nunca supe si aquel "provocador" me creyó, pero sí estoy segura de que su misión no obtuvo los resultados esperados. Fin Punto Bolívar

ANEXO 5
Mensaje enviado por Tania desde Praga en vísperas de su segundo viaje a la República Federal Alemana (RFA) y a Berlín Occidental

A: MOE

Mensaje número 6. Punto Comienzo. Aquí estoy sentada delante de la máquina[1] en un ambiente de últimos preparativos, con tus cartas en la mano y mi cabeza, "producto del cine", llena de pensamientos que se cruzan, teniendo que hacer un esfuerzo para no confundirme de 'personalidad'.

¿Por dónde empezar? Es verdad, he tenido mucho tiempo y lo he dejado para el último momento; pero [no] es el olvido, al contrario, a veces le dedico demasiado tiempo a los recuerdos, creo que has conocido "un poquito" mis tendencias sentimentales y románticas.

Hay quienes lo consideran un obstáculo o una debilidad, para mí siempre ha sido apoyo y aliciente, sobre todo en los momentos más difíciles.

Bueno, camaradas, paso, en primer lugar, al "diario", o mejor dicho, al extracto del diario. Por cierto, no es tan fácil, pero trataré de hablarte un poco de mi vida en estos momentos. Recordarás mis últimas preocupaciones. En realidad no eran nuevas, todo se había hablado ya una y muchas veces, pero surgía esa inquietud que pienso debe sentir cualquier persona que tiene una prueba por delante. Sí estaba segura de poder enfrentarla, pero estaba impaciente por estar "ya funcionando". Recuerdo que comentábamos que era la primera vez en tantos años que viviría en el "mundo libre" y en estas condiciones que en éste existen, era algo muy nuevo para mí, más todavía considerando el tipo de vida que habría de llevar. Entretanto he dado mis primeros pasitos, he pasado por las primeras experiencias y, aunque más consciente de los problemas y dificultades que hay que enfrentar, me siento más segura.

Las primeras veces me preguntaba extrañada a mí misma, cuando pasaba por uno de esos "momentitos": ¿Cómo puedes estar tan tranquila, como si de verdad fueses tú, como si fuese verdad, como si todo fuese legítimo? Por un lado, me preocupé por los problemas más insignificantes, pienso y pienso, encuentro miles de cositas que podrían descubrirme y echar a perder nuestro trabajo, y al mismo tiempo, busco la mejor forma de enfrentarlos, las repuestas, etcétera, aunque a veces es muy difícil encontrarlas o no las hay.

¿Si me pongo nerviosa, si siento miedo? ¿Por qué no? Creo que una de las cosas que me da más tranquilidad y seguridad es estar pensando y pensando en los problemas que puedan surgir, en nuestras deficiencias, en los pequeños "detallitos", porque entonces en el momento decisivo todo es más fácil, me siento entonces más preparada; por un lado, tomo las precauciones necesarias, a veces hasta demasiado tranquila, y empiezo a sentir esas "pequeñas satisfacciones"... observo los "muñequitos uniformados" y me dan lástima y ganas de reírme de ellos, decirles: ¡Qué estúpidos son ustedes! ¿Qué fuerzas tienen ustedes?; y cuando "circulo" entre las gentes, con mi nueva "personalidad", haciéndoles creer que soy una más entre ellos, mi "yo escondido" observa y anota todo como un periodista, como con una capa invisible, encuentra hombres y mujeres que ya han encontrado el camino de la lucha, a veces no es el más correcto, otras veces es el nuestro, pero luchan, y entonces muy en silencio mi corazón los saluda, canta con ellos, quisiera estar con ellos; y encuentra miles de seres que simplemente viven, o tal vez, no viven... ¿Qué más?. Lástima que no puedo ir anotando todo en el mismo momento que sucede, pero de todas maneras podría hablarte horas y horas, pasar ya a pequeños detalles. Otra cosa que me da una gran tranquilidad, tener oportunidad de "desinformar", de hablar y hablar de "mi vida".

He comprobado que tengo "aptitudes de artista" e interpreto perfectamente mi papel // oigo la voz de tu pensamiento: ya me he dado cuenta... ¿Eehh? // Bueno... // Sabes, a veces pienso que dentro de poco yo misma me creeré el cuento y si se me acerca alguien y me dice lo contrario lo consideraré loco. Pero pasando a lo concreto, como saben, en mi primer viaje he tenido bastante oportunidad de practicar esta cuestión de nuestro trabajo. Lo mejor del caso es que se dan cuenta de que "soy un poco tonta y loca" // Tienen razón, ¿no? // Y entonces ni se imaginan que puedo andar en algo. Por cierto, lo que se refiere a los representantes masculinos de ese país, me han empezado a repugnar, sobre todo por su forma de enamorar. Bueno, deja que te cuente DD2[2] que le he hablado mucho de eso, además van para allá unas fotos muy "interesantes"...//

No quiero ahora repetir cosas que sabes de otros informes, errores que se han cometido, por ejemplo, en los contactos, de todas formas me han servido de experiencia.

¿Si me he sentido sola? Sí, muchas veces, entonces es cuando más ayuda "soñar" un poco, recordar, soñar... y simplemente volver a la realidad, pensar en el trabajo, en la responsabilidad.

Ayuda muchísimo tener un buen radio. Por un lado, podía en estas tierras oír emisoras de este continente en idiomas que comprendo, pero también la nuestra. Y aunque lo oigas todos los días siempre vuelves a sentir lo mismo, cuando te pones el pequeño audífono y oyes el A-DE-LAN-TE-CU-BA-NOS...[3] A veces se oye tan fuerte que crees estar en La Habana. Hemos comprobado que la compra ha sido muy buena; con transistores y antenas plegables se oye perfecto. En algunas épocas he podido captar también las emisiones normales para nuestro continente, que son más extensas que las que se transmiten especialmente para estas zonas. Aquí la hora Radio Habana se convierte todos los días en una pequeña "fiesta del espíritu". Primero las informaciones políticas y después los momentos sentimentales, se le quita al cuarto el cartel "Silencio, genios trabajando" y se cambia por otro: "Club Saudades", se crea el ambiente oyendo nuestra música.

Hace algunos días pasaron un programa completito con Portillo de la Luz: "Tan lejos y sin embargo te quiero", "Cosas del alma", "Raro hechizo", "Realidad y fantasía", etcétera, etcétera.[4] ¿Y qué tal anda "Tarzán", el corredor, que vive actualmente en mi casa? Pregúntale si ya ha medido sus fuerzas tratando de partir algunos de los libros que he dejado por ahí o si se sigue especializando en guías telefónicas.[5] ¿Y qué tal le sienta la "vida de dos"? Recuérdale lo de las cartas que pueden llegar a mi nombre; principalmente de mis padres. ¡Ah!, con relación a mis padres. He hablado dos o tres veces por teléfono y les he escrito; te podrás imaginar cómo insistían en que los vaya a visitar o que ellos podrían visitarme a mí, y qué hace mi novio, y que estaríamos tanto tiempo separados y por qué no nos casamos, bueno, en fin, todas esas cosas. Si supieran lo cerca que he estado de ellos, apenas a unos cientos de metros de donde trabajan, de donde viven, hasta he visto los edificios.[6]

Verdad que la Revolución te pone en cada situación. ¿Cuándo me hubiese imaginado volver a ver estas regiones, de las que al fin de cuentas, guardo muchísimos recuerdos, en esta situación? He estado en pocos cientos de metros de los lugares donde había trabajado y estudiado. He visto también personas conocidas, pero lamentablemente los que "se rajaron" o "están como yo".[7] Bueno, voy a parar, porque estoy tremendamente indiscreta. Dice "la censura"[8] que no hay problemas hasta cierto punto, pero de todas formas... Les envío ahora a mis padres una carta en español para lograr que me escriban ellos en igual forma y las puedan leer. Les voy anticipando lo de un curso que voy a pasar y envío otra preparada donde ya les aviso que estoy estudiando. De todas formas, si cuando pase el tiempo, se impacientan y comienzan a crear problemas, tal vez lo mejor sea hablarles claro, de una misión del Partido, que deben comprender que no se les puede decir más y decirles qué deben explicarle a los demás. Bueno, ustedes ya verán y encontrarán la forma más conveniente de resolver el problema... siempre queda una salida ¿no? La reclutan... No te rías, en serio. No te olvides de enviar el paquete. Trata de conseguir, además, la grabación de la Segunda Declaración de La Habana.[9] También puedes enviarles otras publicaciones.

Espero que mi madre se encuentre allá cuando llegue la madre de la pianista.[10] Tenía unos viajes de trabajo a la patria de Lenin[11] // Algún día me la encuentro y yo con mi "cabecita artificial". Sería interesante ver si me reconoce.

Todavía me quedan tantas cosas que escribir, pero tendré que interrumpir ahora, son las seis de la madrugada, está amaneciendo con un día triste y feo, frío y desolador, que te da más ansiedad de estar allí en nuestra islita, donde todo tiene más color, las palmeras, el mar, la luna... los corazones valientes de sus hombres.

Hoy me traslado para otro lugar por algunos días, allí continuaré esta cartita, antes de partir definitivamente. Fin Punto Bolívar.

ANEXO 6
Leyenda de Laura Gutiérrez Bauer

JULIO 25 DE 1964

MUY SECRETO

Ejemplar nro. 1

Hoja 1

A: M1

De: MOE

Asunto: Leyenda definitiva de Tania enviada por Diosdado desde Praga.

1. Nombre y apellidos: Laura Gutiérrez Bauer

2. Nombre de los padres: Antonio Gutiérrez Sáenz e Hilda Bauer Bergmann.

3. Fecha y lugar de nacimiento: Buenos Aires, Capital Federal, República Argentina.

4. Biografía:

Yo, Laura Gutiérrez, nací el 15 de enero de 1939, en Buenos Aires, en el barrio Saavedra de la Capital Federal.

Mi madre, Hilda Bauer, nació el 13 de octubre de 1915, en Berlín. Sus padres fueron Otto Bauer y Rosa Bergamann, esta última, después de casarse adquirió el apellido de su esposo, como es costumbre en ese país.

Vivían en Krausenstrasse,[1] en la zona céntrica de Berlín. Mi abuelo era técnico de radio-electricidad y tenía un taller de negocio para arreglo de aparatos eléctricos. Mi abuela era ama de casa, y tenía otra hija, llamada Rosa Bauer, un año mayor que mi madre, que trabajaba como profesora de idiomas.

Mis abuelos se interesaban mucho por la formación profesional y cultural de sus hijas. Mi madre hablaba mucho de cómo sus padres le ayudaban en los estudios y que mi abuelo le decía siempre que una mujer debía estar en condiciones de resolver independientemente sus necesidades económicas. También las llevaban con frecuencia al teatro y a conciertos.

Mi madre, al igual que su hermana, llegaron a un nivel de escolaridad —a lo que en Alemania se llama "nivel medio"— y luego estudiaron idiomas y secretariado. Estos últimos estudios le sirvieron a mi madre para luego, cuando se casó mi padre, ayudarlo en los asuntos administrativos de su trabajo.

Mi abuelo había sido de religión evangélica y mi abuela judía, pero no practicaban el culto religioso.

Tampoco se interesaban por la política.

En el año 1934, al surgir las acciones del fascismo contra los judíos, mis abuelos deciden emigrar a América, pero mi abuela, que se encontraba enferma, muere a finales del mismo año. Entonces mi abuelo decide viajar con mi madre a América del Sur, a comienzos del año 1935.

Mi tía había insistido en quedarse en Alemania, pues tenía la idea de casarse próximamente. Al llegar a la Argentina mi abuelo se instaló con mi madre en Quilmes,[2] en una casa. Allí tenían conocidos de origen alemán; comenzó a trabajar inmediatamente en su oficio de técnico especializado en reparaciones de radios. Mi madre, que para entonces tenía 19 ó 20 años, se ocupaba de la casa.

A mediados de 1936, mi madre conoce a mi padre Antonio Gutiérrez Sáenz —durante un asado realizado en la playa de Quilmes.

Mi padre nació el 19 de agosto de 1904, en Buenos Aires. Su padre, de su mismo nombre, era de familia criolla, procedente de la provincia de Córdoba,[3] dedicado a la ganadería. Su madre, María Sáenz, de procedencia española, cuya familia radicaba en Quilmes.

Mi padre, desde joven, mostró interés por las cuestiones técnicas, principalmente electricidad y radio, pero también por el comercio.

Mi padre después de la escuela primaria y luego de un año de la escuela secundaria, estudió en una politécnica. Más adelante, cuando ya se encontraba trabajando, hizo estudios de tipo comercial.

La familia de mi padre no se interesaba por problemas políticos, pero eran muy religiosos. Profesaban la religión católica.

De la familia de mi padre solo he conocido a una prima, que vivía en Córdoba, tenía yo entonces 8 ó 9 años.

Mi padre conoce a mi abuelo Otto por cuestiones de trabajo, a comienzos de 1936. Mi padre, que por aquel entonces contaba con 32 años, estaba tratando de independizarse y crear una empresa comercial con otro socio. Esto lo logra a finales de 1936, dedicándose desde entonces a la importación de artefactos y piezas eléctricas. Entre tanto se habían conocido mis padres, haciéndose novios algunos meses después. Estas relaciones chocaron inmediatamente con la resistencia de la familia de mi padre, debido a la procedencia de mi madre, por no ser católica, por tener una serie de ideas y costumbres diferentes. Mi madre tenía la educación europea de esa época, muy contraria a los prejuicios existentes en la familia de mi padre, y en él mismo.

A comienzos del año 1937 muere mi abuelo paterno y mi madre se traslada a Córdoba y vive allí con los familiares de mi abuelo. Influido mi padre por esta situación decide casarse en 1938, a pesar de los desacuerdos existentes. Tampoco el padre de mi madre estaba muy de acuerdo con este matrimonio, pero deja decidir a mi madre. Finalmente mis padres se casan el 21 de marzo de 1938, y se instalan al poco tiempo en el barrio Saavedra de la Capital, donde alquilaron una parte de una casa perteneciente a otra familia, en la calle Republiquetas.

Mi abuelo Otto vivió con nosotros y murió en 1942.

Ya en los primeros meses de su matrimonio, mis padres tuvieron muchos desacuerdos. Yo supe de estos problemas hace algunos años, encontrándome ya en Europa, cuando mi madre me habló de estos problemas después de haber sostenido una fuere discusión con mi padre. En los primeros meses después de casarse estuvieron a punto de separarse y mi padre, con excusas del trabajo, se ausentó por un tiempo, viajó a Córdoba y regresó, por influencia de su familia, aún más fortalecido en sus ideas. Recién mi nacimiento, mejoró la situación entre mis padres.

De la época de cuando vivíamos en Saavedra no tengo recuerdos concretos, sólo recuerdo que la casa tenía un jardín donde jugaba con otros niños, había un perro y gallinas. Mi abuelo jugaba frecuentemente conmigo, recuerdo que usaba espejuelos, luego enfermó y yo acostumbraba a estar junto a su cama, entreteniéndolo. Pero estos recuerdos se han confundido, entre tanto, con fotografías que me mostró mi madre más adelante.

En el año 1944, después de la muerte de mi abuelo Otto, nos trasladamos a la calle Sarmiento no. 2109, entre Junín y Uriburu, en el barrio Once de la Capital Federal. Allí mis padres alquilaron un apartamento de una casa moderna, construido poco tiempo antes. Se encontraba en un segundo piso y tenía tres cuartos, baño, cocina y un cuarto de servicio.

Durante muchos años trabajó en nuestra casa una muchacha de nombre Carmen; ella también se ocupaba de mí cuando mi madre no tenía tiempo, era muy trabajadora y además muy buena conmigo, guardo de ella muchos recuerdos gratos.

Durante el año 1943 fui al jardín de infantes de la escuela "Cangallo", escuela privada de procedencia alemana, y al año siguiente (1944) ingresé en el perímetro inferior de la misma escuela. En esta escuela, además del programa obligatorio de enseñanza primaria de todo el país, se daban clases de idioma alemán, inglés y francés. Recuerdo a algunas compañeras de estudio, como María "la sabihonda" (Referencia: María, la de la Escuela Normal),[4] las dos hermanas rubias de origen alemán (Referencia: las Sauer), Alfredo, "el bello de la clase" (Referencia: Castelar). Mi mejor amiga: Norma Vidal, que vivía en la calle Cangallo entre Pasteur y Ascuenaga (Referencia: Nélida). De los maestros: Beer, Meyer, Jimez, Troche, Trongee, Williams, el director (Referencia: datos reales).

Recuerdo mucho los actos culturales de la escuela y las fiestas de fin de año para las cuales preparábamos programas con danzas, canciones, recitaciones, que dirigía principalmente la Srta. Williams, que era profesora del jardín de infantes. En los primeros años fui una alumna bastante buena, pero luego mis padres, comenzaron a viajar continuamente al interior, por razones de trabajo, llevándome en muchas ocasiones con ellos. Esto fue en el año 1947, estando yo en el tercer grado, el cual no pude aprobar y tuve que repetirlo. Mi madre decidió entonces, para no trastornar mis estudios, dejarme al cuidado de una amiga modista llamada doña Ana, que vivía en la calle Cangallo casi esquina a Junín. Ella era una mujer de edad, canosa, bajita.

Así transcurrieron los siguientes años, viviendo períodos largos con doña Ana y en algunas ocasiones, especialmente en las vacaciones, me llevaban mis padres con ellos. Entre tanto, habían tenido serios desacuerdos y se habían separado por algún tiempo.

En el año 1952, encontrándome en sexto grado, me enfermé de amigdalitis, por lo cual no pude terminar la escuela primaria. Recién a finales del 53 me sacaron las amígdalas. Esta operación la realizó un médico llamado doctor Lehmann, en su consultorio particular. Por lo

general, mi madre me llevaba al hospital de niños situado en Galio y
Paraguay, barrio Norte. Mi madre comenzó también a preocuparse mucho
por mi estado nervioso, posiblemente por motivos de la situación existente
en nuestra familia.

De nuestro barrio tengo numerosos recuerdos. Recuerdo los negocios
que se encontraban en nuestra calle: en la esquina, la farmacia "Cuyo",
al lado de la escuela "Presbítero Alberti", más adelante, del mismo lado,
un típico conventillo, por lo general no me dejaban jugar con los niños de
allí. En la esquina de Sarmiento y Uriburu había un buzón de correos, de
nuestro lado de la calle había una panadería, enfrente, cruzando Uriburu,
la lechería "La Martona", y al lado de ésta, por Uriburu, una sinagoga
judía; siguiendo por Sarmiento, un pequeño negocio de lencería, después
el club deportivo judío "Macabí", y más adelante el mercado del barrio.
Enfrente, una pequeña tienda donde los niños compraban dulces y
figuritas. En la calle Junín, llegando a la calle Corrientes, varios
almacenes de alimentos, pertenecientes a judíos de origen polaco y ruso.
En Corrientes, entre Junín y Ayacucho, el cine "Cataluña" con 1200
plazas, además, restaurantes y negocios. En la calle Junín una gran
heladería, "Laponia". En Junín y Bartolomé Mitre dos librerías, la más
grande de ellas a mano izquierda. Recuerdo, además, el convento de San
José, donde nos dieron clases de religión y nos prepararon para la primera
comunión. Al lado del convento se encontraba la iglesia, que se
encontraba entre Cangallo y Bartolomé Mitre, Azcuenaga y Larrea.
También acostumbrábamos a ir frecuentemente a la Plaza del Congreso.
Cerca de nuestra casa no había ninguna plaza, por ello jugábamos por lo
general en la calle. Algunos amiguitos de mi infancia: Lotti, Elvira, Mario.
En las vacaciones mis padres me llevaban con ellos o me dejaban en
colonias de vacaciones, por ejemplo, en Córdoba, en una colonia alemana
en "Calamuchita". Los últimos años, estando constantemente enferma,
estuve en la casa o mis padres me enviaban a Córdoba a una casa de
familia alemana de apellido Beil (Referencia: familia Byl), sus hijos.
Enrique, que era de mi edad (Referencia: Hinni) y otro mayor que se
encontraba estudiando en Buenos Aires. El señor Beil era maestro.
Además, esta familia se dedicaba al cultivo de árboles frutales, vivían
hace años en esta zona, cerca de Altagracia. Cuando me encontraba en
buen estado de salud el señor Beil me daba algunas clases. El resto del
tiempo hacíamos caminatas, montábamos a caballo o ayudábamos en el
huerto.

A comienzos del año 1953, mi padre debe viajar a Europa por razones de trabajo —compra y venta para diferentes sociedades importadoras y exportadoras— y decide trasladarse con toda la familia. Los negocios obligan a mis padres a viajar con frecuencia, principalmente dentro de Alemania Occidental, pero también a otros países europeos, como Austria, Francia, etcétera.

Los primeros años, por lo general, viajaba con ellos o permanecía con mi madre algún tiempo en una ciudad de Alemania Occidental, como por ejemplo: Frankfurt,[5] Munich.[6] Vivíamos en hoteles o pensiones. Las dificultades del idioma no me permitían continuar los estudios, limitándome entonces a estudiar el alemán y luego a leer y estudiar algunos libros de texto del curso secundario de la Argentina, como Historia, Geografía, etcétera. La forma de vida de mi familia, los cambios constantes de lugar, etcétera, me dificultaban también los estudios regulares en una escuela. Mi madre me sirvió de guía y maestra en mis estudios, siempre interesada en mi superación, en hacer de mí una mujer como se lo habían inculcado sus padres. Esto originó de nuevo grandes desacuerdos entre mis padres. Mi padre no quería que yo trabajase en el futuro, su principal interés era casarme con Jorge Ramírez (Referencia: Omar), hijo de un comerciante bien acomodado. La familia Ramírez se encontraba, por razones similares a las de mis padres, en Europa, tenían dos hijos, Jorge, tres años mayor que yo y Elena, de mi edad.

La familia Ramírez vivía en las afueras de Frankfurt-Main. Mis padres tuvieron en el transcurso de estos años fuertes discusiones en relación con estos problemas, sacando al mismo tiempo a relucir problemas que habían tenido en años anteriores al comienzo de su matrimonio, etcétera. Así se me fue creando una situación bastante difícil en mi familia y comencé a buscar la forma de independizarme; contaba como siempre con el apoyo de mi madre en esas intenciones. Mi madre me consiguió algunos trabajos de traducción, ayudándome y orientándome en este trabajo; además, me preparó para dar clases de español a alemanes y de alemán a latinoamericanos.

Una amiga de mi madre, que vivía en Berlín, la señora Sauer, profesora de idioma, me ayudó también en ese sentido. Ella vivía en Berlín-Zehlendorf[7] y cuando comencé a trabajar la visitaba frecuentemente en su pequeño apartamento, consultándole una serie de cuestiones relacionadas con la traducción. Desde el año 1961 viví con una amiga, Kristina Becker, estudiante de música, especialmente piano y violín, en

Kantstrasse no. 146, en Berlín-Charlottenburg. Hasta entonces había vivido en pensiones. Conocí a Kristina en una fiesta donde ella dio un pequeño concierto. Ella era de Frankfurt, pero pensaba continuar en Berlín sus estudios. Había alquilado un cuarto en la mencionada dirección, pero prefería vivir acompañada. El cuarto está en un edificio antiguo en pleno centro, en alguna época vivían en estos apartamientos familias muy adineradas, ya que son apartamientos de muchas habitaciones. La familia Hase tiene aquí una pensión y además, alquila cuartos.

Teníamos un cuarto amueblado para dos personas, nos daban ropa de cama, se encargaban de la tintorería y además nos lavaban alguna ropa. Había una cocina común y dos baños. Pagábamos cada una un promedio de 150 marcos mensuales. Al comienzo ganaba con las traducciones justo lo necesario par vivir o algo más, alrededor de 400 ó 500 marcos. Después fui ganando más hasta llegar a 1200 marcos mensuales. En los últimos años hacía, por lo general, traducciones para particulares y para otros traductores con licencia oficial que no podían cumplir con todo el cúmulo de su trabajo por falta de tiempo. Esto no es legal, pero se practica mucho. Ellos cobran de 15 a 20 marcos por página. Al traductor que hace para ellos el trabajo que luego ellos corrigen antes de entregarlo le pagan 10 ó 12 marcos. Por ejemplo, hice traducciones para una señora Schimdt, que radica en Pestalozzistrasse, se trataba de temas artísticos, reportajes de viajes, cuentos, comentarios literarios. Además, también para un señor Müller que vivía en las afueras de Berlín y por eso me comunicaba con él por teléfono. Le hacía traducciones de carácter técnico. Además, mi madre me continuaba enviando algunos trabajos desde Alemania Occidental.

Mi amiga Kristina tenía algunas amistades con quienes nos reuníamos frecuentemente, entre ellas dos hermanas, Helga y Marianne Richter, también estudiantes de música (Referencia: Helga Eichler, Marianne Grossmann). Kristina tenía un novio, Peter Neuberg (Referencia: Pedro S.) que era estudiante de Arte y éste tenía un amigo de nombre Rolando (Referencia: Roland Bisand). Salimos muchas veces juntos por la noche al cine, al teatro y a otras actividades. Los sábados y domingos íbamos a los lagos Wannsee.[8] Las hermanas Richert se conseguían prestado de un primo un volkswagen.[9]

Kristina nació en el sur de la RFA, cerca de Frankfurt, el 13 de agosto de 1940. El padre murió durante la guerra, y la madre también, hace algunos años. En Berlín tiene familiares en la Bartningstrasse 5.

En el año 1962 conocí a Carlos Federico Tabú, nacido el 8 de diciembre de 1932, en un pueblo de Prusia Oriental.[10] Había vivido durante muchos años en América Latina con su madre, desde antes de comenzar la guerra. Al poco tiempo la amistad se convirtió en un noviazgo. Éste realizaba trabajos de tipos periodísticos y literarios y se encontraba por eso constantemente de viaje, lo que provocó desacuerdos entre nosotros. Yo pensaba que era mejor se estableciera fijo en un lugar y estudiara en la universidad. Por otro lado, ya en el año 63, decidí viajar a América Latina y realizar allí estudios de tipo folklórico, etnológico, etcétera. Al comienzo, él tenía también planes de viajar para allá y hacer una serie de trabajos literarios, pero después cambió de idea y decidió continuar en Alemania; tenía familiares en Berlín-Schöneberg, se trataba de una tía que tenía un hijo de nombre Rudolf, estudiante de filosofía (Referencia: Rudolf). Otras amistades: Kurt Vogt, ex enamorado mío. Werner Lehmann, que estuvo en América del Sur y que se dedicaba, al igual que mi novio, al periodismo. Además, conocí a algunos latinoamericanos, pero sólo en forma superficial, ya que por lo general mi novio no quería que tuviese relaciones con éstos, pues desconfiaba de ellos; era muy celoso. Recuerdo a un colombiano, Carlos (Referencia: Luis), un peruano, Belisario (Referencia: Benjamín), un brasileño, Danton (Referencia: Milton), dos chilenos, Celia y Jorge (Referencia: Celia y Jorge), los veía en algunos actos culturales en la Biblioteca Iberoamericana en Lankwitz,[11] en la casa americana, etcétera.

Mientras tanto, continuaban los problemas con mis padres. Mi madre me visitó en varias ocasiones en Berlín, mientras se lo permitía su estado de salud, que fue empeorando durante los últimos años. Padecía de cáncer.

Por mi parte, los visité en Frankfurt, Munich o donde se encontraran en ese momento, pero volvían a surgir serias discusiones y disgustos. Además de los problemas que ya existían no estaban de acuerdo con algunas de mis amistades y ni con mi novio. Mi madre quería que estudiase y me aconsejaba viajar a América del Sur para que realizase los estudios que a mí me interesaban.

A finales del año 1963 mis padres insisten en que viaje primero a la Argentina, aunque sea por algunos meses, me pagaron el pasaje y me resolvieron el problema del alojamiento en Buenos Aires, en el apartamiento de una familia de origen alemán que se encontraba en Europa, también por cuestiones de negocios. El apellido de la familia era Kuhn.

El miércoles 19 de marzo del 64 salí en un avión de Lufthansa de Frankfurt a las 21.15 y llegué a Ezeiza a las 15:15,[12] vía Zurcí,[13] Dakar,[14] Río,[15] São Paulo, Montevideo, Buenos Aires; ahí me estaba esperando mi amiga Elena Ramírez, o sea, la hermana de Jorge. A pesar de haber pasado todo este tiempo, mi padre mantenía la idea de casarme con Jorge. Ella [Elena] tenía un automóvil prestado y me acompañó durante mi estadía en Buenos Aires. Vivíamos en el apartamiento mencionado, en el calle Cabildo 1900, entre Sucre y Echevarría, allí cerca teníamos un Mínimax en la Plaza Belgrano, que está en las calles Obligado y Echevarría. Por lo demás, mis recuerdos de la Argentina eran muy borrosos y entre tanto había cambiado mucho.

A las pocas semanas de encontrarme allí, mi padre me escribe el estado de salud de mi madre era muy grave, aconsejándome que regresara a Europa. El 20 de abril saqué un nuevo pasaporte argentino, el anterior había sido expedido y renovado en Europa. A finales de mayo mi padre me pidió que regresase. Regresé (saqué visa italiana el 18 de mayo) a Europa el 23 de mayo, en un vuelo de Alitalia, y llegué a Roma el 24. Mi padre vino a San Remo,[16] donde se encontraba mi madre desde hacía algunos meses viviendo en un apartamiento alquilado. Pocos días después el 30 de mayo, murió.

Antes de morir, mi madre me recomendó que regresase a Sudamérica a estudiar, y me dio 2 000 dólares, un reloj y un anillo que recién había comprado, y otras cosas.

Otros datos sobre mis padres.

Mi padre es un hombre alto, fuerte, canoso, usa espejuelos (Referencia: el padre de María Rosa). Dedica todo su tiempo al trabajo. Mi madre, una mujer menuda, de baja estatura, pelo castaño oscuro (Referencia: la madre de Lidia).

Mi madre, además del alemán y el español, dominaba el inglés y el francés, se interesaba mucho por la lectura, la ópera y los conciertos.

Después de la muerte de mi madre continué viajando por Italia, primero a Roma, luego regresé a la Riviera,[17] y continué viaje hasta Niza[18] el 23 de julio, pensaba quedarme allí descansando, pero comencé a hacer cálculos de mi situación económica y decidí regresar rápido a Berlín, para resolver todos mis asuntos pendientes, para viajar a finales de octubre hacia América del Sur, preferentemente a Perú y a Bolivia, pasando primero por Austria para despedirme de Kristina, que se encontraba allí y luego a Francia, en tren para tomar allí un avión de la Air France.[19]

Para el viaje a la Argentina y mi estadía posterior en Europa y los viajes correspondientes gasté mis ahorros (unos 1 500 dólares). Este dinero aumentó en 500 dólares por las cosas que vendí en Berlín antes de salir. De esta forma, con el dinero que me había dado mi madre y lo que a mí me quedaba, pude completar unos 3200 dólares y salí de Berlín, el día 13 de octubre por el aeropuerto de Tempelhof y de allí a Munich o Frankfurt por tren a Austria. (Nota: Al salir de Berlín el 13 de octubre del 64 me dirigí a Frankfurt, donde no ponen cuño de entrada ni hay lista de los pasajeros de los trenes. En Austria estuve 20 días, pues no hay control, ya que vine por tren. En el tiempo que estuve en Frankfurt no me pusieron cuño.)

Nota: mientras yo estaba dando los últimos toques a mi salida, mi padre se encontraba resolviendo el traslado del cadáver de mi madre para Berlín, pues esto llevaba muchos trámites legales. El nombre del cementerio donde mi padre la piensa enterrar es "Columbia Damm", cerca del aeropuerto.

Aún después de [la] muerte [de] mi madre, las discrepancias con mi padre continuaron, por lo que me decidí a realizar el viaje a América, y abrirme un nuevo horizonte, y rompí casi por completo las relaciones con mi padre, más aún por enterarme que en los años de enfermedad de mi madre, mi padre sostenía relaciones con otra mujer, motivo por el cual el estado de ánimo de mi madre era peor. Mi padre continúa con su trabajo en Alemania Occidental, por lo general en Frankfurt, y yo me marché definitivamente a Perú y Bolivia, donde residiré dedicada a los estudios folklóricos y etnológicos y trataré de dejar atrás mi pasado familiar.

Conclusiones de Diosdado

La leyenda de Tania tiende a crear una imagen conflictiva psíquicamente, producto de las malas relaciones entre sus padres, abandono constante a que éstos la someten y la necesidad de independencia que se deriva de esta situación. Esto formará en ella un carácter que le permitirá justificar su forma de vida aislada en Bolivia, su negativa a hablar mucho de su pasado.

Diosdado

Los elementos manejados en la leyenda, en cuanto a nombres de personas, lugares y trayectoria de vida, nos parecen lo más ajustados posibles a la realidad.

Su vida familiar la constituyen elementos de problemas familiares tenidos por compañeros de Tania, que, le permiten memorizar y olvidar la realidad de un hogar feliz para adoptar la paternidad de un hogar conflictivo, una niñez dependiente y fría.

En general, consideramos que con estos elementos, Tania podrá dominar, ampliar, modificar o perfeccionar su leyenda en cualquier circunstancia.

MOE

ANEXO 7
Mensaje enviado por el Centro Principal a Mercy informándole los detalles sobre su futuro contacto con Tania en Bolivia

"MERCY". MENSAJE NO 5. NOVIEMBRE DE 1965.

Comienzo. En este momento de espera sucedió algo muy esperado por nosotros que te alegrará, ya que entre otras cosas facilitará mucho el trabajo que se te encomendó realizar. Recibimos noticias de Tania que pudieron ser procesadas perfectamente. Nos dice que ha decidido cambiar las formas de contacto existentes, ya que los lugares seleccionados y que tú conoces no ofrecen seguridad en estos momentos. Estudia este nuevo plan de enlace y en el próximo contacto que tendrás se te entregarán, además, algunos materiales que debes llevar para cambiar los que tiene Tania y repasarle el sistema de comunicación directa con nosotros.

Nuevo plan de contacto con Tania. A tu llegada a La Paz debes montar durante varios días un minucioso chequeo a Tania, a fin de detectar si está siendo controlada por el enemigo. Una vez hecha las comprobaciones necesarias, la llamarás al teléfono 23696, entre las 13:00 y las 14:00, hora de La Paz, y entablarás el diálogo siguiente:

Mercy: Preguntarás por la profesora de alemán y le dirás que deseas dar clases de alemán comercial.

Tania: Si te responde afirmativamente significará que debes volver a llamar hasta tanto te conteste que ella no da clases de alemán comercial.

Nota: Es posible que salga un hombre al teléfono, que es el dueño de la casa donde Tania vive, de igual modo, preguntarás por la profesora de alemán, ya que, efectivamente, en la actualidad está dando clases.

Forma de realizar el contacto. Al día siguiente a la llamada en la cual te responda que ella no da clases de alemán comercial, a las 19:30, hora de La Paz, Tania estará en el quiosco antes del mercado "Lanza", tomando un batido, y de ahí caminará en la dirección siguiente: Calle Zagárnaga, a Linares, Grau, Héroes del Acre, Landaeta, hasta la Biblioteca; durante este recorrido o en el quiosco podrás hacer el contacto.

Señas visibles de identificación. Tania llevará un abrigo gris oscuro y un pañuelo amarillo.

Señal para caso de peligro. Tania llevará una cartera negra en la mano derecha. Si ha detectado chequeo la cambiará de mano.

Nota: Ver anexo con información sobre el mercado "Lanza".

Lugar para el contacto de reserva. Al día siguiente de no efectuarse el contacto fijo, a las 20:00 horas, en la Biblioteca Nacional, se realizará el encuentro con las mismas señas ya indicadas.

Señas verbales. Al efectuarse el encuentro, deberás utilizar las palabras claves que conoces para identificarte ante Tania. Te enviamos el lugar de residencia de Tania en La Paz y otros lugares que frecuenta para que puedas localizarla en cualquier momento.

Su dirección actual es: calle Presbítero Medina no. 2521, Sopocachi. También puede vérsele en el salón de belleza Helena Rubinstein. Fin.

MOE

ANEXO 8
Informe enviado por Mercy sobre los diversos contactos que sostuvo con Tania en Bolivia y Brasil, entre el 7 de enero y los últimos días de marzo de 1966[1]

A. MOE

DE: MERCY

Comienzo. El día 1ro. de enero de 1966 llegué a La Paz, me hospedé en el hotel del mismo nombre; inicialmente traté de conocer lo mejor posible sobre la situación operativa de la ciudad y, especialmente, sobre los lugares por donde se movía Tania (Ministerio de Educación, Departamento de Folklore, así como la peluquería "Maritza").

Al primer lugar fui interesándome en libros de folklore, y en especial, sobre la Diablada, este libro me lo vendió en 30 pesos bolivianos el Jefe del Departamento del mencionado Ministerio, no obstante, de ser un material que se distribuye de forma gratuita. De esta forma, aproveché para visitar el museo y prácticamente recorrí todo el edificio tratando de ubicar a Tania, sin haberlo logrado; supe después por ella misma que no trabajaba en ese Ministerio, como se me había dicho, sino que pertenecía la Comisión de Investigaciones de Folklore, que trabajaba directamente para el Ministerio sin cobrar sueldo alguno y, por lo tanto, no permanecía nunca en ese lugar. A la peluquería llegué, previa tarjeta de presentación y felicitación que envié por correo, ofreciendo los productos de las casas que represento: tampoco puede ver a Tania; por esta razón, opté por chequear a Tania cuando saliera de su casa, para lo cual me situé en el parque denominado "El Montículo", el cual queda frente a la casa donde vivía (esto lo hice desde las 07:00 hasta las 08:30 del día 5 de enero de 1966). Como a las 08:30 de este día, salió Tania de su casa, con un abrigo gris oscuro y un pañuelo en la cabeza, salió muy apurada y cuando yo bajé de "El Montículo" para seguirla ya había avanzado más de dos cuadras; justamente cuando la vi, tomó un colectivo rumbo al parque Isabel la Católica, por lo cual la perdí de vista y no pude verla más.

Ese día llamé a su casa y pregunté por la profesora de alemán, me contestaron que no estaba; por la noche también chequeé su casa y vi cuando regresaba, después de las 19:00; permanecí [hasta] cerca de las 22:00, pero ella no salió. Al día siguiente, seis de enero, volví a su casa, pero en esta ocasión cambié mi lugar de observación situándome a la entrada de la Caja de Ahorros que está en la esquina de su casa y me mezclé con la gente que esperaba; cerca de las 08:30 salió de su casa con un impermeable plástico gris, atravesó un parque que está frente al Ministerio de Defensa y siguió a pie hasta el barrio San Pedro, entró a una casa que, a la vez, es taller de cerámica y permaneció en él toda la mañana; sabiendo que regresaba al mediodía a su casa, volví a situarme en la Caja de Ahorros. A las 13:20 aproximadamente vi que llegaba, con los zapatos y la ropa llenos de barro; tomé un taxi y fui a una farmacia que está cerca del cine "Monje Campero" y hablé por teléfono, pregunté por la profesora de alemán, me dijeron que esperara, al rato se escuchó una voz que decía: "¿Pero che, no ves que es para mí?, colgá, por favor"; entonces me dijo: "¿Qué desea?" Y yo pregunté si era la profesora de alemán, ella asintió, entonces le pregunté: "Señorita, ¿usted da clases de alemán comercial?" Ella me contestó: "Mire, justamente no doy clases de alemán comercial", me disculpé y colgué el teléfono. Luego regresé a la esquina de su casa; a las 13:55 salió, se le notaba muy contenta, cuando la vi me adelanté y esperé que pasara dos cuadras adelante, donde el día anterior había tomado el colectivo; cuando ella tomó el colectivo yo también lo tomé y la fui observando, cuando bajo, yo también lo hice, caminé en sentido contrario a ella y luego volví y observé cuando entraba en una casa y un niño la saludaba. Aquí permaneció por tres horas (posteriormente, supe por ella que era la casa de un alumno), luego que salió, caminó a pie hasta el barrio San Pedro, entró a una quincalla, al rato salió y estuvo caminando hasta el centro de la ciudad. En la esquina de la universidad saludó a unos jóvenes y se fue con dos de ellos hasta su casa (supe después por ella que eran su novio y el hermano de éste, ambos estudiantes), permanecí en "El Montículo" y pasadas las 20:00

salió con el joven y se fueron al cine "Monje Campero". Fui a comer a un restaurante chino que está cercano y posteriormente los vi, al terminar la función, que salieron del cine y se dirigieron a su casa, a pie; durante este trayecto ella tomaba la iniciativa.

El día 7 d enero, a las 08:30, salió de su casa, hizo el mismo recorrido que el día anterior, y terminó en la fábrica de cerámica; al mediodía fue nuevamente a esperar a los estudiantes y se fue con el novio a comer a un restaurante que está en la calle 6 de Agosto; luego, al salir ella fue a su casa, se cambió de ropa y salió; tomó el colectivo y se bajó en el mismo lugar, caminó y entró a la misma casa del día anterior; yo aproveché para dar un nuevo recorrido del trayecto para el contacto, ubiqué los lugares donde la chequearía por la noche y me fui al hotel, para efectuar el traslado a mi nuevo domicilio.

A las 19:15 del día 7 de enero, me senté en un parquecito que está frente a los puestos de batidos del mercado "Lanza", con la finalidad de esperar la llegada de Tania y observar si tenía chequeo, así como a cualquier otro ciudadano del lugar; estuve sentado hasta la llegada de ella, que fue aproximadamente a las 19:30. Luego de llegar, tomó un batido y a las 20.00 horas se levantó y caminó por el recorrido acordado para efectuar el contacto. La seguí dos cuadras, luego tomé un taxi y esperé a que pasara por el cine "Murillo", luego de haber pasado ella y de haber observado yo que no la seguía nadie, caminé por la calle Linares y me situé en una esquina, la volví a ver pasar, luego caminé por una paralela a la que ella recorría y en cada esquina la observaba al pasar, así seguí hasta la calle Landaeta y Ecuador (una cuadra antes de la biblioteca); la estuve esperando, pero ella no terminó el recorrido, sino que dobló por Ecuador, entonces la seguí tres cuadras y en la oscuridad de la calle, después de haber comprobado que no estaba siendo seguida, la alcancé y le pregunté: "Señorita, ¿puede usted decir dónde queda el cine 'Bolívar'"? Ella respondió: "Queda en la calle Simón", entonces agregué: "¿Cerca de Sucre?". Ella sonriendo me tendió la mano, la saludé y la invité para que fuéramos a un lugar donde pudiéramos hablar tranquilamente. Ella me dijo: "Podemos hablar en una cafetería que está frente al cine '6 de Agosto'". Tomamos un taxi y fuimos hasta allá, le di saludos de todos los compañeros y le dije que traía un correo para ella, pero que en ese momento no lo tenía conmigo y que teníamos que vernos en un lugar más seguro donde pudiéramos trabajar, ya que tendríamos que hacerlo durante algún tiempo y le pedí que buscara un apartamiento;

ella dijo: "Yo tengo una amiga que tiene un cuartito en Calacoto y siempre me presta la llave, pero para ir tendríamos que esperar hasta el lunes o el martes, pues tendría que pedirle la llave, puesto que la dueña está en el cuartito los domingos", le dije que teníamos poco tiempo y que necesitábamos aprovecharlo bien, que teníamos que vernos antes del lunes, entonces salimos de la cafetería caminamos por alguna calles hasta un pequeño puestecito; aquí acordamos vernos el domingo a las nueve de la mañana en la esquina de Landaeta y Héroes del Acre para ir de excursión y a la vez recoger las gamas[2] que ella tenía, en un lugar apartado, fuera de la ciudad. Al mismo tiempo, convinimos que si por, cualquier motivo, nos extraviábamos, para no perder el contacto nos veríamos en los puestos de batidos, a las 20:00 horas; esto era si perdíamos el contacto. El día domingo, a las 08:00 horas salí de mi casa, tomé un taxi y pasé por el lugar de la cita, luego caminé por varias calles, con la finalidad de contrachequearme. A las 08:30 me situé en El Montículo y la vi salir; la seguí por varias cuadras sin que ella se contrachequeara, cuando vi que se acercaba al lugar de la cita doblé y salí por el otro extremo de la calle. Ella estaba sentada en una puerta, le hablé y tomamos un colectivo que va para el barrio Tembladerani; bajamos en la terminal y caminamos a pie entre los cerros tomando fotos de distintos lugares; como a las dos leguas, me dijo que la esperara un momentito, que iba a traer las gamas, se metió en un recodo de la montaña y al rato regresó con un huesito que contenía embutidas las gamas. Le hice ver que era un error tenerlas en un lugar tan lejano y tan silencioso, pues siempre que tuviera que usarlas tendría que efectuar ese recorrido tan largo, y eso podría despertar sospechas en las gentes que la vieran sola por esos lugares. Ella me dijo que le habían enseñado que debía tenerlas lejos de su domicilio. Yo le aconsejé que las embutiera en un lugar cercano a su casa o en uno de sus muebles, recomendándole especialmente la escoba. Fuimos a sentarnos en un pequeño vallecito arbolado; en ese lugar destruimos las gamas que ella tenía y le hice entrega de las otras que le remitían; le hablé de la necesidad que teníamos de vernos seguido para empezar las clase y que tenía que tratar de tener, por lo menos, unas tres horas libres diariamente; me dijo que por el momento le era imposible, pues por la mañana tenía que recibir clases de cerámica y por la tarde tenía que dar clases de alemán a varios alumnos, pero que éstas ya las iba a terminar y que la esperara unos días. En este lugar almorzamos unas sardinas y pan que compramos; a las cuatro de la tarde iniciamos el descenso de los cerros, luego tomamos un colectivo y acordamos vernos el día martes, a las 09:00 horas, en la salida de La Paz hacia Calacoto, para dirigirnos hacia la casa que ella visitaba en ese lugar.

Al llegar a la ciudad ella bajó primero yo seguí hasta el centro. El día martes, a las 08:00 horas, me situé en "El Montículo" y la observé cuado salió de su casa, a las 08:30 la seguí, siempre por las calles paralelas a las que ella caminaba; luego tomé un taxi y me dirigí al lugar de la cita, observé el lugar y entré en un garaje que está al frente, pedí permiso para entrar al servicio y al salir la estuve observando; luego, a las 09:15, me acerqué y sin hablarnos tomamos el mismo colectivo hacia el barrio Calacoto; al bajarnos, nos saludamos y, mientras ella iba al lugar y abría la puerta, yo fui a una sauna (baño termal) que está a una cuadra de la casa.

Habíamos convenido que al regresar yo de la sauna empujara la puerta y entrará; así lo hice; la puerta daba acceso a un terreno de aproximadamente veinte por veinte metros, en el cual se está edificando una casa de adobe, pero para guardar los materiales han construido un cuartito de cuatro por cuatro, el cual cuenta solamente con una cama, no tiene luz, ni agua, en las vecindades existen terrenos baldíos sin habitantes cercanos. Estuvimos en este lugar hasta cerca de las 19:00 horas, en este tiempo le hice entrega del correo que llevaba para ella, el cual extraje de los zapatos, en su presencia; luego los pegué con pegalotodo;[3] ella se puso muy contenta y mientras lo leía pude observar su felicidad, en ocasiones lloraba de emoción y decía: "Yo creía que ya me habían olvidado". Yo le dije: "Eso ni lo debes pensar, la Revolución nunca puede olvidar a usted, ni a quien le sirve como usted lo está haciendo". Y emocionada contestaba: "Fue una broma, yo sé que no me han olvidado". Cuando terminó de leer quemó, por iniciativa mía, todo lo que no iba a servirle más tarde, quedándose solamente con lo que se refería a las instrucciones que se le enviaban y lo embutió en el llavero.

Aprovechamos esa tarde para darle instrucciones de las nuevas técnicas del chequeo y contrachequeo, y fijarle como tarea la búsqueda de tres puntos de comprobación; al mismo tiempo, convinimos encontrarnos dos días después, es decir, el jueves; ese día llegué a la sauna y me bañe, luego me puse a tomar un refresco, con la finalidad de observar su llegada. Después que llegó, estuve cerca de media hora esperando y, como no había nada anormal, me dirigí a la casa, empujé y entré; ella estaba recostada, estuvimos esta vez hasta cerca de las 20:00

horas, alumbrándonos con velas. Le di clases de chequeo y contrachequeo, así como algo de medidas de seguridad y de contrainteligencia, aunque solamente en una forma verbal, ya que la casa no tenía condiciones para más. Al despedirnos, acordamos no visitar más esta casa como medida de seguridad. Además, ella tenía todavía que dar clases a algunos alumnos y contaba con poco tiempo, así que me pidió que esperara algunos días mientras ella liquidaba este asunto. Convinimos en vernos por la noche, en un parquecito cercano al cine "6 de Agosto", pero en el primer contacto me manifestó sus temores de que nos viera un individuo que era Jefe de Migración del Aeropuerto, quien la perseguía mucho y siempre le exigía que arreglara pronto sus papeles del censo, y ella no podía arreglarlos, porque las huellas digitales de su pasaporte no coincidían con las que tenía su cédula, y al hacerlo tenía que ser fichada. Entonces le propuse que viajáramos al interior del país y ella manifestó que era mejor, pues así podríamos alquilar un apartamiento y efectuar la instrucción. Acordamos hacerlo así, y los contactos que siguieron básicamente los aprovechamos para dar los últimos toques a nuestro viaje a Cochabamba y hablar sobre los últimos acontecimientos mundiales y la postura de Cuba ante ellos. Tania salió por ómnibus hacia Cochabamba, con la finalidad de esperarme en esa ciudad, donde buscaríamos un apartamiento para efectuar la instrucción. Aunque inicialmente habíamos convenido quedarnos en el hotel "Bolívar", y tratar de avanzar en esto mientras estuviéramos en el mismo, no pudimos hacerlo, pues al llegar a Cochabamba, Tania me estaba esperando en el paradero y me informó que era imposible utilizar este hotel, pues en él estaban hospedados muchos americanos y algunos curas, ya que se estaba celebrando un Congreso en esta ciudad y era peligroso que yo me hospedara en el hotel. Ante esta situación, me hospedé en el hotel "Colón". Al día siguiente, nos vimos en un parque de la ciudad y convinimos en buscar lo antes posible un apartamiento, pero fue sin resultados. Al día siguiente al encontrarme con Tania, ella me informó que en Cochabamba era tremenda la vigilancia que efectuaban las autoridades, ya que a ella le habían ordenado presentarse al departamento de seguridad de la localidad para tomarle todos los datos, así como para saber el motivo de su visita a la ciudad. Por este motivo, la invité para que fuéramos a visitar algunas poblaciones, como Trinidad y Santa Cruz,[4] con el propósito de ver si en estas ciudades encontrábamos un apartamiento donde trabajar. Ella me dijo que fuera yo a ver si había facilidad en alguno de eso lugares y que, mientras tanto, ella buscaría con calma en Cochabamba; yo acepté la sugerencia, ya que a mí me interesaba ir a Riberalta a ver a don Ñico[5] y convinimos en que, si yo encontraba alguna casa o apartamiento, le mandaba una tarjeta al hotel donde se encontraba.

Al regresar a Cochabamba llamé por teléfono a Tania y nos dimos cita para un café cercano. Ella pasó y me esperó cerca del parque, luego tomamos un taxi y fuimos a visitar el monumento a las Mujeres Próceres, en las afueras de Cochabamba, aquí estuvimos conversando y tomando fotos de la ciudad. Me dijo que le había sido completamente imposible conseguir casa y que la Policía había llegado de nuevo al hotel, y era peligroso que trabajáramos en Cochabamba. Aquí convinimos en viajar a La Paz, pues, a pesar de todo, ella creía que estaríamos más seguros allá que en Cochabamba; fuimos a la estación de trenes y reservamos pasajes para el día siguiente (esto fue iniciativa mía, ya que ella manifestaba que no había pasajes hasta dos días después), pues ella, durante el tiempo que se quedó sola, había hecho amistad con tres periodistas de distintos diarios, quienes se disputan, según decía, la prioridad de estar con ella y por las amistades que había hecho no convenía que nos vieran juntos. Cuando le dije que evitara hacer más amistades cuando estuviera en el trabajo conmigo, me decía: "Pensé que tengo que cubrir mi manto, como turista y artista ceramista". Ante esta situación, tuve que recordarle en varias ocasiones que, si bien era necesario cubrir el manto, el trabajo que debía hacer conmigo estaba primero que todo; al mismo tiempo, le advertí que cuando estuviéramos fuera del territorio boliviano debía abstenerse de hacer amistades que le robaran el tiempo, pues lo teníamos limitado; ella accedió a esa sugerencia. Al día siguiente, 2 de febrero de 1966, cada uno fue por su lado al ferrocarril, aunque viajamos juntos y conversando hasta La Paz; al llegar, tomamos un taxi que llegó hasta la calle Prado y se rompió; aquí nos separamos y viajamos en distintos taxis a nuestras casas, no sin antes convenir en vernos al día siguiente en un restaurante, a la hora del almuerzo; estuvimos durante varios días buscando casa sin lograr nada. El domingo 6 de febrero almorcé con Tania en un restaurante de la calle 6 de Agosto; ella había encontrado un apartamiento por medio de la prensa; después del almuerzo fuimos a verlo, tenía muy buenas condiciones y dimos cita a la dueña para firmar el contrato por la tarde, a pesar de que quería tres meses adelantados, pero conversando con una hija de ésta supimos que la madre trabajaba en el Ministerio del Interior,[6] y no asistí a la cita para firmar el contrato. Tania me excusó después, diciendo que me parecía caro en 120 dólares mensuales y que no podíamos pagar tres meses adelantados, ya que lo máximo que estaríamos sería un mes; en vista de no encontrar casa que tuviera condiciones para trabajar, señalamos ya, definitivamente, nuestra salida hacia Brasil para mediados de febrero, y el intervalo del tres al trece de febrero lo dedicamos a buscar los escondrijos y hacer los dibujos para lo cual salimos por separado en busca de ellos y a la hora de almuerzo nos reuníamos en el restaurante o en el parque y fijábamos hora y día para cargarlos y comprobar su seguridad. Tuvimos que rechazar dos escondrijos por haberse perdido las cajas de fósforos con que los cargamos (para que Tania practicara estas operaciones, dispuse que ella cargara sus escondrijos y yo los recogiera, y yo cargara los míos y ella los descargara, para lo cual nos intercambiamos los datos de ellos). De los escondrijos escogidos por Tania rechacé dos: uno, por estar en la cerca de una casa que, aunque tenía magníficas condiciones pertenecía, al Punto Cuatro,[7] que es una organización de penetración yanqui y funciona con personal latinoamericano, cosa que conocí cuando una noche fui a descargarlo y al dar la vuelta a la casa vi dos carros del Punto Cuatro en la entrada (un jeep y una Impala);[8] y el otro, por haberse perdido la caja de fósforos con que Tania lo había cargado.

El sábado 12 de febrero fuimos nuevamente al cuartito de Calacoto, con la finalidad de darle los últimos toques al grupo de escondrijos que habíamos encontrado. Tania llevó los que ella tenía dibujados en miniatura en un papel cebolla; rechazamos los que consideramos no servían y le entregué los míos para que los dibujara y los llevara embutidos; convinimos en que yo saliera primero y ella, con el marido, tres días después, pero yo, con la finalidad de controlarla, me quedé hasta que ella salió para Santa Cruz; convinimos también en que, como ella tenía problemas con su salida del país, pues carecía del censo (papel éste que no podía obtener por ser falsas las huellas de su pasaporte y tener en su cédula las verdaderas; cosa que al ficharla para darle el censo podían comprobar las autoridades) y éste era exigido para salir de Bolivia, yo viajaría a São Paulo y le mandaría un cable donde le decía que necesitábamos sus servicios como intérprete con urgencia, y que debía viajar a Brasil, así como también le remitiría el pasaje para que viajara, esto era para darle más autenticidad al llamado. También la orienté sobre la salida por Cobija hacia Brasiléia y por Guajará-Mirum,[9] esto era para que lo utilizara porque si le ponían obstáculos para salir de Bolivia, aún con mi llamado. Pero, afortunadamente, no tuvo que utilizar estas vías, pues al llegar a Santa Cruz con el marido fue a las compañías de aviación Lloyd Aéreo Boliviano y Cruceiro Do Sul y reclamó el pasaje. Cuando por fin yo le remití el pasaje valiéndome de la agencia de turismo República, tuve que enseñar el pasaporte, pues para pagar el pasaje había que hacer una serie de tramitaciones en el banco de Brasil, éstas fueron obviadas por la señorita Marita, quien, desde mi viaje anterior a Bolivia, se había hecho mi amiga y le había enviado una tarjeta de felicitación para Año Nuevo, y las cosas se arreglaron fácilmente, pues Tania, aunque no llegó a recibir mi cable, se presentó a Migración, en Santa Cruz, enseñó el pasaje y de inmediato le dieron salida sin problemas ni preguntas.

A finales de febrero llegó Tania al hotel "Handais", en São Paulo, lugar donde yo estaba hospedado; al día siguiente por la mañana, mientras yo esperaba en el hotel conversado con una pareja de argentinos y unos peruanos, se me acercó, me abrazó familiarmente y se unió a nosotros. Hablamos de fútbol y de política, ella salía en mi defensa cuando notaba, según ella, que no hablaba como argentino, diciendo: "Te has echado a perder, con tanto que has estado afuera, ya no hablas como antes", y agregaba dirigiéndose a ellos: "¿No es cierto que ha perdido el acento argentino?"; los otros reían y asentían.

Fuimos a un restaurante japonés, luego a otro alemán, y regresamos al hotel, habiéndonos hecho amigos de los argentinos y los peruanos (uno de los argentinos era miliar en su país); decía que había estado en lucha contra los guerrilleros y contaba sus aventuras; nosotros lo alabábamos y felicitábamos por su valor. "Como todo militar reaccionario era jactancioso, presumido e imbécil" (palabras de Tania).

Es necesario señalar que la compañera Tania es una persona tal vez demasiado económica y tuve casi que obligarla a que se comprara ropa para salir, ya que no tenía ninguna y al hacer sus compras siempre lo hacía por consejo mío, pero eso sí, tratando de comprar lo más barato; yo le llamaba la atención diciéndole: "Vos no sos económica, sino miserable; gastá en ropa regular y que sea presentable, que además de durarte más, te quedá más bonita. Pensá qué has dicho que sos, y a mí me creen un tipo de algunos recursos; además, para estar en el hotel que estás debés estar presentable y no podés estar viajando con la ropa tan mala y vieja; pensá que sos joven, y a toda joven le gusta vestir más o menos regular". Así la convencía, no sin que antes me diera una charla política de lo que costaba a Cuba conseguir dólares. Esto la hacía ante mí más agradable, pues siempre procuraba gastar menos dólares. Le gustaba comer en los lugares más económicos y para viajar en taxi la debía convencer primero de que era más fácil que viajáramos así, pues no conocíamos los lugares y tomando taxis, llegaríamos más rápido. Estuvimos varios días buscando un apartamiento o casa en São Paulo sin lograrlo, ya que eran demasiado caras. Hablamos de nuestro trabajo y del honor que representaba para nosotros trabajar en operaciones revolucionarias especiales, y ella me dijo: "Tenés razón, por eso yo quisiera tener un negocio donde hiciera dinero y poder un día mandar una buena cantidad de dólares para Cuba, sabés qué lindo sería, que en lugar de que tuvieran que mandarme dólares yo pudiera mandarlos para Cuba". Se le llenaban los ojos de lágrimas cuando hablaba así y, desde luego, a mí también me emocionaba, pues lo decía con tal pasión, que realmente conmovía. Pasaba el momento emocional y, de repente, sin motivo, por alguna pregunta que se le hiciera soltaba el: "No seás imbécil" o "¡Qué imbécil sos!". Un día, por fin, vimos en el diario que se alquilaba un apartamiento amueblado, con dos cuartos, en la playa Itarare, en San Vicente; fuimos a ver la oficina que lo ofrecía; era el 25 ó el 26 de febrero; al bajar del taxi le dije: "Pagá, que yo no tengo más que dólares." Pagó y después se explotó diciendo: "Esto no debe ser así, vos no cambiastes para que yo pagara; desde ahora los gastos van a ser a la mitad, yo anotaré lo que gastás y después hacemos cuentas". Nos enojamos, entramos a la oficina y al tratar sobre el apartamiento ella pagó en dólares el equivalente a 80 pesos al mes. El hombre, como nos vio enojados, pensó que éramos marido y mujer, y nos puso como tal, pues sólo a matrimonios alquilan apartamientos; nos entregó un papel donde hacía constar que debía entregar las llaves al señor Fulano de tal y a su señora; al salir, ya ella había cambiado de carácter y estaba muy contenta, yo que seguía fingiendo estar enojado; entonces ella me dijo: "Todavía estás bravo, mirá", me decía; y comenzaba a hacer la boca acartuchada diciendo: "Boquita de pescadito", y por fin lograba hacerme reír. Como el departamento no lo podían entregar sino hasta el día primero, ella dispuso que buscáramos otro hotel que fuera más barato para esos tres días; me costó trabajo convencerla de que más gastaríamos en el traslado y que no convenía mudarnos de hotel por sólo tres días, entonces ella decía: "Yo, es la primera vez que estoy en un hotel tan caro, siempre he estado en hoteles baratos"; le dije que no era conveniente tampoco alojarse en hoteles muy baratos, pues podían robarle a uno su dinero y, además, eran hoteles donde iban las mujeres de la vida; entonces me contó que estando en un lugar, en Europa, una vez la confundieron y creyeron que era un de éstas, tuvo que identificarse. "Pues figúrate lo que es una mujer sola en un país capitalista; luego de esto me llevaron en el carro de la Policía a dejarme a mi hotel y me recomendaron que tuviera cuidado, pues era peligroso que anduviera sola".

El día 1ro. de marzo, Tania se trasladó a nuestro apartamiento de la playa Itarare, yo me quedé en São Paulo, pues tenía que arreglar en la Policía que me ampliaran la estancia en territorio nacional, ya que, aunque se dice que los argentinos tienen derecho a estar tres meses en Brasil sin necesidad de visa, al entrar en Bolivia, me aplicaron una ley que concede solamente 30 días y, cuando fui a sacar el pasaje para Europa, por esta razón, el día 1ro, mientras Tania se mudaba y arreglaba la casa, yo fui a la Policía y arreglé ese asunto, trámite que duró una hora.

Al día siguiente, es decir, el 2 de marzo, dejé el hotel y fui a Itarare. Tania había comprado algunos víveres; comimos y sin perder tiempo, hicimos un plan de clases. Las cuales estuvieron comprendidas en la forma siguiente: por la mañana, de las 08:00 a las 10:00 horas, chequeo y contrachequeo; de las 10:00 a las 12.00, carbón y escritura invisible; al mediodía, antes del almuerzo, baño en la playa hasta las 13:30; después del almuerzo, métodos de obtención y análisis de información hasta las 17:00; de las 17:00 a las 20:00, contrainteligencia y sus métodos de trabajo; después de esta hora cenábamos y seguidamente hacíamos un repaso de lo que habíamos tratado en el día; luego, generalmente salíamos a escuchar Radio Habana Cuba, y cuando teníamos transmisión, casi siempre terminábamos después de medianoche. Esto fue durante la primera semana.

En la segunda semana la instrucción fue de esta forma: de las 8:00 a las 10:00, observación; de las 10:00 a las 12:00, cartografía; de las 15:00 a las 17:00, micropunto (sólo manipulación y localización, pues los micros se echaron a perder); de las 17:00 a las 20:00, medidas de seguridad; de las 22:00 a las 24:00, recepción radiofónica y repaso. Durante la tercera semana las clases se dieron así: de las 8:00 a las 10:00 horas, kárate; de las 10:00 a las 12:00, cerrajería; de las 15:00 a las 17:00, pelilustración de correspondencia; de las 17:00 a las 20:00, repaso general; de las 22:00 a las 24:00, recepción radiofónica.

En la última semana confeccionamos un plan de enlace de Tania con La Habana, así como el plan de escondrijos (esto último Tania los dibujó y yo lo pasé a la escritura invisible). Durante los últimos días hicimos un repaso general de todo lo que habíamos dado en el mes, pero cometí el error de querer hacer a Tania preguntas sueltas y se me explotó diciendo: "Mirá, esa forma de hacer preguntas era lo que me disgustaba de los profesores que tuve en La Habana, pues parecía que era una estúpida". Cuando le expliqué que era para comprobar si había asimilado todo, se volvió a explotar, luego me dijo, arrepentida: "Mirá, mejor decime sobre qué cosa quieres que te hable y yo te hablaré". Opté por seguirle la corriente y así lo hicimos, a pesar de su rabieta, quedé satisfecho de la forma en que había aprendido todos, pues es bueno aclarar que tiene una inteligencia prodigiosa y todo lo sabía como si lo tuviera grabado, al final decía: "Ya viste que no soy estúpida". Yo le decía que nunca había pensado que lo fuera, que estaba admirado de su prodigiosa memoria y traté de alabarla, cosa que le satisfizo mucho y, en realidad, es bueno hacerle justicia, pues captó en menos de un mes lo que yo aprendí en más de un año. En relación con el cifrado con intercalaciones, lo que practicamos en distintas horas del día, fundamentalmente en horas de descanso, porque me decía que ella sabía de esto y por esta razón sólo le hice un repaso y captó con rapidez esta forma de escribir el cifrado; los embutidos los hicimos también en ratos libres. Sobre su código y radio no hubo necesidad de repasar, ya que lo sabía a la perfección, sólo le advertí que no debía hacer lo que hizo en el mensaje de 3 000 grupos, o sea, cifrar con las gamas y luego insertar parte con su código anterior, que ella llamaba "de emergencia", es decir, sin sobrecifrados; dijo que esa vez no le quedó otro remedio.

Cuando el día 24 de febrero se iba para Montevideo,[10] se iba sin decir nada, entonces yo la atajé y le dije. "Compañera, yo quiero que sepas que, aunque hemos tenido discusiones muchas veces, estoy muy contento de haberle dado clases, y si me volvieran a mandar, lo haría con mucho gusto", entonces agregué: "Como no sabemos qué puede suceder, quiero recordarle que, ante todo, nuestro lema es Patria o Muerte,[11] yo sé que no hay necesidad de recordárselo, pero no tengo otra cosa que decirle que "Patria o Muerte". Entonces ella se puso a llorar y se recostó en mi hombro, diciendo: "Por eso es que yo no quería que me despidieras, pues sabía que me ibas a hacer llorar", y me dijo llorando: "Patria o Muerte".

Cuando regresó de Montevideo, llegó muy contenta y me dijo, "Mirá, te traje varios libros para que no te aburras en el barco, además, te traje alfojadores (especie de dulces del Río de la Plata) para que comás.

También te traje un mate y una bombilla"; luego dijo: "Vine lo más pronto para estar un día contigo y fastidiarte". Cuando al día siguiente se fue, me pidió que la acompañara hasta São Paulo para que fuera a ver al hotel "Sandaia", si tenía carta de Mariucho (así le decía a su marido); al llegar, se hospedó en el hotel "Inca", cuando yo regresé y le dije que no tenía carta para ella, tomó papel y se puso a escribir, cuando yo le quise hablar, me dijo: "No fastidiés, no ves que estoy escribiendo", entonces yo salí a la puerta del hotel para dejarla escribir, pero se enojó mucho y me dijo: "Está bien, no voy a escribir nada, pues vos sos muy susceptible y te enojás por nada",yo le dije: "No seas tonta, seguí escribiendo, que yo te espero"; pero, en vez de hacerlo me tiró la bronca tremenda, luego agregó: "Vamos, te voy a dejar en el ómnibus"; yo le dije: "Voy solo, no es necesario que me acompañes"; pero ella insistió, al rato de caminar me dijo: "Yo no puedo caminar con una persona que no me hable, si no tenés ganas de hablar yo me adelanto, pues, a propósito, estás caminando despacio", y con la misma, se separó de mí diciendo muy enojada: "Hacé lo que querás, yo te esperaré en la terminal". Yo seguí andando despacio, entré a una cafetería y tomé un refresco, luego tomé un taxi y llegué antes que ella a la terminal, me situé en un lugar donde podía ver si llegaba y cuando llegó la estuve observando, a cada rato miraba si yo venía, como al cuarto de hora hice como si llegara; ella me vio y fue a comprar unos caramelos que sabía que me gustaban y cuando llegué, hice como si no mirara, se acercó a mí diciéndome: "Mirá lo que te compré, los dulces que te gustan", entonces fui a comprar mi pasaje para Santos,[12] para el ómnibus que salía dos horas después, le dije que lo había comprado para salir dentro de cinco minutos, y se puso brava otra vez; entonces me dijo: "Quiero ver el boleto", y cuando vio que lo había comprado para dos horas después, dijo: "¡Cómo te gusta fastidiarme!"; luego me dijo: "Tenemos tiempo para pasear por última vez", y continuó diciendo: "Algún día nos veremos, cuando nuestra causa haya triunfado", con pesar me dijo: "Que tal vez no nos podamos ni saludar y pasemos como desconocidos, pero con los ojos nos diremos, como buenos camaradas"; y con los ojos llenos de lágrimas me dijo al oído, delante de todo el mundo: "Te agradezco mucho lo que me has enseñado y que me hayas aguantado todas mis cosas, he aprendido mucho con vos". El conductor del ómnibus me llamaba y ella le gritó: "Espere un minuto solamente", y sin soltarme la mano me haló a un rincón y llorando me dijo al oído: "Patria o Muerte, ¡Venceremos!", subí al ómnibus y se quedó ella saludando con la mano.

Conclusiones.

Por todo lo antes señalado, he llegado a la conclusión de que, a pesar del poco tiempo con que contamos para la instrucción de Tania, gracias a su excelente capacidad de asimilación, captó a plenitud todo lo que se le enseñó, y en los casos que no quedaba conforme, yo le dije que lo consultara con quien la fuera a ver a su próximo contacto y en esta forma quedaría satisfecha, lo cual aceptó de buena gana.

Respecto a las discusiones que tuvimos, considero que es fruto de su afán de contradicción, y tal vez, al hecho de que después de estar tanto tiempo sola en un país como éste,[13] rodeada de contradicciones, como en esta sociedad capitalista, al estar conmigo, encontró una válvula de escape para sus nervios y sus sentimientos, y que su estado emocional es consecuencia de este aislamiento en que se encontraba. Fue para ella un fuerte choque emotivo el hablar con una persona que venía de la patria chica, como ella llamaba a Cuba, y recibir el mensaje que yo le llevé, ya que tanto éste como los discursos del compañero Fidel y, especialmente, el pronunciado por él el día del aniversario del Ministerio del Interior (MININT), la hacían llorar de emoción.

En relación con su postura respecto a nuestro trabajo, considero que está consciente del honor que representa ser un eslabón de la cadena que estrangulará un día no lejano al imperialismo y que se siente orgullosa de haber sido escogida para realizar las labores especiales en pro de la revolución latinoamericana. Fin

Mercy

Mayo 12/66

ANEXO 9
Trascripción del informe oral sobre su primer año en Bolivia que Tania le ofreció a Ariel durante el contacto que sostuvieron en México, el 16 de abril de 1966[1]

Llegué al Perú el 5 o 6 de noviembre, justamente cuando Paz Estenssoro había llegado a Lima. Pensé conveniente estar algunos días más en el Perú para no entrar inmediatamente a Bolivia porque la frontera con el Perú era más controlada en esos días. De todas formas, [para] mi manto de especialista en estudios arqueológicos, antropológicos, etcétera, era conveniente que viajara al Cuzco.

Desde Lima viajé en avión al Cuzco. En el Cuzco, me alojé en el Hotel Rosedal que —como ya había informado antes— encontré que la dueña era Blanca Chacón. Estaban allí ella y su sobrina que es renga de una pierna.[2] No tengo seguridad si me reconocieron o no. Allá estuve unos días: dos o tres días. En el mismo hotel, conocí a un muchacho que comía también en el hotel. Comiendo en una mesa, me contó que él había estado en Cuba del 58 al 59; peleando en las montañas y que salió pocos meses después del triunfo de Cuba. Tenía también un saco verde olivo o una camisa verde olivo que dice que traía de Cuba.[3] Él estaba dirigiendo un grupo teatral en el Cuzco que no sé si era un grupo teatral de estudiantes de Lima o del mismo Cuzco. Con él estuve en una cafetería, [donde], como [en] varias otras que he visto en el Cuzco, [se] discutían cuestiones políticas desde el punto de vista marxista, defendiendo a Cuba, hablando de Fidel,[4] etcétera.

En un negocio me compré unas cosas típicas. Allí entró un tipo de mediana edad que al oírme hablar me dijo: "¡Usted no habla como argentina, sino que usa algunas expresiones cubanas!". Yo le respondí que tenía amigos centroamericanos y que, por eso, [usaba] algunas de esas palabras. Por lo demás no noté ningún chequeo en el Cuzco, aunque la situación política parecía siempre un poco agitada.

A través de la municipalidad tuve contacto con el que dirige un grupo de estudios folklóricos en el Cuzco: el abogado Lino Fernando Casafranca. El teléfono de su casa es: 32-41, el de la oficina [es]: 39-96. Me explicó que había un grupo de estudiantes de arqueología que se dedicaban especialmente al folklore. Que en el grupo también había algunas argentinas [y otros] extranjeros, [al igual que algunos] peruanos, y que yo podía hacer estudios con ellos si me quedaba en el Cuzco. Me presentó, además, a otra estudiante; pero no lo volví a ver porque ya no [me] quedaba tiempo.

Del Cuzco seguí por tren hasta Puno. En el Cuzco, visitando las ruinas, conocí a una española (no tengo conmigo el nombre) que me pareció muy rara, que también viajaba para Bolivia, que viajó en el mismo tren. En Puno, había escasez de hospedaje y me alojé con ella en una habitación, y seguí también con ella en una camioneta hasta Bolivia. La he visto luego en La Paz. Estuvo un día en La Paz y siguió viaje. Quería visitar algunos lugares en La Paz con ella, pero ella decía que tenía que ir a algunos lugares sola. Que tenía que resolver algunos asuntos. Es una española que estudiaba en los Estados Unidos. Se expresaba a veces con ideas progresistas; pero se mostraba un poco rara en una serie de cosas. Estaba viajando por todo el Continente y decía que se iba a España, donde se encuentran los padres. No recuerdo el nombre pero trataré de verla nuevamente, profundizar en su personalidad para ver si nos sirve. Deja ver si me acuerdo ahora [de su nombre]...

¡Ah! De Puno seguí hasta Yunguyo, en la frontera con Bolivia. En Yunguyo, que es todavía territorio peruano, primero no me querían dar la salida porque ya estaba cerrada la frontera a esa hora. [Pero] al fin me la dieron. Me llevaron hasta la frontera. Desde la frontera ya no hay transporte. Había que seguir en burro. No había ningún tipo de Policía de Bolivia. Un par de metros después de la frontera, encontré el edificio del control aduanero, donde declaré las cosas que llevaba y seguí hasta Copacabana, la localidad más cercana a la frontera. Me hospedé en el Hotel Copacabana, donde me pidieron el Pasaporte, los datos, sin llamarme la atención de que tenía que presentarme a la Policía.

Al día siguiente, yo misma fui a la Policía y expliqué que, el día anterior, no había nadie en la frontera. Sin ningún problema. Parece que es una cosa corriente allí; que, a partir de esa hora, no haya nadie en la frontera y [que el trámite migratorio] se resuelva luego en el poblado. Allá me dieron la visa de ingreso al país. Eso fue el 18 de noviembre de 1965. Luego seguí a la Paz. Primero, fui al Hotel La Paz y estaba ocupado. Estuve unos días en el Hotel Sucre y, luego, me alojé, por tres semanas, en el Hotel La Paz. En este hotel me pidieron el Pasaporte, los datos, sin decirme que tenía que presentarme a la Policía. No hubo ningún problema. En el hotel se encuentran bastantes argentinos, además de otros extranjeros y miembros del Cuerpo de Paz,[5] ya que el dueño del restaurante del hotel es argentino.

Al ver que muchos extranjeros se presentaban a la Policía, al pasar unos 10 días, fui a la Dirección Nacional de Turismo. Hice algunas averiguaciones de tipo turístico, de interés general, y pregunté si debía presentarme a la Policía. Allá les mostré el Pasaporte y me dijeron que, en realidad, en la Embajada de Bolivia en Francia debieron haberme dado una Tarjeta de Turismo que es gratis y no la visa que me dieron, que me costo 5 dólares. Que seguro lo hicieron para aprovecharse de mí y sacar esos 5 dólares para ellos. Pero ellos [los de la Dirección Nacional de Turismo] me dijeron que, para ahorrarme el camino a la Policía, debería presentarme con esa visa y que ellos me daban una Tarjeta de Turismo gratis. Me dieron la tarjeta, arrancaron el cupón que se marca cuando [se] pasa la frontera y, ese cupón, ellos lo pasan a la Policía.

Los primeros días visité museos, en forma general, como turista. En el museo de arqueología Tiahuanaco conocí al pintor Moisés Chire Barrientos, que es pariente del presidente Barrientos. [Moisés] es casado, con 5 hijos. Trabaja como dibujante en el Museo de Arqueología que depende del Ministerio de Educación. Me llevó también a las ruinas de Tiahuanaco. Me estuvo enamorando, etcétera. En el tiempo que trataba con él, se acercó un hombre de unos 28 ó 30 años, o quizás menos, que estudia en la Universidad, economía, finanzas y contador. Se presentó como primo de él. Se expresaba con ideas de izquierda. También este pintor [Moisés] se expresaba de esa forma, aunque a veces parecía que era por esnobismo, como es general y común entre los pintores y los artistas en La Paz. A ese primo [de Moisés] lo he visto dos o tres veces y luego no lo volví a ver. Al comienzo, me hacía algunas preguntas y me causaba cierta desconfianza en la forma en que se acercó. Lo dejé de ver para Año Nuevo o los primeros días de enero.[6]

Él [Moisés], antes de diciembre, me llevó al Ministerio de Educación, donde hablé con la doctora Julia Elena Fortún. Ella me explicó que existe un Comité de Investigadores adscrito al Departamento de Folklore, que actualmente cuenta con unos 30 ó 40 miembros. Todos realizan ese trabajo, sin pago, como se dice, por afición, debido a que el gobierno no sitúa presupuesto. Como aficionados, son artistas, intelectuales, profesores, etcétera. Ella me dijo que no había ningún problema. Que yo podía incorporarme a ese Comité de Investigadores, pero que sería necesario que la Embajada [de] Argentina [en La Paz] me diera una carta de recomendación.

Ahí mismo, ella habló por teléfono con Ricardo Arce, que es Secretario de la Embajada... (¿Dónde está la tarjeta de Arce? Creía que la había puesto con otra...). Ella habló con él. Le explicó; dándole seguramente la impresión de que ella también, a su vez, me recomendaba. Ella le dijo [a Arce] por teléfono: "Aquí se encuentra una muchacha argentina que tiene interés en hacer estudios arqueológicos y a nosotros nos interesa que ella trabaje con nosotros". Yo pienso que ella también se interesó porque yo le expliqué que tenía [una] grabadora portátil que ellos no tienen. Ellos tienen muy pocos medios técnicos y económicos, en general, en el Ministerio de Educación.

Al día siguiente, a las 11 de la mañana, fui a la Embajada [de] Argentina. Hablé con Ricardo Arce. No me pidió el Pasaporte. Conversó conmigo. Me dijo que en la misma tarde tendría la carta. Me presentó al argentino que es Cónsul de Argentina en Santa Cruz y, además, a otros (uno o dos más) que trabajan en la Embajada. Ricardo Arce es de unos 50 años o más. Es un soltero que le gusta mucho enamorar a las mujeres. Me invitó a almorzar. Yo le rechacé. Me dijo que le gustaría verme en otro momento junto con la doctora Fortún. En la misma tarde, regresé y me entregaron la carta con mi nombre, mi edad... (No recuerdo si tenía la edad), donde se me recomienda: La Embajada recomienda a tal y tal para realizar estudios de folklore en el Ministerio de Educación de Bolivia.

A él [Arce] lo he vuelto a ver unas dos o tres veces más. Lo he visto en la calle. Una vez, lo saludé [y] me dijo que si quería ir un domingo con él a su casa, en... ¿dónde están los campos de golf? (Habla Ariel, tratando de precisar el sitio). No, más afuera, después de Aranjuez, La Florida, dónde están los campos de golf. (Le responde Ariel: Allá afuera, después de La Florida, en Mayacilla:) Sí, [en] Mayacilla, donde casi todos los diplomáticos tienen sus casas... Y yo le dije que sí. Que lo llamaría y me dio sus teléfonos: el de la Embajada y su teléfono particular. Me lo encontré luego, la última noche de carnaval,[7] en el Club La Paz, donde yo había llegado con un grupo de amigos. Había ido a una fiesta y, a las 4 de la mañana, decidimos todos ir al Club La Paz. En el Club La Paz, él [Ricardo Arce] estaba justamente en la mesa de al lado. Me sacó a bailar. Estaba bastante borracho. Me llevó por toda la sala y me presentó a todo el mundo como una persona que trabaja en la Embajada [de] Argentina, lo cual creyeron algunas amistades que luego desarrollé.

Luego lo volví a ver, una o dos veces más. Una vez en el altiplano, en una fiesta de folklore, un festival folklórico que se celebró a orillas del Lago,[8] en la que estuvo también el general Barrientos. Se habían repartido a los diplomáticos invitaciones oficiales para un almuerzo especial con el Presidente. Se hizo allá una parrillada. Los del Ministerio y yo no teníamos invitaciones. Él [Ricardo Arce] me llevó al almuerzo como su señora. Yo le insistí mucho diciéndole que tenía que hacer estudios, pues no quería estar entre los diplomáticos; pero fui con él y, además, con el mexicano Juan Manuel Ramírez, de quien informaré más adelante. Y estuvimos conversando con Barrientos y con varios del gobierno y con algunos del Protocolo del Ministerio de Relaciones Exteriores, con los cuales mantengo relaciones actualmente que ya me van siendo útiles... Después, creo que ya no he visto [nuevamente a Arce].

Del Hotel La Paz, traté —a través de los periódicos— de conseguir una habitación... (¿No es que ya dije eso?). Los primeros días, fui a Coroico[9] y estuve paseando en La Paz. Luego, fui a la Dirección de Turismo. Después, conseguí la habitación. Me mudé a esa habitación que queda en la calle... (Es la primera habitación donde viví. Viví un mes, hasta enero...) Juan José Pérez 232. La dueña de la casa se llama Alcira Dupley de Zamora, es su tercer esposo. Ella enviudó dos veces. Él [Zamora] es administrador de una fábrica en Bincha.[10] Creo que es una fábrica de cemento. No estoy segura. Ella [Alcira] viaja frecuentemente a Argentina porque un hermano de ella se encuentra en Buenos Aires, en la dirección que ya he indicado anteriormente.[11] Viaja cada par de meses y trae cosas que las revende. Es un tipo de contrabando reducido que hacen, sobre todo, muchas mujeres en La Paz, en Bolivia.

La hija de ella, Sonia Azurduy Dupley (Azurduy porque es [el apellido] del primero o del segundo matrimonio). Es secretaria bilingüe. Ha estudiado en Argentina de peluquera y, luego, ha estado internada en Argentina. También ha estado estudiando y trabajando en Estados

Unidos, dos años. Durante el período de [gobierno de] Paz Estenssoro, [Sonia fue] secretaria de la Misión Británica en el Ministerio de Economía. Luego de la caída de Paz Estenssoro, sacaron a casi todas las secretarias y a muchos otros empleados; pero ella ahora consiguió, hace algunos meses, un puesto como secretaria del Ministro de Planeamiento o Planificación. (No es Ministerio, es [la] Secretaría de Planeamiento y Planificación).

En general [Sonia] es muy católica y tiene una posición bastante reaccionaria o, en parte, apolítica. Pero, recientemente, ha cambiado mucho porque se ha casado con el dirigente del MNR, dirigente universitario, Marcelo Hurtado, que está estudiando Derecho y está, en estas semanas, al terminar sus estudios. Él, recientemente, ha tenido muchos problemas porque, junto al actual dirigente de la Federación Universitaria, el gobierno y el Movimiento Popular Cristiano (MPC), que es el partido de Gobierno,[12] los han acusado de comunistas o de apoyar al Partido de Izquierda,[13] [a causa de] un foro de partidos que han organizado en la Universidad [que] tuvo una posición completamente contraria al gobierno. Creo que [Marcelo] también dirige... ¿cómo se llama?... [la] Organización de Derechos Humanos. Los veo frecuentemente [a Sonia y al esposo] y, cada mes o cada dos meses, a ella. Soy amiga de ellos. Trato muchas veces con la madre, con la dueña de la casa. Me trata como una hija y me da consejos.

En el mismo edificio, en frente a mi habitación, vive con su madre, [en] una habitación también alquilada, Ana Henrick. Ella procede del Beni,[14] pero ha vivido muchos años en Cochabamba, donde se encuentra su esposo. Ella está separada. El esposo es yugoslavo y, según ella, forma parte de [un] grupo de yugoslavos que se reúnen, que tienen actividades y están en contacto con la Embajada yugoslava y con el Gobierno yugoslavo. Tuve que cuidarme bastante de ella [Ana], pues es una persona bastante viva, que conoce muchas cosas y que, posiblemente, el MNR u otros [partidos políticos] la estén utilizando. Luego, ya después de la caída de Paz Estenssoro, [Ana] perdió su empleo [como] Secretaria del Senado y, además, tenía muchas amistades y relaciones íntimas con dirigentes y empleados en el Senado.

Actualmente —según Sonia Azurduy Dupley— Ana Henrick está trabajando como secretaria del Presidente, del Jefe, del PRA (Partido Revolucionario Autentico), Guevara Arce. [Ana] tuvo también, hace algunos meses, relaciones de amistad, [fue] novia [de] un oficial americano[15] que vivía detrás de mi casa, pero lo han enviado, hace unos dos o tres meses, a Panamá y de Panamá a Vietnam.. [Ana] decía que se iban a casar; pero que, todavía, no [había] logrado su divorcio, porque su esposo yugoslavo no le da el divorcio. El esposo (no sé cómo se llama) está en Cochabamba y es dueño del Hotel Boston.

Ella [Ana] me llevó, a comienzos de enero [de 1965], a una fiesta en casa de Mario Quiroga Santa Cruz, que es hermano de Marcelo Quiroga Santa Cruz, muy conocido como periodista y escritor, hace años. Actualmente, escribe en el diario *Presencia*. Ellos [los hermanos Quiroga Santa Cruz] sacaban el periódico *El Sol* que solamente salió unos meses y dejó de aparecer. Parece que por problemas económicos y también políticos Dentro de la redacción, había tanto gente de derecha, como también comunistas. Mario Quiroga Santa Cruz me ofreció trabajar en su redacción, como correctora de pruebas. Esto no pudo hacerse pues el trabajo era de 3 a 5 de la mañana y yo no estaba de acuerdo y me había ofrecido que, más adelante, trabajara con él; pero me dio el Certificado de Trabajo que yo necesitaba para mi residencia.

En la misma fiesta que conocí a Mario Quiroga Santa Cruz (que, políticamente, es de tendencia y de algunas ideas falangistas,[16] también demócrata cristiano; pero, en parte, se expresa como un intelectual con algunas ideas de izquierda), en su casa, conocí a dos falangistas que habían salido a Perú en el año 1952: en la misma época en que salió el abogado (del que luego informaré), Bascope Méndez, [quien también es] de Falange Estos [dos falangistas] se encuentran en Lima, se han colocado bien y están en una buena situación económica. Habían viajado a Bolivia porque son amigos íntimos de René Barrientos y de otros del Gobierno. Sobre todo, del que actualmente es Embajador de Bolivia en Estados Unidos, Sanjinés Goitía, que, en aquel entonces, era Ministro de Economía. Y hablaron con él para ver si ellos podían conseguir un puesto que les conviniera, comparándolo con el de Perú. Pero parece que no lo consiguieron, y por eso continúan en Perú.

Uno de ellos, Oscar De La Fuente, es Gerente de Ventas de FEREICO [empresa ubicada] en la Avenida Panamericana 3080, en Lima. Este era enamorado de Ana Henrick. El otro es René Segadán y vive en [la calle] De Pierola 757, [apartamento] 610, Lima. Trabaja en una empresa [de la] que parece que él es socio [junto] con su hermano. Es una empresa de construcción. Creo que [de] construcción de caminos y otras cosas de ingeniería civil. Él [René] ha estudiado Ingeniero Economista en Brasil y

Estados Unidos. Es casado. Tiene dos hijos. Yo estuve enamorando con él, saliendo (salí dos o tres días después) y pensando [lo] conveniente [de] tener una amistad de ese tipo en Lima, por si era necesario viajar a Lima o tener correspondencia con Lima. Lo he vuelto a ver, solamente una vez, en marzo o abril del año pasado [1965]: unos dos o tres meses después de haberlo conocido. Estuvo algunos días en Lima y [me] dijo que había estado en Argentina. Su empresa trabaja con capital americano. Había estado en la parte sur de Argentina, en la Pampa o más al sur, porque iban a hacer algunas construcciones en esos lugares y estaban haciendo algunas cosas que me contó indirectamente. Parece que [también] estaban viendo algunas construcciones de tipo militar dentro de Bolivia. [René] decía que iba a trasladarse a Argentina, con su familia y [a] vivir allí, unos dos años, por cuestiones de trabajo. No lo he vuelto a ver.

Todos ellos son también amigos de Bascope Méndez. A éste lo conocí pocos días después, también a través de Ana Henrick, que enamoraba con este Bascope Méndez. Es abogado. Ha estado diez o doce años fuera del país; sobre todo, en Perú. Cuando lo conocí, era dirigente de la Comisión de Propaganda de Falange; pero parecía que también estaba en la cuestión de los Cuerpos de Seguridad que tiene Falange. Ella [Ana] me lo presentó, explicándole que yo tenía interés en obtener mi residencia. Él, parece que... Bueno, a él le gustan también las mujeres. Su mujer estaba en Cochabamba. Él andaba detrás de cualquier mujer [con la que] pudiera tener... Creía que, consiguiéndome [la residencia], podía lograr lo mismo; aunque sabía que yo —según todo ese grupo de amigos falangistas— estaba enamorada de René Segadán que está en Lima. Y creían que yo quería obtener mi residencia para poder viajar a Lima, para ver a René Segadán y [que], teniendo la residencia, no tenía problemas de salir y volver al país.

Con esa idea, él [Bascope] apuró el trámite e hizo la solicitud, explicando las razones por las que [yo] quería quedarme en Bolivia a hacer estudios de folklore y que ya estaba en el Comité de Investigadores [adscrito al Departamento de Folklore del] Ministerio de Educación. A esta [solicitud] tenía que adjuntar el Certificado de Trabajo que me dio Mario Quiroga Santa Cruz, el Certificado de Buena Conducta que fui a la Policía del lugar, pedí el certificado [y] me dijeron que, al día siguiente, me lo daban. Le dije que si no me lo podían dar antes y me pidieron unos 5 000 pesos [bolivianos], que [entonces eran] como medio dólar. Les di más de 5 000 pesos y, entonces, me lo dieron en media hora. Teniendo el Certificado de Buena Conducta, fui a un médico que me indicó el mismo abogado [Bascope] y saqué el Certificado Médico. Además, tenía que firmar un garante, que el mismo abogado firmó. Eso lo entregamos y, al día siguiente, volví a ir... Eso había que entregarlo en Inmigración en la Avenida Arce, en el Ministerio de Gobierno.[17] Al día siguiente, fui y todavía no estaba. Entonces, fui otra vez a ver al abogado, a ver si él podía insistir en sacarlo a través de algunos amigos; pero se notaba que, en ese momento, todo el mundo tenía mucho cuidado por la situación política y porque Falange estaba tratando (y lo ha estado haciendo) de colocar a personas en los ministerios, y no quería tener problemas.

Pero a los dos días cuando fui... No, al día siguiente... No, el mismo día, cuando fui, me mandaron a comprar unos [sellos de] timbre a la renta.[18] Y creo que fue, al segundo día, que me dijeron: "Espere un momento que voy a hablar con el Jefe, con el Oficial Mayor de Inmigración". Y esperé media hora, y en realidad no hablé, sino que simplemente él, ceremoniosamente, me entregó el Pasaporte y me dijo: "La felicito, queda usted ahora radicada en Bolivia definitivamente". Luego me dijeron, allí mismo, que debía ir a la Policía a sacar una Cédula [de Identidad]. Eso era a las cinco de la tarde y entonces pensé, viendo el problema de las impresiones digitales diferentes que faltan en mí pasaporte...[19] Como aquella vez que fui a sacar mi Certificado de Buena Conducta, vi que todos los que estaban sacando Cédula, tenían que hacer las impresiones [digitales] y todas esas cosas... Entonces, fui a la seis menos diez o [la] seis menos cinco, y hablé con el Jefe de Extranjería. Le mostré mi Pasaporte y le expliqué que quería sacar la Cédula. Entonces él me dijo: "Vaya a la renta y compre una Cédula en blanco". Y que, al día siguiente, porque era muy tarde, regresara y resolviera lo demás Fui a la renta. En la renta, sin mostrar nada, venden Cédulas en blanco por 40 000 pesos, por 40 pesos, actualmente.[20]

Al día siguiente, fui a la Policía, (ahora no es Inmigración, es la Policía en la calle Junín, frente al [Ministerio de] Relaciones Exteriores), al Departamento de Identificación Personal y Extranjería. Ahí entré. Y, lo primero que hice, fue entrar a la oficina [del mismo funcionario] donde estuve el día anterior, y [le] dije: "Fíjese si aquí no está mi Pasaporte". Buscaron por todos lados y no lo encontraron. Entonces dije: "Se debe haber extraviado y yo necesito viajar al interior y no tengo ningún documento". Y le mostré una carta que me hicieron en el Ministerio [de

Educación], donde habían dicho que iba a viajar al interior. Me dieron una carta explicando que yo soy del Comité de Investigadores y [solicitando] que se me [diera] toda la ayuda necesaria para hacer mis investigaciones.

Esa carta la mostré y dije que necesitaba viajar al interior y que con la Cédula podría viajar. Entonces, el mismo [funcionario] que había visto el día anterior con mi Pasaporte y con la residencia, me dijo que estaba bien; pero que tenía, además, que hablar con el Jefe de Identificación Personal [para] ver si se podía hacer. Pero que tenía que volver a Inmigración y pedir un certificado [o] una carta donde volvieran a explicar que me habían dado la radicatoria [residencia] y el número de la radicatoria, etcétera. Volví a Inmigración, expliqué... No, no volví enseguida a Inmigración. Fui a hablar con mi abogado. Mi abogado [me] dijo que ponga en *El Diario*[21] que perdí mi Pasaporte. Antes de ir a esas oficinas, puse eso en *El Diario*: un aviso [ofreciendo] gratificación por recuperar el Pasaporte Y cuando, al día siguiente... (Ariel le hace una pregunta...) ¿Eh? Si, todo con Bascope. Él me dijo que [pusiera] el aviso. Él me escribió en un papelito cómo tenía que poner el aviso y puse el aviso. Entonces, al día siguiente, con el aviso [que había aparecido] ya en *El Diario*... Además, Bascope cuando le dije eso, me dijo: "No te preocupes porque yo te puedo resolver esto, porque Falange tiene muchas facilidades para conseguir pasaportes y yo puedo conseguirte enseguida un pasaporte nuevo de Argentina". [También me dijo] que Falange no tiene problemas en ese sentido, que están muy bien organizados y tenían muchos documentos.

Como ya he dicho, con ese aviso, de Extranjería me mandaron a Inmigración. En Inmigración mostré el aviso, expliqué que perdí el Pasaporte y me dieron inmediatamente una carta donde ponían que se me había dado la radicatoria el día anterior, el número de la radicatoria, etcétera. Con la carta volví a Extranjería, mostré la carta y se empezó ya a hacer el trámite para sacar la Cédula. Me tomaron impresiones digitales de todos los dedos. Yo creo que dos veces, en dos cartillas, en la misma oficina y, aparte, en el carné, mismo el pulgar [y el] dígito pulgar. Además, me sacaron ahí mismo las fotografías. Luego, lo último después de estas cosas técnicas, era hablar con un Oficial, no de Extranjería, sino de Identificación. Él me hizo una serie de preguntas, algunas un poco capciosas. Por ejemplo, qué idiomas hablo; cómo es que no hablaba ruso que, hoy en día, es el idioma más importante; qué países conocía; etcétera.

En la tarjeta no van sólo mis nombres, sino también los de mis padres, sus nombres, edad, fecha de nacimiento. Di los que están de acuerdo con el manto.[22] Figuran en la Cédula también el nombre de los padres, y el lugar donde se encuentra mi padre, que puse en Frankfurt. Además, pedía el nombre de personas de afuera que me conocían y [de personas] del país. En el país di el de la casa donde vivía Alcira Dupley y, afuera, di, en Lima, a René Segadán y, de Francia, a una francesa que yo conocí en París: una mujer de 80 años que me hizo [viajar] a París desde Austria y que estaba en correspondencia con ella… [Mantenía] correspondencia con ella, aunque no me ha contestado, creo que por mi culpa, porque, durante muchos meses, no le he escrito. Quizás, murió. Esta francesa se llama Alice Multner y vive en París 19121, Avenida Simón Bolívar. Esta francesa me ha escrito, pero hace uno o dos meses [que] no tengo contactos con ella. Esa es la otra dirección que di como referencia en las tarjetas de la Policía.

Además, he conocido a un profesor turco que trabaja en Francia, en la Organización de Cooperación y Desarrollo Económico.[23] Lo conocí en Lima cuando se organizaba una Conferencia de Desarrollo Económico. Se llama Nejat Erner. Su dirección es: Rue André Pascal, París 16. Es la dirección de la oficina de la organización mencionada.

Yo creo que el Oficial que hace las preguntas, que toma los datos, creo que graba, que tiene una grabadora, porque los escritorios se encuentran en el centro y alrededor había una baranda y un pasillo donde se pasa y se puede mirar desde atrás, y me parece haber visto un micrófono en el cajón [gaveta] de la izquierda del escritorio. Luego, un día después, me entregaron la Cédula de Identidad. Al mismo tiempo, en el mismo edificio de Extranjería, dan un papel del Registro Domiciliario. Este había que llevarlo siempre con la Cédula. En esta se registra el domicilio y también el Censo. Eso era lo único que me faltaba hacer: cambiar otra vez el domicilio y además realizar el Censo. No lo he hecho porque hay que volver otra vez a Inmigración y presentar ambos documentos y sacar una tarjeta. Últimamente han insistido mucho en esto. Y, al estar en Cochabamba, el control [era] muy fuerte. Por lo menos, en enero y febrero de este año era muy fuerte. Se realizaban controles constantes en los hoteles y se citaba a Extranjería.

Como no me habían citado, fui primero. Había pasado un muchacho de 15 ó 16 años en el hotel donde me encontraba y me había dicho que la Cédula no sirve. Que esa Cédula es para sacar el Pasaporte, algo muy poco comprensible. Parece que ese muchacho no conocía mucho del asunto. Luego fui a la oficina de Extranjería y pregunté qué es lo que pasaba y estaba allí el muchacho presente. Y le dije que este muchacho me [había dicho] que mis papeles no [estaban] en orden, y me dijeron que no. Que [estaban] bien; [pero] que hay que llevar también el Pasaporte y hay que llevar la Tarjeta del Censo. Yo le dije que solamente llevaba la Cédula porque me [habían dicho] que con eso bastaba y que los demás documentos los [había dejado] en La Paz, porque yo estaba haciendo estudios folklóricos, investigaciones, y tenía que ir al campo y no quería perder todos mis documentos juntos. Ya no volvieron a preguntar más. Luego hubo otro control en el hotel donde me encontraba. Un hotel más pequeño: el Hotel Bolívar. Y ya [ese] control fue corto. Los mismos dueños del hotel dijeron que yo soy del Ministerio de Educación y no hubo problemas. Pero ahí me he dado cuenta que, actualmente, están pidiendo junto con la Cédula de Identidad la Tarjeta del Censo.

Últimamente, me he encontrado con un amigo que conocí en una pequeña fiesta, aunque luego no se interesó al ver que no le hacía caso. Él parece que me quería enamorar. No le hacía caso. Entonces ya él no se interesaba. Lo encontré luego en la oficina de Control de Inmigración en el aeropuerto de El Alto,[24] y me llevó en *jeep* hasta el centro y me preguntó si tenía todo en orden, si tenía la Tarjeta del Censo. Le dije que sí. Luego llamé. Pensé en aprovechar la situación de conocerlo a él para ver si podía hacer el Censo, nada más que con la Cédula y rápidamente; pero fui y me pidieron ambos documentos y me pidieron fotografías. Era justo antes de Navidad…[25] Ahora, últimamente, fui evadiendo y no he ido [a resolver ese asunto]. Él me llamó para Año Nuevo, para invitarme a una fiesta y le dije que no, porque estaba con mi novio. Lo he vuelto a ver otras veces en la calle; pero no me preguntó por [la Tarjeta del Censo]. En general, es probable que él, regresando [a La Paz], me pregunte otra vez si he resuelto esa cuestión. Definitivamente, para obtener la Tarjeta del Censo, que se exige a todos los extranjeros, se pide Cédula y Pasaporte y, además, las fotos y unos [sellos de] timbre. Yo creo que es conveniente presentarme y, para sacar la Tarjeta del Censo, presentar el Pasaporte en orden con la impresión digital correcta.

Ahora me salté a lo actual y tengo que volver para atrás. ¿Ya? En enero [de 1965], me mudé. La casa donde me encontraba no la encontraba conveniente, porque no tenía buenas condiciones y me mudé. No voy a entrar en eso de las condiciones porque es muy largo, y me mudé. Traté de conseguir otro cuarto y ahí me encontré en la calle con éste mismo muchacho que trabaja en el Ministerio de Gobierno.[26] En ese momento no lo sabía y, conversando, le pregunté si sabía de alguien que alquilara habitaciones y me avisó de un muchacho que tiene una oficina que facilita conseguir habitaciones. Y, a través de éste, conseguí la habitación donde me encontraba hasta recientemente, antes de salir de Bolivia.[27] Es un departamento en un edificio que pertenece a los sindicatos, a un gremio. El departamento lo alquila Alfredo Sanjinés, con su señora. Él tiene 80 años. Ella me parece que tiene 70. Él es diabético. Ha sido durante 40 años, hasta el año 1948, diplomático. Primero, en Europa: en España, en Francia. [Luego] en México durante la época de Cárdenas.[28] Y, en Cuba, estuvo unos años, hasta 1948 en que se retiró. Su posición es muy reaccionaria, aunque en su época tenía una posición relativamente progresista. Él editó un libro, el primero de ese tipo, que se escribió en Bolivia sobre la Reforma Agraria.

Alfredo Sanjinés fue también Presidente de un Congreso Indigenista que se realizó en México. Fue a visitar a Trotsky.[29] Habló con Trotsky, y tiene unos libros con algo escrito o con firmas de Trotsky. En general, Sanjinés actualmente tiene una posición muy reaccionaria. Eso se vio cuando los problemas en las minas,[30] [y] los problemas en la República Dominicana.[31] Casi todas las personas, hasta las más reaccionarias, en Bolivia tenían una posición positiva. Él tenía una posición muy reaccionaria y en otras situaciones también.

El hijo de [Sanjinés] es Gerente de KLM en La Paz.[32] Casado con 4 hijas, de 10 ó 15 años. Y, la otra hija de Alfredo Sanjinés, está casada con el abogado Arrieta, que estaba (no sé si actualmente está) en la Comisión Investigadora del Régimen actual, que creo ya no existe. Ella es profesora, da clases de francés, pero está en una situación económica bastante buena. [Sin embargo], el esposo de la hija de Alfredo Sanjinés y su señora tienen bastante poco dinero. El hijo es quien les pasa dinero. Lo que tienen de pensión actualmente del gobierno es muy poco. Creo que $280 pesos.[33] Yo he visto los recibos. Lo que en la época que a él lo jubilaron era mucho dinero, actualmente no es nada. Por eso alquilan habitaciones.

Una habitación me la alquilaron a mí. En la otra, ya se encontraban, cuando llegué, dos estudiantes. Uno de ellos de ideas falangistas, [de apellido] Ávila, que se fue poco tiempo después porque tomó una habitación en el Anticrético. Y, el otro, de ideas de izquierda: Fuack Nasar Casat Vargas, de origen árabe, de unos 22 ó 23 años. [Está en] segundo año de geología. Debe pasar a tercer año ahora. Es un muchacho de esos que le gusta hablar mucho y hacerse el interesante y, por eso, expresaba sus ideas, siempre diciendo que es del PRIN, que está con Lechín. Tenía siempre folletos (no recuerdo como se llama el periódico) de los estudiantes comunistas en la Universidad y revistas de Cuba. En el cuarto, tiene retratos de Fidel y banderas de Cuba y letreros, como uno de Patria o Muerte. Estudia con Edmundo Arrien, que es de Cochabamba y estudia en La Paz. Su padre o el tío han estado en Cuba. También es de ideas de izquierda, aunque siempre se expresaban con mucho cuidado. Recién, en la actualidad, se abrieron un poco más y, por ejemplo, hace poco lo encontré con la edición cubana de *La historia me Absolverá*.[34] Y, cuando le pregunté donde había obtenido ese libro, me dijo que se lo entregan solamente a las células del Partido Comunista en la Universidad.

Más o menos en mayo o junio (yo me había mudado en enero de 1965), llegaron otros dos estudiantes. Uno de ellos es con el que actualmente me he casado: el mayor de 21 años, Mario Antonio Martínez Álvarez, y su hermano menor, Gonzalo. [En] los primeros días, cuando le pregunté a Nasar, que es de Padilla en el departamento de Chuquisaca,[35] si ellos dos tenían las mismas ideas que él (por cierto, él [Nasar] me consideraba y me considera bastante reaccionaria; pero, por otro lado, también objetiva y que veo a veces las cosas con neutralidad u objetividad porque he tratado de mostrarme en esa forma para que no se cierren demasiado), me dijo que él es de "la línea de Pekín" y los otros que venían son de "la línea de Moscú". Los otros dos —según lo que siempre han dicho y lo que dice también mi actual marido— no militan, pero tienen también ideas de izquierda. Mario muchas veces me dice que no estudia bien porque no le gusta estudiar aquí, porque no tiene ningún sentido y recién, cuando exista el comunismo, tiene algún sentido estudiar y ser algo. Pero que él quisiera estudiar en otro país y si es posible en algún país socialista.

Muchas veces leen revistas o folletos marxistas y muchos los trae Edmundo Arrien. Ellos dos, los Martínez, estudian ingeniería. El hermano menor estudia [ingeniería] industrial y Mario estudia ingeniería eléctrica. Ambos son malos estudiantes. Primero, han estado en el [Instituto] Tecnológico y, al incorporarse a la Universidad, parece que van a perder otro año porque no les han reconocido una serie de materias. En el tiempo libre, en general, beben mucho, como la mayoría de los estudiantes. Allá, se reúnen a veces en la noche y, aunque no tienen dinero, se emborrachan con pisco,[36] el más barato que encuentran... (Ariel hace una pregunta). A estos dos los conocí las primeras semanas de junio [de 1965]. No hablé mucho con ellos. Después, poco a poco, ellos venían a mi habitación a oír música, mis grabaciones les gustan. En Sucre se canta mucho la zamba argentina y, así, muchas veces conversábamos.

Yo, en ese momento, estaba tratando de ver si conseguía una persona con la que pudiera casarme para, de esa forma, obtener la ciudadanía [boliviana] y, comparando con otras personas que conocía, convenía más una persona en la... Y, entonces, fui viendo que casarme con una persona profesional, con una situación económica asegurada, significaba que me iba a tener que encerrar en la casa y no podría salir. Tenía que depender completamente de él y hacer una vida social muy grande que no me convenía. Mientras que, de esta forma, estaría más libre, ya que él [Mario] no tiene dinero. Solamente lo que le manda el padre ($350 pesos mensuales) a cada uno de ellos y que tenía más posibilidad, era más conveniente la situación en que estaba con él. Y, además, no era tampoco un político conocido o activo, aunque haga algunas actividades políticas, y parece que no se reúne ni hace muchas actividades, sino que sólo, cuando hay manifestaciones o algo en la Universidad, participa; pero en forma relativa. Eso es, según lo que he podido ver, pero habría que comprobarlo. Habría que comprobar si, quizás, milita en el Partido o en alguna organización.[37] El padre es Ingeniero de Minas en Oruro, en Huanuni.[38] Según él [Mario], su padre es también de ideas de izquierda, pero no quieren comprometerse o tener problemas. La madre se encuentra en Sucre con otros dos hermanos que están en la escuela secundaria de un colegio alemán y, una hermanita, de unos 13 ó 14 años. Viven en la calle Loa 110, en Sucre. Los datos de los padres están en los documentos entregados.[39]

Después de conocerlo, algunos meses después, le pregunté [a Mario] qué creía si nos casábamos. Así podríamos estar libremente en cualquier lugar y viajar juntos, sin problemas [con] la gente que siempre habla. Y él dijo que lo haría porque sería divertido y, mientras que no se enterara nadie, podría ser, porque así sería todo mucho más simple. En aquel entonces, creo que lo decía más así..., mientras que, actualmente, parece estar más enamorado. Varias veces yo le había dicho que nos íbamos a casar y él, varias veces, estaba impaciente. Y siempre [preguntaba] si me había arrepentido. Ahora, antes de salir, rápidamente he averiguado a través del abogado Galindo (más adelante explico cómo lo conocí) cuál era el trámite. Le expliqué la situación, y que esa era otra cuestión conveniente en el caso de Mario y que nadie debía saberlo. Que era una cosa media secreta. Eso le convenía [a Mario] en cierta forma. Este abogado Galindo, me puso en contacto con un Oficial del Registro Civil. Yo le expliqué el caso y le dije, además, que me interesaba hacerlo rápido, porque yo quería viajar y no quería tener problemas de registros en la Policía, por la cuestión de mis documentos. Este Oficial me dijo que no había ningún problema. Que él podía casarme en ese mismo momento, o al día siguiente, si traíamos los testigos correspondientes y que solamente, el problema para él, era que Mario tiene 21 años, va para los 22. Es menor de edad, según las leyes bolivianas, para casarse sin permiso de los padres. Llevé a Mario. Habló con él y le preguntó si pensaba que el padre le podía hacer algún problema. Entonces Mario le dijo que el padre se enojaría con él; pero que no creía que le haría problema, que directamente no le haría un juicio. Conseguimos los testigos, los documentos y, a los tres días, nos casamos. El trámite costó 200 pesos [bolivianos] que son menos de 20 dólares: [exactamente] 16 dólares. No se publicó en ningún lado el matrimonio, como es, en realidad, obligación publicarlo durante 8 días.

Vivíamos en la misma casa, [pero] en la casa no debían saber nada. [Por eso], hicimos una pequeña fiesta en la casa de Yolanda Rivas (explico quién es más adelante) y, pocos días después, viajamos juntos en ómnibus desde La Paz hasta Santa Cruz. Siempre costeando yo el viaje, porque él no tiene el dinero suficiente. En Santa Cruz estuvimos dos o tres días hasta que recibí el pasaje, como lo había acordado con el compañero Juan,[40] que me enviara el pasaje como llamada desde Brasil. Así, mi marido estaría convencido de que me habían mandado un pasaje para trabajar de traductora con unos alemanes; cosa que le había explicado a él y a unos amigos en La Paz. Desde Santa Cruz, él [Mario] regresó a Sucre. Según lo que habíamos acordado, de nuestro matrimonio no se iban a enterar los padres, ni el hermano. Que él iba a seguir viviendo con el hermano; pero que, dos o tres veces a la semana, iba a ir a la casa donde [yo estuviera viviendo]. En este momento, tengo mis cosas en casa de Yolanda Rivas; pero, en cuanto regrese, conseguiré un departamento o una habitación para un matrimonio.

¿Qué más en relación a él? Bueno, a mi regreso, tengo que comprobar si, en realidad, sigue esperando. Lo que yo quiero hacer al regresar (ya que he estado viajando tanto tiempo y él, hasta ahora, nunca ha viajado al extranjero), es proponerle que, en cuanto tenga unas vacaciones (yo creo que es en julio o en agosto cuando tiene unas vacaciones de una semana o algunos días), viajar al lugar más cercano, quizás a Perú o a Chile. Y decirle que él saque Pasaporte para los dos, para que viajemos los dos juntos, porque [en] mi Pasaporte estoy como soltera y él prefiere que estemos bien, como casados, que eso esté registrado en los Pasaportes. Eso tengo que verlo a mi regreso. [Tengo que ver] si todavía puedo contar con él o si él, entre tanto, ha decidido anular el matrimonio por mi viaje por tanto tiempo…

(Ariel hace una pregunta). Es inseguro, puede ser que todo vaya bien… Bueno, nosotros [Mario y yo] quedamos, hablamos antes de salir que, independientemente si él conocía a otra persona, que, cuando yo vuelva, vamos a tratar de estar juntos y, si nos gusta, seguimos juntos y, si no, nos separamos. Pero vamos a ver cuando yo llegue si él me dice: "Al diablo, has estado bastante tiempo afuera y no me gusta eso". Y puede ser que la cosa ya no le interese o pueda ser que sí. Ahora, si es que sigue, le voy a proponer eso… Por lo menos, él ya no tiene ese complejo de que yo voy a pagarlo. Eso, más o menos, se lo he quitado. (Ariel hace una pregunta sobre el tiempo de duración de ese viaje) No, él no puede estar mucho tiempo fuera, es una cosa de pocos días, para poder sacar el Pasaporte. Si no, no tengo motivos para decirle que saque el Pasaporte. Es para salir, por ejemplo, a Arica.[41] Se va por cinco días, como va todo el mundo. ¿No? Entonces, que él vaya y saque el Pasaporte para los dos y que viajemos juntos a Arica; pero eso tengo que verlo al regreso.

Ahora, una cosa que necesito que se compruebe… Bueno, hasta ahora, él siempre había evitado que los padres se enteraran que andaba conmigo. El hermano sí sabía que andaba conmigo; pero, la última vez, cuando yo fui a Cochabamba, él ya estaba de vacaciones. Entre los exámenes tuvo tiempo y viajó a Huanuni y, ahí, según [lo que] él me contó luego, el padre le dijo: "Mira, me han contado que andas con una muchacha y que por eso no estudias". Entonces, él le explico que, al contrario, yo me ocupaba de que él estudiara y que yo no tenía culpa… (Por cierto, eso es una cuestión que fue un problema también con el hermano y los demás amigos de él. Todos decían que yo no lo dejaba estudiar, porque querían alejarlo de mí). Él habló [de] eso hace poco… En enero [de 1966], él habló con el padre y le explicó. Le habló de mí, de quien yo era, de mi edad y todo. El padre le aconsejó que eso era una cosa que él tenía que decidir. Que, aunque él era su padre, solamente lo podía aconsejar y que él era muy joven y debía terminar sus estudios; pero que él tenía que decidir las cosas que hacía. Así que el padre ya conoce del asunto; pero tratamos, hasta el momento, que el padre no se entere de que se había casado. Yo, por lo menos, le aconsejé que no le diga [nada] al padre. Sobre todo, que no le diga [nada] hasta que pasen algunos meses y que él pueda demostrar, con sus estudios, que está estudiando mejor que antes; porque, mientras [él] no haga eso, solamente va a tener la oposición de los padres.

No sé lo que habrá hecho entre tanto. Los padres no saben que estamos casados. Saben que anda conmigo, pero no saben que estamos casados. Si se enteran, creo que se enojaran con él. Lo aconsejarán; pero, por lo que he visto [acerca de] cómo el padre trata a los hijos, es un padre inteligente, que seguro dice: "Si me pongo en contra, es peor". Al comienzo, [Mario] siempre decía que prefería casarse para que no tuviéramos así con la gente, ni nada; pero que el padre por ahí le corta el dinero que le manda y qué sé yo cuanto... Hasta ahora, no hay problemas y no creo que el padre le haga tanto problema; pero él no tiene porque enterarse, porque no se ha publicado y ni siquiera el hermano lo sabe. Puede pasar que él [Mario] se ponga por ahí sentimental, que se emborrache y se ponga a hablar algo; pero, en ese sentido, no. Lo que para mi es necesario que se vea, [que] se compruebe realmente, es su posición política. ¿No? Si realmente es militante. Por ahí, es muy buen militante y por eso no dice nada. ¿No? Lo mantiene bien en secreto. Quizás no, yo no creo... No sé. Podría ser "un gancho",[42] pero yo no creo que [lo] sea. [Sin embargo], hay que verlo, porque puede ser de todo...

Otra cosa es que yo no puedo trabajar, según todo el plan que se ha hecho,[43] [en el caso] de estar viviendo con él. Ni siquiera así, viviendo separados, como está previsto, viniendo él, dos o tres veces a la semana, a mi casa. Lo que yo quiero es regresar; resolver en cuanto pueda mi Pasaporte y [separarme] de él. En todo eso, necesito también ayuda [para ver si] se le puede sacar a estudiar afuera. (Ariel hace una pregunta). ¿Eh? Por eso, sacarlo a estudiar y, como él tiene realmente interés... Es un problema porque, por ese orgullo, si él quiere saber y ver lo que uno hace, es un problema. Realmente, lo que yo tengo es que trabajar duro, casi todos los días [en] la cosa de los escondrijos y todo eso. Así que lo que necesito es [separarme] de él. Es muy poco lo que puedo hacer con él encima. Es un problema. Además, ellos son muy celosos. Es un problema que ahí todo el mundo se conoce y se habla muy rápidamente... (Ariel hace una pregunta sobre la disposición de Mario a estudiar en el exterior)

Él, sin problemas, así sin chantaje ni nada. La forma buena sería esa, la ideal...

No sé si se puede hacer rápido o no, porque tendría que sacar la Cédula y el Pasaporte. Posiblemente, se haga rápidamente porque, es posible que, incluso, si yo ahora voy a una Embajada boliviana y digo: "He perdido mi Pasaporte argentino; pero soy casada con [un] boliviano"... Es posible que me tengan que dar un Pasaporte boliviano y ellos mismos hasta me paguen el regreso. Pero eso yo tengo que verlo ahora al regresar. (Ariel hace otra pregunta). Si, soy boliviana; pero, para eso, hay que hacer el trámite. ¿No? Claro, tengo que presentar mis documentos y ver que todos están en orden. Y, por ahí me dicen: "¿Por qué hasta ahora no ha hecho el Censo?". Claro, ahora, quizás, ya estando casada, voy a identificación y digo: "Mire, me casé y quiero sacar mi Cédula boliviana", que [en] eso no hay problema. Pero, quizás sí. No lo sé. Lo ideal sería, primero [resolver] lo del Censo y después...

(Habla Ariel). Claro, sería una posibilidad más ahora; pero está también en el aire porque no sé si él [Mario], entretanto, rompió [el compromiso]. Lo ideal sería regresar e incluso puede ser que, aunque rompa, como yo tengo todavía estos papeles, pueda sacar todavía mi Cédula boliviana y hacer algo. Lo ideal sería eso, encontrarlo, vivir primero unas semanas con él, sacarlo [del país]... Incluso, hay un argumento para sacar el Pasaporte. Él podría decirme: "¿Para qué quieres sacar el Pasaporte si tienes el tuyo?". La primera cosa es: para estar ya como casados en el Pasaporte. Pero primero hay otra. Puedo decirle: "Vamos a viajar al norte de Argentina". Y lo que pasa es que, si yo viajo a Argentina, aunque esté revalidado [el Pasaporte], tengo que volver a hacer todo el trámite. Si uno entra con Pasaporte al país se lo desvalidan... No se lo desvalidan, sino que hay que hacer otro Pasaporte para salir. Si no tengo Cédula, él sabe que no tengo Cédula argentina... Si no, le digo: "Perdí la Cédula...". Nunca me preguntó (yo creo), pero tengo sólo el Pasaporte.

Ahora, si quiero viajar a la Argentina sin problema de volver, no me conviene ir con Pasaporte argentino, porque quizás tenga que presentarme y hacer todo un trámite que cuesta mucha plata. Me han dicho los argentinos que ahora los Pasaportes cuestan 50 000 pesos.[44] Entonces, eso es un argumento. Quizás pueda viajar a Salta o Jujuy.[45] ¿No? Eso es lo de menos; pero el problema es un pretexto para sacar el Pasaporte y es una vía completamente legal, normal, sin problema ninguno. Eso es lo que quiero hacer... (Ariel pregunta) No, esa es la que digo, no otra. La que digo es: Sacar con él... (Ariel dice algo). ¡Ah, si! (Ariel vuelve a hablar) No, porque, de todas formas, él quiere que saque el Pasaporte del país, aunque tenga eso arreglado. (Ariel hace otro comentario). Si yo tengo [arreglado lo del] Censo, no tengo problema ninguno.

Pero lo ideal es que yo tenga un Pasaporte completamente bien sacado. Que no tenga problema ninguno. Que no llegue el día que yo tenga que ir a la Embajada argentina, sacar el Pasaporte con él Me hago boliviana porque estoy casada con él. ¿Por qué me hago boliviana? Yo soy boliviana ya, pero ese es el problema que no sé: si, simplemente, uno va y saca Cédula y Pasaporte, o sólo puede sacar Pasaporte. O, quizás, hay que ir a Relaciones Exteriores y sacar la ciudadanía. No sé si es fácil. En realidad, [es] otra cosa que yo tendría que ver y que, por eso, me convenía tener más o menos arreglado el Pasaporte.[46] ¿Qué puede ser? Que cuando vaya me digan: "Usted tiene que renunciar a la Argentina, a la ciudadanía argentina". Y que haya que presentarse a la Embajada. Puede ser que no, porque yo hablé con varias personas y me han dicho que, según las leyes, la persona que se casa con boliviano; el argentino que se casa con boliviano, es boliviano; pero sigue siendo argentino, porque para Argentina sigo siendo argentina y para Bolivia... Si es así, no habría problemas. Pero es conveniente que el Pasaporte esté bien.

Vamos a decir que yo llego y hablo con él. Yo llego ahora y le digo: "Vamos a viajar". Entonces, él [Mario] va con la cédula de él y dice yo quiero sacar Pasaporte. Quizás, se lo dan fácilmente Quizás le dicen: "Su esposa es extranjera, vamos a ver si tiene todo en orden, vamos a ver su documentación, como extranjera, si está en orden". Claro, lo que yo voy a tratar de hacer, aunque me den eso... No, de todas formas, porque si no me dan eso, aunque trate de sacar el Pasaporte, corro riesgos. Porque ellos pueden... Llega él ahora con las dos Cédulas o conmigo y dicen: "Bien, vamos a ver si la documentación de ella está bien." Entonces ven que falta lo del Censo. Ella es boliviana ahora, pero era extranjera. ¿Dónde está lo del Censo? Quizás no y quizás lo piden. Yo no sé. Quizás, hay que ir a la Embajada [argentina]. Ahora, lo que me conviene es tener en orden eso [lo del Censo]. De todas formas, quiero sacar el Pasaporte boliviano, aunque tenga en orden éste [el argentino], pues [es] mucho más conviene tener en orden el boliviano. Aunque tiene algo de malo: que el [Pasaporte] boliviano hay que sacarlo otra vez cuando no se sale del país. Pero ya soy ciudadana boliviana. Saco mi Cédula boliviana; pero de todas formas tengo que tener eso en orden.

Entonces en relación a él [Mario], ya está claro que también necesito, después de resolver esas cosas, con los documentos... Ahora, en el código que se fijo con el compañero,[47] hay un código, además, de las músicas de ellos para mí, de las músicas que me pasan por Radio Habana...[48] Hay un código de cosas que yo mando en telegramas y, en ese punto, donde se ponen unos números dentro del texto, se refiere a que resolví el problema o que necesito que saquen a mi marido al exterior. Está en ese código que ellos van a recibir... (Habla Ariel). Está en ese punto. Hasta me sé de memoria cuál punto es. Y sé como poner los números ahí. Entonces, cuando reciban eso, tienen que... Bueno, otra cosa que se puede ver, [es] que también él [Mario] quiere estudiar en Argentina o en Brasil y que puede traer sus conveniencias. Pues [si] él se [va] a estudiar, yo tendría una justificación para viajar a esos países. Es otra cosa que hay que estudiar. Es decir, primero lo necesito. Cuando ya no lo necesite, se le puede sacar de alguna forma. Lo bueno es que él quiere estudiar afuera. Así que no hay problema de proponerle que vaya a estudiar afuera.

(Ariel formula una pregunta). Eso se refiere a [las] relaciones de la casa donde estaba viviendo anteriormente... En los días que yo me cambié a la otra casa, Anis [Ana Henrick] sabía que yo estaba buscando dónde poder trabajar. Yo buscaba un tipo de trabajo que me permitiera estar más o menos libre, de traductora o algo así. Ella sabía que Gonzalo López Muñoz, que edita IPE (es una carta semanal que se llama *Información Periodística*, de tipo cultural, política, económica que se manda en sobres a las personas interesadas que pagan al año [o] por 6 meses) y que, además, también estaba comenzando, en ese momento, a editar la revista *Esto es*, que sale quincenalmente (ahora sale con más irregularidad que antes): una revista que se consideraba, en ese momento, la mejor revista [boliviana] por la calidad del material, las fotografías, etcétera.

Ella [Ana] primero me presentó al pintor Ortega Leyton. Y este pintor estaba colaborando con Gonzalo López Muñoz. Ortega Leyton vive en una casa en Miraflores, donde se reúnen frecuentemente intelectuales de izquierda y menos de izquierda, hacen orgías y discusiones políticas y de todo un poco. Él es muy amigo... En la misma casa vive, cuando se encuentra en La Paz, el escritor Tristán Marof. Su nombre verdadero [es] Gustavo Navarro, que tiene su residencia en Santa Cruz. Tristán Marof sacó recientemente varios libros; [entre ellos], uno que se llama *El Jefe*, que ironiza a Paz Estenssoro. Este [Ortega Leyton] llegó a la redacción de *Esto es*, que al mismo tiempo era, en ese momento, la oficina de *Visión*.[49] Ahí, Gonzalo López Muñoz es corresponsal. Además, en esa oficina se encontraba también el representante de *Visión* para la cuestión de las suscripciones, Sergio [Soria] Cobarrubias, pues Gonzalo López Muñoz estaba viajando en ese momento Entonces, primero conocí a Sergio Cobarrubias, que actualmente tiene la oficina en el edificio de Oversides, en la Calle Mariscal Santa Cruz. Él es de ideas falangistas, aunque dice que no puede estar en el partido,[50] porque su condición de representante de *Visión* no se lo permite. Gonzalo López Muñoz hablaba siempre contra él [Cobarrubias] y decía que querían sacarlo de esa oficina porque es muy reaccionario.

En la oficina de López Muñoz se reunían intelectuales que se expresaban de izquierda. Por ejemplo, el periodista Luis Raúl Durán, que es el Jefe de Prensa de Yacimientos Petrolíferos Fiscales [Bolivianos], y algunos otros. Y discutían cuestiones políticas. Él [López Muñoz] habló también de su viaje a Europa, [de] cuando estuvo en Europa y habló de cómo se peleaba con los alemanes porque son muy fascistas y tomaba siempre una posición de izquierda, aunque a veces parecía un poco forzada. Yo he estado en la casa de Gonzalo López Muñoz, donde tiene una biblioteca marxista muy grande. Me mostró fotos con varios de la Embajada cubana, en la época que todavía estaba en Bolivia y tenía también revistas de Cuba. Él siempre comentaba que, en el momento, no sabía dónde colocarse políticamente. Que no sabía qué era lo mejor. Que lo mejor era ser neutral. Un día, cuando fui, lo encontré con una solicitud del PCB [Partido Comunista de Bolivia]. La estuvo llenando delante de otro que estaba allí en la oficina, y la llenó y con ella se dirigió al PCB. Y dice que vio al PCB de lo que allá llaman "la línea Moscú", [bajo] la dirección de Monje. Como ya le [dije]: yo siempre tomaba una posición bastante reaccionaria, por lo que muchas veces se burlaban de mí en la oficina y decían qué hago allí con mis ideas, y que tengo algunos amigos falangistas, porque sabían que era amiga de Bascope, el abogado falangista.

En cierta ocasión, Gonzalo López Muñoz me hizo unos comentarios como el siguiente: Me contó que cuando estuvo en Berlín Occidental, en una conferencia [en la] que se hizo corresponsal de *Visión*... Y me enseñó el lugar donde estaba, que es un lugar no muy conocido y me preguntó por ese lugar. Yo no sabía en qué lugar estaban, y decía: "Cuando se estudian mapas no se conoce bien el lugar. ¿Quién sabe si tú has estado en Berlín? Yo conozco esas cosas y tu bien podías ser 'media espía' o algo parecido, y por eso estas viajando tanto". Estaban otros más en la oficina en ese momento. Esa fue, en realidad, la única vez que [López Muñoz] hizo un comentario de ese tipo. Una vez que también hacían comentarios entre ellos de ese tipo (de cosas de espías, etcétera), él dijo: "Bueno, en realidad, los americanos creen que eres espías de los rusos y los rusos creen que eres espías de los americanos, y por eso nadie te recluta".

En su oficina [la de López Muñoz] también estaba trabajando un tiempo un muchacho que había venido de Argentina, periodista muy joven, de 19 años: René Capriles Farfán, que hablaba de actividades que había tenido con la Juventud Comunista de Argentina y que había estado en la cárcel. Se expresaba como muy de izquierda, pero [decía] que lo mejor era no estar en ningún partido, sino ser de izquierda y hacer una revolución, etcétera. En la oficina de Gonzalo López Muñoz se había colocado un banderín del partido[51] y tenían un gorro [una gorra] de los que habían dado en la Embajada cubana, verde olivo, con rojo y negro,[52] que se lo ponían muchas veces, cuando venía la gente, y se quedaban así en la oficina.

Y también conocí, algunas semanas después, al hermano de Gonzalo López Muñoz, Alberto, que no se expresa nunca de nada y estaba recientemente a cargo de la revista porque a Gonzalo Muñoz lo nombraron Jefe de Información de la Presidencia. Y luego también, el dos de enero [de 1966], empezó a editar el periódico *La República*. Recientemente, el 11 ó 12 de febrero, renunció. Yo no he tratado con él hace meses Intencionalmente he roto el contacto con él. Lo veía de vez en cuando; pero —según el cuñado de él, que es casado con la hermana de él y tiene un negocio de plásticos en la Calle Evaristo Valle. Plásticos Lor, se llama el negocio... (Justamente, he pasado por ahí al día siguiente o el mismo día [que] él [Alberto Muñoz debe] haber renunciado). Y el [cuñado] me comentó que renunciaba porque el MPC [el partido de gobierno] trataba de imponerse en el periódico y él [Alberto] no quería dejarse imponer por ningún partido y había renunciado. Posiblemente ahora sigue trabajando en la revista, siempre siguió trabajando en la revista y siempre siguió trabajando como corresponsal de *Visión*.

Más o menos en febrero del año pasado [1965], apareció en la oficina, en forma secreta y misteriosa, el hermano de Gonzalo López Muñoz:

Eduardo Olmedo López. Lleva el nombre Olmedo López, como artista, como poeta. Lo empezó a usar cuando empezó a editar los primeros libros. Primero se presentó con otro nombre que no recuerdo y, recién, cuando fue tomando más confianza, me contó... Además, al parecer, yo le interesaba. También empezó a contarme quién él era. Solamente llegaba a la oficina, trabajaba y se iba en un taxi a la casa y nunca se dejaba ver en la calle. Al fin, me contó que estaba medio escondido porque él estaba acusado de haber matado a la sobrina de Siles Suazo,[53] Teresa Siles. Que, luego del suceso, él había salido del país y, recientemente, pocos meses antes de la caída de Paz Estenssoro, regresó. Él había sido secretario de Paz Estenssoro y también, un tiempo, diplomático en Argentina y en Uruguay. La primera mujer de Eduardo Olmedo López, es Ruth Arrieta, que se encuentra en Cuba con dos hijos de él. Me mostró la foto con los hijos en medio de la 5ta Avenida.[54] Y, la segunda mujer, fue una uruguaya con quien tiene un hijo. Se encuentra en Uruguay. Actualmente, está casado con una mujer que tenía muy mala fama, porque tenía relaciones con muchos Jefes del Gobierno hasta que él se casó con ella. La odia mucho toda su familia, porque dicen que es una mujer de mala vida. Además, es una mujer de muy mal carácter. Él tiene con ella una hija, que tiene ahora unos dos años. Había estado más de un año y medio en el extranjero, después del problema con la sobrina de Siles Suazo. Según él, ella se había suicidado y, luego [del] suceso, él regresó al país y se presentó a las autoridades. Pensó que iba a tener ayuda, que le iban a dar la libertad y [que podría] estar normalmente en el país porque Ciro Humboldt, Ministro del Gobierno,[55] era íntimo amigo de él. El 4 de noviembre,[56] su hermano, Alberto López Muñoz, lo ayudó a fugarse.

Él [Olmedo López] se escondió en la casa de unos amigos. Mientras, el Tribunal de Oruro[57] había decretado que no era homicidio, sino suicidio y que se le podía dar la libertad provisional hasta que la Corte Suprema de Sucre decidiera. Él se había fugado de la cárcel, por eso podían acusarlo. Se mantuvo escondido hasta que al fin empezó a salir y fue a la oficina a trabajar y trabajaba en la revista *Esto es*. El padre de la chica que había muerto empezó a presionarlo, pidiéndole dinero Iban a la oficina, él o el hijo de él, el hermano de la chica que había muerto, y le pedían dinero y, que si no le daba dinero, entonces lo denunciaban. Él no tiene ya dinero, pues parece que lo gastó en el tiempo que estuvo exilado afuera porque no trabajaba en todo ese tiempo. Y, entonces, le detuvieron en abril del año pasado [1965] Lo llevaron a la Dirección de Investigaciones

Criminales (DIC). Primero, a las celdas del DIC en la calle Ayacucho y, de ahí, lo llevaron al Panóptico.[58] Él tenía en ese momento una cosa muy pública. Tenía, además, un saco de seguridad que todavía lo llevaba de la época de que era secretario de Paz Estenssoro y le sacaban ese saco.

Desde entonces, él [Olmedo López] está en la cárcel. Mientras que yo los veía o trataba con ellos, él siguió cooperando desde la cárcel en la revista *Esto es*. Defiende a Cuba y tiene, en ciertas cosas, una posición más clara que la de Gonzalo López Muñoz. Éste trató de enredarme con Eduardo Olmedo López, porque lo que quería era que se divorciara de su mujer. Y, por eso, me mandaba al Panóptico. Yo [fui] unas cuantas veces al Panóptico, hasta que, al final, justamente con ese motivo de la cuestión de la mujer, busqué la razón para desligarme de todos. ¿Se entiende eso? Busqué justamente eso como pretexto. Y, a los amigos también, cuando ya no iba a la oficina de Gonzalo López Muñoz, les decía [que] no [iba] porque éste me mandaba a ver a Eduardo Olmedo López y había todo un lío con la mujer y usé eso [como] pretexto para no verlo más.

Claro, el día cuando Gonzalo López Muñoz dijo que entró al Partido Comunista, ese día fue también al Panóptico. Y, cuando yo le comenté eso, estaba con ellos. Y le comenté a Eduardo: "Mira tu hermano se metió al PCB. Está loco". Entonces, Gonzalo López Muñoz le contó que se había metido al PCB, pero que los del partido le habían dicho que iba a ser una cosa secreta. Que no se iba a publicar, y que él iba a colaborar con ellos a través de la prensa, publicando cosas que ellos le indicaran. Eduardo lo que hizo fue decir que eso era una tontería, porque se puede trabajar mejor para la revolución fuera del partido que dentro del partido.

Logré desligarme de ellos [los López Muñoz], el dos de mayo. [Pero antes], cuando fui a la oficina, hablé, primero, con el de *Visión*. [Sergio Soria Cobarrubias] me "reclutó" como agente suscriptor de *Visión*, pero ese trabajo estaba bastante difícil y, sobre todo, yo no sabía si era lo más conveniente porque era muy público. Había que ir a muchos lugares, [lo] que puede tener su lado bueno y su lado malo. Cuando llegó Gonzalo López Muñoz, me hizo también "agente suscriptora de IPE". IPE, en cierta forma, era más fácil porque ya eran personas que estaban suscritas, que había que renovarles las suscripciones y, de cada suscripción de las primeras, tantas y tantas, no sé cuántas fijaron, sacaba el 10% y después el 20%. Y, como yo en ese momento no tenía trabajo, tampoco tenía la forma de evadirme. Hice algunas semanas ese trabajo, y podía moverme. Entré a muchos lugares a través de ese trabajo, con el problema de las suscripciones. Ellos... ¡Ah! También este pintor [Ortega Leyton] me había presentado a Gonzalo López Muñoz, porque él quería aprender alemán y le di algunas clases. Pero después ya no se podía coincidir con las horas porque, entre tanto, comencé a conseguir clases de alemán particulares.

A través de periódicos y a través de amigos, en esa oficina de Gonzalo López Muñoz, también conocí a Víctor Sanier, que es el redactor, el director del periódico *El Mundo* de Cochabamba. Muy bien relacionado con René Barrientos y estaba colaborando en la Presidencia cuando yo lo conocí. Pero dicen que no le han dado ningún puesto. Él quería conseguir un puesto como diplomático y dicen que no lo consiguió porque la Embajada americana está contra él: está fichado de comunista o de izquierdista. Él [Sanier] dice que estuvo un tiempo en el PRIN, pero que nunca estuvo en el Partido Comunista Estuvo viajando por Europa. Estuvo en Checoslovaquia y en Alemania Democrática, en Alemania Oriental. Se expresa en forma relativamente positiva, con algunas cosas en contra y otras a favor. Al hermano de Víctor Sanier, yo lo había conocido en Cochabamba. Estudió ingeniería [durante] ocho años en Praga, [en] instalación de máquinas [o], no sé qué cosa... Algo así: instalación de maquinarias. Y es actualmente el Jefe de Teléfonos Automáticos de Cochabamba. Otro hermano de Víctor Sanier ha estado en los primeros años, 59 ó 60, en Cuba. Lo habían mandado a estudiar, pero dice que no le gustó y regresó. Está estudiando actualmente agronomía en Cochabamba. Víctor Sanier ahora recién volvió a editar el periódico *El Mundo*, que salió hace un mes en Cochabamba. A través de Víctor Sanier me presentó a su cuñada, casada con un hermano mayor de él. El hermano mayor es Ingeniero de Minas. No son políticos y esa cuñada me consiguió muchos alumnos de muy buenas familias, alumnos de alemán.

¿Qué más? Espérate. Yo quiero ver si con Gonzalo López Muñoz hubo alguna otra cosa. Nada. Entonces, en mayo logré deshacerme. Muchas veces él insistía en que pasara por ahí. Me encontré con la hermana, Colombia se llama... (Habla Ariel sobre el comentario realizado por López Muños acerca de que Tania podía ser "medio espía"). No, eso [fue] una vez que hizo ese comentario, pero bromeando, en risa, porque ellos usan muchas bromas de ese tipo... Yo creo que lo hizo con la idea de ver, quizás se imaginó... Pero no, posiblemente, él no lo hacía directamente pensando de que existía el hecho, sino que para ver... Podría ser, y por eso hizo la prueba. ¿Quién sabe? La cosa es que después no hizo más nunca ese tipo de comentario. Lo que trataba era de ligarme con Eduardo Olmedo López. Yo después no fui más y dejé de verlos. Me encontré varias veces con la hermana, llamada Colombia, que está casada con un chileno ¡Ah¡ Y este chileno además del negocio éste de [plásticos], también tenía ideas de izquierda que las expresaba entre ellos, pero siempre así relativas, [sin] tener una posición así, concreta.

Ese [chileno se llama] Carlos Casi Goli. Está casado con Colombia López Muñoz. Tiene, además del negocio de Plásticos Lor, una editorial que me olvidé ahora del nombre, donde se editan muchos libros; tanto de cuestiones oficiales del Gobierno, Ministerio de Educación (publica algunas cosas) y también gente de izquierda publica ahí libros en la editorial de él... (No me acuerdo el nombre de la editorial). Viven en la calle Pasos Canqui 31 en.. Gonzalo López Muñoz vivía, mientras que fui una vez a la casa de él y conocí a la mujer de él (que es sobrina del escritor y poeta Jesús Lara), en la calle Estados Unidos en Miraflores; pero no sé bien el número. He estado en la casa una vez. Los encontré algunas veces. Él insistía en que vaya a la oficina. Yo rompí de una forma justificada, sin forzar. Quiere decir que, en cualquier momento, puedo ir a verlos y tratar con ellos sin problemas. No estaban enojados, sino que lo vieron como una cosa de este lío que yo tenía con Eduardo Olmedo López. Yo fui varias veces al Panóptico y la mujer se puso celosa. Yo lo hice a propósito, un poco para que se [armara] el lío, aunque había que tener cuidado, porque es una mujer un poco peligrosa y podía ser un buen lío...

Me conocía el Panóptico muy bien. [Allí] conocí a varios que estaban presos, políticos como éste... ¿Cómo se llama éste que tiene un nombre alemán, que el hermano era un dirigente de MNR muy conocido, ese que está en la cárcel, el que dirigía la Escuela de Policía? ¿Walter Kauner? ¿Él era el Jefe? Entonces él hermano, el otro, uno de los dos. Uno estaba afuera. El otro estaba en la cárcel. Uno estaba exiliado. ¿No? El otro estaba en la cárcel. A él lo conocí. También conocí a una banda que hizo un gran atraco en Calamarca[59] y que estaban todos ahí presos. El que dirigió eso era un argentino y otros que había ahí, alguno de Borcocaina.[60] No me acuerdo muy bien los nombres de los otros. Eso sí, conozco el Panóptico de una esquina a la otra. La entrada es completamente libre. Se entra jueves y domingos sin problemas. Solamente hay que decir a qué persona se va a ver y se entra todo el día. Apenas controlan si uno lleva una botella de alcohol, nada más. ¿Bien?

He estado también dentro del DIC. El día que lo agarraron a él [Olmedo López], le llevaron todo de la oficina. Yo traté de zafarme. Cuando ya no podía insistir en que no quería ir al DIC, le llevamos colchones, porque lo llevaron al DIC y ahí lo pusieron [en] una celda al [final] del DIC. En una celda aislada; [pero], en realidad, había un control tan malo, que entramos con Gonzalo López Muñoz. Entramos por el patio de atrás [donde] había un portón de hierro. Él mismo abrió la cadena, abrió el portón de hierro y atrás había un grupo de jóvenes jugando al *volleyball*. Y atrás, en un rincón, era donde estaba la celda de Olmedo. Entramos bien hasta el final, sin que nadie hiciera control, aunque era aislado. Él estaba como preso aislado, porque se pensaba que estaba en una cosa política también y lo querían acusar (aunque, después, no le encontraron nada), pensaban que estaba relacionado con Paz Estenssoro, porque de golpe apareció ahí...

(Habla Ariel y le pregunta sobre los cuerpos de seguridad bolivianos). ¡Ah! La cuestión del DIC. En los últimos meses, varias veces cambiaron, reorganizaron la cuestión de seguridad. Según tengo entendido, existe una organización que es la Guardia Nacional de Seguridad Pública, que parece que tiene su oficina central (por lo menos la de La Paz) en la calle Junín, frente a Relaciones Exteriores, donde está Identificación. El Departamento de Identificación que yo hace meses no he ido, no sé si sigue ahí... Sí, sigue ahí, porque el compañero ha estado ahí.[61] Esta Guardia Nacional de Seguridad Pública está dividida en Tránsito, Seguridad y la DIC que es la Dirección de Investigación Criminal. Según los periodistas y los informes [de] la prensa en general, los presos cuando son muy políticos, van directamente al Ministerio de Gobierno en la calle Arce. A algunos los llevan primero a la DIC y a algunos también a un cuartel que se encuentra... Creo que es en la calle Loaiza, o Colón. Una de las calles que sube frente al Hotel Noima o Niuma... Eso es.

(Habla Ariel y le pregunta por otras de sus relaciones). De éstos, así no. Los conozco; pero no los trato... La ceramista viene ahora y la muchacha esa del buzón, la Rosario, viene ahora también. Otra vez, cuando estaba en la oficina de Gonzalo López Muñoz, conocí a otras personas, de otros partidos que venían. Después me presentaron, en la calle, a Lechín...[62] Justamente tres días antes de que lo sacaron del país; pero así no más... Él, Gonzalo López Muñoz, me quería llevar cuando iba a hacer entrevistas en la casa de Lechín, que yo siempre me traté de evadir. ¿No? Era un problema siempre... También me quiso llevar a varios lugares de ese tipo. (Habla Ariel sobre la posición política que ella asumía) En todas iguales. Ahora claro, por ejemplo, ahí me mostraba más reaccionaria; mientras que, con estos muchachos,[63] me mostraba anticomunista; pero más objetiva. Por ejemplo, yo les dije que yo había estado en Berlín [Oriental]; pero que en Berlín había tales cosas buenas y tales cosas malas, y que es verdad, que ellos tienen razón, que algunas cosas son malas y que los comunistas, en las cuestiones de cultura, hacen cosas buenas y que la campaña de alfabetización en Cuba es buena... Y hablaba de algunas cosas buenas, así sueltas. Pero, en general, una posición en contra. Me reía de ellos cuando empezaban con sus cosas pro-comunistas, pero nunca una posición muy reaccionaria.

(Habla Ariel sobre los estudiantes que alquilaban habitaciones en el mismo apartamento donde ella vivía). De los tres [de] la casa, creo que si. Hay que comprobar... (Ariel habla sobre Mario). No, yo creo, creo que sí, pero es muy difícil uno mismo comprobarlo. ¿No? Es difícil, pero aunque viva junto, eso si, en general, él no va a las reuniones. Eso no, estaba a veces todo el día que nos veíamos. Iba a clases, volvía. Estaba en la casa, pero es difícil ver. Puede ser un buen "gancho"; pero sería demasiado bueno, habría que felicitarlo por bueno... ¿Qué más? Así, cosas especiales raras, no.

(Habla Ariel y le pregunta sobre otras personas que ella hubiera conocido). Espérate. Ahora, ¿otros así? Bueno, conocí al Director de Educación...; pero este, el limeño este que conocí, [el] boliviano que vive en Lima, me dijo también que él sabía que yo quería sacar la residencia. Que llamara a uno del Ministerio de Economía, René Pacheco, que era en ese momento el secretario privado del Ministro de Economía. Me dio el teléfono y todo, pero ya, entre tanto, creo que no lo es.

¿Otros así? Es que yo después traté de evitar un poco para no entrar en problemas, hasta que pudiera aclarar, porque yo [sobre] toda esta gente venía siempre escribiendo quienes son, y todo, [preguntando] si convenía o no convenía... Así que yo evitaba eso. Era más bien por la cuestión del trabajo... Ellos, incluso, me pusieron en la revista un aviso gratis de traductora y clases de alemán sin poner mi nombre. Simplemente pusieron: Llame al número de la oficina; pero yo, después, traté de desligarme un poco...

Después, por ejemplo, yo vi que convenía lo de los falangistas. Después los falangistas estaban muy en la oposición, así que no me convenían tampoco los falangistas. Al comienzo, convenía los falangistas. Eran los que se ponían en alto por todos lados. Entonces, yo me ligué a ellos, [y] a través del abogado [Bascope Méndez], conocí a otros falangistas. Después, él mismo me dijo un día cuando lo encontré: "Oye, sabes cómo estamos ahora. Ya estamos armados". Me mostró que tenía el arma y me dijo: "Si algún día tengo problemas, voy a tu casa, me refugio en tu casa". Le dije: "Mira, el problema es que no es mi casa, es casa de otra gente." El problema es que él sabe que estos de mi casa son bien pro-falangistas, porque son muy amigos de Gonzalo Romero, que es el Jefe de Falange. Y entonces él quería ver, quizás, en ese sentido... Así que yo traté de evitar un poco [a] los falangistas. Había una época en que habían empezado a allanar casas de falangistas y todo.

Bien, a través de ese primer pintor que conocí,[64] conocí a Rosario Sarabia Iturri. Esta no dijo nunca la edad, porque es una vieja solterona que no quiere que sepan su edad, pues cree que todavía, algún día, se va a casar. Es [de] una familia que parece que tenía mucho dinero y ya no lo tiene. De ese tipo de carácter: es una familia muy amargada, porque los padres no se hablan [desde] hace quince años. Hay serios problemas entre ellos. Ella es muy católica. Va siempre a la Iglesia; pero tiene ideas poco ciertas, tiene muchos prejuicios. Por ejemplo, cuando le propusieron hacer una exposición [en] una feria popular, no quiso ponerla porque ella sólo dispone de un edificio y no dispone de los indios. Por otro lado, es muy amiga (quizás amante, no sé, porque se hace la muy seria, nunca me cuenta de cosas así tan íntimas, se hace la que no tiene nada con nadie), muy íntima, de Luis Raúl Durán. Y, a través de él, conocí a una serie de personas que dicen que han estado en países socialistas y entonces están influenciadas por algunas ideas de izquierda. Aunque nunca se expresó así, directamente en favor de Cuba, [Durán] tiene algunas posiciones de izquierda. La hermana de ella [de Rosario Sarabia], es bastante reaccionaria; pero andaba todo el tiempo de novia con uno (estuvo, una vez, en una reunión con unos amigos) que, si no es militante del Partido Comunista, se expresa y es muy de izquierda... (Ariel pregunta el nombre). No sé. Lo he visto una vez y no he podido preguntar. Es el novio de la hermana [de Rosario]. Y la otra hermana de ella, que tiene un hijo, es divorciada. Vive con el hijo en la misma casa. Trabaja [con] el Ejército [boliviano]. Creo [que] como oficinista o en un taller, porque una vez dijo que allá tenían muchas cosas de cuero y que puede conseguir botas de cuero. Así que también puede ser que sea alguna cosa de almacenes o algo así; pero es algo del Ejército.

Bueno, Rosario Sarabia hace unos cuadritos que son pintados y con aplicaciones de tela, paja, plata y cosas así. En las exposiciones, los vende. Aunque ella no viajó, expusieron sus cuadros en Checoslovaquia y en Estados Unidos. Me hice amiga de ella. Iba muchas veces a la casa y le expliqué que necesitaba esa cuestión [para] un amigo que me tenía que escribir a la casa porque está casado. Pero no tengo mucha confianza y quiero tratar de cambiar y conseguir otro buzón, porque es una cosa bastante insegura. Hasta ahora, no he podido probar bien lo que es. Y, además, [Rosario] es una persona que está muy indefinida también: tiene ideas de izquierda, también de derecha y está así... No sabe lo que quiere. Resulta —según lo que me dijeron recientemente— [que] ella trató de conseguir una beca o algo así, un viaje a una exposición aquí en México. Creo que en México. Y que no se lo quisieron dar. Eso me lo dijo Yolanda Rivas (de ella hablaré más adelante), que la UNESCO le dijo a Rosario Sarabia que no le quisieron dar [la beca], porque anda muy ligada a comunistas y que tiene ideas muy de izquierda.

A mediados del año pasado fui a una conferencia a la Universidad y me presentaron a Yolanda Rivas, ceramista, de las mejores ceramistas de Bolivia, de la que ya había oído antes; pero no me la habían presentado todavía. Ella, cuando supo que yo daba clases de alemán, me pidió que le [diera] clases de alemán a [sus] sobrinos y yo le dije que, a cambio, me [dejara] trabajar en su taller y me [diera] clases de cerámica. Me hice amiga de ella y, recién después, me enteré que el esposo de ella era checo. Que había salido hace unos cinco años de Checoslovaquia. Es Profesor de Geología. Había terminado sus estudios, se graduó, en Checoslovaquia. Ella había estado en Checoslovaquia becada, por una beca que ganó a través de un concurso en Bolivia para especializarse en cerámica, en Checoslovaquia, por tres años. Ella estuvo sólo un año y medio y, en ese tiempo, terminó sus estudios y salió. [Yolanda] dice, además, que no le gustó mucho; pero, en ciertas cosas, da opiniones objetivas de cuestiones de la cultura y de que no es verdad que no hay libertad. Dice que hay bastante libertad; aunque, en general, se expresa en forma anticomunista.

El hermano de Yolanda Rivas, es Profesor de Geología en la Universidad. Se llama Rivas. No me acuerdo el nombre. Es casado con una boliviana. Estuvo estudiando en Nuremberg o en Munich durante varios años.[65] También, mientras ella [Yolanda] estaba en Europa, estuvo casada, primero, con un artista boliviano que resultó ser homosexual, del cual ella se separó y no vivió ya con él. Mientras estaba en Checoslovaquia todavía ella estaba casada. Ahí conoció a Ploskonska, al profesor checo (es ingeniero); pero todavía no estaba muy relacionada con él. Cuando ella salió y regresó a Bolivia, él —según ella me cuenta—, después de largos trámites, consiguió que lo dejaran salir, porque él tiene Pasaporte uruguayo, porque nació en Uruguay. Los padres han estado en Uruguay y, después de la guerra,[66] regresaron a Checoslovaquia. La familia de [su esposo] reside en Checoslovaquia. Recibe cartas y le mandan cosas. Ellos dicen que él quiere traer a la madre a Bolivia; pero que le exigen que pague 3 000 dólares, que si no [los paga], no la puede sacar de Checoslovaquia. Él salió sin dinero de Checoslovaquia y fue a Alemania Occidental, donde se encontró con el hermano de ella [Yolanda] y, luego, se fue a Uruguay. En Uruguay, no encontró campo de trabajo como Profesor de Geología y llegó a Bolivia (donde estuvo trabajando, primero en las minas) y se casó con Yolanda Rivas. Ella también estuvo con él un tiempo en las minas y, actualmente, es Profesor de Geología en la Universidad.

De Yolanda Rivas, me hice amiga, bastante íntima, porque tiene una posición más libre. Se podía conversar más libre, no como con Rosario Sarabia que es más complicada. Además, yo vi la cuestión de la cerámica y empecé a ir frecuentemente a la casa y podía ir a cualquier hora al taller a trabajar en cerámica. Con ella hemos creado recientemente (de la cual yo soy socia fundadora) la Sociedad de Ceramistas de Bolivia, de la que también llevo, en realidad, representación. Y, en los diferentes países, hago contactos para tener intercambios entre la Asociación de Ceramistas de Bolivia y la de aquí.[67] No existía hasta ahora en Bolivia. Cada cual, trabajaba por su parte y existían problemas. Por ejemplo, una vez, la Embajada americana se dirigió a la mujer de un pintor muy bueno de [Bolivia]. Ella [se llama] Inés de Córdoba. Muy buena ceramista. Pero cuando se dirigieron a ella y cuando le dijeron que [expusiera] en Estados Unidos, dijo que ella no [tenía] piezas y que ella [era] la única ceramista. Desde entonces surgió ese conflicto y dijeron, bueno, para que no surja más eso, hacemos una Asociación de Ceramistas. En realidad, esa Asociación recién se creó y, en estas semanas, yo llevo algunos papeles con membretes de la Asociación, sobre su papel, etcétera, que yo misma mandé a imprimir.

Bueno, ellos [Yolanda Rivas y su esposo] viven en la calle Antonio Díaz Villamil 795, en San Pedro. La casa es de la madre de ella o de todos ellos, en realidad. La casa es de tres pisos, con muchas habitaciones. Vive también en la casa, la hermana de ella [Yolanda] que es divorciada, con tres niños. Trabaja en el Ministerio del Trabajo. La madre viaja muchas veces. Ellos, antes, tenían muchas minas; pero, según ella me contó, el padre se emborrachaba mucho y fue gastando el dinero y ahora tienen hasta deudas, y no tienen mucho dinero. Tienen un terreno en Calacoto. Ese terreno tiene una casita. Yo le pedí la llave con la idea de que, quizás, algún día, sea necesario utilizar esa casa en alguna forma. Y como yo tenía mi novio (mi actual esposo), yo le pedía siempre la llave. Esa casa la utilicé ahora con el compañero para ir dos veces. No tiene buenas condiciones, porque en el lugar hay muchos diplomáticos y es un terreno que no tiene nada. Es al final de Calacoto y, enfrente, está una casa donde el jardinero también tiene llaves para esta casita, para cuidarla. Así que él siempre puede saber con quién yo entro a la casa. Pero, de todas formas, fue útil para estar una o dos veces ahí y poder hablar tranquilamente. Esas llaves las tengo conmigo porque me las llevé sin darme cuenta (se ríe) y ya le escribí a ella [Yolanda] para decirle que las otras llaves las tiene el jardinero. Es una casita provisional. No es una casa.

En realidad, mi amistad mas íntima es con ella, al esposo lo trato menos. Voy a la casa. Entro cuando quiero. Como ahí. Trabajo en el taller. Les doy clases de alemán a los sobrinos. Ella me sirvió de testigo para la boda. En la casa de ella hicimos el matrimonio y a ella era a quien le contaba todas las cosas con mi novio. Mis pertenencias están actualmente en la casa de ella; pero me es muy necesario tener información, sobre todo, sobre él [el esposo de Yolanda], para ver si conviene alejarme o si está bien. Ella tiene una casilla de correos que se puede utilizar y, en el plan que lleva él,[68] va [esa casilla] para enviarme cosas abiertas, como revistas con algo. Ahora, lo que debe enviarse a esa casilla de correos, pueden ser cosas de folklore, arqueología, cultura en general; pero no de cerámica, porque si van [publicaciones] de cerámica, [por] ser la misma casilla de la Asociación de Ceramistas, van a querer que la revista quede para la Asociación. Y sacar una revista y sacarle unas hojas, ya es un lío. Así que tienen que ser cosas diferentes. Eso lo explico ahí también.

Los de la casa anterior donde viví, [y] Rosario Sarabia, seguro que están un poco enojados porque me salí sin despedirme. [Rosario] es una persona de esas, así, burguesa, muy anticuada, que hay que excusarse y llegar a tiempo y, cuando uno llega tarde, se enoja. [Es de] esas personas muy complicadas, que hay que hablarles con mucho cuidado para que no se enoje. Mientras que Yolanda, es todo lo contrario, y también tiene esa opinión de Rosario. La que conoce todos mis problemas, por ejemplo, sentimentales, íntimos, es Yolanda Rivas... También Rosario; pero Rosario no sabe que me casé. Lo sabe Yolanda Rivas nada más.

(Ariel le hace una pregunta). Espérate. Deja ver una cosa. Bueno, a través del abogado Bascope Méndez, el abogado falangista, conocí, primero, a una prima política. O sea, casada con un primo de él, llamado Armando Bascope, que era dirigente del MNR y Jefe de Teléfonos Automáticos. Al caer Paz Estenssoro, el mismo Bascope, el [abogado] falangista, lo metió en un auto, lo llevó a la Embajada de México y lo mandó a que se asilara (Tania se ríe)... Él mismo [Bascope Méndez] lo asiló. Estaba en Cochabamba, con un grupo de falangistas, hizo una revuelta en Cochabamba y lo primero que hizo, al llegar a La Paz, fue montar al primo en un auto y llevarlo a la Embajada mexicana. Bueno, porque [como] es un pariente de él, lo llevó.

La otra, Rita de Bascope, seguía todavía en La Paz. La conocí. Se hizo amiga mía. Ella buscaba en qué sostenerse. Es una muchacha de 26 años. Tiene cuatro hijos del primer matrimonio y tres hijos de él: siete hijos. Es muy bonita. Y, entonces, me empezó a consultar cosas, porque ella se enamoró un poco del mexicano Juan Manuel Ramírez. Entonces, me contó que su esposo, [Armando] Bascope, estuvo tres años sin dormir en la casa. Tenía una querida, con la que tuvo otro hijo, y todo un problema de ese tipo. Esta chica, esta mujer [Rita], estaba ahí con sus siete hijos, hasta que, al fin, pidió Pasaporte para salir y tuvo dificultad... Me da la impresión de que, en un momento, [el abogado] Bascope [Méndez] trató de robar mi Pasaporte para usarlo para ella, porque hubo señales de eso. En un viaje que querían sacarme afuera y creo que le dijo algo... Y, además, él, una vez, miró muy detenidamente mi Pasaporte. Como es verdad, Falange tiene un buen aparato de todas esas cosas, de falsificar todo. El aparato de Falange, se conoce, tiene documentos y consigue todo. Me parece que él quería sacármelo. Parece, me dio esa sensación, por varias señales que dieron. Bueno, después yo no la vi más. Traté de evitarla porque era lógico que a ella la controlaran y creo que me han chequeado; pero en contacto con ella, porque a ella es lógico que la chequeen, porque si ella viajó, viajó primero una vez afuera, y volvió...

(Ariel le pregunta acerca de si ha detectado chequeo en alguna ocasión). Cuando estaba con Olmedo López y cuando estaba con ella

[Rita], he notado; pero junto con ellos, pero no sola. En ese momento, además, era en relación a ellos y, por eso, traté de desligarme; pero traté enseguida de ligarme a los falangistas para ver... Además, yo era amiga de Bascope y no de ella. Ellos conocían muy bien a Juan Manuel Ramírez, de la Embajada de México, porque él fue el que le asiló al primo. Y salían muchas veces juntos, aunque él [Ramírez] muchas veces le echaba en cara al otro: "Ustedes son falangistas de Franco, son unos reaccionarios." Entonces, cuando él estaba tomando un poco, el otro [Bascope Méndez], le decía que no, "porque yo estoy en contra de Franco y yo no estoy de acuerdo con España porque es una dictadura y nosotros somos falangistas democráticos y revolucionarios" (Tania se ríe). En algunas reuniones, el falangista le decía al otro [Ramírez]: "Vos, tú que estás tanto en favor de los rusos, verdad que tienen algunas cosas buenas, porque yo he visto algunas revistas soviéticas y lo que más admiro de los soviéticos es la moral que hay y la cuestión de las mujeres, y creo que, en los países socialistas, es mejor que en los países capitalistas, la educación, muchas cosas..." Él [Bascope Méndez] daba opiniones así...

El mexicano ese [Ramírez] me estuvo enamorando. Me invitó a su casa que [estaba] al lado de las oficinas del Consulado, en el Edificio Guerrero, la calle Mercado... [Es] el edificio donde viven, en este momento, que es el principal, porque no había Embajador. Está el Encargado de Negocios y es una casa donde está todavía la que era del Embajador, junto al Ministerio de Defensa, en la Plaza Baroa. Ahí estuve varias veces y grabé, de sus discos, La Misa Criolla.[69] Estuvimos conversando. Me estuvo enamorando; pero se dio cuenta que él no me interesaba, que había otra persona que me interesaba. Le hice todo un cuento y me dejó tranquila, y conversaba conmigo y nada más. La última vez que lo vi [fue] cuando llegó el Embajador. Se mudó a una casa en la calle Estados Unidos, en Miraflores. Estuve en la casa en una fiesta y, después, solamente fui a despedirlo en la Embajada misma y me presentó al nuevo Embajador. El nuevo Embajador me llevó en su auto a mi casa. No sé cómo se llama, es un periodista o escritor. No sé. Y me despedí de él [Ramírez] y le pregunté qué es lo que iba a....

Bueno, yo fui unas cuantas veces al Consulado. Una vez me llevé de ahí una botella de *whisky*,[70] o me llevaba algunos libros y cosas así. Pero, en general, no iba a propósito. Trataba de evitar ir a la Embajada de México y lo último que él [Ramírez] me dijo, al irse, fue: "Me voy porque la altura me hace mal y estoy feliz porque me han mandado a Cuba". Él me contó, muchas veces, que ya había estado y me habló de las cubanas. (Ariel hace un comentario). ¿Eh? Y que vaya para allá y que esté feliz de ir para allá. Yo le dije qué si no [tenía] miedo de ir "detrás de la cortina de hierro",[71] [de] meterse ahí, qué le harán, qué se yo cuanto. Pero él estaba feliz y se expresaba positivamente. En general, siempre, cuando estaba fuera de la cuestión oficial, se expresaba de una forma muy en favor de Cuba y mostraba discos o revistas de Cuba y decía: "Esto era [de] cuando todavía había democracia en Bolivia, que había relaciones,...". [Ramírez] era amigo de uno que es muy reaccionario: el Embajador de Paraguay, Do Santos o Santos, algo así, que yo también lo conocí en La Paz. Es más viejo que éste [Ramírez] y muy borracho. Éste también es borracho; pero ese paraguayo es más borracho que él... Bueno, de la Embajada de México, conozco al Embajador, menos porque recién llegó. Pero conozco a un jovencito, de unos veinte años, que le llaman Canciller; pero [que] se ocupa de lo consular. No me acuerdo el nombre; pero lo conozco bastante bien.

¿En qué estaba ahora? (Habla Ariel). Estaba justo por decir una cosa... ¡Ah! Lo que quería decir es que en el Ministerio de Educación, además de la Julia Elena Fortún, conocí a los que trabajan en antropología y que, recién hace poco, antes de viajar al interior, le pregunté a algunos qué si tienen amigos en el interior a quiénes pudiera dirigirme. Cuando hablé con uno de los secretarios, que no sé como se llama, uno alto, flaco, creo que es uno de los secretarios de ella [Julia Elena], directamente de ella, uno joven que es del Beni... Cuando le pregunté por unos datos (quería ver si esa persona que él conoce estaba en el Beni, por si voy al Beni...), no sé en qué fecha, sacó un carné, un carné de la Juventud Comunista con el Che encima. El secretario ese, entonces se me acercó... Lo miré así. ¡¿Que carné?! No era un carné, era una cosa de esas, de calendario, de almanaque y, del otro lado, decía: "¡Viva Cuba!, Juventud Comunista de Bolivia". Entonces otro que venía ahí conmigo, justamente a preguntar, le dijo: "¿Tú eres de esos?". Y él le dijo: "Sí, si somos los mejores". Alguna cosa así le dijo. No sé qué cosa y lo guardó El otro se quería quedar con ese almanaque. Me indicó un profesor ahí en el Beni. No más noté esa cosa. (Ariel le pregunta si ella creía que eso se había hecho a propósito). No, por la forma, no creo.

Hay uno, con el que más trabajé en el Ministerio, con el que hay que tener cuidado: es Hugo Ruiz. Cuando yo llegué, estaba en uno de los Departamentos ahí, haciendo un trabajo muy simple, de cuestión de grabación folklórica. Después viajó [y] lo pusieron a cargo del Museo Cevallos... Viajó, aquí a México, a una cuestión oficial de estudios y, entonces, se quedó a cargo del Museo. Fíjese si es un tipo raro, y que puede ser lo hayan puesto dentro del Ministerio como cuestión de seguridad, puede ser, me parece un poco ese tipo así. Pasó también un curso del Programa 208 de desarrollo rural,[72] etcétera. A veces decía que era falangista; pero lucía una cosa un poco rara. Me hizo algunas preguntas un poco raras. Con él he hecho muchas investigaciones en la ciudad y en el altiplano también, grabando y recopilando datos.

Al [otro] que conozco también es al Director General de Educación que era antes el Rector de la Universidad de Santa Cruz. Se llama Sanabria. Después conozco algunos, por ejemplo, a López Sánchez, de la Dirección Nacional de Turismo. En general, los de la Dirección Nacional de Turismo los conozco bien.

Entre mis alumnos —que los conseguí en parte a través de El Diario, y a través de esa cuñada de Víctor Sanier [previamente mencionada]— tengo algunos alumnos en Calacoto Uno de ellos... Bueno, creo que ya no los tengo, los he dejado... Ahora, posiblemente, se consiguieron otro profesor. Yo daba ahí clases dos veces por semanas, tres veces por semana, a un niño sólo. A veces, a tres niños. Uno de la familia González... En realidad, no tengo amistad con ellos. El padre de este alumno es Profesor de Ingeniería. Creo que es el que dirige el Colegio de Ingenieros de La Paz. Otro [es de la] familia Encina. Él está viviendo en Songo porque es Ingeniero de cuestiones de electricidad de la Power....[73] Y, los otros alumnos, son de la familia Granado. Él está a cargo del Fondo Internacional con sede en Suiza. Otros alumnos que tengo son: Uno que es boliviano, Palsa, que es Arquitecto. [Otra] es americana y tienen los negocios al comienzo de la calle 6 de Agosto. Ella está bastante ligada a la Embajada americana. Entré con ella así, en bastante confianza, pero nunca [le] he hecho preguntas. Ella ha puesto ahora una pastelería en el mismo edificio, porque en el edificio de ellos, abajo, hay unas tiendas, y él trabaja con el Punto Cuatro. Tiene seis hijos, chiquitos todos: tres varones y tres niñas Y les he dado clases de alemán a dos varones. ¿Otros alumnos? Bueno, yo creo que no tienen importancia.

En uno de los viajes a Calacoto, hablando con otra persona de las clases de alemán, en el ómnibus, en la góndola,[74] se da vuelta un americano que habla español; pero con acento americano. En ese momento él estaba con uniforme y me preguntó qué cómo era la cosa de las clases

246 TANIA LA GUERRILLERA

de alemán que a él le interesaban mucho. Y, claro, un poco, también así, empezó a piropear. Conversó conmigo todo el viaje y me pidió que le [diera] el número de teléfono para llamar a mi casa. Le di mi número de teléfono y no llamó. No lo vi hasta unas cuantas semanas después que me lo encontré en El Prado.[75] Me invitó a tomar algo. Ese día, estaba [vestido] medio de civil y sólo con un saco, creo [que] militar. Era justo cuando los líos de mayo o poco después de los problemas de mayo.[76] Entonces tomamos algo. Tenía una carpeta con él muy bonita, de plástico. Yo le pregunté si no me podía conseguir una carpeta así, que la encontraba muy bonita y que allí en Bolivia no había de esas. Entonces me la mostró bien y tenía la inscripción FBI y, adentro, tenía una serie de hojas a máquina escritas en castellano. Le pregunté si él era del Cuerpo de Paz y me dijo que no, que era del "cuerpo de guerra", y que había estado anteriormente en diferentes países; primero, en Japón o Vietnam, pero como soldado. Y que había tenido problemas porque se iba a casar con una del lugar y, por eso, lo sacaron de ahí y lo suspendieron. Después, dijo que estuvo en la Embajada de su país en Francia y en la Embajada en Moscú, y [en] algún otro país. Me dijo que sabía un poco de ruso. Él sabía castellano. Desde niño lo aprendió porque es de Nuevo México.[77] Se llama Álvaro Cristian, de 28 ó 30 años de edad. Flaco, alto, con anteojos y feo. Tiene una cara horrible... Siguió diciendo que tenía interés en las clases de alemán; pero también demostraba que lo que quería era salir conmigo, enamorarme; pero no volvió a llamar. Solamente lo encontré, varias veces, en el mismo transporte colectivo, en la misma ruta, y siempre era, más o menos, antes de las tres [de la tarde], [ya que] a las tres en punto tenía que entrar al Colegio Militar del Estado Mayor del Ejército en Calacoto. (Es el único que está en Calacoto... El de la Policía está en Següencoma, antes de llegar a Calacoto). Y allí, él me dijo que da clases. Después lo encontré en varias ocasiones. Le dije que yo viajaba al interior a hacer investigaciones en el Beni y en varios lugares. Una vez que lo encontré en la calle, me invitó a tomar algo y dijo: "¡Ay! Me tengo que ir rápido [porque] por ahí paso ahora recién nuestro Jefe y, si me ve aquí, tengo un problema, porque siempre a tal y tal hora tenemos que estar de vuelta en Calacoto, donde estamos viviendo, si no, en último caso, me quedó a dormir aquí en La Paz; pero no es correcto y después no me dejan salir por dos o tres días de Calacoto."

[Por otra parte], a través de Rosario Sarabia Iturri conocí al abogado

Erdulfo Val de Escobar, que es también Profesor de Castellano en una Escuela de Secretaría y Comercio [que está] en la calle Aspaciu y 20 de Octubre y tiene su oficina en la calle Ayacucho. Él ha estado varias veces, por algunos meses, en cursos en Estados Unidos (cosa que no explicó bien) y México. Recientemente estuvo una vez y ahora estuvo, otra vez, en una cuestión de la OEA. Aquella vez que lo conocí, él mostró diapositivas del viaje que había hecho y ahora, recientemente, cuando volvió, quería también mostrarnos diapositivas de su viaje. Una persona un poco pesada que siempre está enamorando mucho, pero de una forma muy molesta. Me llamó una o dos veces al comienzo del año pasado, cuando lo conocí, y después solamente lo vi ocasionalmente.

Alfonso Bascope Méndez, el abogado falangista [que ya se ha mencionado varias veces], estuvo primero trabajando en el Ministerio de Obras Públicas de Asesor Legal y ahora está como Asesor en el Servicio Nacional de Caminos, en la calle 20 de Octubre número 1829. Lo veo, traté de evitarlo… No lo he visto mucho en estos últimos meses, solamente casualmente en la calle. En todos los días que [eso] ocurre, se interesa por mis estudios, por cómo me encuentro, qué si tengo alguna dificultad. Es siempre muy galante. Fue él quien resolvió mi radicatoria en Bolivia.

En Cochabamba conocí al Jefe del periódico *Prensa Libre*, Carlos Becar. *Prensa Libre* era el órgano del MNR en Cochabamba. Él conoce también a los cochabambinos falangistas que yo conozco, pero él es de ideas de izquierda. Dice que Gonzalo López Muñoz es un sinvergüenza. Que solamente se hace el revolucionario por esnobismo. Que, en realidad, no hace nada más que eso, y que hay que tener cuidado con él. Se asombró de que, a pesar de yo conocer gente de ese tipo, yo tenía ideas más de derecha y estaba en contra de Cuba. Él [Becar] se expresa en general a favor de Cuba y, en el momento, no parece que está en ninguno de los grupos del MNR o, por lo menos, en el nuevo grupo del MNR a cargo de Andrade que tuvo su última reunión justamente en esos días en que estuve en Cochabamba a fines de enero o comienzos de febrero.[78] [En] los últimos días de enero, [a] la conferencia que ha hecho el MNR, dirigida por la fracción de Andrade, él no asistió. Lo habían invitado y no asistió a esa conferencia. No fue casi a ninguna de las reuniones y no publicó nada en su periódico. Este de *Prensa Libre* piensa ir a trabajar (o tiene un contrato para trabajar) en Miami, en un periódico, porque dice que ya en Bolivia no tiene posibilidades de avanzar porque ya es Director de *Prensa*

Libre y, más alto, es difícil de avanzar, a no ser colocarse en una posición como Gonzalo López Muñoz que [según dice Becar] se vendió a los militares, etcétera.

El antiguo personal del periódico *El Mundo* que dirige Víctor Sanier en Cochabamba, es el que saca ahora el periódico *Extra*, [en cuya] Dirección está Canela, que uno de sus hermanos es el que hace *Prensa Latina* en Bolivia.[79] Y que, en ese momento, se encontraba en Cuba o alguien se encontraba en Cuba. Por lo menos, el Director de *Extra* no estaba en ese momento en Cochabamba, sino que se encontraba en Cuba. Yo no sé bien si es Canela o es otro. Eso me dijeron ahí cuando fui porque quería algunas cuestiones que Yolanda Rivas me había encargado conseguir: algún material sobre su exposición que fue publicado en Cochabamba Para eso fui a la redacción, primero a la de *Extra...* En el *Extra*, me dijeron que no estaba el Director y hablé con otro que no sé si era Canela o si es otro. No sé bien el nombre. Me dijo que volviera al día siguiente porque, en ese momento, no tenía nada a mano.

Luego fui a *Prensa Libre*. Ahí me di cuenta que el Director de *Prensa Libre* era Carlos Becar. Ya lo conocía porque es muy amigo de Bascope, aunque está contra los falangista, pero son de los que fueron juntos a la escuela. Cuando le dije [a Becar] que yo había estado en *Extra*, me dijo: "¡Ah! Quizá está ahora eso un poco mal porque el Director de *Extra* está ahora en Cuba y el hermano del Director es el que hace *Prensa Latina*". Yo le dije: "¿Qué es *Prensa Latina*?". Y me [dijo] qué cómo yo no conozco *Prensa Latina* trabajando con Gonzalo López Muñoz, que *Prensa Latina* está en el Hotel La Paz, tal y tal, etcétera. ¿Ya...? El personal de *Extra* era antes el personal de *El Mundo* Cuando tuvieron el conflicto con Víctor Sanier, ellos dejaron *El Mundo*. No siguió saliendo *El Mundo* y formaron una cooperativa que saca *Extra* en Cochabamba, y que es la que me dijeron que el Director [no] estaba.... que, en enero, fue al Congreso Tricontinental, etcétera.[80] Bien, ese es Carlos Becar. Bueno, [de] Víctor Sanier, ya expliqué lo de Cochabamba [y] lo de la familia de Víctor Sanier.

[También] conozco a uno de la Universidad, Julio Mendoza López, Secretario del Rectorado que trabaja también en *Extra*. Ese me estaba poniendo en contacto, preparándome un programa para estudios folklóricos en Cochabamba, en conexión con los que estudian folklore del Comité de Investigaciones. Él es parte del Comité de Folklore de Cochabamba, que no está realizando nada, [ya que] se creó hace muy poco. Conozco además a otros ceramistas como Jorge Medina y Medina, que recientemente dirigió un curso de cerámica, organizado por la municipalidad.

Bueno, lo que se refiere al trabajo, a los gastos allá, cómo estaba la vida mía ahí. Yo, en las tardes, daba clases de alemán casi todos los días de dos a ocho de la noche. Iba a la casa de los alumnos y, al mes, sacaba, más o menos, unos 800 ó 900 pesos.[81] Podía, naturalmente, en cualquier momento, dejar las clases o cambiar el horario, etcétera; pero este tipo de trabajo me daba bastante libertad. En general, en las mañanas iba generalmente al Ministerio [de Educación] y he salido muchas veces con Hugo Ruiz a hacer investigaciones folklóricas. No se pudieron hacer muchos trabajos de investigación porque, en la época de Estado de Sitio, era muy difícil y muy comprometedor salir a hacer grabaciones y justo es la zona alta de la ciudad, donde están los mercados, donde estaban atrincherados los huelguistas, etcétera. Y [hubo] tiroteos durante varias semanas y, por eso, no convenía ir a esos lugares.

¡Ah! Un momento: mi salida del país. Decidí salir por Santa Cruz porque si salía por Chile, como me indicaban, tenía que pedir la salida en La Paz, porque se sale directamente y era más difícil resolver el problema para no tener esos líos de presentar Pasaporte y Cédula. Viajé con mi esposo hasta Santa Cruz y, en Santa Cruz, ya no presenté mi Cédula, sino que solamente [presenté] mi Pasaporte porque, en el caso que me la pidieran, diría: "Como viajo al extranjero dejé guardada mi Cédula." En Santa Cruz, cuando ya tenía mi pasaje, que me lo entregaron así, como que me lo había pagado desde el Brasil, el compañero me mandó un telegrama diciéndome: "Te pedimos que vengas rápido como traductora". El telegrama no me lo han dado a pesar que iba [dirigido] al correo. Yo creo que se perdió y, por eso, no me lo entregaron. (Habla Ariel) Por el pasaje que estaba en la compañía, entonces fui con mi esposo. [Luego] fui al correo de São Paulo a ver y dicen que lo mandaron y yo misma fui al correo en Santa Cruz y fui a la oficina donde tienen todos los cables y los miré junto con mi marido y no lo encontramos. Deja ver si lo mandan. Si lo hubieran agarrado mejor, [ya que] ahí decía que me piden como traductora y todo...

Bien, entonces, un día antes de salir, fui por la tarde o [por] el mediodía a Extranjería. Ahí no existen ya las dos cosas: Policía e Inmigración. Hay que ir a los dos lugares en La Paz; primero, a Inmigración y, después, a la Policía [para] marcar que uno está saliendo, que le pongan un cuño... En Santa Cruz, hay que ir a una [sola] oficina. Fui y mi marido les explicó

que tenía que trabajar de traductora afuera y [que] necesitaba salir porque
ya me habían mandado el pasaje y [que] necesito la visa porque [para]
mañana es el pasaje. El tipo dijo primero: "Tan rápido. Necesitamos
mandar, primero, un telegrama a La Paz." Entonces, él mismo escribió el
telegrama y me mandó al correo de enfrente para que yo pagara el
telegrama… Uno mismo envía el telegrama. Hasta podía no enviarlo,
pero lo envié. Pero, entonces, le dije: "Necesito eso enseguida porque ya
mañana [me] voy y no puedo estar esperando, imagínese." Me dijo: "Si
hay problema, yo se lo voy a resolver." Cinco minutos después (enfrente
mismo del correo en Santa Cruz está la Policía) volví y, ahí mismo, me
resolvió todo. Me puso el cuño y, al final, lo único que me dijo fue: "20
pesos". En realidad, no deberían cobrar nada. Seguramente, esos 20 pesos
eran para él; pero, como me interesaba, yo dije: "¿Cuánto es?". Y me dijo:
"20 pesos."

(Ariel hace una pregunta). El cable [que envié a La Paz] decía: "Laura
Gutiérrez viaja de turista a Brasil." Yo le dije que iba a trabajar; pero él
me dijo que es mejor [así] porque, en realidad, es un viaje como de turista.
"Laura Gutiérrez sale de turista para Brasil": eso decía. Pero, ahí mismo,
él me dio la cosa y ya no volví a la Policía. ¿Sabe? Ese día, yo estaba
esperando a ver sí se aparecía alguien y, al día siguiente, volé. Mi esposo
se fue, ahí mismo, al mediodía. Eso [fue] en 10 minutos. En realidad, me
lo dio; pero ahí ya no me pidieron la Cédula. Me pidió el Pasaporte, le
puso el cuño adentro, me dio la salida y listo: salí sin problemas Primero,
ese pasaje era solamente [hasta] Corumbá,[82] porque decían que no había
espacio. Después, hubo espacio. Así que volé sin problemas hasta São
Paulo. Ahí me encontré con el compañero.

Entonces, estando en Brasil, tratamos de encontrar, primero, una casa
en São Paulo y, después, nos dimos cuenta que era más barato y más
conveniente en Santos, porque allí podíamos estar, cómodamente, en
una casa en la playa de Santos, sin que [llamara] la atención. Yo estuve
en el mismo hotel que él, en el Handais. Y allí, en ese hotel, él era mi tío.
¡Menuda sobrina! Y, en la casa de Santos, creían que estábamos casados;
pero nunca preguntaron nada. Eso de la casa lo conseguimos por [los]
periódicos. Pagamos en el mismo São Paulo y, de ahí, nos fuimos a Santos.
En São Paulo nos dieron la llave de un departamento que queda en la
misma playa y tuvimos un mes en el departamento. Yo decidí hacer un
viaje a Montevideo, para que existiera, [para que] se pudiera justificar [y]
cubrir un viaje a Buenos Aires; tanto desde el punto de vista de las

autoridades, como de los amigos. ¿No? Que les escribo que fui a Buenos
Aires y no saben que he estado en Montevideo. Así que es muy fácil irse
a Buenos Aires.[83]

Ahora, en el vuelo... Bueno yo consulté eso porque el compañero decía
que había que dar muchas clases y todo. Cuando yo le expliqué que
debía dar un viaje a Montevideo, le expliqué un poco, él dijo que eso era
una tontería mía, que yo creía que era lo más conveniente; pero como de
Montevideo se entra con Cédula, yo podría decir, en cualquier momento,
que estaba en Argentina. Para eso fue el dinero. Para que veas, porque
ese viaje a Montevideo cuesta otros 200 dólares más. ¿Sabe lo que cuesta
un pasaje [desde] ahí [desde Santos]? 80 dólares. ¿Ya? Entonces volé a
Montevideo y en [el] vuelo conocí a un alemán que estaba sentado en el
asiento donde yo me senté. Se llama Hans Arthur Von...algo. El Von
significa que es de la nobleza. Primero, habló conmigo en castellano;
después, hablamos en alemán. Él se ha ido desde el año 50, creo algo así:
50 ó 52. En esos años, se ha ido de Alemania Democrática y está en
Brasil. Tiene un cafetal el Londrina,[84] Caja Postal 166... ¿Bien? Tiene una
posición completamente reaccionaria. Posiblemente, esté en contacto con
elementos nazis de los muchos que hay en el Brasil. Viajaba para Uruguay,
para, desde Uruguay, dirigirse a un lugar del interior de Montevideo que
es fronterizo a Argentina. Es de familia noble, que eran de la parte norte
de Alemania Oriental. Tenían allí tierras que se las quitaron cuando [se]
hicieron las cooperativas. Él logró salir de Alemania Democrática y se
encuentra con su familia en el Brasil...

(Ariel hace una pregunta). No, si él me contaba de los problemas de
Alemania y que se fue de Alemania Oriental, de lo que sufrió allá, que le
quitaron las tierras, que él era noble y los problemas que le hacían porque
él era noble y todas esas cosas. No, es muy posible que esté en contacto
con elementos nazis. ¿No? Yo le hablé de mí, de que estoy en Bolivia. Él
estaba interesado también por las condiciones que hay en los colegios
alemanes en Bolivia, porque tiene unos amigos que quieren enviar sus
hijos a Bolivia porque les sale más barato. Le dije que le voy a averiguar
si hay internados y le voy a avisar. Eso puede tener interés para otros. En
definitiva, para los alemanes. Porque es muy posible que esté relacionado
[con] los grupos nazis de allí [de Brasil].

En Montevideo, estuve en el Hotel California. Estuve también
averiguando cuestiones de cerámica. Tomé contacto con un centro
cultural que hay allá. A los dos días de encontrarme en el hotel, conversé

con un muchacho que trabaja en la carpeta del hotel. El muchacho se empezó a interesar, conversó y salimos. Fuimos al salón de televisión del hotel. Me dijo que él estaba muy cansado, que tenía mucho trabajo. Yo le pregunté en qué trabajaba, sí solamente estaba en la oficina... (Estoy buscando la dirección de este tipo...). Bueno, le pregunté [y], entonces, me dijo que, además de trabajar en la carpeta, que ese trabajo era un descanso para él, que trabajaba en un trabajo de tipo muy especial. Seguí conversando con él. Le hablé de mi trabajo de ceramista, de mi interés en tomar contacto con ceramistas en Uruguay de parte de la Asociación de Ceramistas de Bolivia. Él me explicó —después de tomar más confianza— que él trabajaba para la Policía Especial. Le pregunté qué es lo que hacía la Policía Especial. Me dijo que algunos se ocupaban de la cuestión política y que él estaba, más bien, en la parte del contrabando. Aunque no dio más detalles en relación a esto, me dijo que, por eso, tenía problemas con la familia que no querían que él trabajara en la Policía.

Salí con él varias veces y me contó que el trabajo es peligroso y agotador. Tiene muchas compañeras y que las compañeras son las más hábiles, sobre todo en las clases de judo, kárate... Me mostró algunas formas que les hacen practicar con las manos, de kárate, etcétera. Por otro lado, también me habló de los problemas que encontraba dentro del gobierno uruguayo, que había muchos del gobierno que practicaban el contrabando y que también estaba todo relacionado con problemas políticos y que les era muy difícil imponerse en el problema del contrabando... Su nombre es Julio César Olivera, vive en la calle Guaná #225, Apartamento 5. Trabaja desde las dos de la tarde hasta las diez de la noche en el Hotel California. El sueldo que tiene en el hotel creo que [es] entre unos 400 ó 500 pesos; pero, [en] la Policía, dice que gana unos 800 ó 1000 pesos uruguayos. Que trabaja allá unas cuatro veces por semana, en las mañanas. Tiene 20 años. A los 18 años, estuvo en Brasil y estuvo viajando para ver si encontraba mejores condiciones. Después volvió a Uruguay. Dice que, una vez, lo quisieron reclutar como "guerrillero anticastrista"... Una cosa extraña en él, es que dice una mala palabra que no se acostumbra a decir en los países del Sur, porque dice: "coño"; lo que me llamó bastante la atención. La gente, concretamente [los] uruguayos de Montevideo, hablan como todos; pero no dicen concretamente esa palabra.

¿Qué más? Zamora.[85] Lo he visto. No sé si me reconoció él a mí. Creo que no. He visto a Zamora en los primeros días de llegar a Bolivia. Pocos días antes de Navidad,[86] [lo vi] en el Restaurante Pedaiquir. Se sentó en la mesa de al lado con otros dirigentes estudiantiles; pero creo que no me vio o no me reconoció. Luego, lo he visto en la calle una vez y, recientemente, en los días de Navidad y Año Nuevo,[87] lo he visto cerca de *El Diario*; conversando en la calle con otros y pasé al lado de él. Lo he visto en el último momento, pero parece que [él] no me vio. No ha dado ninguna señal de haberme visto.

(Ariel hace una pregunta). En relación a los partidos yo puedo dar muy poca información porque, últimamente, yo he tratado de desligarme lo máximo posible, andar lo menos posible en ese tipo de cuestiones; esperando que se haga un contacto, para luego interesarme por esas cosas y [por] esos problemas. El año pasado, mas o menos en abril o mayo, Gonzalo López Muñoz, en su carta semanal,[88] puso una vez un comentario que —según lo que él dio a entender— se lo habían indicado que lo hiciera los comunistas de la línea a la que él se había afiliado, [que], según dijo, [era] "la línea Moscú". Porque ahí puso datos: El Partido Comunista antiguo, original, sigue encabezado por [Mario] Monje; mientras que existe otra fracción encabezada por Zamora y otros. [El PCB, "línea Moscú], tiene su sede en la calle... No, ahí mismo, donde está la oficina de Gonzalo López Muñoz, en la calle Juan de la Riva. Y, en esa carta semanal, pusieron la dirección exacta y todo. Y ponían: "Sabemos que Zamora ha estado en Praga trabajando en la UIE y está muy ligado a Checoslovaquia". En una forma un poco capciosa, intencionalmente puesta, porque ese grupo está en "la línea de Pekín" y ponían algunos puntos, pero veremos...

(Ariel realiza una pregunta). Bueno, no recuerdo bien, pero creo que él [López Muñoz] comentó que lo hacía porque el otro partido le había indicado que pusiera eso en contra [de la gente de Zamora]. La Secretaría del partido, en la calle Ayacucho, no sé cuándo fue, la allanaron. Creo que la cerraron, pero siguió funcionando después. No sé si sigue ahí frente al Escala y hubo un comunicado del Gobierno diciendo que la allanaron y la habían suspendido porque habían encontrado una serie de informaciones de [las] horas cuando pasa el Presidente en su auto frente a la calle Ayacucho, justamente delante y diciendo que tenían preparado un atentado contra él. Recientemente, en enero, no se oía mucho del partido en las últimas semanas.

Frecuentemente salían avisos, salían comentarios en los periódicos, en *El Diario*, cuando se hacían comentarios sobre los diferentes partidos, siempre se consideraba a los falangistas y a los comunistas [como los] partidos —así como ponen ellos— que eran los más organizados; pero que el Partido Comunista, por su división, parece que se pelean más entre ellos que realizar una actividad. Eso lo ponían en *El Diario*, en los periódicos oficiales. Pero ahora, en enero o febrero, fue que se oyó algo... Aparte de las cuestiones de la Universidad, que siempre se oía algo, se hicieron varios mítines cuando se festejó el aniversario... No sé qué se festejó. Yo estaba en Cochabamba. Creo que se festejó un aniversario del Partido Comunista,[89] y lo hicieron en el cine que está al final de la calle Comercio... El Roxi creo que es el que está al final... Está el Princesa y, después, al final de la calle Comercio, el Roxi. Ahí hicieron un mitin del partido. Creo que fue la parte de Monje. Salieron, en esa época, muchos pequeños y grandes afiches que decían: "Viva tal y cual aniversario del Partido".

En relación a los falangistas, en la época que yo trataba con ellos, se encontraban en muy buena posición. Ellos estaban consiguiendo muchos puestos en ministerios, en la Administración Pública, etcétera. Pero, después que pasaron más a la oposición, tuvieron más dificultades y también más problemas internos Ya no actúan en la misma forma, como en los primeros meses...[90]

ANEXO 10
Entrevista realizada a Nadia Bunke por Christoph Wiesner y publicada por el diario berlinés *Junge Welt* el 7 y el 8 de marzo de 1998, bajo el titulo "Mi batalla por la verdad", acerca de las mentiras vinculadas a la trayectoria revolucionaria de Tania[1]

PREGUNTA (P): En septiembre de 1997, *Aufbau Verlag* publicó un nuevo libro sobre Tania. ¿Cuáles son las objeciones que usted plantea al libro del escritor uruguayo José A. Friedl Zapata?

RESPUESTA (R): En el libro se destacan toda una serie de errores, denigraciones de la peor especie y falsedades evidentes. La tesis de fondo sostenida por el autor es que Tania debió haber sido una agente triple sin escrúpulos. Tania debió haber estado al servicio lo mismo del espionaje cubano, que de los órganos de seguridad de la RDA, además de los de la Unión Soviética.

Los Servicios de Seguridad de la RDA no poseen documento alguno con el nombre de Tamara Bunke.[2] Sin embargo, su nombre es mencionado por lo menos en dos ocasiones por Günter Männel, ex oficial de los órganos de seguridad de la RDA. Männel huyó a Occidente el 29 de junio de 1961 (sólo pocas semanas después de partir Tamara hacia Cuba), después que le abrieron dos expedientes disciplinarios por embriaguez y acoso sexual. Tamara partió el 9 de mayo de 1961 desde el aeropuerto de Schonefeld[3] hacia Argentina, vía Cuba, y acudimos a despedirla mi hijo y yo. Ella había nacido en Argentina y automáticamente tenía la ciudadanía de ese país. Deseaba unirse a la lucha del Partido Comunista de Argentina, prohibido por la ley y obligado a trabajar en la clandestinidad.

Según Männel, Tania, por el contrario, había abandonado el proyecto de regresar a Argentina y deseaba establecerse en Cuba y solicitar la ciudadanía de ese país. La última frase del protocolo es sintomática: "después de la traición de Männel dejó de perseguirse ese objetivo". El contacto con los Servicios de Seguridad de la RDA se interrumpió de una manera recíproca desde el momento de su partida hacia Cuba.

También la acusación de haber trabajado para el KGB carece de todo fundamento. Fui personalmente a Moscú, donde me entrevisté con el Jefe de la Oficina de Prensa de los servicios para el Exterior de la Federación de Rusia[4] y con el oficial de los Servicios soviéticos que durante mucho tiempo atendió el continente americano. Este último me aseguró, por escrito, que Tamara Bunke nunca había colaborado con los Servicios soviéticos.[5]

Este oficial, con 33 años de servicio activo, expresó estar dispuesto a declarar ante el tribunal, de ser necesario.

P: ¿Qué apoyo ha recibido de las autoridades cubanas en su investigación?

R: Por suerte, los amigos cubanos me han ayudado muchísimo. De no haberme ayudado ellos, hubiera sentido temor de ir a Moscú. Antes en Moscú me sentía como en mi casa, de hecho, durante cinco años fui Jefa de la Oficina de Intérpretes del Ministerio de Comercio Exterior. Pero hoy, en la nueva situación política, Moscú se ha convertido en una ciudad muy peligrosa. Por eso le agradezco a los cubanos el haberme dado albergue, haberme recibido en el aeropuerto y acompañado a donde quiera que pedí ir. Los cubanos han llevado a la práctica el ejemplo de lo que debe ser el internacionalismo.

P: La acusación de haber sido una agente triple no constituye, sin embargo, el único elemento de crítica al libro en cuestión. ¿Hay otras afirmaciones en el libro que no responden a la verdad?

R: Por supuesto. El libro contiene tantas falsedades y difamaciones, que no podría enumerarlas todas. Zapata afirma, por ejemplo, que los Servicios de Seguridad del Estado (de la antigua RDA) habían hablado con nosotros, los padres de Tamara, y que nosotros no habíamos objetado nada al trabajo de Tamara para esos Servicios. Y no sólo eso, sino además, que nuestra casa había sido utilizada para realizar las "reuniones conspirativas". Si nosotros en realidad hubiéramos estado informados de la presunta colaboración de Tamara con la STASI, nos hubiéramos cuidado de darle a la STASI nuestro consentimiento, simplemente porque sabíamos que nuestra hija deseaba colaborar con el Partido Comunista de Argentina. Estábamos muy preocupados, pues temíamos que tarde o temprano fuera arrestada. Si se hubiera conocido su colaboración con la STASI, ¿qué hubiera sido de ella?

La segunda cuestión que critico del libro de Zapata, y que me hiere personalmente, es su alusión a la educación que los padres (en especial la madre, como subraya el autor) habían dado a Tamara desde edad temprana. Términos como "subversión" y "revolución mundial" debían haber quedado impresos a la fuerza en el cerebro de la niña. Tamara debía haber asistido, además, a las reuniones del Partido Comunista de Argentina y debía haber presenciado fuertes debates. Esto es simplemente increíble. Ante todo, las reuniones mencionadas se efectuaban de noche, después de las nueve, cuando los niños ya llevaban durmiendo varias horas y, además, por razones obvias de vigilancia revolucionaria, debíamos tener el cuidado de que nada relacionado con estas reuniones llegara a conocimientos de nuestros hijos para evitar que ellos, sin darse cuenta, dejaran escapar alguna alusión peligrosa en la escuela.

Además, Zapata escribe que Tamara odiaba a sus padres por haberla obligado a abandonar Argentina y seguirlos a la RDA. Por supuesto, Tamara se sentía bien en Argentina y hubiera continuado viviendo en ese país, pero igualmente se interesaba por el proyecto de construcción del socialismo en la RDA. Desde la primera reunión de la Juventud Libre Alemana (FDJ)[6] en la que participó, Tamara se contagió del entusiasmo e hizo todo por quemar etapas y convertirse en miembro de la FDJ. Esto lo logra en septiembre de 1952, inmediatamente después de inscribirse en la escuela superior "Clara Zetkin" y no en 1955, como quiere hacer creer Zapata. También se hace miembro del Comité de Amistad Alemano-Soviético (DSF), de la Sociedad para el Deporte y la Técnica (GST), donde practicaba equitación y tiro al blanco, y del grupo deportivo empresarial Stahl (acero). Estaba, en fin, involucrada en múltiples actividades sociales. En 1956, después de recibir su título, se mudó a Berlín para trabajar en el Ministerio de Relaciones Exteriores. Lo mismo en ese período, que en los sucesivos, cuando se convierte en presidenta de los pioneros, y luego, cuando se inscribe en la Universidad Humboldt, muchas veces fungió como intérprete y acompañante de delegaciones suramericanas. Aquí

258 TANIA LA GUERRILLERA

vale la pena citar una anécdota emblemática. Un suramericano residente en París debía viajar a Berlín. "¿Cómo harás sin conocer a nadie?", le preguntaron. "No hay problemas, basta con pronunciar la palabra 'Tamara' y alguien se ocupará de mí". Y era literalmente así. En más de una ocasión, a Tamara la levantaron para que ayudara a jóvenes suramericanos que no conocían una palabra en alemán, y sólo habían pronunciado su nombre.

Cuando a los 18 años la aceptaron como candidata al Partido Socialista Unificado de Alemania (PSUA), en la ciudad de Eisenhüttenstadt (actual Stalinstadt), Tamara logró convencer a la dirección del Partido de su propia madurez política, de modo que el período de admisión se redujo excepcionalmente de dos años a uno. Era la primera vez que eso ocurría: una alumna podía participar en las reuniones de la célula del Partido creada para los profesores, en igualdad de condiciones.

Zapata escribe, además, que me había casado en Alemania durante el nazismo, que mi marido había sido separado de la escuela debido a mi origen judío y que nos vimos obligados a pasar a la clandestinidad. ¡No es cierto! Sencillamente, para que eso no ocurriera, evitamos casarnos en la Alemania nazi. Llegamos a Argentina el 19 de diciembre de 1935, e hicimos rápido los trámites necesarios y nos casamos en Buenos Aires, el 26 de diciembre de ese mismo año.

P: El libro de Zapata tiene en la cubierta el título: *Tania, la mujer que el Che Guevara amó*. Desde hace decenios andan circulando rumores de que Tania era la amante del Che Guevara. ¿Zapata aporta elementos que apoyen esa tesis?

R: ¡En lo absoluto! En todo el libro la única alusión que aparece es una frase a medias sobre el tema, cuando se refiere al viaje del Che Guevara a la RDA, en una visita que duró dos días. Como presidente del Banco Nacional de Cuba, el Che Guevara visitó, primero, Leuna[7] y luego, Lipsia.[8] En Lipsia sostuvo un encuentro con estudiantes cubanos y latinoamericanos. A ese encuentro el Comité Central de la FDJ había enviado a su propio representante, quien fue acompañado por Tamara Bunke, en calidad de intérprete. De Lipsia, el Che Guevara viajó a Berlín, donde firmó algunos acuerdos comerciales, y de allí partió en tren hacia Polonia. En el libro mencionado se afirma, sin nada que lo pueda probar, que en aquella ocasión probablemente Tamara tuvo relaciones íntimas con el Che Guevara, ¡nada más que una frase a medias! En todo el libro no se habla más de ese tema: sólo en esta frase a medias y en el título. Por supuesto, también esta calumnia carece de la más mínima prueba.

En compensación, no hay personaje alguno que no sostuviera con Tamara relaciones amorosas: un cubano del consulado en Praga, un pintor emparentado con el Presidente de Bolivia, el Jefe de los Servicios de Información del Palacio Presidencial, el Primer Secretario de la Embajada de Argentina e incluso fue vista muchas veces en compañía del presidente Barrientos... En fin, Tamara es presentada por el autor como una agente secreta fría, calculadora, sin escrúpulos ni sentimientos, que cambiaba de amantes con más frecuencia que de blusa, a su conveniencia. Él no podía imaginar que Tamara Bunke, o bien Laura Gutiérrez Bauer, nombre que Tamara utilizaba en Bolivia, poseyera cualidades y capacidades diferentes a las que él describiera. Tamara se ganaba la simpatía de sus interlocutores por su personalidad, por la alegría de vivir propia de una mujer joven y atractiva, el conocimiento de varias lenguas, su interés por el folklore, la arqueología y la etnología. Ella supo ganarse muchos amigos que valoraron sus cualidades y trataron de ayudarla. Pero el señor Zapata no estaba, evidentemente, interesado en buscar el testimonio de esas personas.

P: Pero, ¿son nuevas esas calumnias y difamaciones?

R: No, desde hace 30 años aparecen constantemente, pero son repetidas hasta el cansancio en nuevas versiones. La prensa reaccionaria inició muy pronto su campaña de difamación, es decir, a partir de principios de marzo de 1968, cuando comenzaron a aparecer en la prensa cubana los primeros artículos sobre el sacrificio de la heroica revolucionaria Tania la guerrillera, compañera de lucha del Che Guevara. El primero en escribir fue el ya mencionado Männel, oficial tránsfuga de la STASI, quien en *Welt am Sonntag*[9] escribió que el Che Guevara no solo apreciaba a Tania por sus capacidades militares, sino también por las femeninas, y que los servicios de seguridad soviéticos se habían aprovechado de esto para ponérsela en los talones y eso debía haber ocurrido en 1961 (porque sólo a partir de esa fecha Tania fue a Cuba). En 1961, el Che Guevara era Ministro de Industria:[10] ¿por qué los soviéticos tendrían que meterle en las costillas una espía para poderlo controlar?

Como quiera que sea, fue a partir de 1968 que la prensa reaccionaria comenzó a difundir esos rumores difamatorios. Antonio Arguedas, ex Ministro del Interior de Bolivia[11] denunció durante una conferencia de prensa en La Paz (aproximadamente en 1969-1970), que la CIA lo había obligado a circular en la prensa oficial boliviana artículos de ese corte. En esos trabajos, Tania se describe como la triple agente secreta y amante del Che. Sólo a partir de esa fecha aparecen artículos similares en *Observer* (Gran Bretaña), *New York Times* (USA) y también en periódicos de Brasil, Finlandia y otros países.

P: El 23 de diciembre de 1997 usted logró, mediante demanda presentada ante el Tribunal de Berlín, que la difusión del libro se prohibiera. ¿Cómo se llegó a esa sentencia y cuáles fueron las motivaciones sobre las cuales se basó?

R: El 15 de agosto de 1997, después que se anunció la publicación inminente del libro, envié al editor *Aufbau-Verlag*[12] un análisis detallado sobre la carencia de fundamentación de la obra de Zapata. En mi carta puse en guardia al editor de que publicaría, en forma de libro, la recopilación sistemática y embellecida de todas las calumnias que habían sido publicadas por la prensa reaccionaria durante los últimos 30 años contra la memoria de mi hija y que, de hacerlo, estaría obligada a actuar por vías legales. Evidentemente, el editor no tomó en consideración mi carta. Fue por eso que, en septiembre de 1997, el libro se puso en circulación. Después que mi abogado, el doctor Christian Scherz, solicitó en vano que se retirara el libro del mercado, fue fácil obtener, sobre la base de hechos y pruebas presentadas en el juicio, una sentencia favorable para nosotros.

La sentencia se dictó el 23 de diciembre y me supo a un grato regalo de Navidad. Esta prohibió publicar 14 afirmaciones de diversa índole so pena de pagar una multa de 500 000 marcos o reclusión por seis meses. La prohibición abarca las alusiones a la triple agente, al matrimonio, a la educación de mis hijos en el odio, etcétera.

P: ¿Y ahora cómo piensa proceder?

R: Antes de que se pronunciara la sentencia, la editorial había prácticamente agotado la tirada (con excepción de 75 copias). ¡Tanto veneno había sido difundido contra la memoria de mi hija y contra mí! Pero la editorial aceptó la sentencia.

Mientras viva continuaré defendiendo con todas mis fuerzas el honor y la dignidad de mi hija. Esta es mi batalla por el respeto a la verdad.

El único libro sobre Tania que se redactó con respeto a la verdad fue publicado por Militärverlag en la RDA: *Tania la guerrillera*, de Marta Rojas y Mirta Rodríguez Calderón.[13] Ha alcanzado ya la séptima edición, se ha traducido a nueve lenguas y publicado en doce países. En marzo de 1998, el editor Dietz Verlag publicará una edición actualizada y ampliada con importantes anexos.

P: En la RDA existían más de 200 brigadas juveniles, grupos femeninos, jardines de la infancia y escuelas que llevaban el nombre de Tamara Bunke. ¿Cuántos de ellos han sobrevivido después de la anexión por parte de la RFA?

R: Según los datos que conozco, queda sólo uno: se trata del círculo juvenil de Berlín-Friedrichshain.[14] Los restantes fueron rebautizados o bien ya dejaron de existir. Pero eso no debe hacer que se olvide lo mucho que aún se recuerda a Tamara Bunke. Muchos me preguntan todavía hoy si estoy emparentada con Tamara Bunke: un taxista, la camarera de un bar, el médico de un hospital... Me hace bien al corazón constatar que mi hija no ha sido olvidada.

Son muchos los colectivos y las instituciones que llevan el nombre de Tamara Bunke o Tania la guerrillera, en Cuba. También en Bolivia muchos niños llevan el nombre de Tania o de Ernesto. Yo conozco por lo menos a tres familias en las cuales dos niñas llevan el nombre de Tania y de Tamara. En Nicaragua y Chile, y quizás en algún otro lugar, existen instituciones que llevan su nombre.

P: En 1997 fueron recuperados los restos del Che Guevara y de seis de sus compañeros de lucha. ¿Qué sucederá con los restos mortales de Tania cuando los localicen?

R: Las excavaciones en Bolivia se llevaron a cabo durante, aproximadamente, 600 días hasta recuperar los restos del Che Guevara y sus compañeros. Estos fueron llevados a Cuba y sepultados allí.

Yo también he delegado en los cubanos la investigación, recuperación e identificación de los restos de Tamara.[15] Mi más sincero deseo es que Tania sea sepultada en Cuba.

En el Mausoleo de Santa Clara, donde yace el Che Guevara, se han preparado 38 nichos, igual al número de guerrilleros caídos en Bolivia, entre los cuales está el de Tania.

ANEXO 11
Comunicación oficial enviada al abogado de Nadia Bunke por el Comisionado Federal para los documentos del Servicio de Seguridad del Estado de la desaparecida República Democratica Alemana (RDA) donde desmiente la vinculación de Tania con la STASI[1]

EL COMISIONADO FEDERAL para los documentos del Servicio de Seguridad del Estado de la antigua República Democrática Alemana

BstU. Postfach   21 de oct. 1987

218 . 10106 Berlín
Oficina del Abogado
Ulrich Dost
Edisonstrasse 18

12459 Berlín   Clave de negocios   Número de Teléfono   Berlín
do-ha 111/97D14 AUI.5.03-026510/97 Z 2241-8166e
17.10.97
28.07.1997

Uso de documentos personales del Servicio de Seguridad del Estado de la antigua República Democrática Alemana.
Su solicitud del 28-07-1997

Su mandante: Señora Nadziega Bunke

Muy estimado señor abogado:

Las pesquisas en los ficheros de la cartera central y la cartera exterior de Berlín han revelado que no hay señales de documentos pertenecientes a la hija de su mandante. Sin embargo, en documentos de terceros se encuentran menciones a Tamara Bunke.

En estos casos se trata de los documentos Mfs Gh 99/78.

Según el art. 3, sección 3, relacionado con los arts. 12 y ss. de la Ley sobre Documentos de la Seguridad del Estado, usted sólo tiene acceso a la parte de los documentos que contiene informaciones sobre la hija de su mandante.

Estos documentos tienen una extensión de 10 páginas. Si así lo desea, se los enviaré.

En las copias, según el artículo 3 de la Ley sobre Documentos de la Seguridad del Estado, se tachan en negro los nombres con informaciones personales sobre otros aludidos y terceros, a fin de mantener el anonimato de éstos, preservando sus intereses dignos de protección. Todas las informaciones referentes a la señora Tamara Bunke, y relacionadas con ella se mantienen visibles en los documentos.

Quisiera señalar que esta información se refiere a los documentos del Servicio de Seguridad del Estado investigados hasta este momento. No obstante, no se puede excluir la posibilidad de que en ulteriores trabajos investigativos puedan hallarse aún documentos sobre su hija.

A causa de la gran cantidad de solicitudes pendientes, lamento no poder informar, en cada caso, sobre nuevos documentos hallados. Usted podría dirigirse de nuevo a mí dentro de dos años —los trabajos investigativos continúan sin interrupción— para ampliar esta información utilizando la clave de negocios arriba reflejada.

Le pido que hasta entonces se abstenga hacer de nuevas solicitudes.

Con aludos amistosos

Encargado

Swick

Documentos

Mfs Gh 99/78 (10 pp)

ANEXO 12
Informe del Jefe de la Oficina de Prensa del Servicio de Inteligencia Exterior de la Federación Rusa desmintiendo la supuesta existencia de vínculos de Tania con el Comité de Seguridad del Estado (KGB) de la desaparecida Unión de Repúblicas Socialistas Soviéticas (URSS)[1]

SERVICIO DE INTELIGENCIA EXTERIOR
FEDERACIÓN RUSA
OFICINA DE PRENSA

Moscú   119034   Tel.:   247-19-38
Osteshenka,   51/10   Fax: 247-05-29

Estimada Señora Bunke:

Según la práctica internacional vigente, no comentamos asuntos relacionados con la pertenencia de unas u otras personas a los Servicios de Inteligencia Soviéticos/Rusos.

Sin embargo, tomando en consideración que en este caso se trata de su querida hija, quien lamentablemente no puede defenderse, le aseguramos que el Servicio de Inteligencia Exterior no posee materiales ni documentos que confirmen la versión sobre la colaboración de Tamara Bunke con el Servicio de Inteligencia Exterior del KGB.

Con el mayor respeto

(Firmado)

I.G. Kobaladse

Jefe de la Oficina de Prensa del Servicio de Inteligencia Exterior de la Federación Rusa

5-12-97

ANEXO 13
Nota manuscrita que le entregó a Nadia Bunke el ex Teniente General y el ex Responsable del Trabajo en el continente americano del KGB, N.S. Leonov, donde certifica que Tania no tuvo ninguna vinculación con ese órgano de la inteligencia soviética[1]

Yo, Nikolai Sergueievich Leonov, residente en Moscú, calle Chéjov 15, apartamiento 24, Teniente General de la Inteligencia Soviética, sustituto del director de PGU,[2] responsable del trabajo en el continente americano, certifico que nuestro Servicio de Inteligencia no tuvo ninguna relación con Tamara Bunke (Tania la guerrillera) en vinculación con Che Guevara. Todas las suposiciones en este sentido son calumnias y persiguen el objetivo de afrentar la memoria de Tamara Bunke y desacreditar a los servicios de inteligencia de la URSS y la RDA.

N.S.Leonov

12 de diciembre de 1997
Moscú

ANEXO 14

Carta enviada por Nadia Bunke al Presidente del Consejo de Estado y del Consejo de Ministros de la República de Cuba, Fidel Castro, solicitándole el apoyo del Gobierno cubano en la búsqueda, exhumación e identificación de los restos de Tania.

Lic. ecom. Nadia Bunke

Strasse der Pariser Kommune 23 Dep. 1801

10243 Berlin — Friedriehshain

Berlin, el 25.12.1995

Muy estimado y querido compañero Fidel Castro!

Yo, la madre de Tamara, Tania la Guerrillera, quisiera solicitarle a Usted, su apoyo, su ayuda y su permiso en todo lo que se refiere a los restos mortales de mi querida hija, que ha luchado y ha caído junto a los combatientes de la guerrilla del Che el 31 de agosto del 1967 en Bolivia, en el Rio Grande.

Según las informaciones que hayan llegado por varias fuentes desde Bolivia parece que se presentan ahora tal vez algunas posibilidades para poder reclamar los restos mortales de mi querida e inolvidable hija Tamara — Tania. Ya he firmado en Berlin el Poder General al nombre de Jorge González Pérez, cubano para que nos represente ante las autoridades Bolivianas en sus trámites de exhumación y posterior destino de sus restos mortales.

Quisiera nutrir la esperanza que sea posible de encontrarles y de identificarles exactamente. Su nombre completo: Haydée Tamara Bunke Bíder, conocida en Bolivia como Laura Gutierrez Bauer. Mi deseo más grande es, si Usted, muy estimado compañero Fidel Castro de el permiso para que mi querida hija Tamara —Tania— reciba su último y definitivo reposo en el suelo cubano, en un país socialista, junto a los guerrilleros cubanos, unidos en la lucha y en la muerte en la guerrilla del Che.

Tamara admiraba a la Revolución Cubana; amaba y se sentía estrechamente unida al heroico pueblo cubano.

Los tres años que Tamara vivía en Cuba y ha participado con tanto entusiasmo y abnegación en la construcción de la sociedad nueva, fueron la etapa más feliz en la vida de Tamara. De sus casi 30 años de vida (faltaban 2 meses para cumplirlos) Tamara ha vivido 20 1/2 años (2/3 de su vida) en la América Latina.

En su alma y por su mentalidad fue una latinoamericana. Haydée Tamara Bunke ha nacido el 19 de noviembre del 1937 en Buenos Aires, Argentina, fue toda su vida una argentina nativa. (También según la ley argentina). Durante los 9 años de su estadía en la RDA tenía la ciudadanía doble. Por la indicación de nuestro partido devolvió a travez de una solicitud la ciudadanía de la RDA. Tamara llegó a Cuba el 12 de mayo de 1961 con la ciudadanía argentina. Tamara tenía un gran deseo de recibir la ciudadanía cubana.

Tamara ha luchado y ha caído por la liberación del pueblo boliviano de la miseria, del hambre y de la explotación brutal, ha vertido su sangre por un pueblo latinoamericano. Yo siento y pienso que para Tamara hubiese sido de agrado de saber que un día determinado descansaría definitivamente en la querida tierra cubana.

Con la expresión de profunda estimación, respeto y cariño

Suya,
Nadia Bunke
La madre de Tamara — Tania la Guerrillera

ANEXO 15
Respuesta del Comandante en Jefe Fidel Castro a la carta que le envió Nadia Bunke solicitándole el apoyo del Gobierno cubano en la búsqueda, exhumación e identificación de los restos de Tania

La Habana, 1 de abril de 1996

Cra. Nadia Bunke

Berlín

Querida compañera Nadia:

He leído con profunda emoción su reciente carta en la que solicita nuestro apoyo en las tareas de búsqueda, exhumación e identificación de los restos de su querida hija Tamara, inmortalizada para siempre como nuestra Tania, la guerrillera.

Puede usted contar con nuestra irrestricta ayuda y apoyo a su tan sensible solicitud.

Reciba mi más sincera estimación y respeto,

Fidel Castro Ruz

ANEXO 16

Discurso pronunciado por el Comandante en Jefe Fidel Castro, Presidente de los Consejos de Estado y Ministros de la República de Cuba y Primer Secretario del CC del PCC, en ocasión de la llegada de los restos del Comandante Ernesto Che Guevara y de otros de sus compañeros de lucha en Bolivia al memorial erigido en la ciudad de Santa Clara, Cuba

Familiares de los compañeros caídos en combate;
Invitados;
Villaclareños;
Compatriotas:

Con emoción profunda vivimos uno de esos instantes que no suelen repetirse.

No venimos a despedir al Che y sus heroicos compañeros. Venimos a recibirlos.

Veo al Che y a sus hombres como un refuerzo, como un destacamento de combatientes invencibles, que esta vez incluye no sólo cubanos sino también latinoamericanos que llegan a luchar junto a nosotros y a escribir nuevas páginas de historia y de gloria.

Veo además al Che como un gigante moral que crece cada día, cuya imagen, cuya fuerza, cuya influencia se han multiplicado por toda la tierra.

¿Cómo podría caber bajo una lápida?

¿Cómo podría caber en esta plaza?

¿Cómo podría caber únicamente en nuestra querida pero pequeña isla?

Sólo en el mundo con el cual soñó, para el cual vivió y por el cual luchó hay espacio suficiente para él.

Más grande será su figura cuanta más injusticia, más explotación, más desigualdad, más desempleo, más pobreza, hambre y miseria imperen en la sociedad humana.

Más se elevarán los valores que defendió cuanto más crezca el poder del imperialismo, el hegemonismo, la dominación y el intervencionismo, en detrimento de los derechos más sagrados de los pueblos, especialmente los pueblos débiles, atrasados y pobres que durante siglos fueron colonias de Occidente y fuentes de trabajo esclavo.

Más resaltará su profundo sentido humanista cuantos más abusos, más egoísmo, más enajenación; más discriminación de indios, minorías étnicas, mujeres, inmigrantes; cuantos más niños sean objeto de comercio sexual u obligados a trabajar en cifras que ascienden a cientos de millones; cuanta más ignorancia, más insalubridad, más inseguridad, más desamparo.

Más descollará su ejemplo de hombre puro, revolucionario y consecuente mientras más políticos corrompidos, demagogos e hipócritas existan en cualquier parte.

Más se admirará su valentía personal e integridad revolucionaria mientras más cobardes, oportunistas y traidores pueda haber sobre la tierra; más su voluntad de acero mientras más débiles sean otros para cumplir el deber; más su sentido del honor y la dignidad mientras más personas carezcan de un mínimo de pundonor humano; más su fe en el hombre mientras más escépticos; más su optimismo mientras más pesimistas; más su audacia mientras más vacilantes; más su austeridad, su espíritu de estudio y de trabajo, mientras más holgazanes despilfarren en lujos y ocios el producto del trabajo de los demás.

Che fue un verdadero comunista y hoy es ejemplo y paradigma de revolucionario y de comunista.

Che fue maestro y forjador de hombres como él. Consecuente con sus actos, nunca dejó de hacer lo que predicaba, ni de exigirse a sí mismo más de lo que exigía a los demás.

Siempre que fue necesario un voluntario para una misión difícil, se ofrecía el primero, tanto en la guerra como en la paz. Sus grandes sueños los supeditó siempre a la disposición de entregar generosamente la vida. Nada para él era imposible, y lo imposible era capaz de hacerlo posible.

La invasión desde la Sierra Maestra a través de inmensos y desprotegidos llanos, y la toma de la ciudad de Santa Clara con unos pocos hombres,[1] dan testimonio entre otras acciones de las proezas de que era capaz.

Sus ideas acerca de la revolución en su tierra de origen y en el resto de Suramérica, pese a enormes dificultades, eran posibles. De haberlas alcanzado, tal vez el mundo de hoy habría sido diferente. Vietnam demostró que podía lucharse contra las fuerzas intervencionistas del imperialismo y vencerlas.[2] Los sandinistas vencieron contra uno de los más poderosos títeres de Estados Unidos.[3] Los revolucionarios salvadoreños estuvieron a punto de alcanzar la victoria.[4] En África el *apartheid*, a pesar de que poseía armas nucleares, fue derrotado.[5] China, gracias a la lucha heroica de sus obreros y campesinos, es hoy uno de los países con más perspectivas en el mundo.[6] Hong Kong tuvo que ser devuelto después de 150 años de ocupación, que se llevó a cabo para imponer a un inmenso país el comercio de drogas.[7]

No todas las épocas ni todas las circunstancias requieren de los mismos métodos y las mismas tácticas. Pero nada podrá detener el curso de la historia, sus leyes objetivas tienen perenne validez. El Che se apoyó en esas leyes y tuvo una fe absoluta en el hombre. Muchas veces los grandes transformadores y revolucionarios de la humanidad no tuvieron el privilegio de ver realizados sus sueños tan pronto como lo esperaban o lo deseaban, pero más tarde o más temprano triunfaron.

Un combatiente puede morir, pero no sus ideas. ¿Qué hacía un hombre del gobierno de Estados Unidos allí donde estaba herido y prisionero el Che? ¿Por qué creyeron que matándolo dejaba de existir como combatiente? Ahora no está en La Higuera, pero está en todas partes, dondequiera que haya una causa justa que defender. Los interesados en eliminarlo y desaparecerlo no eran capaces de comprender que su huella imborrable estaba ya en la historia y su mirada luminosa de profeta se convertiría en un símbolo para todos los pobres de este mundo, que son miles de millones. Jóvenes, niños, ancianos, hombres y mujeres que supieron de él, las personas honestas de toda la tierra, independientemente de su origen social, lo admiran.

Che está librando y ganando más batallas que nunca.

¡Gracias, Che, por tu historia, tu vida y tu ejemplo!

¡Gracias por venir a reforzarnos en esta difícil lucha que estamos librando hoy para salvar las ideas por las cuales tanto luchaste, para salvar la Revolución, la patria y las conquistas del socialismo, que es parte realizada de los grandes sueños que albergaste! Para llevar a cabo esta enorme proeza, para derrotar los planes imperialistas contra Cuba, para resistir el bloqueo, para alcanzar la victoria, contamos contigo.

Como ves, esta tierra que es tu tierra, este pueblo que es tu pueblo, esta revolución que es tu revolución, siguen enarbolando con honor y orgullo las banderas del socialismo.

¡Bienvenidos, compañeros heroicos del destacamento de refuerzo! ¡Las trincheras de ideas y de justicia que ustedes defenderán junto a nuestro pueblo, el enemigo no podrá conquistarlas jamás! ¡Y juntos seguiremos luchando por un mundo mejor!

¡Hasta la victoria siempre!

ANEXO 17

Discurso pronunciado el 30 de diciembre de 1998, por el Comandante de la Revolución Ramiro Valdés Menéndez en ocasión de la llegada de los restos de Tania al Memorial Ernesto Che Guevara, enclavado en la ciudad de Santa Clara, Cuba.

Familiares de los combatientes caidos;
Compañeras y compañeros de la presidencia;
Villareños:

Hace cuatro décadas, cuando en Cuba se aproximaba el desenlace de nuestra lucha por la libertad, una joven militante comunista nacida en la Argentina, Tamara Bunke, seguía desde la República Democrática Alemana, donde residía junto a sus padres, el avance de aquellos lejanos acontecimientos, que estaban, sin embargo, tan próximos a sus sentimientos de simpatía y solidaridad.

La Revolución cubana triunfante, que significó el cambio histórico más radical en toda la existencia de este hemisferio, unió luego el destino de aquella joven valiente, inteligente y de pensamiento profundo a la causa de nuestra patria. Convertida en luchadora clandestina prestó inestimables servicios al Movimiento Revolucionario Latinoamericano y luego, como "Tania la Guerrillera", llenó una página gloriosa en la gesta del Che en Bolivia, hasta dar su vida en condiciones adversas junto a otros compañeros, bolivianos, peruanos y cubanos.

De tal manera fue honda esa compenetración, que desde los momentos iniciales de la búsqueda de sus restos en Vallegrande, cuando hablamos con la madre, Nadia Bunke, hoy aquí con nosotros, para consultar su decisión acerca de dónde quería que ellos fueran sepultados, no vaciló un instante en respondernos que aqui, junto a los del Che y sus compañeros, y al preguntarle, mas recientemente, bajo qué bandera debímos traer hasta este memorial el osario que los contiene, sin titubear un segundo nos respondió que bajo la bandera cubana, que era su otra patria, por la cual había combatido, y la que le dio el honor de ser admitida como militante del Partido Comunista de Cuba.

Recibimos también a un bravo combatiente de nuestro Ejercito Rebelde, que vino desde la Sierra Maestra en la punta de vanguardia de nuestra Columna Invasora "Ciro Redondo",[1] y que aquí, en la antigua provincia de Las Villas, participó destacadamente en todas las acciones de la ofensiva final contra la tiranía, el capitán Manuel Hernández Osorio (Miguel), quien reeditó en Bolivia su trayectoria de revolucionario recio, firme y disciplinado.

Acogemos en su tierra cubana al médico Octavio de la Concepción y de la Pedraja (Moro), combatiente del Segundo Frente Oriental Frank País,[2] luchador internacionalista en el Congo[3] y otro de los compañeros cubanos, de probada confianza, que seleccionó el Che para que estuvieran a su lado, en el nucleo inicial de un proyecto revolucionario concebido para extender la lucha de liberación en el corazon de este continente.

Es un honor extraordinario, además, que desde este día tengamos definitivamente entre nosotros, como ya lo estaba en nuestro respeto y admiración, la figura combativa de Roberto Peredo Leigue (Coco), quien junto a su hermano, Inti, el Che los consideró como baluartes fundamentales de la lucha y cuadros bolivianos con grandes posibilidades de desarrollo. Coco Peredo fue uno de aquellos militantes revolucionarios que estuvo entre los primeros en la organización de la guerrilla, que jamás dudaron en seguir la jefatura del Che, que nunca claudicaron ni perdieron Ia confianza en la victoria.

Los familiares de un grupo de destacados y heróicos bolivianos aquí presentes, también quisieron que sus seres queridos reposaran en tierras cubanas. Son jóvenes revolucionarios que supieron responder al llamado de su momento y de su patria: Mario Gutiérrez Ardaya (Julio), Aniceto Reinaga Gordillo (Aniceto), Jaime Arana Campero (Chapaco), Francisco Huanca Flores (Pablito) y Julio César Méndez Korne (Ñato).

Otra familia, que también nos acompaña, la del peruano Edilberto

Lucio Galván Hidalgo (Eustaquio), solicitó que los restos de este bravo luchador internacionalista permanecieran en Cuba junto a sus compañeros de hazañas gloriosas.

Todos ellos simbolizan el espíritu de solidaridad latinoamericana de aquella lucha. Su presencia en Cuba, representa la unidad de ideales, historia y destino común de los pueblos de Nuestra América —como la llamó José Martí— convocados ayer como hoy a la tarea de alcanzar la plena y definitiva independencia, integrarse y promover la justicia social y un desarrollo verdaderamente humano en esta región.

El pasado año, cuando en este mismo lugar rendimos merecido homenaje al Che y a sus compañeros, en el 30 aniversario de la caida del Guerrillero Heróico, Fidel planteó que lo veía a él y a los demás combatientes cuyos restos fueron aqui depositados, como un destacamento de refuerzo que venía a apoyarnos en la dura y dificil batalla en que está empeñado nuestro pueblo, que es la de la resistencia al enemigo yanqui que trata de destruirnos, y la defensa de las ideas de la Revolución, la solidaridad y el socialisrno.[4]

De la misma forma, hoy, al recibir los restos de Tania y otros nueve combatientes internacionalistas, podemos afirmar que esta tropa más nutrida, se hace aun más invencible, con la fuerza de su ejemplo, su moral y su mensaje revolucionario para las presentes y futuras generaciones.

En Bolivia, en el escenario de la campaña del Che, el grupo avanzado de compañeros que labora en la búsquea continúa allá con Ia esperanza de encontrar a los que aun faltan. Nosotros también mantenemos la confianza en que podremos reunir en suelo cubano al resto de los integrantes de la guerrilla.

Las épocas pueden cambiar, las condiciones y los métodos también, pero al cabo de estos 31 años de la caída del Che y sus compañeros de la guerrilla boliviana, puede decirse que los objetivos por los que ellos batallaron siguen siendo una necesidad y una aspiración para el futuro latinoamericano.

El imperialismo norteamericano aspira hoy, con más fuerza que nunca, a perpetuar la subordinación, el atraso y la división de Latinoamérica. El neoliberalismo pretende que el mercado, con sus leyes ciegas, sea quien dicte la economía y la vida de cada país. Los países poderosos defienden una globalización egoista y excluyente, que hace cada día más ricos a los ricos y cada vez más pobres a los pobres.

Los gobernantes de Estados Unidos intentan erigirse de hecho en la cabeza de un gobierno mundial, que imponga al resto de los países por diferentes medios, incluida la fuerza, su voluntad política y militar. Aspiran a implantar un pensamiento y un modelo de sistema social únicos, y castigar a los que se nieguen a aceptarlo. Postulan el intervencionismo en América Latina y el Caribe, el armamentismo y la contraposición de unos países a otros.

Las transnacionales norteamericanas están apoderándose de los espacios informativos y culturales en todo el mundo, para barrer la identidad de los pueblos e imponer su uniformidad, la manipulación y la banalidad.

Los imperialistas son hábiles a la hora de presentar como modernas o ultramodernas sus políticas reaccionarias, pero quien analice con rigor las ideas y el pensamiento de Fidel y el Che, tendría que reconocer que en ellos se expresa la verdadera perspectiva de progreso a que debiera aspirar la humanidad en este final de siglo y de milenio, tan lleno de contradicciones, amenazas y peligros.

Por eso, como ayer, nos esforzamos por transformar las realidades, por combatir al principal enemigo de nuestro pueblo y de todos los pueblos explotados de este continente y del mundo, por abrir camino a nuevas ideas de libertad y justicia, hoy, en condiciones distintas, por vías que ya no pueden ser las mismas. Ante situaciones mucho más desventajosas y complejas, seguimos y seguiremos luchando por nuestra justa causa, por nuestras justas ideas, sin hacer la menor concesión a nadie, sin ceder a ninguna presión, y poniendo por encima de todo los principios de la independencia, la Revolución y el socialismo.

Compañeras y compañeros:

Hace 40 años, un día como hoy, se combatía duramente en esta ciudad de Santa Clara. Por estas mismas horas de la tarde, aquel 30 de diciembre, cayó combatiendo uno de los más audaces a inolvidables capitanes de nuestro Ejército Rebelde, Roberto Rodríguez, "El Vaquerito". Su muerte, a unas pocas horas de la victoria, la evocamos hoy como un símbolo de todos los que se sacrificaron por hacernos libres y darnos el derecho a ser dueños de nuestra propia vida.

Entonces se fundió también la alegría del triunfo, la recompensa de nuestros afanes, y el dolor del recuerdo por todos los compañeros que quedaron a lo largo del camino, desde el Moncada hasta el último día de la guerra.

Sabíamos que aquel momento era a su vez el punto de partida para nuevos retos, nuevos peligros, nuevas acciones. No podíamos imaginar, sin embargo, como serían estas décadas que ya hoy también son historia, cuantas nuevas figuras se destacarían en las misiones de la Revolución, hasta que punto sería difícil y complicado el camino de nuestra patria, que volvería a quedarse prácticamente sola, como al principio, sin otro respaldo que la solidaridad de los pueblos, frente a un enemigo poderoso, con pocos escrúpulos y obstinado en borrarnos a cualquier precio de la faz de la tierra.

Así hoy, cuando nos aprestamos a recibir con júbilo la fecha gloriosa del Primero de Enero, cuando ustedes, hermanas y hermanos villareños, se disponen a festejar el 40 aniversario de la liberación de la ciudad, en aquella batalla donde el pueblo estuvo a la altura de las fuerzas combinadas de los invasores de las Columnas 8 y 2; del Directorio Revolucionario, de los combatientes del 26 de Julio y del Partido Socialista Popular,[5] alzados en esta provincia, a la altura del Che y de Camilo, se vuelven a unir esa legítima alegría con estos momentos solemnes en que depositamos en su lugar de definitiva vigilia, en su trinchera de definitivo combate, los restos de Tania y sus compañeros bolivianos, peruanos y cubanos.

Debemos recibirlos sin tristeza. Debemos recibirlos con orgullo. Debemos acogerlos como un nuevo motivo para sentirnos inspirados y comprometidos con la causa de la Revolución.

Como ayer el ejemplo del "Vaquerito", caído en la flor de su juventud y de su gloria, enardeció a este pueblo en la batalla final contra la tiranía, en el respaldo a la estrategia general del Ejército Rebelde, conducida por Fidel; ahora, la presencia de Tania y sus compañeros, junto al Che y demás combatientes, en este corazón de nuestra isla, debe transformarse en un ejemplo para la juventud, en un estímulo para los trabajadores y todo el pueblo en el cumplimiento de sus tareas, en el desarrollo de su conciencia frente a las dificultades internas y las realidades del mundo en que vivimos, y en el respaldo decidido a la estrategia general de la Revolución, que conducen Fidel y Raúl al frente de nuestro Partido y nuestro Gobierno.

Una patria inexpugnable, la recuperación progresiva y sólida de nuestra economía, la reafirmación incesante de nuestros valores morales y políticos, es el monumento que tenemos que construir, día a día, en homenaje al Che y a todos los caídos que guarda este Memorial, a los que guarda nuestro país entero desde La Demajagua hasta hoy,[6] y en homenaje a nuestro pueblo magnífico y luchador que tanto lo merece.

¡Bienvenidos, compañeros del nuevo refuerzo, que llegan para unirse a nosotros en las vísperas de este glorioso 40 aniversario!

¡Bienvenida Tania, ejemplo inmortal de mujer, y de comunista!

¡Bienvenidos, combatientes heróicos por la causa de la Revolución cubana, la hermandad y la solidaridad entre los pueblos!

Digamos hoy con el Che: ¡Hasta la Victoria Siempre¡

Y repitamos con Fidel:

¡Socialismo o Muerte!

¡Patria o Muerte¡

¡Venceremos!

NOTAS

PRÓLOGO

1. *El Diario del Che en Bolivia*, Editora Política, La Habana, 1987, p. 341.

2. La Unión de Repúblicas Socialistas Soviéticas (URSS) se constituyó en diciembre de 1922. O sea, cinco años después del triunfo de la Revolución Rusa de Octubre de 1917, encabezada por Vladimir Ilich Lenin. Progresivamente se integraron a la URSS quince estados de Europa del Este y Asia. Luego de un complejo proceso contrarrevolucionario interno y de los graves errores cometidos por la dirección del Partido Comunista de Unión Soviética (PCUS), la URSS se "disolvió" en diciembre de 1991 y cada uno de sus Estados miembros pasaron a ser países independientes. Por su parte, la República Democrática Alemana (RDA), fue fundada en 1949. Es decir, cuatro años después de la derrota del nazi-fascismo y del fin de la Segunda Guerra Mundial (1939-1945). Existió como una República popular y socialista hasta el 12 de septiembre de 1990. En esa fecha — como fruto de los errores cometidos por al Partido Socialista Unificado Alemán (PSUA) y del consiguiente colapso del socialismo— su población y su territorio regresaron a la soberanía de la República Federal Alemana (RFA).

3. Además de las insinuaciones o afirmaciones que al respecto han aparecido en algunas de las tanta seudo-biografías de Ernesto Che Guevara que se han escrito desde su asesinato (9 de octubre de 1967) hasta la actualidad, esa calumnia es desarrollada hasta el escarnio por el "escritor" uruguayo José A. Friedl Zapata en su libro *Tania la guerrillera: La enigmática espia a la sombra del Che*, publicado en 1997 por la editorial Aufbau de la República Federal Alemana y, en 1999, por Planeta Colombiana Editorial S.A.. Los interesados en el contundente desmentido de la madre de Tania, Nadziega (Nadia) Bunke, a esas difamaciones pueden consultar los Anexos 10, 11, 12 y 13 de este volumen.

4. *Barbarroja: Selección de testimonios y discursos del Comandante Manuel Piñeiro Losada (Compilación, notas y prólogo de Luis Suárez Salazar)*, Ediciones Tricontinental/SIMAR S.A., La Habana, 1999. En el año 2001, ese volumen fue publicado por Ocean Press bajo el título: *Che Guevara and the Latin American Revolutionary Movements*.

5. William Gálvez: *El sueño africano del Che*, Fondo Editorial Casa de las Américas, La Habana, 1997. En 1999, ese volumen fue publicado por Ocean Press bajo el título: *Che in Africa (The untold story of Che Guevara´s "lost year" in Africa)*.

6. Checoslovaquia fue fundada como una República Federal en 1918. Es decir, luego de culminada la Primera Guerra Mundial (1914-1917) y de su liberación del llamado Imperio Austro-Húngaro. Después de la Segunda Guerra Mundial (1939-1945) y de haberse liberado del nazi-fascismo se conservó como una República Federal unida en el propósito de edificar una democracia popular y socialista. A pesar de los fuertes retrocesos que se experimentaron en esa aspiración a partir de 1990, se mantuvo unida hasta el 1 de enero de 1993. En esa fecha nacieron como Estados independientes la República Checa y la República de Eslovaquia.

7. Marta Rojas, Mirta Rodríguez Calderón y Ulises Estrada: *Tania la guerrillera inolvidable*, Editorial de Ciencias Sociales, La Habana, 2001. Esa edición corrige y aumenta la primera publicación de ese título realizada por el Instituto del Libro de Cuba en 1970.

8. Ver el Anexo 1

9. Ver el capítulo XIV de esta obra.

10. Según consta en el *Diario del Che en Bolivia* (ed. cit.), entre el 17 de abril de 1967 hasta su caída en combate, el 31 de agosto de 1967, Tania permaneció en el grupo de 17 guerrilleros (cuatro de ellos calificados por el Che como "la resaca", en razón de sus debilidades para incorporarse a la lucha armada revolucionaria) encabezado por el comandante cubano Juan Vitalio (Vilo) Acuña Núñez (alias Joaquín). A pesar de todos los esfuerzos realizados tanto por el Che como por Joaquín, las difíciles condiciones de la lucha guerrillera rural impidieron la reunificación de ambos destacamentos.

11. Como se verá a lo largo de esta obra, desde la selección y la preparación de Tania en Cuba durante los años 1963 y 1964, el Che orientó que se vinculara con Papi (quien el 30 de julio de 1967 cayó en combate como parte de la columna del ELN de Bolivia encabezada por el Che), dada su previsión de que ambos tendrían que cumplir tareas clandestinas conjuntas en un país suramericano. Esa previsión se materializó a partir de mayo de

1966: fecha en que Papi ingresó nuevamente en forma clandestina a Bolivia con vistas a comenzar a crear las condiciones para la llegada secreta del Che a ese país.

12. Rodolfo Saldaña, se incorporó desde muy joven a la Federación Juvenil Comunista de Bolivia. Como parte de esa organización y cumpliendo instrucciones de la dirección del Partido Comunista de Bolivia (PCB) desde 1963 se vinculó con las diversas tareas de apoyo que se realizaron en ese país con los nacientes movimientos guerrilleros de Perú y Argentina. A partir de la experiencia acumulada en esas tareas y de los contactos que ya había desarrollado con diversos compañeros cubanos, en 1996 se incorporó a la red clandestina encargada de la preparación de las condiciones para el ingreso del Che a Bolivia y para el inicio de la lucha armada guerrillera en ese país. Cuando a comienzos de enero de 1967, el entonces Secretario General del PCB, Mario Monje, traicionó sus compromisos con la Revolución cubana y se desligó vergonzosamente del empeño encabezado por el Che, Saldaña rompió con ese partido y continuó trabajando en la red urbana del posteriormente llamado ELN de Bolivia. En esos empeños fue encarcelado y brutalmente torturado por los órganos represivos bolivianos. Luego de su salida de la cárcel, murió de muerte natural.

13. Adys Cupull y Froilán González: *La CIA contra el Che*, Editora Política, La Habana, 1992.

14. Adys Cupull y Froilán González: Entrevista efectuada con Loyola Guzmán en La Paz, Bolivia, el 29 de junio de 1983 (inédita).

15. Uno de los más tenaces propaladores de ese embuste —facturado, desde fines 1967, por la CIA y por algunos escritorzuelos estadounidenses— es el intelectual y político mexicano Jorge G. Castañeda, autor (antes de ocupar la Secretaría de Relaciones Exteriores de México) de *La vida en rojo: Una biografía del Che Guevara*, publicada por la editorial Espasa de Argentina en 1997. Los interesados en ampliar acerca de esas y otras tergiversaciones de la vida y la obra del Che, pueden consultar Germán Sánchez Otero: "Che: su otra imagen", en Luis Suárez Salazar (compilador): *La actualidad del Che*, Editorial José Martí /Ediciones Libertarias, Produfhi, S.A., España, 1999, pp. 43-126. También pueden consultar Luis Suárez Salazar: "La utopía desalmada", en *Futuridad del Che*, Editorial Pablo de la Torriente/ Puvill Libros S.A., Barcelona, España, 2000, pp. 31-144.

16. Ernesto Che Guevara: *América Latina: Despertar de un continente*, (Editado por María del Carmen Ariet García), Centro de Estudios Che Guevara/ Ocean Press, New York, 2003.

PREFACIO

1. Se refiere al libro titulado *Tania la guerrillera inolvidable* que fuera publicado por primera vez en 1970 por el Instituto del Libro de La Habana, Cuba. Salvo que expresamente se indique lo contrario con la abreviatura NA (Nota del Autor), todas las indicaciones que en lo adelante aparecerán a pie de página fueron elaboradas por el autor del prólogo y a la vez editor de este volumen. (N. del E.)

2. Menciona la carta que Haydée Tamara le envió a sus padres el 11 de abril de 1964. Un fragmento de la misma aparece en la página 195 de la edición de *Tania la guerrillera inolvidable* mencionada en la nota anterior.

3. La actualmente denominada República Popular y Democrática del Congo fue fundada, entre otros, por el conocido mártir de la independencia africana Patricio Lumumba, el 30 de junio de 1960 luego de obtener su independencia de Bélgica. Después del asesinato de Lumumba y sus principales seguidores (17 de enero de 1961) por parte del tristemente célebre agente de la Agencia Central de Inteligencia de los Estados Unidos, general Moisés Tshombe, el país comenzó a ser denominado Congo Leopoldville ó Kinshasa (desde 1966). Mantuvo ese nombre hasta que en 1970 el criminal dictador Joseph Desideré Mobuto (también conocido como Mobuto Sese Seko), lo cambió por: Zaire. Luego del derrocamiento de Mobuto, el 17 de mayo de 1997, por medio de una prolongada insurrección popular encabezada por el ya desaparecido presidente Laurent Kabila, recuperó el nombre que le habían dado sus fundadores. En el momento mencionado por el autor, el Consejo Nacional de la Revolución del Congo, estaba presidido por el inepto Gastión Soumaliot e integrado, entre otros, por Laurent Kabila con quien el Che tuvo varios desencuentros. Los interesados en ampliar en esa historia pueden consultar William Gálvez: ob. cit.

4. Aunque el autor de este se volumen se identifica con la necesidad de realizar una diferenciación de género en el discurso oral y escrito, en lo adelante se utilizará lo que en español se denomina "el genero no marcado" (masculino). Este implica tanto a la mujer, como al hombre.

5. Se refiere al ensayo homónimo publicado en 1890 por el Apóstol de la independencia de Cuba y precursor de la segunda independencia de América Latina, José Martí Pérez (1853-1895).

6. Se refiere a la obra del escritor y diplomático francés Pierre Kalfon que fuera publicada en 1997 por Plaza & Yanés Editores S.A. con el título *Ernesto Guevara, una leyenda de nuestro siglo.*

7. Alude a la ya mencionada "biografía" de Che publicada, en 1997, por Jorge G. Castañeda.

8. Ese es el caso del líbelo *Los cuadernos de Praga*, escrito por el ex diplomático argentino Abel Pose con quien nunca hablé. A pesar de ello, además de recrear la falsa historia del supuesto romance entre Tania y Che en la capital checoslovaca, me atribuye ideas que nunca le expresé, cual calificar como un "desastre" la permanencia de Che en el Congo Kinshasa. (NA)

9. Estas fechas son tomadas por el autor de las referencias que realiza a Tania el comandante Ernesto Che Guevara en su Diario en Bolivia publicado en diferentes idiomas y en diversos países del mundo.

10. Carlos Conrado de Jesús Alvarado Marín, era capitán de la policía guatemalteca. Se enfrentó a los mercenarios pagados por la CIA que, en 1954, derrocaron el gobierno popular, democrático y nacionalista del presidente de su país, Jacobo Arbenz. En esas circunstancias, en Ciudad Guatemala, conoció al Che, quien lo ayudó a exiliarse en Argentina. En 1960 Carlos viajó a Cuba. Como era un luchador incansable por las causas de los pueblos latinoamericanos, aceptó colaborar con los nacientes órganos de Seguridad del Estado cubano. Murió en Cuba el 14 de noviembre de 1997, luego de haber sido totalmente absuelto del robo en un hotel de La Paz de 20 mil dólares que tenía bajo su custodia y que constituía una reserva para el proyecto internacionalista del Che. Por ello, él escribió en su Diario en Bolivia (ob. cit., p. 98): "Mercy apareció sin plata, alegando robo, se sospecha malversación aunque no se descarta algo más grave." El Che nunca pudo conocer el resultado de la exhaustiva investigación antes referida que realizó el VMT del MININT, ni de la actitud honesta y valiente que siempre mantuvo Carlos Alvarado. Por ello, en la despedida de su duelo, el comandante Manuel Piñeiro dijo: "Algún día los pioneros cubanos podrán conocer mejor la vida de este hombre que fue un modelo a seguir por todos los revolucionarios latinoamericanos. A todos nos queda el compromiso de hablar de él, cuando se pueda hacerlo, y decir quién fue este hombre en realidad" Hasta hace poco tiempo aún no se podía hablar de la verdadera identidad de Mercy porque su hijo, Percy Alvarado, estaba infiltrado en las filas de las organizaciones contrarrevolucionarias y terroristas que funcionan en Miami, Estados Unidos; en particular, en las filas de reaccionaria Fundación Nacional Cubano Americana. (NA)

CAPÍTULO I

1. El autor asume el 26 de julio de 1953 (día de los frustrados asaltos a los cuarteles Guillermón Moncada y Carlos Manuel de Céspedes) como la

fecha de inicio de la lucha armada revolucionaria contra la sanguinaria dictadura del general Fulgencio Batista, instaurada entre el 10 de marzo de 1952 y el 31 de diciembre de 1958. En esos años fueron presidentes de los Estados Unidos el demócrata Harry Truman (1945-1953) y el republicano Dwight Eisenhower (1953-1961).

2. La lucha armada guerrillera contra la tiranía de Batista comenzó el 2 de diciembre de 1956 con el desembarco en las costas cubanas del yate *Granma* en el cual viajaron procedentes de México buena parte de los fundadores del Movimiento 26 de Julio y del posteriormente denominado Ejército Rebelde. Entre ellos, Fidel y Raúl Castro, Juan Almeida, Camilo Cienfuegos y Ernesto Che Guevara. Después de Fidel, el Che fue el segundo Comandante nombrado en el Ejército Rebelde.

3. Alude a la invasión mercenaria que desembarcó y fue derrotada en Cuba entre el 17 y el 19 de abril de 1961. Como se ha documentado ésta contó con el apoyo directo de los gobiernos de Estados Unidos, Guatemala y Nicaragua. Pese a las múltiples evidencias presentadas por Cuba, la OEA nunca condenó esa agresión del gobierno de los Estados Unidos. Ni siquiera cuando el entonces presidente John F. Kennedy reconoció públicamente su implicación en esa frustrada intentona contrarrevolucionaria.

4. Los interesados en esa historia pueden consultar Jane Franklin: *Cuba and the United Status: A Chronological History*, Ocean Press, New York, 1997.

5. El lector debe recordar que cuando triunfó la Revolución cubana los únicos países "independientes" del Caribe eran Cuba, Haití y República Dominicana. Las demás naciones caribeñas estaban sometidas a la dominación colonial de Inglaterra, Francia, Holanda y los Estados Unidos: potencias imperialistas que — con diferentes subterfugios — aún conservan posiciones coloniales en el llamado "Caribe insular".

6. Los interesados en ampliar sus conocimientos acerca de esa etapa de la historia latinoamericana y caribeña pueden consultar Luis Suárez Salazar: *Madre América: Un siglo de violencia y dolor (1898-1998)*, Editorial de Ciencias Sociales, La Habana, 2003. Ese titulo fue publicado, en el otoño del 2004, por la editorial Ocean Press bajo el título: *Century of Terror in Latin America*.

7. Para un análisis de las diferentes vertientes de la "nueva izquierda" latinoamericana y caribeña, los interesados pueden consultar, entre otros, Donald C. Hodges: *The Latin American Revolution*, William Morrow Co. Inc, 1974.

8. El macizo montañoso del Escambray (también conocido en la geografía cubana como el macizo de Guamuhaya) se encuentra en las actuales

provincias de Villa Clara, Cienfuegos y Sancti Spíritu. Estas dos últimas ubicadas en el centro-sur de la isla de Cuba. Por su accidentada topografía y por las adversas características socio-políticas que caracterizaban esa serranía, en los primeros años del triunfo de la Revolución (1959-1965) fue asolada por diversas bandas contrarrevolucionarias organizadas por la CIA.

9. Menciona las constantes acciones contra la Revolución cubana emprendidas en el seno de la OEA y en estrecha coordinación con la Casa Blanca, por el entonces presidente liberal colombiano Alberto Lleras Camargo (1958-1962); quien, luego de varios incidentes entre ambos países, en diciembre de 1961, tomó la decisión de romper las relaciones diplomáticas con Cuba.

10. Como candidato de la llamada Unión Cívica Radical Intransigente, Frondizi fue electo en los comicios presidenciales de febrero de 1958 luego de enarbolar un programa reformista que le había ganado el apoyo electoral de los simpatizantes del ilegalizado Partido Justicialista (conocido también como Partido Peronista) y de otros sectores progresistas argentinos. Las presiones de los militares y de los Estados Unidos, poco a poco, minaron las promesas de ese mandatario hasta que finalmente fue derrocado por un golpe de estado que ilegalmente llevó a la presidencia de la República al presidente del Senado, José María Guido, quien de inmediato volvió a ilegalizar a todos los candidatos del Partido Justicialista que habían resultado electos en las elecciones legislativas de comienzos de marzo de 1962.

11. Jorge Ricardo Masetti fue un destacado periodista y revolucionario argentino. En 1958 por primera vez visitó Cuba y, después de viajar clandestinamente a la Sierra Maestra, entrevistó a los comandantes Fidel Castro y Ernesto Che Guevara. Luego de ello, publicó el libro *Los que luchan y los que lloran* y desplegó una intensa solidaridad con el Ejército Rebelde y con la Revolución cubana en Argentina. Fue fundador y director de la Agencia Prensa Latina. Luego de renunciar a la dirección de esa agencia cablegráfica, por encargo de la dirección revolucionaria cubana, cumplió diversas tareas de apoyo a la lucha por la independencia del pueblo argelino contra el colonialismo francés. En 1963 encabezó el Ejército Guerrillero del Pueblo, en cuyas filas perdió la vida (en circunstancias aún desconocidas) el 21 de abril de 1964.

12. El lector debe recordar que, después de varios años de lucha, el 5 de julio de 1962 Argelia obtuvo su independencia definitiva del colonialismo francés; pero desde mucho antes ya se habían establecido relaciones de solidaridad reciproca entre el Frente de Liberación Nacional (FLN) de ese

país y el Gobierno Revolucionario cubano. En tales vínculos Masetti había jugado un destacado papel.

13. Los interesados en esa historia pueden consultar Gabriel Rot: *Los orígenes perdidos de la guerrilla argentina*, Ediciones el Cielo por Asalto, Buenos Aires, 2000. Según recuerda ese autor, la identificación de Masetti como Comandante Segundo dejaba consignada la decisión de que el Che (identificado en clave con el nombre del célebre gaucho Martín Fierro) sería el Primer Comandante del EGP.

14. Alude al discurso pronunciado por el Che el 11 de diciembre de 1964 ante la Asamblea General de la ONU, en el cual expresó de manera diáfana: "...He nacido en la Argentina; no es un secreto para nadie. Soy cubano y también soy argentino y, si no se ofenden las ilustrísimas señorías de Latinoamérica, de cualquier país de Latinoamérica, como el que más y, en el momento en que fuera necesario, estaría dispuesto a entregar mi vida por la liberación de cualquiera de los países de Latinoamérica, sin pedirle nada a nadie, sin exigir nada, sin explotar a nadie. Y así en esa disposición de ánimo, no está solamente este representante transitorio ante esta Asamblea. El pueblo de Cuba entero está en esa disposición"

15. Se refiere a las grandes huelgas y protestas obreras contra la política de la dictadura militar del general René Barrientos (instaurada el 4 de noviembre de 1964), que se desarrollaron en Bolivia a partir de mayo de 1965. Como respuesta, ese ilegitimo gobierno decretó el estado de sitio y sus fuerzas militares ocuparon las famosas minas de estaño de Catavi, Juanuni y Siglo XX, ocasión en que fueron masacrados cientos de trabajadores mineros y encarcelados los principales dirigentes de la poderosa Federación Sindical de Trabajadores Mineros, así como de otros partidos de la izquierda boliviana.

16. Con el respaldo de la llamada Unión Cívica Radical del Pueblo (UCRP), Arturo Illía llegó a la presidencia de Argentina en los comicios del 7 de julio de 1963, de los que nuevamente fue excluido de manera oficial el Partido Justicialista. En consecuencia, una parte de los dirigentes de esa agrupación política llamaron a la abstención electoral, mientras que otra apoyó la candidatura presidencial del peronista Oscar Alende, respaldado por el llamado Frente Nacional y Popular, en el que participaban peronistas e integrantes de la Unión Cívica Radical Independiente. Pese a que el llamado a la abstención fue seguido por 1 millón 700 mil electores, Alende obtuvo 1 millón 600 mil votos: guarismos que demostraron la fragilidad política del gobierno de la UCRP.

17. Alude a una de las tantas falacias que se han difundido acerca de las causas de la salida del Che de Cuba; primero hacia el Congo Kinshasa y, después, hacia Bolivia. Por otra parte, hay que significar que en esos momentos el grado máximo que tenían los jefes de las Fuerzas Armadas Revolucionarias (FAR) y del MININT de la República de Cuba, era el de Comandante. No fue hasta ya entrada la década de 1970 que ambas instituciones asumieron la nomenclatura de los grados militares que existía en la URSS y en otros países de Europa Oriental integrantes del ya desaparecido Pacto de Varsovia.

18. Alude a la Carta de Despedida que el Che le envió a Fidel antes de partir hacia el Congo Kinshasa. Esta fue leída públicamente por Fidel el 4 noviembre de 1965. A partir de ese día el Partido Unido de la Revolución Socialista de Cuba (PURSC) comenzó a denominarse Partido Comunista de Cuba. También alude al Mensaje del Che a todos los pueblos del mundo a través de la *Tricontinental*, dado a conocer por esa revista el 16 de abril de 1967. O sea, cuando el Che ya había librado sus primeros combates en Bolivia. Fue en el título de ese llamamiento que el Che popularizó su consigna de "crear dos, tres, muchos Vietnam".

CAPÍTULO II

1. El MININT de la República de Cuba se fundó el 14 de junio de 1961, bajo la dirección del comandante Ramiro Valdés Menéndez; quien, luego de participar en el asalto al Cuartel Moncada y en el desembarco del yate *Granma*, combatió en la Sierra Maestra. También integró la columna guerrillera, "Ciro Redondo" que, bajo la dirección del comandante Ernesto Che Guevara, protagonizó la llamada "invasión de Oriente a Occidente" y la decisiva "batalla de Santa Clara" (31 de diciembre de 1958).

2. Se refiere al Comandante de la Revolución Juan Almeida Bosque: asaltante al Cuartel Moncada, expedicionario del Granma y fundador del Ejército Rebelde. En los momentos finales de la lucha insurreccional contra la tiranía de Fulgencio Batista encabezó el llamado Tercer Frente Oriental "Mario Muñoz". Después del triunfo de la Revolución ocupó diversas responsabilidades políticas y militares. En la actualidad es miembro del Buró Político del CC del PCC y vicepresidente del Consejo de Estado y de Ministros de la República de Cuba. Por su parte, Celia Sánchez Manduley fue una de las principales organizadoras del Movimiento 26 de Julio en Manzanillo, su ciudad natal. También fue una de las primeras mujeres que se incorporó al Ejército Rebelde, en cuya comandancia general, encabezada por Fidel, cumplió importantes tareas durante la lucha insurreccional. En

consecuencia, luego del triunfo de la Revolución fue una de las más cercanas colaboradoras de Fidel Castro. Al momento de su muerte era miembro del CC del PCC y ocupaba la Secretaria del Consejo de Estado y de Ministros de la República de Cuba.

3. Alude la fecha de la publicación por primera vez en Cuba del libro *Tania la Guerrillera inolvidable*.

4. Se refiere a Orlando (Olo) Pantoja Tamayo (identificado como Antonio en *El Diario del Che en Bolivia*). Fue integrante del Movimiento 26 de julio (M-26-7) y, a partir de 1957, del Ejército Rebelde, donde alcanzó los grados de capitán bajo las órdenes de Che. Luego del triunfo de la Revolución contribuyó a la fundación del MININT, orgnismo donde pasó a formar parte del llamado Departamento M. Estando ahí, bajo la dirección de Piñeiro y de Che, cumplió en Bolivia diversas tareas vinculadas a la preparación de las condiciones para la entrada a Argentina del grupo guerrillero encabezado por Jorge Ricardo Masetti. Cuando aún no había culminado esa tarea fue nombrado Jefe de las Tropas Guardafronteras de la República de Cuba. Después de haber sido seleccionado por el Che y de una intensa preparación militar, el 19 de diciembre de 1966 regresó a Bolivia. Como integrante de la columna del ELN comandada por el Che cayó en el combate de la Quebrada del Yuro el 8 de octubre de 1967.

5. José María Martínez Tamayo (identificado como Papi, Chincho o Ricardo en *El Diario del Che en Bolivia*) fue integrante de los grupos clandestinos del M-26-7 en la ciudad de Holguín. En abril de 1958 se incorporó al Ejército Rebelde. Luego del triunfo de la Revolución trabajó muy cerca de Che. Al fundarse el MININT pasó a formar parte del llamado Departamento M, desde donde, bajo la dirección de Piñeiro y de Che, cumplió diversas tareas internacionalistas; entre ellas la preparación de las condiciones para la entrada a Argentina del grupo guerrillero encabezado por Jorge Ricardo Masetti. También estuvo entre los combatientes cubanos que acompañaron al Che al Congo Kinshasa. Luego de salir clandestinamente de ese país, en marzo de 1966, viajó a Bolivia con vistas a comenzar a crear las condiciones para la llegada del Che. Cuando este llegó, Papi se incorporó definitivamente al naciente destacamento guerrillero el 31 de diciembre de 1966. Como parte del ELN cayó en combate el 30 de julio de 1967.

6. Con el propósito de mantener la compartimentación, hasta 1970, los órganos de la inteligencia cubana fueron identificados con esas siglas. A partir de esa fecha, adoptaron el nombre Dirección General de Inteligencia (DGI) del MININT. En consecuencia, en el propio año, se fundó la Dirección

General de Liberación Nacional (DGLN), especializada en el desarrollo de la solidaridad de la revolución cubana con el movimiento popular y revolucionario de diversos países del mundo; en particular, de América Latina y el Caribe.

7. Cuba fue ilegalmente expulsada de ese organismo en la Asamblea General de la OEA efectuada a fines de enero de 1962 en Punta del Este, Uruguay. Bajo presión de la delegación estadounidense aprobaron esa resolución 14 países integrantes de ese organismo. Se abstuvieron los gobiernos de Argentina, Brasil y Bolivia (todos fueron posteriormente derrocados mediante diversos golpes de Estado). Votaron en contra los gobiernos de Ecuador (también derrocado a través de un cuartelazo), Chile y México. En respuesta, el 4 de febrero del propio año una masiva concentración efectuada en la histórica Plaza de la Revolución de la capital cubana aprobó la Segunda Declaración de La Habana. La primera de esas declaraciones había sido proclamada el 2 de septiembre de 1960, también como respuesta a los acuerdos contra Cuba adoptados por la Asamblea General de la OEA efectuada en San José de Costa Rica en agosto del propio año.

8. Alude el año en que se convocó por primera vez la posteriormente denominada Primera Conferencia Internacional de Estados Americanos. Esta —luego de varias peripecias vinculadas a las agudas contradicciones existentes dentro del Partido Republicano de los Estados Unidos— se efectuó en Washington a fines de 1889 y comienzos de 1890. Aunque el gobierno norteamericano no pudo imponer sus propósitos en esa conferencia, en ella se fundaron los primeros órganos de la denominada Unión de Repúblicas Americanas, la que, a partir de 1910, adoptó el nombre de Unión Panamericana.

9. Los interesados en conocer esas intervenciones pueden consultar Ernesto Che Guevara: *Punta del Este: Proyecto alternativo para América Latina* y *América Latina: despertar de un continente,* publicados por Centro de Estudios Che Guevara/Ocean Press, New York, en el año 2002 y 2004, respectivamente.

10. Alude una frase pronunciada por José Martí cuando en la década de 1890 preparaba el reinicio de la lucha armada de los patriotas cubanos contra el colonialismo español. En los conceptos de Martí, la guerra de liberación nacional que se inició en Cuba el 24 de febrero de 1895 también debía impedir que los Estados Unidos cayeran, con "esa fuerza más", sobre "las dolorosas islas" del Mar Caribe y sobre sus "hermanas repúblicas latinoamericanas".

11. En la fecha que menciona el autor ya se habían comenzado a dar los

primeros pasos para la preparación del inicio de la lucha guerrillera en Argentina. A su vez, en Colombia se continuaba apoyando a los sobrevivientes del MOEC, así como a los compañeros colombianos que posteriormente constituyeron el Ejército de Liberación Nacional de ese país. En el caso peruano, el apoyo de la revolución cubana recaía sobre los fundadores del ELN peruano, así como del denominado Movimiento de Izquierda Revolucionaria (MIR); mientras que en Uruguay y Venezuela la solidaridad cubana iba dirigida, en lo fundamental, a preparar los aparatos militares de los partidos comunistas de ambos países. En el caso venezolano esa ayuda se intensificó después que en 1962 y en respuesta a la ilegalización del Partido Comunista de Venezuela y del Movimiento de Izquierda Revolucionaria de ese país, fueron fundadas las llamadas Fuerzas Armadas de Liberación Nacional (FALN). Estas realizaron sus primeras acciones guerrilleras en las montañas de Falcón.

12. En esa dirección funciona actualmente el Centro de Estudios Che Guevara por lo que pueden visitarla todos los interesados en conocer su vida y su obra.

13. José Manuel Manresa era soldado mecanógrafo del Ejército de la tiranía del Fulgencio Batista. Cuando, en los primeros días de enero de 1959, Che ocupó la fortaleza de la Cabaña (ubicada en La Habana), Manresa le pidió su licenciamiento para irse a trabajar en la finca de un hermano; pero — cual le había advertido el comandante guerrillero— su incapacidad para las tareas agrícolas motivó que regresara a solicitarle trabajo. Demostrando uno de los rasgos de su personalidad, Che lo incorporó a su equipo. Fue tal la eficiencia y discreción de Manresa que, en pocas semanas, pasó a ser el secretario personal del Che, cargo en que se mantuvo hasta que, en 1965, éste salió hacia el Congo Kinshasa. Los interesados en los pormenores de esa historia, pueden consultar Orlando Borrego: *Che, recuerdos en ráfaga*, Editorial de Ciencias Sociales, La Habana, 2004.

14. Alude a la crisis internacional que se produjo como consecuencia de la decisión estadounidense de bloquear militarmente las costas cubanas con vistas a impedir la llegada a ese país de los mal llamados "armamentos ofensivos estratégicos" que la Unión Soviética estaba dislocando en esa isla. Como consecuencia de esas acciones se creó una delicada situación que estuvo próxima a desencadenar una agresión militar directa de Estados Unidos contra Cuba. Esta pudo haber sido el detonante de una guerra nuclear entre EE.UU. y la URSS. Si no se llegó a esa situación fue por la voluntad negociadora tardíamente desplegada por la administración de John F. Kennedy. Este, a cambio de la retirada de diversos tipos de

armamentos soviéticos, se comprometió a abandonar los planes que estaba desarrollando con vistas a emprender una nueva agresión militar contra la Revolución cubana. Los interesados pueden consultar, entre otros textos, Tomás Diez Acosta: *In the threshold of nuclear war*, Editorial José Martí, La Habana, 2002.

15. Coco e Inti fueron los seudónimos que utilizaron en el destacamento guerrillero del Che los hermanos Roberto y Guido Peredo Leigue. Ambos habían sido militantes del PC de Bolivia y colaborado con las operaciones internacionalistas que Cuba desplegó en su país. El primero tuvo una enorme responsabilidad en crear las condiciones para la llegada clandestina del Che y de otros de sus compañeros de lucha. Como fundador y parte del ELN, cayó en combarte el 26 de septiembre de 1967. A su vez, siendo miembro del CC del PCB, Inti ingresó al destacamento guerrillero el 27 de noviembre de 1966. Al igual que su hermano, luego de la traición del secretario general del PCB, Mario Monje, se mantuvo en el destacamento guerrillero. Fue uno de sus pocos sobrevivientes; por lo que, luego del asesinato de Che (9 de octubre de 1967), emprendió —junto a Rodolfo Saldaña y a otros compañeros bolivianos— la refundación del ELN. Estando en esa ardua tarea fue asesinado en La Paz el 9 de septiembre de 1969.

16. Javier Heraud fue un joven y laureado poeta peruano. Luego de su preparación militar en Cuba, integró una columna guerrillera que en mayo de 1963, procedente de Bolivia, intentó ingresar en el territorio de su país por el puerto fronterizo de Puerto Maldonado. Fue sorprendida por el ejército peruano y cayó en combate. Los sobrevivientes de esa columna, bajo la dirección de Héctor Béjar (quien aún vive), fundaron el Ejército de Liberación Nacional de Perú.

17. Alude la renombrada novela homónima del famoso escritor argentino, Ricardo Güiraldes (1886-1927). Esta fue publicada por primera vez en Buenos Aires en el año 1926.

18. Tanto Hermes Peña como Alberto Castellanos se habían incorporado, desde su temprana juventud, al Ejército Rebelde, donde alcanzaron los grados de Capitán y Primer Teniente, respectivamente. Luego del triunfo de la Revolución ambos trabajaron bajo las órdenes directas del Che. En 1963 se trasladaron clandestinamente a Bolivia y se incorporaron —junto a Jorge Ricardo Masetti—a la columna guerrillera del entonces naciente EGP. Formando parte de esa organización político-militar Peña, cayó en combate el 18 de abril de 1964. Por su parte, Alberto Castellanos fue capturado vivo el 11 de marzo del propio año. Sin que se develara su verdadera identidad,

292 TANIA LA GUERRILLERA

con la fachada de estudiante peruano, fue condenado a cuatro años de prisión. Cuando en diciembre de 1967 fue liberado de las cárceles argentinas, regresó a Cuba, donde continuó cumpliendo diversas tareas vinculadas a la solidaridad internacionalista del pueblo cubano.

19. Luis de la Puente Uceda fue el principal dirigente del denominado APRA Rebelde, fundado en 1959, a causa de la división del Partido Aprista Peruano. Después de aprender la experiencia cubana, de la Puente fundó el Movimiento de Izquierda (MIR) de Perú, organización de la que fue Secretario General hasta su caída en combate, en enero de 1966, mientras encabezaba una columna guerrillera rural.

20. Alude a una expresión del revolucionario cubano, Julio Antonio Mella, quien en la década de 1920 había definido al APRA (y por ende a su fundador Víctor Raúl Haya de la Torre) como una Asociación Para Revolucionarios Arrepentidos.

21. Después de esta fecha, Isabel Leguía cumplió ejemplarmente una misión internacionalista en las guerrillas organizadas en Guinea Bissau por el Partido Africano para la Independencia de Guinea y Cabo Verde (PAIGC). Años más tarde regresó a Argentina, donde fue detenida, torturada y asesinada en la temible Escuela Mecánica de la Armada (ESMA). A pesar de los esfuerzos que he realizado, no he podido conocer el destino posterior de la pianista Lidia Guerberroff. (NA).

CAPÍTULO III

1. El lector debe recordar que, sobre la base de los acuerdos entre los gobierno de las potencias que derrotaron al nazi-fascismo, inmediatamente después de culminada la Segunda Guerra Mundial, Berlín (aunque había sido ocupada por las tropas soviéticas) quedó controlada, al igual que el resto del territorio alemán, por las fuerzas militares de la URSS, los Estados Unidos, Francia y Gran Bretaña. Al comenzar la llamada Guerra Fría, en 1948, concluyó abruptamente el pacto entre esas potencias, por lo cual las tres últimas mantuvieron su ocupación de la parte occidental de Alemania, al igual que de la parte occidental de Berlín. Por su parte, la URSS controló la parte oriental del país y de la histórica capital alemana. Pese a diversas propuestas soviéticas dirigidas a resolver el problema, esa anómala situación se mantuvo después de la fundación en 1949 de la República Federal Alemana (cuya capital era Bonn) y la República Democrática Alemana, cuya capital era Berlín. En razón de la resistencia de las potencias occidentales a abandonar la parte occidental de esa ciudad y de los constantes conflictos que provocaba la compleja situación existente en la

misma, en agosto de 1961, el gobierno de la RDA adoptó la polémica decisión de construir el llamado Muro de Berlín. Este se mantuvo hasta noviembre de 1989. Su derrumbe fue el preludio de la desaparición de la RDA y de la "reunificación alemana" que se produjo un año después.

2. En aquellos años el Capitán del Ejército Rebelde Antonio Núñez Jiménez era el Presidente del recién fundado Instituto Nacional para la Reforma Agraria (INRA). Y el primer teniente Orlando Borrego era el Segundo Jefe del Departamento de Industrialización del INRA, fundado bajo la dirección del comandante Ernesto Che Guevara.

3. Junto a otras organizaciones de masas —como los Comités de Defensa de la Revolución y la Milicia Nacional Revolucionaria— la Milicia de Defensa Popular se creó en los primeros años del triunfo de la Revolución cubana como parte de la defensa del pueblo cubano frente a la múltiples agresiones de Estados Unidos y de la contrarrevolución interna. Mientras existieron, la tarea principal de esas milicias era custodiar los locales de todas las dependencias estatales del país.

4. El Frente Sandinista para la Liberación Nacional (FSLN), fue fundado en 1962 por el desaparecido comandante guerrillero Carlos Fonseca Amador, quien cayó en combate. El nombre de esa organización político-militar expresó el reconocimiento de sus fundadores a las luchas contra la ocupación norteamericana de Nicaragua (1912-1933) desplegada por el llamado General de Hombres Libres Augusto César Sandino. Fue asesinado en 1934 por órdenes del entonces Jefe de la Guardia Nacional de Nicaragua, general Anastasio (Tacho) Somoza, y del Embajador estadounidense en ese país.

5. El verdadero nombre del autor de este testimonio era Dámaso Lescaille. Como resultado de su prolongado trabajo clandestino y de su identificación con el seudónimo de Ulises Estrada, tomó la decisión de legalizar ese nombre y de sólo conservar, como segundo apellido, el que llevaba su padre.

6. Alude la carta que Haydée Tamara le había enviado desde la RDA al capitán Antonio Núñez Jiménez el 22 de agosto de 1960. Los interesados en conocer fragmentos de esa misiva, pueden consultar *Tania, la guerrillera inolvidable*, primera edición, pp. 311-312.

CAPÍTULO IV

1. Según la indagación histórica, el matrimonio integrado por los psicólogos estadounidenses (oriundos de New York) Louis y Lenna Jones, en aquel momento, trabajaban en el Ministerio de Educación de la República de

Cuba. El primero era redactor de la revista trimestral *Psicología y Educación* que publicaba el Departamento de Psicología Educacional de ese organismo y Lenna era integrante del Consejo de Redacción de esa revista. Cuando Tania los conoció tenía una hija pequeña llamada Caroline.

2. Alude a la consigna "Con la guardia en alto" que por ese entonces enarbolaban los Comité de Defensa de la Revolución: organización de masas fundada en Cuba el 28 de septiembre de 1959, con el objetivo principal de detectar y neutralizar las actividades de la contrarrevolución interna y de los órganos subversivos de los Estados Unidos y sus aliados.

3. Por razones de seguridad, los nombres reales de los compañeros y compañeras mencionados en el párrafo aún no se pueden develar. Por lo tanto, salvo que se indique lo contrario, en el texto mantendremos los seudónimos que estos emplearon cuando le impartieron sus correspondientes clases a Tania (NA).

4. Alude a la forma de introducir un mensaje en una fotografía mediante el empleo de técnicas de microfilmación que permiten minimizar al máximo el contenido del mensaje

5. La Clave Morse —también conocida como Código Morse Internacional— es un sistema de señales eléctricas utilizado en todo el mundo (excepto Estados Unidos y Canadá) en radiotelegrafía y en la comunicación mediante señales luminosas de la navegación marítima. Este sistema está basado en el código Morse, un alfabeto telegráfico ideado por el artista e inventor estadounidense Samuel F. B. Morse (1791-1872) en las primeras décadas del siglo XIX.

CAPÍTULO V

1. Hasta 1976, en que se produjo una nueva división político-administrativa de la República de Cuba, Las Villas era una de las seis provincias en que se dividía ese país. En ese entonces la actual provincia de Cienfuegos era una de las regiones de Las Villas.

2. Iván Montero (identificado en *El diario del Che en Bolivia*, como los seudónimos de Renán e Iván) fue combatiente en la lucha clandestina contra la dictadura de Fulgencio Batista. Producto de su precaria situación de seguridad tuvo que viajar a México, donde se vinculó con un grupo de exiliados nicaragüenses. Al triunfo de la Revolución cubana regresó a La Habana, donde mantuvo sus vínculos con los mismos. En 1959 y 1960, con el apoyo del comandante Ernesto Che Guevara, se incorporó a los primeros intentos para iniciar la lucha armada guerrillera contra la larga satrapía de la familia Somoza (1936-1979). Al fracasar esos primeros intentos,

regresó a Cuba y se incorpora al VMT del MININT. Desde esa estructura, participó en diversos planes del comandante Ernesto Che Guevara dirigidos a continuar la lucha revolucionaria en América Latina; entre ellos la mencionada Operación Sombra. Dado el negativo desenlace de esa operación, permaneció en Cuba hasta que, en 1966, el Che le orientó viajar clandestinamente a Bolivia con vistas a crear las condiciones para el recibimiento de los combatientes internacionalistas cubanos. Luego cumplida esa tarea y ante las deficiencias que confrontaba con su Pasaporte ilegal para radicarse como comerciante en ese país, el Che le orientó que regresara a Cuba con el propósito de resolver esa situación; pero el imprevisto desarrollo de los acontecimientos le impidieron retornar a la capital boliviana. Años después, Renán se incorporó nuevamente a la lucha guerrillera en Nicaragua. En razón de su larga trayectoria revolucionaria y de su preparación, al triunfar la Revolución sandinista (19 de julio de 1979), fue nombrado Jefe de la Inteligencia de ese país; cargo que desempeñó hasta febrero de 1990 (NA).

3. Según la indagación histórica, luego de haber realizado algunas incursiones previas en el territorio argentino, Jorge Ricardo Masetti y sus hombres, divididos en dos grupos y procedentes del sur de Tarija, Bolivia, ingresaron definitivamente a la zona de Salta, en el noroeste de Argentina, el 21 de septiembre de 1963. A partir de esa fecha comenzaron a establecer diversos campamentos hasta que su presencia fue detectada en febrero de 1964. A partir de ese momento, comenzó el cerco que le tendieron las fuerzas represivas argentinas. Como ya está dicho, este concluyó en abril del propio año, luego de la desarticulación de la columna guerrillera del EGP y con la muerte, la captura o la desaparición de varios compañeros; entre ellos el propio Masetti.

4. Trinidad es una de las más bellas ciudades de la actual provincia de Sancti Spíritus. En el momento en que se desarrollaban las prácticas operativas de Tania aludidas en el texto, estaba bajo la jurisdicción de la región Cienfuegos, entonces perteneciente a la antigua provincia de Villa Clara. En los primeros años del triunfo de la Revolución, actuaron en esa ciudad diversas redes de la CIA que tenían la responsabilidad de apoyar a las bandas contrarrevolucionarias armadas que operaban en las montañas del Escambray.

5. Las dos líneas diagonales (//) que aparecen en este y otras partes de este volumen indican que, en la versión original de los testimonios publicados, los párrafos estaban separados en punto y a parte; en vez de en punto y seguido que es como aparecen en ese texto.

6. Pinar del Río es la provincia más occidental de Cuba. En sus serranías estaban ubicadas las principales escuelas de preparación en la guerra irregular revolucionaria con las que contaba el VMT del MININT.

7. El macizo montañoso Sagua-Baracoa actualmente está ubicado en las provincias de Holguín y Guantánamo, Cuba. En 1964 ambas provincias (junto a las actualmente denominadas Santiago de Cuba, Granma y Tunas) pertenecían a la entonces llamada Provincia de Oriente; ubicada —como su nombre indica— en el extremo oriental de la isla de Cuba.

8. El lector debe recordar que Tarzán fue un personaje creado por los racistas dibujos animados facturados en los Estados Unidos. La industria cinematográfica lo llevó a la pantalla. Los actores que lo representaban eran —al igual que Papi— blancos y de una complexión atlética capaz de derrotar con sus manos a los animales de la selva, a las malignas tribus africanas y a los otros hombres blancos que siempre agredían a sus débiles e ignorantes amigos africanos.

9. Según las indagaciones históricas que se han realizado acerca de la Operación Sombra, Papi llegó a Bolivia a mediados de 1963. O sea, apenas unas semanas después de la llegada de Masetti y de otros de sus compañeros de lucha. Al igual que otros oficiales del MININT y del MINFAR (entre ellos, el autor de este libro y el actual Embajador de Cuba en la República de la India y entonces Oficial del VMT del MININT, Juan Carretero Ibáñez), el Che le entregó la misión de crear una red de apoyo para el EGP en la frontera argentino-boliviana. Con ese fin Papi viajó varias veces a Bolivia, Perú y Argentina. Después del ingreso definitivo de Masetti a territorio argentino, regresó a La Habana.

CAPÍTULO VI

1. En el momento en que desarrolla el relato el municipio Bauta estaba bajo la jurisdicción de la antigua provincia La Habana. Luego de la división política administrativa de 1976, la capital de la isla quedó identificada con el perímetro de la Ciudad de La Habana. A consecuencia, en todos sus alrededores se creó una nueva provincia que conservó el nombre de La Habana, uno de cuyos municipios es el conocido con el nombre de Bauta.

2. El lector debe recordar que, en ese momento, Ulises era el seudónimo del autor de este libro, cuyo verdadero nombre era entonces Dámaso Lascaille.

3. Como ya está indicado el autor menciona un fragmento de la carta que Haydée Tamara le envió a sus padres el 11 de abril de 1964. Este aparece en la página 195 de la primera edición de *Tania la guerrillera inolvidable*.

CAPÍTULO VII

1. Como otras zonas de Europa, Tirol tiene una accidentada historia. Antiguamente fue parte del Imperio Romano. Pasó a manos de Austria en 1363, fue transferida a la soberanía de Baviera en 1805 y devuelta a Austria en 1814. Mientras estuvo bajo la soberanía de ese país limitaba al norte con Alemania, al sur con Italia y al Oeste con Suiza. Durante la Segunda Guerra Mundial, la región fue ocupada por Alemania. Después del fin de esa conflagración bélica, la Venecia Tridentina, que incluye el Tirol Meridional, fue cedida a Italia.

2. En el argot de los órganos de la seguridad y de los medios oficiales cubanos: "el clavista" es el funcionario encargado de cifrar y descifrar los mensajes que se intercambian entre diversas dependencias gubernamentales de la isla y sus representaciones estatales ubicadas en el exterior.

3. Se refiere al grupo de sargentos de las fuerzas armadas brasileñas que, el 12 de septiembre de 1963, protagonizaron una revuelta armada en Río de Janeiro. Esta fue seguida por un motín naval en la propia ciudad. Este estalló el 28 de marzo de 1964. Al producirse, tres días después, el golpe de Estado encabezado por el mariscal Humberto Castelo Branco que derrocó al presidente Joao Goulart, las autoridades cubanas decidieron otorgarle al grupo de ex militares antes referido el entrenamiento solicitado. Sobre todo, porque todos fueron expulsados de los servicios armados brasileños y porque el gobierno militar de ese país rompió sus relaciones diplomáticas con Cuba. La mayor parte de los ex sargentos entrenados en la isla, en 1966, organizaron el Movimiento Nacionalista Revolucionario. Este instaló un foco insurreccional en las montañas de Carapão, ubicadas en las fronteras de los Estados brasileños Minas Gerais y Espíritu Santo.

4. Alude a una manera específicamente cubana de interpretar los boleros que, por entonces, se había puesto de moda a partir de las interpretaciones de afamados cantantes. Entre ellos, César Portillo de la Luz, José Antonio Méndez y las ya desaparecidas Elena Burke y Moraima Secade.

CAPÍTULO VIII

1. Alude al comunista, y periodista checo y Héroe Nacional Checoslovaco Julios Fucík, quien luego de permanecer cerca de año y medio en la prisión fue asesinado el 8 de septiembre de 1943 por las hordas fascistas. Antes de morir escribió su famoso libro: *Reportaje al pie de la horca*.

2. Alude a Joseph Stalin (cuyo verdadero nombre era Iósiv Visariónovich Dzhugachvili). Nació en Georgia en 1879 y murió en 1953. Fue uno de los

fundadores del Partido Bolchevique, encabezado por Vladimir Ilich Lenin. Junto a éste, asimismo, fue uno de los principales protagonistas de la Revolución de Octubre de 1917. También fue uno de los fundadores de la Unión de República Socialistas Soviéticas (URSS) y del Partido Comunista de ese estado multinacional: el PCUS. Entre 1929 y 1953 fue Secretario General de esa organización política y líder de la URSS. Con independencia de sus grandes méritos en la conducción de la Gran Guerra Patria (1941-1945) y de la derrota del nazi-fascismo, durante los veinticuatro años que dirigió la URSS se le atribuye el haber promovido el llamado "culto a la personalidad". Igualmente el haber perpetrado diversos abusos de poder; entre ellos, el asesinato de varios dirigentes del PCUS. La crítica a los errores cometidos por Stalin se realizó en el XX Congreso del PCUS, efectuado en 1956.

3. El lector debe reparar que, aunque el mensaje está dirigido al MOE, tiene un tono personal, ya que se hacen afirmaciones evidentemente dirigidas a una persona que Tania sabía que la conocía de manera íntima, cual era el caso del autor de este libro.

CAPÍTULO IX

1. El general René Barrientos Ortuño fue vicepresidente del mal llamado "tercer gobierno de la revolución nacional" (1960-1964), presidido por el máximo dirigente del Movimiento Nacional Revolucionario (MNR) de Bolivia, Víctor Paz Estenssoro. El 4 de noviembre de 1964, cumpliendo instrucciones de la Embajada estadounidense en La Paz y de la CIA (de la cual era un connotado agente), Barrientos derrocó, mediante un golpe de Estado, al gobierno constitucional e instauró en ese país hasta su muerte "accidental", en abril de 1969, uno de los cruentos regímenes de seguridad nacional que por entonces proliferaron en diversos países latinoamericanos y caribeños.

2. Encabezada por el Movimiento Nacional Revolucionario (MNR), liderado por Víctor Paz Estenssoro, el 11 de abril de 1952 una insurrección popular derrotó en varios combates al ejército profesional. Se inició así la llamada "Revolución boliviana". A pesar de las inconsistencias políticas de Paz Estenssoro y ante la presión popular, se nacionalizaron las riquezas mineras que estaban en manos de los "Barones del estaño", se atendieron diversas vindicaciones de los trabajadores mineros y se inició una reforma agraria que entregó importantes, aunque insuficientes, extensiones de tierra a la población campesina e indígena. El radicalismo de ese proceso —que algunos analistas han comparado con la Revolución mexicana de 1910 a

1917— también se expresó en la transitoria sustitución del ejército profesional por una milicia popular, en la que tenían una fuerza decisiva los combativos trabajadores mineros. Sin embargo, poco a poco, Paz Estenssoro fue traicionando los postulados de esa revolución. En consecuencia, le realizó diversas concesiones a los Estados Unidos; entre ella el restablecimiento del Ejército profesional: institución armada que mediante el golpe de Estado de 1964 le dio "el tiro de gracia" a la Revolución de 1952.

3. La ciudad de Cuzco (o Cusco), se encuentra situada al sur de Perú y es la capital del departamento homónimo. Está situada en el valle del río Huatanay, a 3.360 metros sobre el nivel del mar. El valle estuvo poblado desde tiempos muy remotos; posteriormente albergó la gran urbe prehispánica del Qosqo, capital del Imperio incaico o Tahuantinsuyo. La ciudad conserva muchas edificaciones de aquella época, como el Templo del Sol o Corichancha, la Fortaleza de Sacsahuamán y diversos muros, dinteles y calles. En la ciudad también se han preservado varias edificaciones de la época colonial. Aunque a lo largo de su historia, ha sido afectada por varios terremotos, los monumentos históricos que alberga han sido cuidadosamente restaurados.

4. La ciudad de Puno (cuyo nombre completo, San Carlos de Puno) es la capital de la provincia y del departamento homónimos. Está situada a 3.827 m de altitud y, al igual que algunas ciudades bolivianas, comparte riberas sobre el portentoso Lago Titicaca, considerado el lago más grande de América del Sur. También es el lago navegable situado a mayor altitud del mundo; ya que se encuentra a 3.810 m sobre el nivel del mar. Se extiende por el sureste de Perú y el oeste de Bolivia, lo que lo convierte en una importante arteria de comunicación entre ambos países.

5. En el momento en que rindió su informe, Tania no recordaba el nombre de la mencionada ciudadana española. Las investigaciones históricas posteriores, tampoco han logrado identificarla.

6. Esas ruinas se encuentran a pocos kilómetros al oeste de La Paz. En ellas aún se conservan los vestigios de un centro ceremonial de la cultura aymará, cuya fundación probablemente se llevó a cabo antes del año 300 después de nuestra era. La cultura Tiahuanaco fue la principal civilización precolombina que se asentó en el actual territorio de Bolivia. En el siglo XV, previo al mal llamado "descubrimiento de América" (1492), la población del mismo fue dominada por el imperio incaico que tenía su centro en el Cuzco, Perú.

7. Ver el Anexo 9.

8. El Lago Titicaca tiene 8 300 kilómetros cuadrados y está a 3 815 metros de altura. Según la leyenda, de una de sus islas (que es la que le otorga el nombre) salió Manco Cápac I con su esposa y hermana Mama Ocllo para fundar la ciudad del Cuzco e instituir la monarquía incaica que se extendería, siglos más tarde, por todos los territorios del Tahuantinsuyu.

9. El general Alfredo Ovando (1919-1982) era el comandante en jefe del Ejército cuando el golpe de Estado que derrocó al presidente Víctor Paz Estenssoro. Integró la Junta Militar que, presidida por el general Barrientos, gobernó el país hasta julio de 1966. En ese año, luego de una mascarada electoral, Barrientos fue electo presidente "constitucional" de la República; cargo que mantuvo hasta el extraño accidente aéreo en que perdió la vida en 1969. Inmediatamente después, Ovando ocupó de facto la presidencia de Bolivia, hasta que fue derrocado, en 1970, por una sublevación cívico-militar encabezada por el general nacionalista Juan José Torres.

10. Se refiere a los viejos pesos bolivianos. Dada la desvalorización de esa moneda, el gobierno de René Barrientos emprendió una nueva reforma monetaria en la que instauró un nuevo peso boliviano equivalente a 1 000 pesos viejos. En el momento en que se aplicó esa reforma, alrededor de 12 nuevos pesos bolivianos tenían la equivalencia a un dólar estadounidense.

11. Ángela Soto Cobián: *La muchacha de la guerrilla del Che, Tania: Leyendas y realidades*, Impresora Grafis Ltda., Montevideo, 1999, pp. 75-76.

12. El departamento de Oruro se encuentra en la parte centro occidental de Bolivia. Limita al oeste con Chile, al norte con el departamento de La Paz, al noreste con Cochabamba, y al sureste y sur con Potosí. Su capital es la ciudad del propio nombre. Entre sus principales actividades económicas se encuentra la minería, ya que en su territorio están ubicadas las famosas minas de Oruro, Huanuni, Antequera y Cascollo, de las que tradicionalmente se han extraído el estaño y sus minerales asociados como el bismuto, el oro, la plata, el wolframio y el cinc. Estos son exportados a través del puerto chileno de Arica.

13. Yacimientos Petrolíferos Fiscales Bolivianos (YPFB) era, en esa época, la empresa estatal encargada de la exploración y explotación de los yacimientos de hidrocarburos (petróleo y gas) existentes en ese país suramericano.

14. Cochabamba es una de las principales ciudades de la zona central de Bolivia. Es la capital del departamento del propio nombre.

15. Ver Anexo 8.

16. Como en otras partes de este libro, en el texto se respetó la ortografía, los signos de puntuación y el tamaño de las letras que aparecen en los documentos históricos que se mencionan. En este caso, se alude el documento que aparece en el Anexo 8.

17. A diferencia del informe de Mercy al que alude el autor de este libro y que aparece en el Anexo 8, en su informe (incluido como Anexo 9), Tania identifica este punto como "la playa de Santos" en referencia a la ciudad y al puerto del propio nombre situado en el estado de São Paulo, Brasil. Como São Vicente es el nombre de una isla que se encuentra cerca de Santos, no hay dudas de que ambos se están refiriendo al mismo lugar.

CAPÍTULO X

1. Según ya ha demostrado la indagación histórica, acompañado por el autor de este texto, el Che salió clandestinamente de la capital de Tanzania a fines de febrero de 1966. Días después —luego de pasar por El Cairo— llegó a Praga, ciudad a la que fines de marzo viajó Juan Carretero. Este, en directa vinculación con Papi y siguiendo instrucciones de Piñeiro, asumió la dirección de diversas tareas vinculadas con la organización del destacamento guerrillero que meses más tarde se instalaría en Bolivia. Paralelamente, el autor de este testimonio fue nombrado Jefe de la Dirección General del VMT especializada en el trabajo hacia África y el Medio Oriente; razón por la cual, nuevamente, quedó desvinculado de la atención del "caso Tania".

2. En su lectura del Anexo 8, el lector debe reparar que —a causa del cumplimiento de otras tareas que tenía asignada— Carlos Conrado de Jesús Alvarado Marín (alias Mercy) no pudo enviar al Centro Principal el informe sobre sus contactos con Tania hasta el 12 de mayo de 1966.

3. Toma como referencia la fecha de salida de Tania desde La Habana hacia Praga.

4. Testimonio del Oficial del Centro del VMT en Ciudad México, conocido con el seudónimo de Lito, que recogió a Ariel en el aeropuerto y, luego de realizar el contrachequeo previsto, lo condujo directamente al lugar de contacto personal con Tania previamente establecido.

5. La indagación histórica no ha podido establecer con precisión quien fue el Oficial del VMT en Ciudad México que acompañó a Ariel en su contacto con Tania; pero todo parece indicar que fue un compañero conocido con el seudónimo de Julián.

6. La República Unida de Tanzania —cuya capital es Dar-es-Salaam— adoptó

ese nombre oficial a partir de julio de 1965. Hasta esa fecha era conocida como la República Unida de Tangañica y Zanzíbar, en reconocimiento a la unidad en la lucha contra el imperialismo, el colonialismo y racismo que se había forjado entre el 12 de enero de 1964 (fecha en que se proclamó la independencia frente al colonialismo francés de la República Popular de Zanzíbar) y la República de Tangañica. Esta última había sido fundada el 9 de diciembre de 1961, bajo el liderazgo del esclarecido y ya desaparecido dirigente africano, Julius Nyerere.

7. Oficial del Ministerio del Interior que, durante el desarrollo de la lucha guerrillera en Cuba, había sido combatiente del Segundo Frente Oriental "Frank País·, encabezado por el comandante Raúl Castro. Por razones personales que no viene al caso mencionar, Che aprobó su regreso a Cuba y dio instrucciones precisas para que continuara su trabajo en el MININT (NA).

8. Tuma y Tumaini fueron los seudónimos con los que se identificó, durante toda su participación en la guerrilla internacionalista instalada en Bolivia, el cubano Carlos Coello; quien acompañó a el Che durante el recorrido terrestre por diferentes ciudades bolivianos que, entre el 5 y el 6 de noviembre de 1966, lo llevó hasta el campamento guerrillero ubicado en la finca Ñacaguazu. También lo acompañó en diversas acciones militares hasta que —integrando la "columna madre" del ELN de Bolivia— cayó en combate el 26 de junio de 1967.

9. Pombo fue el seudónimo con el que se identificó (y todavía se identifica) el ahora General de Brigada de las Fuerzas Armadas Revolucionarias cubanas y Héroe de la República de Cuba, Harry Villegas Tamayo, participante en la invasión de Oriente a Occidente en la guerra revolucionaria en Cuba y, también junto al Che, en las epopeyas internacionalistas que él encabezó, tanto en el Congo Kinshasa, como en Suramérica.

10. Esa referencia se sustenta en que el entonces Ministro del Interior de Cuba era el comandante Ramiro Valdés Menéndez; quien tenía una estrecha relación personal con el Che.

11. En el argot del trabajo clandestino "quemar" a alguna persona, significa no someterla a tareas que puedan contribuir a que ésta sea detectada por los aparatos represivos del enemigo (NA).

CAPÍTULO XI

1. Alberto Fernández Montes de Oca (identificado como Pacho o Pachungo en *El diario del Che en Bolivia*) nació en Santiago de Cuba, el 28 de diciembre

de 1935. Luego de un recorrido por diversos países europeos y acompañando al Che llegó a La Paz el 3 de noviembre de 1967. Dos días después, ambos salieron de la capital boliviana hacia la finca Ñacaguazu. Permaneció en el destacamento guerrillero, junto al Che, hasta que cayó en combate, en la quebrada del Yuro, el 8 de octubre de 1967.

2. El boliviano Julio Dagnino Pacheco (identificado como Sánchez en *El diario del Che en Bolivia*) actuó como enlace entre Pompo y Papi, tanto con el dirigente del ELN peruano, Juan Pablo Chang-Navarro (identificado como Chino en *El diario del Che en Bolivia)*, como con el denominado PCB, línea Pekín, por su identificación con las posiciones que entonces defendía la República Popular y el Partido Comunista chino.

3. Se refiere al dirigente minero Moisés Guevara (identificado como Guevara o Moisés en *El diario del Che en Bolivia*) quien entonces encabezaba un grupo de disidentes del Partido Comunista de Bolivia. En el mes de marzo de 1967, Moisés y otros de sus compañeros de lucha (incluido algunos traidores) ingresaron como combatientes al destacamento guerrillero. Al producirse, a partir de abril de 1967, la separación involuntaria del "grupo de Joaquín", Moisés permaneció con éste. Mantuvo una destacada actitud dentro del mismo. Perdió la vida en la emboscada que le tendió a ese grupo una unidad del Ejército boliviano en el vado de Puerto Mauricio, el 31 de agosto de 1967.

4. Hasta 1968, Antonio Arguedas Mendieta fue Ministro de Gobierno de Bolivia. Previamente, en 1964, había sido reclutado por la CIA. Después del asesinato del Che conservó en su poder las manos que le habían amputado al cadáver del Che, su mascarilla *postmortem* y una copia de su Diario de campaña. En una acto de honestidad y valentía, así como de rebeldía contra la creciente injerencia del gobierno estadounidense en los asuntos internos de su país, así como contra las turbias maniobras del dictador boliviano René Barrientos para enriquecerse con la venta de esas reliquias históricas, Arguedas se las hizo llegar, clandestinamente y a través de algunos periodistas de la prestigiosa revista chilena *Punto Final,* al gobierno revolucionario cubano. Por ese acto fue víctima de un atentado el 8 de mayo de 1969, lo que le obligó a asilarse en Ciudad México. Varios años después, en el 2001 y en circunstancias aún no esclarecidas, murió violentamente en La Paz. Los interesados en conocer integralmente el testimonio de Arguedas sobre la vida de Tania pueden consultar: Marta Rojas, Mirta Rodríguez Calderón y Ulises Estrada: *Tania la guerrillera inolvidable*, Editorial de Ciencias Sociales, La Habana, 2001, pp. 158-160.

5. Esta afirmación del autor fue corroborada por el ya mencionado testimonio

que le ofreció Loyola Guzmán a los historiadores cubanos Adys Cupull y Froilán González, el 29 de junio de 1983. Según Loyola, aunque ella no sabía de que quien se trataba ni la causa de esa solicitud, a mediados del año 1966, Papi le pidió ayuda para obtener una beca para el estudiante boliviano Mario Martínez. Aprovechando la llegada de dos becas del Partido Comunista de Bulgaria, ella —en su carácter de dirigente de la Federación Juvenil del PCB— le solicitó a Mario Monje una de esas becas, a lo que él accedió.

6. Adys Cupull y Froilán González: *La CIA contra el Che*, ob. cit., p. 101.

7. Entrevista realizada a la investigadora cubana Adys Cupull por Ángela Soto Cobián, en Ángela Soto Cobián: ob. cit., pp. 83-84.

8. Adys Cupull y Froilán González: *Che: Un hombre bravo*, Editorial Capitán San Luis, La Habana, 1994, p. 312.

9. Entrevista de Gonzalo López Muñoz con el historiador cubano Froilán González, en Ángela Soto Cobián: ob. cit., pp. 76-77.

10. Un copia fotográfica de esa carta aparece en *El diario del Che en Bolivia*, ob. cit., p. XXXV. Como en otros momentos de este texto, se respeta la ortografía y la sintaxis de los documentos históricos que se mencionan.

11. Ídem, p. XXXVI.

12. Jorge Vázquez Viaña ("el Loro"), también identificado como Bigotes o como Jorge en *El Diario del Che en Bolivia*, nació en La Paz el 5 de enero de 1939. Se incorporó al destacamento guerrillero desde los primeros momentos y se mantuvo en sus filas hasta el 22 de abril de 1967, fecha en que fue herido en el combate de Taperillas. Fue capturado, torturado y lanzado a la selva desde un helicóptero por las fuerzas represivas de la dictadura del general René Barrientos. Su cadáver es uno de los pocos que hasta ahora no se ha podido encontrar.

13. Según el historiador cubano, Froilán González, en *El diario del el Che en Bolivia*, ese lugar también aparece mencionado como Ñacahuasi, Ñacahuasu, Ñacahuazu, Ñancahuazu y Ñancahuazú. Sin embargo, en la escritura de venta de esa finca firmada por su vendedor Remberto Villa y por su comprador, Roberto Peredo, esta aparece identificada como Ñacaguazu. Los interesados en esa curiosidad histórica, pueden consultar *El diario del Che en Bolivia*, ed. cit., p. 154.

14. Tal como ha establecido la indagación histórica, también se había comprado otra finca en la región de Caranavi, en el llamado Alto Beni, ubicado en el nororiente de la Paz.

15. Antonio Jiménez Tardío (identificado como "Pan Divino" o Pedro en *El diario del Che en Bolivia*) nació en Tarara, Cochabamba, en una fecha no precisada del año 1941. A pesar de la traición del entonces Secretario General del PCB, Mario Monje, a partir del 31 de diciembre de 1966, se incorporó y se mantuvo en el destacamento guerrillero. Cayó en combate en las serranías de Iñao, cerca de Monteagudo, el 9 de agosto de 1967.

16. Esta expresión de Mario Monje fue tomada de la recreación de su encuentro con los bolivianos que realizó el Che. Los interesados en ese pasaje, pueden consultar: *El diario del Che en Bolivia*, ed. cit. p. 49.

17. Se refiere al combatiente cubano Leonardo Tamayo Núñez, (identificado como Urbano en *El diario del Che en Bolivia)*, quien llegó al naciente destacamento guerrillero el 27 de noviembre de 1966. Fue uno de los pocos sobrevivientes de la gesta internacionalista boliviana. Actualmente, es coronel del MININT de la República de Cuba.

18. René Martínez Tamayo (identificado como Arturo en *El diario del Che en Bolivia*) nació en Mayarí, Cuba, el 2 de febrero de 1941 como operador de radio, se incorporó al destacamento guerrillero en diciembre de 1966. Cayó en combate en la quebrada del Yuro del 8 de octubre de 1967.

19. Alude al octavo Aniversario del triunfo de la Revolución cubana del 1ro de Enero de 1959.

20. Atahualpa Yupanki es uno de los más famosos canta-autores de la música folklórica de las Pampas argentinas. Por su nítido compromiso con las causas populares, es considerado uno de los más prominentes cultores de la "música de protesta" y de la "canción política" que, a partir de la década de 1960, proliferó en diversos países de América Latina.

21. Marta Rojas, Mirta Rodríguez Calderón y Ulises Estrada: ob. cit., p. 151.

22. Pedro Domingo Murillo (1756-1810), nació en La Paz, en el seno de una familia humilde. Influido en su juventud por los ideales de la Ilustración, a partir de 1805 comenzó a promover activamente la causa de la emancipación frente al dominio colonial español. Figura central del alzamiento que estalló en La Paz el 9 de julio de 1809 (día en que se pronunció el llamado Grito de Murillo), fue nombrado días después comandante de la plaza y presidente de la Junta de los Derechos del Rey y del Pueblo. Meses después, en noviembre del propio año, en la batalla de Irupana, Murillo fue apresado por las fuerzas realistas españolas. Luego fue juzgado en un Consejo de Guerra y ejecutado en La Paz en enero de 1810.

23. Esa afirmación aparece en *El diario del Che en Bolivia*, ob. cit. p. 53.

24. Ciro Roberto Bustos (identificado como Carlos o el Pelao en *El diario del Che en Bolivia*) acudió, en marzo de 1967, a la reunión a la que lo convocó el Che. Tratando de salir de de la zona guerrillera, junto con el intelectual francés, Regis Debray, fue hecho prisionero. A pesar de todos los esfuerzos que ha realizado por negar su actitud claudicante en los interrogatorios a que fue sometido, Bustos sigue acusado ante la Historia de haberle proporcionado a las Fuerzas Armadas bolivianas y a los servicios especiales de Estados Unidos los dibujos, elaborados por él, que permitieron confirmar la presencia del Che en Bolivia.

25. El autor alude al ya mencionado testimonio (aún inédito) que Loyola Guzmán le entregó, en julio de 1983, a los historiadores cubanos Adys Cupull y Froilán González. Merece significar que otros autores latinoamericanos han indicado que Tania, en el presunto carácter de Jefa de Inteligencia, integraba la dirección de la incipiente red urbana; pero ese dato no aparece confirmado ni en el antes referido testimonio de Loyola Guzmán, ni en los que publicó, en Estados Unidos, otro de los integrantes de la red urbana: el ya desaparecido boliviano Rodolfo Saldaña.

26. Juan Pablo Chang (identificado como "el Chino" en *El diario del Che en Bolivia*) contactó por primera vez con el Che el 1ro de diciembre de 1966. Su plan —según el Che— era enviar 20 hombres de su organización (el ELN de Perú) a prepararse en Bolivia; pero en lo inmediato el Che no aceptó esa idea en espera de sus conversaciones con el Secretario General del PCB, Mario Monje. De todas formas, cumpliendo sus acuerdos con el Che, a mediados de marzo de 1967, Juan Pablo Chang regresó a Bolivia acompañado por un médico y un técnico de radio peruanos. Estando en Bolivia se iniciaron las acciones guerrilleras, lo que determinó que el Chino tuviera que permanecer en la columna guerrillera comandada por el Che. Fue capturado prisionero en la quebrada del Yuro el 8 de octubre de 1967 y asesinado a sangre fría, un día después, en la "escuelita de la Higuera".

27. Restituto José Cabrera Flores (identificado como "el Negro" o "el Médico" en *El diario del Che en Bolivia*) nació en el puerto del Callao, Perú, el 27 de junio de 1931. Se incorporó a la guerrilla a mediados de marzo de 1967. Al separarse la columna del llamado "grupo de Joaquín" se quedó en este último cumpliendo la orientación del Che de velar por el cuidado de Tania. Cumplió esa orden hasta los últimos momentos de su vida. Siguiendo el cuerpo de Tania, salió con vida de la emboscada del vado de Puerto Mauricio (31 de agosto de 1967); pero unos días después, el 4 de

septiembre, fue capturado vivo y asesinado por una unidad del ejército boliviano.

28. Lucio Galván Hidalgo (identificado como Eustaquio en *El diario del Che en Bolivia*) nació en Huancayo, Perú, el 7 de julio de 1937. Se incorporó a la guerrilla a mediados de marzo de 1967. Cayó en combate en la zona de Cajones, el 12 de octubre de 1967. O sea, tres días después del asesinato de Che y de su compañero de luchas, Juan Pablo Chang-Navarro.

29. Marta Rojas, Mirta Rodríguez Calderón y Ulises Estrada: ob. cit., p. 155.

30. Ídem., p. 148.

31. Las indagación histórica demostró que Vicente Rocabado había sido agente de la Dirección de Investigaciones Criminales (DIC) de la Policía boliviana; razón por la cual —inmediatamente después de su deserción— le informó a los mandos de las Fuerzas Armadas, del Ministerio de Gobierno y, a través de ellos, a la CIA todos los datos (incluida la presencia de Tania en el campamento guerrillero) que había podido adquirir durante su estancia en la finca Ñacaguazu.

32. Salustio Choque Choque (identificado como Salustio en *El diario del Che en Bolivia*) fue hecho prisionero por el ejército boliviano el 20 de marzo de 1967. Durante mucho tiempo se le consideró un delator. Sin embargo, según el testimonio que años más tarde le entregó a los historiadores cubanos Adys Cupull y Froilán González, él no entregó ninguna información comprometedora sobre la organización y composición de la guerrilla a los órganos represivos de la dictadura del general René Barrientos.

33. Testimonio entregado, el 29 de junio de 1983, por Loyola Guzmán a los historiadores cubanos Adys Cupull y Froilán González (inédito).

CAPÍTULO XII

1. *El Diario del Che en Bolivia*, ed. cit., pp. 135 y 136. (NA)

2. Como circulan diversas cifras de los resultados de este combate, los datos de los muertos y prisioneros del ejercito boliviano fueron tomados del Comunicado No. 1 del Ejército de Liberación Nacional de Bolivia que aparece en: *El Che en Bolivia: Documentos y testimonios*, CEDOIN, La Paz, 1996, pp. 269-270. (NA)

3. *El Diario del Che en Bolivia*, ed. cit., p. 136. (NA)

4. Comunicado No. 1 del Ejército de Liberación Nacional de Bolivia, en *El Che en Bolivia: Documentos y testimonios*, ed. cit., p. 269. (NA)

5. Según la indagación histórica, después de varios intentos fallidos, el

Comunicado No. 1 del ELN de Bolivia se difundió, por primera vez, el 1ro de Mayo de 1967.

6. Esa afirmación está tomada del testimonio del general Harry Villegas (Pombo) que aparece en Marta Rojas, Mirta Rodríguez Calderón y Ulises Estrada: ob. cit., p. 159. (NA)

7. El Diario del Che en Bolivia, ed. cit., p. 139. (NA)

8. Marta Rojas, Mirta Rodríguez Calderón y Ulises Estrada: ob. cit., pp. 158-160. (NA)

9. Serapio Aquino Tudela (identificado como Serapio o Serafín en El diario del Che en Bolivia) nació en La Paz, Bolivia, un día no precisado de octubre de 1951. Era peón de la finca Ñacaguazu en el momento que comenzaron las hostilidades. Para ayudarlo a preservar su vida el Che lo incorporó como "refugiado" a la columna guerrillera. El 17 de abril permaneció con el llamado "grupo de Joaquín", al que de inmediato se integró como combatiente. Cayó en combate el 9 de julio de 1967.

10. Marta Rojas, Mirta Rodríguez Calderón y Ulises Estrada: ob. cit., p. 161. (NA)

11. Los criterios del Che acerca de las negativas características de esos bolivianos quedaron parcialmente confirmadas en los meses posteriores. A pesar de haber sido formalmente reincorporados como combatientes al grupo de Joaquín, Julio Velazco (Pepe) desertó en mayo de 1967. Sin embargo, fue brutalmente torturado y, luego, asesinado por el ejército boliviano. Por su parte, Eusebio Tapia (Eusebio) y Hugo Choque (Chingolo) abandonaron al grupo de Joaquín a comienzos de agosto del propio año. Algunos testimonios indican que el primero soportó con firmeza las torturas a las que lo sometió el ejército boliviano; mientras que el segundo, luego de ser torturado, fue el que indicó la ubicación específica de las cuevas donde la columna guerrillera había escondido diversos documentos, así como las reservas de armas, municiones, alimentos y medicinas que se habían creado en las cercanías del campamento de Ñacaguazu. A su vez, José Castillo (Paco) se mantuvo en el grupo de Joaquín hasta la total destrucción del mismo en la emboscada del vado de Puerto Mauricio (31 de agosto de 1967).

12. Juan Vitalo Acuña Núñez (identificado como Vilo o Joaquín en El diario del Che en Bolivia) nació en Purial de Vicana, Cuba, el 27 de enero de 1925. Se incorporó al destacamento guerrillero comandado por el Che el 27 de noviembre de 1966. En razón de su destacada trayectoria revolucionaria en Cuba y de su experiencia militar, fue nombrado como segundo Jefe y,

a su vez, Jefe de la retaguardia de la columna guerrillera del ELN de
Bolivia. Cayó en combate, en las márgenes del Río Grande, el 31 de agosto
de 1967.

13. En el diario de campaña atribuido por la editorial estadounidense Stein &
Day al segundo jefe del Pelotón de Retaguardia de la columna guerrillera
del ELN de Bolivia, el cubano Israel Reyes Zayas (Braulio), se precisa:
"Tania estaba ahí, se quedó con nosotros porque tiene una pierna herida".
Por su parte, en el diario atribuido por la propia editorial al también
cubano Alberto Fernández Montes de Oca (Pacho) se señala: "La marcha
del Centro es muy lenta. Tania tiene las piernas hinchadas". Los interesados
en ambos documentos, pueden consultar: *El Che en Bolivia: Documentos y
testimonios*, ed. cit., p. 141 y 177, respectivamente. (NA)

14. Marta Rojas, Mirta Rodríguez Calderón y Ulises Estrada: ob. cit., p. 161.
(NA)

15. Ídem.

16. Ídem.

17. Los interesados en conocer todos los elementos que fundamentan los
juicios mencionados en ese párrafo pueden consultar Adys Cupull y
Froilán González: *De Ñacahuasú a La Higueras*, Editora Política, La Habana,
1969, pp. 324-348.

18. *El Diario del Che en Bolivia*, ed. cit., pp. 189 y 191. (NA)

19. Antonio Sánchez Díaz (identificado como Marcos o Pinares en *El diario del
Che en Bolivia*) nació en la finca La Cantera ubicada en Pinar del Río, Cuba,
el 7 de diciembre de 1927. Se incorporó al destacamento guerrillero el 20
de noviembre de 1966. Fue Jefe del Pelotón de Vanguardia; y
posteriormente trasladado como simple combatiente al Pelotón de
Retaguardia. Cayó en una emboscada, en las cercanías de Bella Vista, el 2
de junio de 1967.

20. Casildo Condori Vargas (identificado como Víctor en *El diario del Che en
Bolivia*) nació el 9 de abril de 1941 en Coro Coro, Bolivia. Desde el comienzo
formó parte del "grupo de Joaquín". Cayó combatiendo en las cercanías
de Bella Vista el 2 de junio de 1967.

21. Adys Cupull y Froilán González: *De Ñacahuasú a La Higueras*, ed. cit., p.
327. (NA)

22. Adys Cupull y Froilán González: *Un hombre bravo*, ed. cit. (NA)

23. Entrevista a Froilán González, en Ángela Soto Cobián: ob. cit., pp. 78-79.
(NA)

24. Ídem.

25. La nigua es un insecto díptero originario de América y muy extendido también en África. Es parecido a la pulga, pero mucho más pequeño y de trompa más larga. Las hembras fecundadas penetran bajo la piel de los animales y del hombre, principalmente en los pies, y allí depositan la cría, que ocasiona mucha picazón y úlceras graves que crean grandes dificultades para caminar.

26. Adys Cupull y Froilán González: *De Ñacahuasú a La Higueras*, p. 339. (NA)

27. José A. Friedl Zapata: ob. cit., pp. 168-170. (NA)

28. Marta Rojas, Mirta Rodríguez Calderón y Ulises Estrada: ob. cit., pp. 162 y 163. (NA)

29. Ídem, p. 160. (NA)

30. Gustavo Machín Hoed de Beche (identificado como Alejandro en *El diario del Che en Bolivia*) nació en La Habana, Cuba, el 1ro de Febrero de 1937. Se incorporó al destacamento guerrillero el 11 de diciembre de 1966. En razón de su trayectoria revolucionaria en Cuba y de su experiencia militar fue nombrado como Jefe de Operaciones de la columna guerrillera, cargo que ocupó hasta el 17 de abril de 1967. En razón de los serios problemas de salud que estaba padeciendo, el Che tomó la decisión de trasladarlo al Pelotón de Retaguardia. Cayó en la emboscada del vado de Puerto Mauricio el 31 de agosto de 1967.

31. Marta Rojas, Mirta Rodríguez Calderón y Ulises Estrada: ob. cit., p. 169. (NA)

32. Ídem.

33. Israel Reyes Zayas (identificado como Braulio en *El diario del Che en Bolivia*) nació en la Sierra Maestra, Cuba, el 9 de octubre de 1933. Se integró al destacamento guerrillero el 27 de noviembre de 1966. Cayó combatiendo en la emboscada del vado de Puerto Mauricio el 31 de agosto de 1967.

34. Adys Cupull y Froilán González: *De Ñacahuasú a La Higueras*, p. 341-342. (NA)

35. Freddy Maymura Hurtado (indistintamente identificado como Ernesto ó Médico en *El diario del Che en Bolivia*) nació en Trinidad, Bolivia, el 18 de octubre de 1941. Se incorporó al destacamento guerrillero el 27 de noviembre de 1966. Fue torturado y luego asesinado por el ejército boliviano cerca del vado de Puerto Mauricio el 31 de agosto de 1967.

36. Adys Cupull y Froilán González: *De Ñacahuasú a La Higueras*, p. 341-342. (NA)

37. *El diario del Che en Bolivia*, ed. cit., p. 341. (NA)

38. Ídem., pp. 93 y 94.

39. Ídem, pp. 330 y 331.

40. Manuel Hernández Osorio (indistintamente identificado como Miguel o Manuel en *El diario del Che en Bolivia*) nació en Santa Rita, Cuba, el 17 de marzo de 1931. El 27 de noviembre de 1966 se incorporó al destacamento guerrillero en el que, en marzo de 1967, se le entregó la enorme responsabilidad de dirigir el Pelotón de Vanguardia de la columna guerrillera capitaneada por el Che. Cayó en la emboscada que le tendió el ejército boliviano en la Quebrada del Batán el 26 de septiembre de 1967.

41. Mario Gutiérrez Ardaya (identificado como Julio en *El diario del Che en Bolivia*) nació en Trinidad, Bolivia, el 22 de mayo de 1939. El 10 de marzo de 1967 se incorporó al destacamento guerrillero, donde fue asignado al Pelotón de Vanguardia de la columna guerrillera capitaneada por el Che. Cayó en la emboscada que le tendió el ejército boliviano en la Quebrada del Batán el 26 de septiembre de 1967.

42. *El diario del Che en Bolivia*, ed. cit., p. 383.

43. Simón Cuba Saravia (indistintamente identificado como Willi, Willy, Wily o Wyly en *El diario del Che en Bolivia*) nació en el Departamento de Cochabamba, Bolivia, un día y un mes no precisado del año 1932. Se incorporó al destacamento guerrillero en marzo de 1967. Fue asignado al Pelotón del Estado Mayor. Participó junto al Che en el combate de la Quebrada del Yuro. Al verlo herido trató de sacarlo de la zona de combate; pero ambos fueron hechos prisioneros. Fue asesinado a sangre fría por el ejército boliviano en la escuela de La Higuera el 9 de octubre de 1967.

44. Alude al ensayo con ese nombre publicado por el Che en la revista *Tricontinental* el 16 de abril de 1967, o sea cuando ya había comenzado la lucha guerrillera en Bolivia. Por la profundidad y el alcance histórico de ese documento, puede considerarse como el Testamento Político del comandante Ernesto Che Guevara.

CAPÍTULO XIII

1. *Última Hora*, 8 de septiembre de 1967. (NA)

2. Entrevista a Froilán González, en Ángela Soto Cobián: ob. cit., pp. 80-81. (NA)

3. Ídem.

4. *Presencia*, 11 de septiembre de 1967. (NA)

5. Ídem.

6. Entrevista a Froilán González, en Ángela Soto Cobián: ob. cit., p. 80. (NA)

7. Atribuyéndosela a la viuda del general Andrés Sélich, esa versión también aparece recogida en el libelo de José Friedl Zapata ya mencionado. (NA)

8. El lector debe recordar que —después de la muerte "accidental" de René Barrientos (abril de 1969)— se instaló en Bolivia un gobierno militar nacionalista encabezado entre 1970 y 1971 por el general Juan José Torres; pero este fue inmediatamente derrocado por un golpe militar encabezado por el general Hugo Banzer. Este se mantuvo en el poder entre esa última fecha y el año 1979. Luego de un turbulento proceso electoral, entre 1980 y 1981 fue sustituido por el general Luis García Meza, estrechamente vinculado con los capos de la droga. En agosto de este último año, Meza fue derrocado por otro golpe militar que favoreció el regreso a la presidencia del destacado dirigente del MNR, Hernán Siles Suazo; quien se vio obligado a dimitir en agosto de 1984. Días después, respaldado por las fuerzas derechistas del país y por el gobierno de Estados Unidos, el congreso nombró como presidente al ya septuagenario líder del MNR Víctor Paz Estenssoro. Este fue sustituido, en 1989, por Jaime Paz Zamora; quien, para gobernar, tuvo que establecer una alianza política con la llamada Acción de Democrática Nacionalista, encabezada por el ex dictador Hugo Banzer. Gracias a esa coalición, Paz Zamora se mantuvo en el cargo hasta 1993, fecha en que fue constitucionalmente sustituido por el primer gobierno de Gonzalo Sánchez de Lozada.

9. Alude los masivos actos que se realizaron en Cuba para rendirle homenaje, en 1983, a los constructores cubanos que fueron asesinados durante la brutal ocupación militar norteamericana de esa pequeña isla del Caribe. Y a los actos que se realizaron el 7 de diciembre de 1987 en todos los municipios de la República de Cuba con vistas a sepultar, rendirle homenaje y perpetuar la memoria de los más de dos mil internacionalistas cubanos caídos en las luchas por obtener y preservar la independencia de Angola, Guinea Bissau, Namibia y Zimbabwe, así como por derrotar el nefasto régimen del *apartheid* insataurado en Sudáfrica.

10. Ver Anexos 14 y 15.

11. Jaime Arana Campero (identificado como Chapaco o Luis en *El Diario del Che en Bolivia*) nació en Tarija, Bolivia, el 31 de octubre de 1938. Se incorporó a la guerrilla en marzo de 1967. Permaneció en ella, bajo las órdenes del Che, hasta el 8 de octubre de 1967. Cuatro días después cayó en un desigual combate en la zona de Cajones, situada en la confluencia del Río Grande, con el río Mizque.

12. Octavio de la Concepción de la Pedraja (identificado como Moro, Morogoro, Mugange o Médico en *El Diario del Che en Bolivia*) nació en La Habana, Cuba, el 16 de octubre de 1935. Luego de acompañar al Che en el Congo, se incorporó al posteriormente denominado ELN de Bolivia el 11 de diciembre de 1966. Cayó en combate en la zona de Cajones, el 12 de octubre de 1967.

13. Francisco Huanca Flores (identificado como Pablo o Pablito en *El Diario del Che en Bolivia*) nació en Oruro, Bolivia, el 17 de septiembre de 1945. Se incorporó al destacamento guerrillero a mediados de 1967. Formó parte de la vanguardia de la columna guerrillera dirigida por el Che. Cayó en combate en la zona de Cajones, Bolivia, el 12 de octubre de 1967.

14. Aniceto Reinada Gordillo (identificado como Aniceto en *El diario del Che en Bolivia*) nació en el distrito minero del Siglo XX, Bolivia, el 26 de junio de 1940. Se incorporó la guerrilla internacionalista dirigida por el comandante Ernesto Che Guevara en enero de 1967. Cayó en combate en la Quebrada del Yuro el 8 de octubre de ese año.

15. Ver Anexo 16.

16. Mario Gutiérrez Arcaya (identificado como Julio en *El diario del Che en Bolivia*) nació en el Departamento del Beni, Bolivia, el 22 de mayo de 1939. Se incorporó a la guerrilla internacionalista dirigida por el comandante Ernesto Che Guevara el 10 de marzo de 1967. Cayó en combate en la quebrada de Batán, Bolivia, el 26 de septiembre de 1967.

17. Julio Luis Méndez Korne (identificado como Ñato en *El diario del Che en Bolivia*) nació en el Departamento del Beni, Bolivia, el 23 de febrero de 1937. Fue uno de los primeros combatiente de la guerrilla internacionalista dirigida por el comandante Ernesto Che Guevara en la que ocupó el cargo de Jefe de Abastecimientos y Armamento. Cayó en combate en Mataral, Bolivia, el 15 de octubre de 1967. Es decir, siete días después del combate de la Quebrada del Yuro.

18. En esa fecha, el indicado grupo de sobrevivientes estaba integrado por los bolivianos Guido Peredo Liegue (Inti) y David Adriazola Viezaga (Dario), así como por los cubanos Harry Villegas Tamayo (Pombo), Leonardo Tamayo Núñez (Urbano) y Dariel Alarcón Ramírez (Benigno). En las proximidades del Treinta Aniversario del asesinato de Che, este último traicionó a la Revolución cubana. Le prestó a la CIA y algunos "biógrafos" del Che diversos testimonios prefabricados dirigidos a demostrar las falacias acerca de la supuesta existencia de contradicciones entre el Che, Raúl y Fidel Castro.

19. Walter Arencibia Ayala (identificado como Walter en *El diario del Che en Bolivia*) nació en el poblado de Macha, Bolivia, el 21 de enero de 1941. Llegó a la finca de Ñacaguazu el 21 de enero de 1967. Cayó en la emboscada del vado de Puerto Mauricio el 31 de agosto de 1967.

20. Apolinar Aquino Quispe (identificado como Apolinar, Apolinario o Apolo en *El diario del Che en Bolivia*) nació en el Departamento de La Paz, Bolivia, en una fecha no precisada. Se incorporó al destacamento guerrillero en diciembre de 1966. Cayó en la emboscada del vado de Puerto Mauricio el 31 de agosto de 1967.

21. Eliseo Reyes Rodríguez (identificado como Rolando o San Luis en *El diario del Che en Bolivia*) nació en San Luis, Santiago de Cuba, el 27 de abril de 1940. Se incorporó al destacamento guerrillero el 20 de diciembre de 1966. Fue designado por el Che como Comisario Político. Por consiguiente, se integró el Pelotón del Estado Mayor. Cayó en combate en las cercanías del río Iquira el 25 de abril de 1967.

22. Jesús Suárez Gayol (identificado como Félix o Rubio en *El diario del Che en Bolivia*) nació en La Habana, Cuba, el 24 de mayo de 1936. Trabajó junto al Che en el Ministerio de Industrias. Se integró al destacamento guerrillero el 19 de diciembre de 1966. Cayó en el combate de Iripití el 10 de abril de 1967. Fue el primer cubano caído en combate en Bolivia.

23. Raúl Quispaya Choque (identificado como Raúl en *El diario del Che en Bolivia*) nació en la ciudad de Oruro, Bolivia, el 31 de diciembre de 1939. Fue uno de los primeros bolivianos que se incorporó al destacamento guerrillero. Hasta su caída en combate en la márgenes del río Rosita, el 30 de julio de 1967, integró la vanguardia de la columna comandada por el Che.

24. Benjamín Coronado Córdova (identificado como Benjamín en *El diario del Che en Bolivia*) nació en Coro Coro, La Paz, Bolivia, el 9 de abril de 1941. Llegó a la finca de Ñacaguazu el 21 de enero de 1967 y, días después, partió como integrante de la vanguardia de la columna guerrillera comandada por el Che a realizar su primer recorrido por la zona de operaciones. Estando en esas tareas, el 26 de febrero de 1967, Benjamín se ahogó en un intento por cruzar las turbulentas aguas del Río Grande. Fue el primer boliviano desaparecido a lo largo de la contienda.

25. Lorgio Vaca Marchetti (identificado como Carlos en *El diario del Che en Bolivia*) nació en Santa Cruz de la Sierra, Bolivia, en 1934. Se incorporó a la guerrilla el 11 de diciembre de 1966. Acompañó a la columna del Che en su primer recorrido por la zona de operaciones. Cuando estaban de regreso

al campamento de la finca Ñacaguazu, se ahogo en Río Grande.

26. Ángela Soto Cobián: ob. cit., pp. 114-115.

27. Alude al apotegma de José Martí: "La muerte no es verdad cuando se ha cumplido bien la obra de la vida".

CAPÍTULO XIV

1. Alude a la famosa playa cubana del propio nombre. Está situada al norte de la provincia de Matanzas.

2. Ver Anexo 17.

3. Ídem.

4. Ver Anexo 16.

5. Ver Anexo 17.

6. El autor alude a la victoriosa marcha de las columnas del Ejército Rebelde (la Número 8 "Ciro Redondo" y la Número 2 "Antonio Maceo") que, encabezadas en ese orden por los comandantes Ernesto Che Guevara y Camilo Cienfuegos, el 2 de enero de 1959, ocuparon, respectivamente, la fortaleza de la Cabaña y el cuartel de Columbia, donde hasta ese instante había funcionado el Estado Mayor de las Fuerzas Armadas de la dictadura del general Fulgencio Batista.

7. Ver Anexo 10.

8. Ídem.

9. Olaf es el primer hijo del matrimonio Bunke Bíder y, por tanto, el hermano mayor de Haydée Tamara.

10. Alude a los Festivales Mundiales de le Juventud y los Estudiantes que —bajo el estímulo de la Unión Soviética y otros países socialistas europeos— se efectuaron en diversas ciudades de ese continente en los años posteriores al fin de la Segunda Guerra Mundial. Después de la desaparición del llamado "socialismo real europeo", bajo el estímulo de la Revolución cubana, esos festivales han continuado desarrollándose en países del otrora llamado Tercer Mundo.

11. En alemán refiere una condecoración (medalla) recibida por haber obtenido el primer lugar en una competencia deportiva.

12. En alemán, significa: pereza.

13. En alemán, significa: abrazos

14. Alude al discurso pronunciado en los primeros días de noviembre de 1959 por el entonces Primer Ministro de la República de Cuba, comandante

Fidel Castro, para informar al pueblo cubano de la desaparición física, el 28 de octubre de 1959, en un accidente aéreo, del comandante Camilo Cienfuegos. En esa ocasión, el líder de la Revolución cubana indicó: "En el pueblo hay muchos Camilos."

ANEXO 1

1. Como en los demás documentos históricos que aparecen en estos anexos, se respetan la ortografía, la sintaxis, el puntaje de las letras y los signos de puntuación utilizados por sus correspondientes autores. Cuando tenga que realizar alguna aclaración en cualquiera de esos documentos, la expresaré colocándola entre corchetes [ ]. En este caso, se respeta la forma impersonal con la que Tania redactó su autobiografía.

2. La Ciudad de Buenos Aires (actualmente considerada como una de las treinta ciudades más populosas del mundo), es la Capital Federal de la República Argentina. Es una ciudad totalmente autónoma; pero está ubicada en el extremo nororiental de la Provincia de Buenos Aires. Esta limita con las provincias de Entre Ríos, Santa Fe y Córdoba por el norte, La Pampa por el oeste y Río Negro por el suroeste. Presenta un amplio frente marítimo y fluvial abierto, respectivamente, al océano Atlántico y al sistema integrado por el río Paraná y el estuario del Río de la Plata.

3. Se refiere a Alta Gracia, ciudad cabecera del Departamento Santa María, perteneciente a la Provincia Córdoba, ubicada en el centro de Argentina.

4. Necochea-Quequén, es una ciudad del centro-este de Argentina. Está ubicada en la provincia de Buenos Aires. Por su parte, Alta Gracia es una de las ciudades de la Provincia de Córdoba (Argentina). Limita con las provincias de Santa Fe por el este; de Santiago del Estero por el norte; de Catamarca, La Rioja y San Luis por el oeste, y de La Pampa por el sur.

5. En diversos países de América Latina, se denominan Escuela Normal a los centros docentes destinados a la formación de maestros para la enseñanza primaria.

6. Alude a Alemania y a Berlín Oriental. Por su parte, Hamburgo es una ciudad situada al norte de Alemania. Está colocada en las orillas de los ríos Elba y Alster, cerca del mar del Norte. Su rada es considerada uno de los puertos con mayor tráfico de toda Europa por lo que es un importante foco comercial, industrial y cultural.

7. Potsdam, es una ciudad situada del noreste de Alemania. Antes de la "reunificación" alemana era la capital del Distrito del mismo nombre. En la actualidad es la capital del estado de Brandeburgo. A su vez, Babelsberg

es un suburbio de Potsdam.

8. Alude al Partido Socialista Unificado Alemán.

9. Stalinstadt se encuentra en la región de Brandeburgo, uno de los Estados de la actual República Federal de Alemania.

10. Fürstenberg se encuentra en estado Baden-Württemberg, situado en el suroeste del territorio de la actual República Federal Alemania. Limita al norte con los estados de Hesse y Baviera, al este con Baviera, al sur con Suiza y al oeste con el estado de Renania-Palatinado, así como son con Francia.

11. Alude a la Universidad Wilhelm von Humboldt, ubicada en Berlín, capital de la República Federal Alemana. Hasta la desaparición de la RDA, ese prestigioso centro de nivel superior estuvo ubicado en Berlín Oriental.

12. Se refiere al Festival Mundial de la Juventud y los Estudiantes efectuado en la capital de Austria en la primavera de 1959.

13. La FMJD es la sigla de la Federación Mundial de Juventudes Democráticas, entonces mayoritariamente integrada por las organizaciones afines a los Partidos Comunistas existentes en diversos países del mundo.

14. Se refiere a los criminales órganos policiales-represivos que funcionaron en Cuba durante la dictadura del general Fulgencio Batista (1952-1958).

15. Cuando se refiere a su Patria, Tania alude a Argentina.

16. Alude a la Comisión Nacional Preparatoria del Congreso de la Unión Internacional de Estudiantes (UIE) que se efectuó en La Habana, Cuba, en 1961.

17. El ICAP, es el Instituto Cubano de Amistad con los Pueblos. La AJR, era entonces la Asociación de Jóvenes Rebeldes: organización juvenil que, el 4 de abril de 1962, cambio su nombre por el de Unión de Jóvenes Comunistas (UJC). A su vez, la CTC, son las siglas de la Central de Trabajadores de Cuba y las de la FEU se corresponden con la Federación Estudiantes Universitarios de ese país.

ANEXO 2

1. Todas las horas se encuentran en blanco en el original.

2. Alude a uno de los equipos de radio decomisados a agentes de la CIA por los órganos de la seguridad cubana.

3. Alude a un equipo de radio recepción marca EICO.

4. Aunque esta palabra no existe en castellano, se refiere a una unidad de

medida aritmética (ASA) que identifica la velocidad de un rollo fotográfico para captar las imágenes que se plasman en el mismo. A mayor cantidad de ASA más velocidad.

5. Alude a una cámara fotográfica marca MINOX.

ANEXO 3

1. MINCEX, son las siglas del Ministerio de Comercio Exterior de la República de Cuba.

2. MININD, eran las siglas del ya desaparecido Ministerio de Industrias de la República de Cuba.

3. La Laguna del Tesoro es un criadero de cocodrilos y un importante centro turístico ubicado en el Parque nacional Ciénaga de Zapata. Está ubicado en el sur de la provincia de Matanzas, muy próxima al lugar donde se produjo, en 1961, la invasión mercenaria de Playa Girón, también conocida como Bahía de Cochinos.

4. Trinidad es una ciudad situada en la región sur-central de Cuba. Como fue una de las primeras ciudades fundadas por los españoles en esa isla (siglo XVI), se ha transformado en un ejemplo de la arquitectura colonial, lo que tradicionalmente la convirtió en un importante destino turístico.

5. MINFAR, son las siglas del Ministerio de las Fuerzas Armadas de la República de Cuba.

6. Aunque con una ortografía inadecuada, se refiera a una unidad de medida (ASA) de los rollos fotográficos.

7. CC, son las siglas que emplea Tania para referirse a la casa de contacto que utilizó en la ciudad de Cienfuegos.

8. Alude a un equipo de radio que le había sido decomisado en Cuba a agentes de las CIA.

9. CP son las siglas que utilizada Tania para referirse al lugar de contacto personal que tenía establecido en Cienfuegos.

10. FD son las siglas que utiliza Tania para referirse a las llamadas "fotos-documentos" o fotos de documentos.

11. INIT eran las siglas del ya desaparecido Instituto Nacional de la Industria Turística de la República de Cuba.

12. Se refiere al Hotel Jagua, lugar donde Tania estuvo alojada durante su estancia en Cienfuegos.

13. Alude a una pieza necesaria para la instalación de las antenas de los radios trasmisores.

14. Entre otros significados, en Cuba se emplea la palabra "máquina" como sinónimo de automóvil.

15. Los "cristales" aluden a una pieza que emplean los equipos de radio trasmisores.

16. En Cuba se le dice "chucho de la corriente" al lugar de la red donde se conecta un equipo eléctrico. También puede utilizarse para identificar un interruptor del flujo de electricidad.

17. Cuando indica "recepción del alfabeto", se está refiriendo al alfabeto del código Morse que se emplea para la recepción y transmisión radio-telegráfica; tanto legales como clandestinas.

18. Bon., es el acrónimo de Batallón: unidad de las Fuerzas Armadas o de las Milicias Nacionales Revolucionarias, integrada por varias Compañías y, estas por Pelotones. Los Pelotones, a su vez, se dividen en Escuadras que son las unidades combativas más pequeñas que existen en las estructuras militares.

19. Con la expresión "brigada de Ch.", alude a la unidad de chequeo de las contrainteligencia cubana que ella suponía que estaba controlando sus movimientos en la ciudad.

20. Alude a una unidad de servicios gastronómicos (una cafetería) administrada por el otrora llamado Instituto Nacional del Industria Turística (INIT).

21. Con la E, Tania refiere del lugar que había seleccionado como escondrijo para los materiales que tenía que entregar clandestinamente.

ANEXO 5

1. En esta ocasión, cuando Tania se refiere a la "máquina" está aludiendo a una máquina de escribir.

2. Por la manera en que se pronuncia en español, DD2 es una de las formas en que Tania identificó a Diosdado en este mensaje.

3. Alude al himno del Movimiento 26 de Julio, cuya primera estrofa comienza expresando: "Adelante cubanos que Cuba premiará vuestro heroísmo, pues somos soldados que vamos a la Patria liberar..."

4. Menciona el título de diferentes canciones del canta-autor de boleros cubanos César Portillo de la Luz, uno de los impulsores de los llamados *feelings* que tanto les gustaban a Tania.

5. Se refiere a al compañero Papi, a quien, como indicamos, ella cariñosamente le llamaba "Tarzán" por su fuerte complexión física. Para demostrar su fortaleza, una vez, estando en casa de Tania, él rompió con

sus manos una voluminosa guía telefónica: hecho inusual que ella recuerda en el mensaje.

6. Alude al primer viaje realizado a Berlín Occidental, ocasión en que, desde una de las tarimas habilitadas a tal fin pudo observar, por encima del muro que dividía esa ciudad, el edificio donde vivían sus padres en Berlín Oriental.

7. En Cuba cuando se utiliza la expresión "se rajó" o "se rajaron" se alude a una persona o a un grupo de personas que traicionaron a la Revolución, que abandonaron sus ideales o que, por cualquier razón, no cumplieron con los compromisos que habían establecido. A su vez, cuando Tania indica "están como yo" está implicando que se haya encontrado en Berlín Occidental personas que ella había conocido en la RDA que, en el momento en que las vio, estuvieran cumpliendo tareas clandestinas en la RFA.

8. Cuando menciona "la censura" se refiere a Diosdado, quien siguiendo los métodos del trabajo clandestino, revisaba los mensajes que Tania enviaba a La Habana para evitar "la filtración" de información comprometedora sobre el contenido de las tareas que estaba cumpliendo en Praga.

9. Alude a la Segunda Declaración de La Habana, proclamada por el pueblo de Cuba, en febrero de 1962, como respuesta a la decisión de la Organización de Estados Americanos (OEA) de expulsar al gobierno cubano de ese organismo.

10. Al parecer alude a la pianista argentina Lidia Guerberoff, con quien Tania sostuvo estrechas relaciones personales durante la estancia de ambas en La Habana.

11. Se refiere a la Unión Soviética, conocida en los medios de la izquierda como "la patria de Lenin", en referencia al líder de la Revolución de Octubre de 1917, Vladimir Ilich Lenin.

ANEXO 6

1. Todas las terminaciones "strasse" que aparecen en el texto, aluden nombres de calles de Alemania y, en particular, de Berlín Occidental.

2. Quilmes, es el nombre de un centro urbano ubicado en la provincia de Buenos Aires, al centro-este de Argentina. Como está al borde de la desembocadura del Río de la Plata , los lugareños lo identifica como "la playa de Quilmes".

3. Córdoba es una de las provincias de Argentina, cuya capital es la ciudad del propio nombre. Está ubicada en el centro del país.

4. Estas referencias a otras personas fueron utilizadas por Tania en la

elaboración de su leyenda para, a partir de datos de personas por ella conocidas, caracterizar a las personas ficticias que formaban parte de la "biografía" de Laura Gutiérrez Bauer.

5. Frankfurt del Main o Francfort del Main es una importante ciudad de la zona occidental del centro de Alemania, perteneciente al estado de Hesse. Posee un puerto sobre el río Main. Es, además, un destacado centro financiero, comercial y de transportes, incluido el aeropuerto de Rhine-Main, considerado como la Terminal aérea internacional más importante de Alemania.

6. Munich es una ciudad situada al sur de Alemania central. Es la capital del estado de Baviera. Es un importante centro industrial, cultural y de transportes.

7. Los topónimos que aparecen expresados de esa manera identifican diferentes barrios de Berlín Occidental. Por ejemplo, Zehlendorf, es uno de los barrios ubicados en esa parte de la actual capital de la RFA.

8. Wansee es el nombre de uno de los lagos ubicados en Berlín.

9. Volkswagen es una famosa marca de automóviles de la República Federal Alemana.

10. Prusia Oriental era una provincia del antiguo reino de Prusia. Al fin de la Segunda Guerra Mundial quedó dividida entre Polonia y la ahora desaparecida Unión Soviética. La capital de Prusia Oriental era Korigberg, actualmente llamada Kaliningrado. En la actualidad está bajo la soberanía de la Federación Rusa.

11. Lankwitz es un barrio de Berlín, actualmente capital de la República Federal Alemana.

12. Ezeiza es el nombre del aeropuerto internacional de Buenos Aires, capital de Argentina.

13. Este topónimo no ha podido ser identificado. Podría tratarse de Zurich, ciudad septentrional de Suiza y capital del cantón del mismo nombre.

14. Dakar es la capital de Senegal, país ubicado en el oeste de África.

15. Alude a la ciudad de Río de Janeiro, Brasil.

16. San Remo, es una ciudad situada al norte de Italia, en la región de Liguria, en el golfo de Génova.

17. La Riviera, es una estrecha franja costera que se extiende a lo largo del mar Mediterráneo desde Hyères, en Francia, hasta La Spezia, en Italia. La zona es un centro turístico mundialmente famoso que se extiende por Europa meridional.

18. Niza, es una ciudad del sureste de Francia, ubicada a orillas del mar Mediterráneo. Es uno de los principales centros turísticos de la Riviera francesa.

19. Air France es la principal línea aérea francesa.

ANEXO 8

1. Como se trata de un documento histórico, se respeta la ortografía, la sintaxis y los signos de puntuación con que fue escrito por su autor.

2. En el lenguaje técnico y conspirativo se denominan "gama" a su una serie de números que sirven para ocultar, cifrar o descifrar el contenido de un mensaje escrito.

3. En Cuba se conoce como "pegalotodo" a un líquido o una pasta que sirve para lograr la adherencia entre sí de diversos materiales sólidos, como puede ser papel o la suela de los zapatos.

4. Se refiere a la Trinidad, ciudad y capital del departamento de Beni, en la zona amazónica de Bolivia. Cuando menciona Santa Cruz, alude a Santa Cruz de la Sierra, ciudad situada en el centro de Bolivia y capital del departamento del propio nombre.

5. Riberalta es una ciudad del Departamento del Beni, Bolivia. Está situada en la confluencia entre los ríos Beni y Madre de Dios. Por su parte, don Ñico es la identificación de una persona previamente conocida por Mercy. No tenía ninguna vinculación con Tania, ni con las tareas clandestinas que ella desarrolló en Bolivia.

6. Cuando Mercy menciona al Ministerio del Interior se está refiriendo al Ministerio de Gobierno de Bolivia.

7. Punto Cuatro es una institución oficial estadounidense, supuestamente especializada en ofrecer ayuda para el desarrollo en los países de América Latina, pero que servía de fachada para tareas de penetración en los países de la región. Debe su nombre al famoso Punto Cuatro popularizado por la administración de Harry Truman (1945-1953) como uno de los mecanismos para combatir al comunismo en los países subdesarrollados.

8. Se refiere a un modelo de autos de factura estadounidense al cual le pusieron el nombre comercial Impala que realmente es un antílope africano de tamaño mediano y constitución ligera que habita desde el sur de Kenia hasta Sudáfrica.

9. Cobija, es la ciudad capital del departamento de Pando, Bolivia. Está ubicada en las márgenes del Río Acre que, en esa zona, delimita la frontera de Bolivia con Brasil. Al frente de Cobija se encuentra una ciudad gemela

brasileña denominada Brasiléia. Cuando habla de Guajará-Mirun, debe estarse refiriendo a la ahora asfaltada carretera Guajará-Mirim-Abunã-Porto Velho, ya que este último hace las veces de cabecera de navegación sobre el Madeira y es el punto de llegada de la denominada Estrada de Ferro Madeira-Mamoré (río que también delimita los territorios de Bolivia y Brasil), un ferrocarril construido en 1913 para salvar los rápidos entre Porto Velho y Guajará-Mirim. Durante esos años, era una de las principales rutas del caucho producido tanto en Bolivia, como en esa zona selvática de Brasil.

10. Evidentemente se trata de un error en el informe de Mercy. Según se puede ver en los párrafos precedentes, Tania y él se trasladaron para la playa Itarare el 1ro de Marzo. Por lo que, luego de tres semanas de entrenamiento, Tania debe haber salido para Montevideo, capital de Uruguay, el 24 del propio mes.

11. Alude a la consigna: ¡Patria o Muerte!¡Venceremos!, lanzada por el comandante Fidel Castro en los primeros años del triunfo de la Revolución cubana.

12. Santos es el nombre de ciudad y un puerto situado al sureste de Brasil. Está ubicada en el estado de São Paolo, en la llamada isla de São Vicente, cerca de la ciudad de São Paulo. Santos, es uno de los puertos más activo de Brasil.

13. Alude a Bolivia.

ANEXO 9

1. A diferencia de otros documentos que aparecen anexos, en este me tomé la libertad de realizar diversos arreglos editoriales dirigidos a corregir la ortografía, los signos de puntuación y la sintaxis utilizada por las personas que, en 1966, realizaron la trascripción de la grabación de esta entrevista. Los cambios más relevantes los he colocado entre corchetes. Sin embargo, ninguno de los arreglos modifican la fidelidad de este testimonio histórico.

2. Blanca Chacón fue una peruana que había compartido con Tania algunas actividades en el Instituto Cubano de Amistad con los Pueblos (ICAP) de La Habana. Por otra parte, aunque la palabra "rengo" o "renga" tiene otras acepciones en América Latina, Tania emplea la expresión "renga de una pierna" como sinónimo de "coja de una pierna".

3. Alude al triunfo de la Revolución cubana del 1ro de Enero de 1959. El verde olivo fue el color de los uniformes del Ejército Rebelde encabezado por el comandante Fidel Castro. Por consiguiente, las prendas de vestir de

ese color se transformaron en un símbolo de identificación con los hechos revolucionarios cubanos.

4. Se refiere al Comandante Fidel Castro; entonces Primer Ministro del Gobierno Revolucionario cubano.

5. Alude a los integrantes de los Cuerpos de Paz formados por la administración de John F. Kennedy con vistas a cumplir diversas tareas cívico-militares en los países del llamado Tercer Mundo y, en particular, en América Latina. En la época en que Tania está realizando el informe se suponía (no sin razón) que los integrantes de los Cuerpos de Paz tenían, de una forma u otra, vínculos con la CIA y con otras agencias de espionaje del gobierno de los Estados Unidos.

6. Alude el fin del año 1964 y a enero de 1965.

7. Como en otros países de cultura cristiana, en Bolivia el carnaval es una fiesta popular que precede a la Cuaresma. Se celebra durante los tres días que preceden al Miércoles de Ceniza, que es el comienzo de la Cuaresma en el calendario cristiano.

8. Cuando indica a "orillas del lago", se refiere al Lago Titicaca.

9. Coroico es un pequeño poblado típico del altiplano boliviano, situado al noreste de la Paz.

10. No he podido identificar la ubicación de este sitio, por lo que no sé si es un error de la trascripción o algún punto de la capital boliviana.

11. No he podido establecer a qué dirección de Buenos Aires se refiere. Es posible que se la haya mencionado a Ariel antes de que comenzara la grabación del informe.

12. El Movimiento Popular Cristiano (MPC) fue el nombre que adoptaron las reaccionarias fueras políticas que apoyaron el golpe de Estado del general René Barrientos. Por tanto, luego del 4 de noviembre de 1964, ese movimiento se transformó en el partido oficial.

13. Alude al Partido Revolucionario de Izquierda Nacional (PRIN), fundado por el dirigente sindical, influido por el trotskismo, Juan Lechín Oquendo. En el período 1960-1964, Lechín fue vicepresidente del gobierno boliviano; pero, por sus contradicciones con el presidente Paz Estenssoro, renunció al cargo y el PRIN pasó a la oposición.

14. Beni es uno de los Departamentos selváticos de Bolivia. Está ubicado al sur de Brasil.

15. La generalidad de los latinoamericanos llaman: "americanos" o "americanas" a los ciudadanos, propiedades, instituciones oficiales o

atributos de Estados Unidos, cuyo verdadero gentilicio en castellano es: "estadounidense".

16. Alude a los militantes de la ya desaparecida Falange Socialista Boliviana, partido político de derecha inspirado en la falange española y en otras ideas fascistas. Durante mucho tiempo fue el principal partido opositor a los gobiernos del MNR que se instauraron después de la Revolución boliviana de abril de 1952.

17. Como en otros países del mundo, en Bolivia las funciones migratorias estaban subordinadas al Ministerio de Gobierno.

18. Al parecer alude a una dependencia para el pago de impuestos existente en Bolivia.

19. Se refiere al Pasaporte que le habían entregado los órganos de la seguridad checoslovacos, en el que estaban estampadas las huellas digitales de otra persona.

20. Se refiere al cambio de moneda realizado por el gobierno del general René Barrientos. Sobre la base de esa decisión, un nuevo peso boliviano equivalía a 1 000 pesos viejos.

21. Alude a un periódico de La Paz.

22. Alude a la leyenda de Laura Gutiérrez Bauer que, en 1964, habían elaborado ella y Diosdado cuando estaban en Praga. Ver Anexo 6.

23. Alude a la todavía existente Organización para la Cooperación y el Desarrollo Económico (OCDE), fundada formalmente el 30 de septiembre de 1961, con el fin de darle un mayor alcance y envergadura a la cooperación político-económica entre el gobierno de Estados Unidos y los gobiernos de Europa Occidental. Más tarde, se unieron a la OCDE, Japón (1964), Finlandia (1969), Australia (1971), Nueva Zelanda (1973), México (1994), la República Checa (1995), así como Hungría, Polonia y Corea del Sur (1996). La sede central de la OCDE (ahora integrada por 29 gobiernos del mundo "desarrollado") aún se encuentra en la capital francesa.

24. Se refiere al aeropuerto internacional El Alto, ubicado cerca de La Paz.

25. Alude a las fiestas de Navidad de 1965 y a las del Año Nuevo de 1966.

26. Menciona al Oficial de Inmigración del aeropuerto internacional de El Alto.

27. Como se pudo ver en el Anexo 8, la habitación donde residía Tania en el momento en que salió de Bolivia a fines de febrero de 1966 estaba ubicada en calle Presbítero Medina, número 2521, Sopocachi, La Paz.

28. Cuando menciona "la época de Cárdenas", se está refiriendo al sexenio

(1934-1940) en que fue Presidente de México el general Lázaro Cárdenas, quien pasó a la historia por sus posiciones nacionalistas, antiimperialistas (fue el autor de la nacionalización del petróleo mexicano) y antifascistas. En el orden interno impulsó una profunda reforma agraria que revitalizó los principales postulados de la Revolución Mexicana de 1910-1917.

29. Alude al destacado dirigente del Partido bolchevique ruso, Liev Davídovich Bronstein (1879-1940), quien pasó a la historia con el nombre de León Trotsky. Luego de haber participado de manera destacada y junto a Vladimir Ilich Lenin en la Revolución rusa de 1917, así como en la fundación de la Unión Soviética, tuvo diversas contradicciones dentro del Partido bolchevique. Después de la muerte de Lenin, se agudizaron esas contradicciones, particularmente con los integrantes de la dirección del Partido bolchevique (en 1952 asumió el nombre de Partido Comunista de la Unión Soviética) seguidores de las concepciones sobre la construcción del socialismo y sobre la política exterior del país impulsadas por el entonces líder de la URSS, Joseph Stalin. Como consecuencia, Trotsky fue expulsado del gobierno y del partido, así como forzado a marchar al exilio en 1929. Luego de vivir en diversos países del mundo, a partir de 1937 se radicó en México, país donde fue asesinado, por órdenes de Stalin, el 20 de agosto de 1940.

30. Se refiere a las grandes huelgas y protestas obreras contra la política del general René Barrientos que se desarrollaron en Bolivia en mayo de 1965.

31. Alude a la brutal intervención militar de los Estados Unidos de abril de 1965 en República Dominicana. El objetivo de la misma fue derrotar a la Revolución constitucionalista encabezada por el coronel Francisco Caamaño Deñó; quien, con el apoyo popular y de diversas organizaciones de la izquierda de ese país, ya había derrotado a los sectores reaccionarios de las fuerzas armadas dominicanas, encabezados por el general Elías Wessin Wessin.

32. Alude a la línea aérea holandesa, Royal Dutch Airlines, que internacionalmente se identifica con ese acrónimo.

33. Para que se tenga una idea del monto miserable de esa pensión, debe tomarse en cuenta que en aquel momento un dólar estadounidense equivalía, aproximadamente, a 12.50 pesos bolivianos. Por tanto la pensión de Sanjinés era el equivalente de 22 dólares estadounidenses.

34. Se trata del título con que pasó a la historia el alegato del Dr. Fidel Castro en el amañado juicio en su contra, montado por la dictadura del general Fulgencio Batista, luego del fracaso del asalto al Cuartel Moncada (26 de

julio de 1953). Por su profundo contenido, ese documento es considerado como el programa político del Movimiento 26 de Julio, del Ejército Rebelde y, posteriormente, de la primera etapa de la Revolución cubana.

35. Chuquisaca es uno de los Departamentos del sureste de Bolivia. Su capital es Sucre, ciudad que es, a su vez, la capital constitucional de la nación. Está situada en el Altiplano andino, a 2.835 m de altitud, y al sureste de La Paz. Por su parte, el Departamento de Chuquisaca está ubicado al sur de los Departamentos de Cochabamba y Santa Cruz. Al este limita con Paraguay, al sur con el Departamento Tarija y al oeste con el Departamento Potosí.

36. El pisco es una fuerte bebida alcohólica (aguardiente) hecho de la fermentación de la uva, originario del Departamento homónimo de Perú.

37. Cuando menciona "el Partido", se refiere al Partido Comunista de Bolivia.

38. En Huanuni, ubicado en el departamento Oruro, en la parte boliviana de la Cordillera de los Andes orientales, se encuentran importantes minas de estaño y sus minerales asociados: bismuto, oro, plata, wolframio y cinc.

39. Al parecer se refiere a un grupo de documentos que le entregó a Ariel durante el propio contacto personal.

40. Como se habrá podido ver en el Anexo 8, el matrimonio de Tania con el estudiante boliviano Mario Antonio Martínez Álvarez se efectuó a fines de febrero de 1966. Es decir, unos días antes de la salida de ella hacia Brasil para recibir el entrenamiento que le impartió el internacionalista guatemalteco Carlos Conrado de Jesús Alvarado Marín (Mercy), a quien Tania conocía por el seudónimo de Juan.

41. La ciudad de Arica está en el norte de Chile. Se encuentra en la provincia de Tarapacá, junto al Océano Pacífico, en el extremo norte de ese país. Es un importante puerto y centro de transporte del norte de Chile, de Bolivia y de la región peruana de Tacna.

42. En el argot de los medios conspirativos la expresión "un gancho" alude a una persona enviada por los servicios secretos del adversario para tratar de conocer las verdaderas actividades de una persona que es sospechosa para esos órganos.

43. Se refiere al intenso plan de trabajo que –siguiendo instrucciones del Centro Principal– Conrado de Jesús Alvarado Marín le había indicado a Tania que debía desarrollar tan pronto regresara a Bolivia.

44. Se refiere a 50 000 pesos argentinos, moneda con mucho más valor que el peso boliviano.

45. Salta es una ciudad del noroeste de Argentina, capital de la Provincia

homónima, que es fronteriza con el sureste de Bolivia. A su vez, Jujuy es una Provincia argentina, ubicada en el extremo noroeste de ese país. Limita por el sur con la provincia de Salta y por el norte y el oeste con Bolivia y Chile respectivamente. Su capital es San Salvador de Jujuy.

46. Alude a la necesidad de arreglar los problemas de las huellas digitales del pasaporte que le habían entregado en la capital checoslovaca.

47. Nuevamente hace referencia a las orientaciones que le entregó Conrado de Jesús Alvarado Marín (Mercy) durante el contacto personal que sostuvo con ella en Bolivia y Brasil.

48. Se refiere a la práctica de las comunicaciones radiales clandestinas de identificar con piezas musicales diferentes a la persona a la cual va dirigida el mensaje. Para ese fin los órganos especializados del VMT del MININT utilizaban, de manera subrepticia, la presentación musical de la emisora internacional Radio Habana Cuba.

49. La revista *Visión Internacional,* en esos momentos tenía una gran circulación en todos los países de América Latina.

50. Alude a la Falange Socialista Boliviana.

51. Se refiere al PCB "línea Moscú".

52. La bandera del Movimiento 26 de julio era de esos colores; junto al verde olivo —el rojo y el negro— simbolizaban y todavía simbolizar al Ejército Rebelde, comandado por Fidel Castro.

53. Se refiere a Hernán Siles Zuazo (1914-1996), político boliviano, fundador, junto con Víctor Paz Estenssoro, del Movimiento Nacional Revolucionario. Por consiguiente, apoyó la revolución de 1952. Inmediatamente después del triunfo de esa revolución, entre 1952 y 1956, ocupó la vicepresidencia de la República. Posteriormente, en 1956, fue elegido como Presidente de la República, responsabilidad que ostentó hasta 1960. Desde el gobierno, en aras de mantener "la estabilidad económica", llegó a acuerdos con Estados Unidos y con el Fondo Monetario Internacional. Finalizado su mandato, fue Embajador de Bolivia en Paraguay y en España. Tras el golpe de Estado de 1964, Siles Zuazo tuvo que exiliarse. Por ende, no regresó a Bolivia hasta la década de 1970.

54. Alude la famosa 5ta Avenida, arteria que atraviesa de este a oeste la elegante barriada de Miramar ubicada en la parte norte-occidental de la capital de la República de Cuba.

55. Se refiere al último ministro de gobierno del derrocado presidente Víctor Paz Estenssoro.

56. Se refiere al 4 de noviembre de 1964, fecha del golpe de Estado que derrocó el segundo gobierno del presidente Víctor Paz Estenssoro.

57. La ciudad de Oruro está al oeste de Bolivia y es la capital del departamento homónimo. Está situada en el Altiplano, a 3 700 metros de altitud. Además, es uno de los principales núcleos urbanos del país y un destacado centro de procesamiento de la producción minera de la región.

58. Nombre que se da a una de las cárceles de La Paz, capital de Bolivia.

59. Calamarca es una ciudad intermedia situada en el Departamento de Chuquisaca, ubicado al sur de Bolivia

60. No he podido identificar ese topónimo, ni en Bolivia, ni en Argentina.

61. Nuevamente, al igual que en momentos posteriores de este informe, cuando menciona "el compañero", alude a Conrado de Jesús Alvarado Marín (Mercy), conocido por Tania con el nombre de Juan.

62. Se refiere a Juan Lechín Oquendo (1915-2001), líder del PRIN. Luego de las grandes huelgas obreras de mayo de 1965 fue expulsado de Bolivia. Entre esa fecha y 1980, permaneció exiliado en Argentina.

63. Se refiere a los estudiantes que tenían arrendada una habitación en el apartamento donde ella vivía.

64. Aunque no está claro a qué pintor se está refiriendo, todo parece indicar que alude al pintor Ortega Leyton.

65. Se refiere a dos conocidas ciudades alemanas. Nuremberg, colocada en el centro del actual territorio de la República Federal Alemana y Munich, colocada en el sureste del territorio de ese país.

66. Alude a la Segunda Guerra Mundial (1939-1945).

67. La expresión "y la de aquí" se refiere a México.

68. Cuando indica "el plan que lleva él", al parecer se refiere a un plan de comunicaciones que le entregó al Oficial del VMT del MININT que acompañó a Ariel a la entrevista.

69. Alude a popular pieza "La Misa Criolla" del compositor argentino Ariel Ramírez. Se trata de una Misa de la religión católica, pero interpretada con ritmos y música típica de los países latinoamericanos. Por consiguiente, ha sido interpretada por destacados cantantes de ese continente.

70. El *whisky* es una bebida alcohólica, fruto de la destilación de la cerveza o de la malta. Es fabricado en diversos países del mundo, aunque sus calidades mayores se obtienen en Gran Bretaña; especialmente, en Escocia.

71. Durante las primeras etapas de llamada Guerra Fría (1947-1990), la

propaganda occidental identificaba a los llamados "países socialistas" como "países situados detrás de la cortina de hierro".

72. Alude a uno de los Programas de Desarrollo Rural, impulsado por el Gobierno de Estados Unidos como parte de la Alianza para el Progreso.

73. No he podido identificar el toponímico Songo que aparece mencionado en el texto. La *Power* es la manera en que se identifica uno de los monopolios estadounidenses especializados en la producción de electricidad.

74. Usualmente en Bolivia se les llama "góndolas" a los ómnibus y a otros medios de transporte colectivo.

75. El Prado es una de las arterias principales de la capital boliviana.

76. Se refiere a los violentos conflictos políticos que se produjeron en Bolivia antes, durante e inmediatamente después de las poderosas huelgas mineras de mayo de 1965.

77. Nuevo México es un Estado perteneciente a la región Suroeste de los Estados Unidos. Fue uno de los Estados formados con los territorios que Estados Unidos le arrebató a México mediante la guerra de rapiña de 1846-1848.

78. Alude al viaje que realizó a Cochabamba, a fines de enero de 1966, para tratar de encontrar un apartamento en el que pudiera recibir el entrenamiento operativo que, finalmente, le impartió, en Brasil, Conrado de Jesús Alvarado Marín (Mercy).

79. Se refiere a la agencia de prensa cubana.

80. Se refiere a la Primera Conferencia Tricontinental, efectuada en La Habana en los primeros días de enero de 1966. Esa conferencia aprobó la formación de la Organización de Solidaridad de los Pueblos de Asia, África y América Latina (OSPAAAL) y de la revista *Tricontinental* que todavía se publica en la capital cubana.

81. En ese momento, 900 pesos bolivianos eran el equivalente de $72 dólares estadounidenses.

82. Corumbá es una ciudad y, a la vez, un puerto fluvial ubicado en el suroeste de Brasil (región Centro-Oeste), a orillas del río Paraguay y en las proximidades de la frontera con Bolivia.

83. Montevideo y Buenos Aires están separadas por el Río de la Plata por lo que es muy fácil la comunicación entre ambas ciudades. Usualmente, los ciudadanos uruguayos y argentinos pueden visitar recíprocamente ambos

países, sólo presentando su Cédula de Identidad y, por tanto, sin tener que mostrar, ni marcar el Pasaporte.

84. Londrina, es una ciudad del Estado Paraná, ubicado en el Sur de Brasil. En la actualidad, es la mayor ciudad del interior de Paraná y un polo comercial de gran influencia sobre el norte y el oeste del Estado.

85. Se refiere a Oscar Zamora, quien entonces estaba vinculado a un grupo de disidentes del Partido Comunista de Bolivia que proclamaba su identificación con "la línea de Pekín" Tania y Zamora se habían conocido personalmente, antes de la llegada de ella a Bolivia, cuando éste, en su carácter de dirigente de la Juventud Comunista de Bolivia, participaba en eventos de la Federación Mundial de Juventudes Democráticas (FMJD) y de la Unión Internacional de Estudiantes (UIE): organización que tenía su sede en la capital checoslovaca.

86. Alude a la Navidad de 1964.

87. Se refiere a la Navidad y el Año Nuevo correspondiente a los años 1965 y comienzos de 1966.

88. Alude al semanario IPE (Información Periodística) que editaba Gonzalo López Muñoz antes de pasar a ocupar la Dirección Nacional de Informaciones de la Presidencia de la República de Bolivia.

89. El Partido Comunista de Bolivia se fundó en 1950.

90. Se refiere a los primeros meses del golpe de Estado de noviembre de 1964 contra Víctor Paz Estenssoro.

ANEXO 10

1. Se corresponde con la traducción al español de esta entrevista que fue publicada, por primera vez, en Marta Rojas, Mirta Rodríguez Calderón y Ulises Estrada: *Tania la guerrillera inolvidable*, ed. cit., pp. 199-207.

2. Ver Anexo 11.

3. Alude a uno de los aeropuertos internacionales de la RDA. Está ubicado al suroeste de Berlín, la actual capital de la República Federal Alemana.

4. Ver Anexo 12.

5. Ver Anexo 13.

6. Esta y las siglas que siguen se corresponden con las iniciales en alemán. En castellano las siglas serían distintas.

7. Leuna, sede de la Leunawerke, el centro industrial químico más grande que tuvo la RDA. (N. de la T.).

8. Se trata de Lipsa, ciudad ubicada al sur del Estado de Brandeburgo.

9. Periódico ultrarreaccionario. (N. de la T.)

10. La partida definitiva del Che de Cuba para cumplir misiones en el Congo (1965) y en Bolivia (1966) estaba aún lejana y su vocación internacionalista había sido manifestada y declarada desde el principio, era del todo coherente con la del Gobierno y el pueblo de Cuba. En 1961, Guevara estaba enfrascado principalmente en dirigir y desarrollar un sistema económico socialista en Cuba. (N. de la T.)

11. Es necesario aclarar que Arguedas fue Ministro de Gobierno y no Ministro del Interior, ya que en Bolivia no existe ningún ministerio que lleve ese nombre.

12. En alemán, ello significa: Editorial Aufbau.

13. Alude a la primera edición del libro: *Tania la guerrillera inolvidable*, en la que —por razones de seguridad—no apareció consignado el nombre del autor de este libro.

14. Alude a un barrio de Berlín, la actual capital de la RFA.

15. Ver Anexos 14 y 15.

ANEXO 11

1. Se corresponde con la traducción al español de este documento que fue publicado, por primera vez, en Marta Rojas, Mirta Rodríguez Calderón y Ulises Estrada: *Tania la guerrillera inolvidable*, ed. cit., pp. 190-191.

ANEXO 12

1. Se corresponde con la traducción al español de esta entrevista que fue publicada, por primera vez, en Marta Rojas, Mirta Rodríguez Calderón y Ulises Estrada: *Tania la guerrillera inolvidable*, ed. cit., p. 194.

ANEXO 13

1. Se corresponde con la traducción al español de esta entrevista que fue publicada, por primera vez, en Marta Rojas, Mirta Rodríguez Calderón y Ulises Estrada: *Tania la guerrillera inolvidable*, ed. cit., p. 196.

2. Primera Administración Central de Inteligencia del KGB (N. de la T.)

ANEXO 16

1. Alude a la hazaña realizada por la Columna 8 del Ejército Rebelde, capitaneada por el Che, durante llamada "invasión de Oriente a Occidente" que se desarrolló en el 1958. Tal proeza —y la posterior ocupación de la

estratégica ciudad de Santa Clara (31 de diciembre de 1958) — fue una de las acciones que aceleró la derrota política y militar de la dictadura de Fulgencio Batista.

2. Exalta la victoria del pueblo vietnamita contra la criminal agresión de los Estados Unidos de América.

3. Menciona la victoria del 19 de junio de 1979 del Frente Sandinista para la Liberación de Nicaragua contra la larga y criminal satrapía de los Somoza.

4. Se refiere al heroico esfuerzo político y militar del Frente Farabundo Martí para la Liberación Nacional (FMLN) de El Salvador contra las odiadas dictaduras militares o cívico-militares instauradas a lo largo de la historia de ese país centroamericano. Aunque el FMLN no pudo alcanzar el poder, obligó a los representantes de la oligarquía salvadoreña y sus aliados estadounidenses a firmar los Acuerdos de Paz de 1992. Con ellos, se abrió una nueva etapa de la vida de ese país, en la que el FMLN, no obstante sus divisiones internas, conserva importantes posiciones políticas.

5. Resalta la derrota definitiva, en 1994, del régimen racista del *apartheid* instaurado en Sudáfrica. Como consecuencia de esa derrota (lograda gracias a la solidaridad política y militar cubana con los patriotas angolanos, namibios y sudafricanos), en ese año se instaló en ese país el primer gobierno multirracial de su historia, bajo la conducción del histórico Congreso Nacional Africano (ANC), liderado por Nelson Mandela.

6. Elogia los grandes avances económicos, sociales y políticos obtenidos en las últimas décadas, bajo las banderas del socialismo, por la floreciente República Popular China.

7. Se refiere al paso a soberanía de la República Popular de China del territorio peninsular de Hong Kong (en chino, Xianggang o Hsiang Kang), ubicado en el mar de la China meridional. A pesar de las constantes reclamaciones del gobierno y el pueblo chinos, hasta el 1 de julio de 1997, Hong Kong había sido una colonia del Reino Unido. Esa ocupación se produjo en 1843 como consecuencia de la llamada "primera guerra del opio" (1839-1842) militarmente impuesta por Gran Bretaña como pérfida respuesta a la decisión de las autoridades chinas de impedir las importaciones de esa droga profusa y legalmente comercializada por los súbditos británicos.

ANEXO 17

1. La columna invasora "Ciro Redondo" fue la que, bajo la dirección del comandante Ernesto Che Guevara, protagonizó la hazaña de atravesar, en 1958, en medio de difíciles condiciones logísticas y militares, la parte

suroeste de la antigua provincia de Oriente y todo el territorio de la otrora llamada provincia de Camagüey para llevar la lucha guerrillera rural al sur de la provincia de Las Villas.

2. Alude al Segundo Frente de combate que a abrió en 1958 el Ejército Rebelde en la zona más oriental de la antigua provincia de Oriente, Cuba. Ese frente fue encabezado por el entonces comandante y ahora General de Ejército y Ministro de las Fuerzas Armadas Revolucionarias de la República Cuba, Raúl Castro Ruz.

3. Se refiere a la participación de Octavio de la Concepción y de la Pedraja en la columna internacionalista comandada por el Che que, en 1965, combatió en el otrora llamado Congo Leopoldville.

4. Ver Anexo 16.

5. Alude a las columnas guerrilleras del Directorio Revolucionario 13 de Marzo y del Partido Socialista Popular (comunista) que, antes de la llegada del Che y de Camilo Cienfuegos, combatían en la provincia de Villa Clara. La decisión unitaria del Ejército Rebelde, y del Movimiento 26 de Julio y de ambas fuerzas políticas facilitó la Batalla de Santa Clara y la consiguiente derrota de la tiranía de Fulgencio Batista.

6. La referencia al ingenio La Demajagua rememora el inicio de la lucha armada del pueblo cubano contra el colonialismo español el 10 de octubre de 1868, bajo la conducción del ahora llamado Padre de la Patria, Carlos Manuel de Céspedes; quien ese día, junto a proclamar la independencia de la isla, le otorgó la libertad a sus esclavos.

HAYDÉE HABLA DEL MONCADA

Por Haydée Santamaría

Prólogo por Celía Maria Hart Santamaría

Testimonio conmovedor de una de las principales protagonistas de la Revolución Cubana, Haydée Santamaría. Forman parte de este libro dos textos únicos: la carta que Haydée enviara a sus padres a los pocos días de ingresar a prisión, inédita hasta ahora, y un prólogo escrito por su hija, Celia María Hart Santamaría.

77 páginas, ISBN 1-876175-92-3

CHÁVEZ: UN HOMBRE QUE ANDA POR AHÍ

Una entrevista con Hugo Chávez por Aleida Guevara

Aleida Guevara, médico pediatra e hija mayor del Che Guevara, entrevistó al Presidente Hugo Chávez en febrero del 2004. La entrevista lleva al lector a descubrir la Revolución Bolivariana y a la vez toda la falsedad que esgrimen sus enemigos. Cubre el proceso Bolivariano que intenta darle una vida digna a los que por siglos han sido olvidados y explotados.

145 páginas, ISBN 1-920888-22-5

MARX, ENGELS Y LA CONDICIÓN HUMANA

Una visión desde Latinoamérica

Por Armando Hart

Los materiales que integran la presente recopilación, constituyen una muestra de la recepción y actualización que hizo el autor de las ideas de Marx y Engels a partir de la tradición revolucionaria cubana, tras los difíciles momentos del derrumbe del campo socialista, hasta la actualidad. Se incluye también por su importancia y relación con el tema, la carta que el Comandante Che Guevara le envió al autor el 4 de diciembre de 1965.

240 páginas, ISBN 1-920888-20-9

FIDEL EN LA MEMORIA DEL JOVEN QUE ES

Por Fidel Castro

Este libro recoge, por primera vez en un solo volumen, los excepcionales testimonios que en contadas ocasiones el propio Fidel ha dado sobre su niñez y juventud.

183 páginas, ISBN 1-920888-19-5

NOTAS DE VIAJE
Diario en Motocicleta
Por Ernesto Che Guevara
Prólogo por Aleida Guevara

Vívido y entretenido diario de viaje del Joven Che. Esta nueva edición incluye fotografías inéditas tomadas por Ernesto a los 23 años, durante su travesía por el continente, y está presentada con un tierno prólogo de Aleida Guevara, quien ofrece una perpectiva distinta de su padre, el hombre y el icono de millones de personas.

168 páginas, ISBN 1-920888-12-8

AMÉRICA LATINA
Despertar de un Continente
Por Ernesto Che Guevara
Editado por María del Carmen Ariet García

La presente antología lleva al lector de la mano, a través de un ordenamiento cronológico y de diversos estilos, por tres etapas que conforman la mayor parte del ideario y el pensamiento de Che sobre América Latina.

450 páginas, ISBN 1-876175-71-0

JUSTICIA GLOBAL
Liberación y Socialismo
Por Ernesto Che Guevara
Editado por María del Carmen Ariet García

Estos trabajos escritos por Ernesto Che Guevara, que constituyen verdaderos clásicos, nos presentan una visión revolucionaria de un mundo diferente en el cual la solidaridad humana, la ética y el entendimiento reemplazan a la explotación y agresión imperialista.

78 páginas, ISBN 1-876175-46-X

CHE EN LA MEMORIA DE FIDEL CASTRO
Por Fidel Castro

Por primera vez Fidel Castro habla con sinceridad y afecto de su relación con Ernesto Che Guevara, Castro presenta una imagen viva del Che, el hombre, el revolucionario, el pensador y describe en detalle los últimos días con Che en Cuba.

206 páginas, ISBN 1-875284-83-4

CHE DESDE LA MEMORIA
Los dejo ahora conmigo mismo: el que fui
Por Ernesto Che Guevara

Che desde la Memoria es una visión intimista y humana del hombre más allá del icono; es una extraordinaria fuente histórica que conjuga fotografías y textos de Che Guevara convertidos en testimonio y memoria de su reflexiva mirada sobre la vida y el mundo. Cartas, poemas, narraciones, páginas de sus diarios, artículos de prensa y fotos tomadas por él mismo, nos permitirán conocer su vida, sus proyectos y sus sueños.

305 páginas, ISBN 1-876175-89-3

CHE GUEVARA PRESENTE
Una antología mínima
Por Ernesto Che Guevara

Una antología de escritos y discursos que recorre la vida y obra de una de las más importantes personalidades contemporáneas: Ernesto Che Guevara. *Che Guevara Presente* nos muestra al Che por el Che, recoge trabajos cumbres de su pensamiento y obra, y permite al lector acercarse a un Che culto e incisivo, irónico y apasionado, terrenal y teórico revolucionario, es decir, vivo.

460 páginas, ISBN 1-876175-93-1

EL DIARIO DEL CHE EN BOLIVIA
Por Ernesto Che Guevara
Prefacio por Camilo Guevara

Introducción por Fidel Castro. Edición autorizada.

300 páginas, ISBN 1-920888-30-6

oceanpress

e-mail info@oceanbooks.com.au
www.oceanbooks.com.au

ULISES ESTRADA LESCAILLE (Santiago de Cuba, 11 de diciembre de 1934). Desde muy joven se incorporó a las luchas contra el golpe de Estado del general Fulgencio Batista (10 de marzo de 1952). En 1955 ingresó al Movimiento 26 de Julio (M-26-7), fundado —luego del asalto al cuartel Moncada (26 de julio de 1953)— por Fidel Castro y otros de sus compañeros de lucha. En esa organización realizó varias acciones clandestinas, tanto en Santiago de Cuba, como en La Habana.

Inmediatamente después del triunfo de la Revolución (1ro. de Enero de 1959) cumplió diversas tareas vinculadas a la Dirección de Inspección y a la Dirección de Inteligencia (G-2) del Estado Mayor del Ejército Rebelde; entre ellas, la jefatura provisional de la Sección de Operaciones del G-2 en la zona del Escambray, ubicada en la antigua provincia de Las Villas, donde ya habían comenzado las luchas del pueblo cubano contra las bandas contrarrevolucionarias organizadas y financiadas por la Agencia Central de Inteligencia del gobierno de los Estados Unidos (CIA).

En 1961, se incorporó al entonces naciente Ministerio del Interior de la República de Cuba (MININT), donde ingresó al llamado Viceministerio Técnico (Inteligencia Política), encabezado por el comandante Manuel Piñeiro Losada, alias "Barbarroja". Bajo la dirección de éste, en 1970, participó en la fundación de la Dirección General de Liberación Nacional (DGLN) del MININT. En ambas unidades cumplió delicadas misiones vinculadas a la solidaridad de la Revolución cubana con las luchas por liberación nacional y social en África y en América Latina y el Caribe.

En 1975, fue nombrado Vicejefe Primero del entonces recién fundado Departamento América del Comité Central (CC) del Partido Comunista de Cuba (PCC). A partir de 1979 fue, sucesivamente, Embajador de Cuba en Jamaica, en la República Popular y Democrática de Yemen, en la República Democrática y Popular Argelina, en la República Árabe Saharaui Democrática (RASD) y en la República Islámica de Mauritania. También encabezó la Dirección del Movimiento de Países No Alineados y la Dirección de África y Medio Oriente del Ministerio de Relaciones Exteriores de la República de Cuba.

Posteriormente, fue nombrado Jefe de Información del semanario *Granma Internacional*, órgano oficial del CC del PCC, y, después, del bisemanario *El Habanero*, editado por el Comité Provincial del PCC de la provincia La Habana. Desde esas responsabilidades colaboró con el periódico *Juventud Rebelde*, con la revista *Bohemia* y con las emisoras Radio Habana Cuba y Radio Cadena Habana. Desde el año 2000, es director de la revista *Tricontinental* que publica la Organización de Solidaridad de los Pueblos de Asia, África y América Latina (OSPAAAL). Es Licenciado en Ciencias Sociales y ha sido coautor de los libros *Tania, la guerrillera inolvidable* y *Amilcar Cabral, un precursor de la independencia africana*.